金石文獻叢刊

平津館金石萃編

一

【清】孫星衍 嚴可均 撰

上海古籍出版社

圖書在版編目（CIP）數據

平津館金石萃編/（清）孫星衍，（清）嚴可均撰．
—上海：上海古籍出版社，2020.9
（金石文獻叢刊）
ISBN 978-7-5325-9530-3

Ⅰ．①平… Ⅱ．①孫… ②嚴… Ⅲ．①金石學—中國
—清代 Ⅳ．①K877.24

中國版本圖書館CIP數據核字（2020）第054382號

金石文獻叢刊

平津館金石萃編

（全三册）

［清］孫星衍　嚴可均　撰

上海古籍出版社出版發行

（上海瑞金二路272號　郵政編碼200020）

（1）網址：www.guji.com.cn

（2）E-mail：guji1@guji.com.cn

（3）易文網網址：www.ewen.co

浙江新華數碼印務有限公司印刷

開本890×1240　1/32　印張52.25　插頁15

2020年9月第1版　2020年9月第1次印刷

ISBN 978-7-5325-9530-3

K・2803　定價：258.00元

出版説明

金文石刻作爲一種特殊的文獻形式，負載着中國古代文明的大量信息，是珍貴的文化遺産，其相關研究具有重要文化價值與傳承意義。金石專門研究興起於宋，而在清代達到鼎盛，名家迭出，先後撰寫了一批高水平的研究專著，其成果對於今天我們的歷史學、文學、文字學、考古學、古文獻學、古器物鑒定學、書法篆刻學等研究具有重要的參考價值。有鑒於此，本社特推出《金石文獻叢刊》，彙聚兩宋以降金石學重要著作，以期助益於相關研究。

本書爲《金石文獻叢刊》之一，收録清孫星衍、嚴可均撰《平津館金石萃編》二十卷附補編一卷，以上海圖書館藏清嘉業堂抄本爲底本影印。

上海古籍出版社　二〇二〇年四月

石刻文獻歷代研究述要（代序）

陳尚君

「人生忽如寄，壽無金石固。」古人感到生命短暫，常將重要的事件、著作和死者的生平銘諸金石，形成豐富的金石文獻。一般來説，金銀器上的銘文均較簡短，銅器銘文盛於商周時期，漢以後可資研究的僅有銅鏡銘文等。石刻文獻則興於漢，盛於唐，歷宋、元、明、清而不衰，存世文獻爲數極巨，爲研究古代歷史文化提供了大量記載，也爲研究古典文學者所寶重。

一、古代石刻的分類

古代石刻品類衆多，舉其大端，可分以下幾類：

一、墓志銘。多爲正方形石刻，置於死者墓穴中，記載死者生平事蹟。始於漢，盛於北朝和隋唐時期，宋以後仍相沿成習。南朝禁止埋銘，故甚罕見。近代以來，出土尤多。因深埋地下，所存文字多清晰而完整。

二、墓碑。也稱神道碑，是置於墓道前記載死者生平事蹟的長方形巨大石碑。舊時王公大臣方得立碑記德，故所載多爲歷史上有影響的人物。因其突立於地表，歷經日曬雨淋，人爲破壞，石刻多斷裂殘壞，磨蝕漫漶，不易卒讀。

三、刻經。可分儒、釋兩大類。儒家經典的刊刻多由官方主持，爲士人提供準確可信的經典文本。歷史上有七次大規模的刻經，即東漢熹平間、曹魏正始間、唐開成間、後蜀廣政間、北宋嘉祐間、南宋紹興間、清乾隆間。今僅開成、乾隆石經保存完整，其餘僅存殘石。佛教刻經又可分爲兩類：一類是僧人恐遭逢法難，經籍失傳，因而刻石收存，以備不虞。最著名的是房山石經，始於隋，歷唐、遼、金、元而不衰，現存有一萬五千多石。二是刻經以求福祐，如唐代經幢刻《尊勝陀羅尼經》，爲一時風氣。

四、造像記。佛教最多，道教稍少。受佛教净土宗佛陀信仰的影響，信佛的士庶僧人多喜造佛像以積功德，大者連山開龕，小者可握於掌間。造像記記載造像緣由，一般均較簡短，僅記時間、像主姓名及所求之福祐庇蔭，文辭多較程式，可藉以瞭解風俗世情，有文學價值的很少。

五、題名。即是古人「到此一游」的記録。多存於山川名勝，多出於名臣、文士之手，雖較簡短，於考事究文，彌足珍貴。如長安慈恩寺題名：「韓愈退之、李翺翔之、孟郊東野、柳宗元子厚、石洪濬川同。」鍾山題名：「乾道乙酉七月四日，笠澤陸務觀，冒大雨，獨游定林。」均至簡，前者可考知韓、柳交游之始，知李翺另一表字，後者可見詩人陸游之風神。

六、詩詞。唐以前僅一二見，以雲峰山鄭道昭詩刻最著名。唐代始盛，宋以後尤多。詩詞刻石以摩崖和詩碑兩種形式爲多見。許多重要作家都有石刻詩詞留存。

七、雜刻。指上述六類以外的各種石刻。凡建橋立廟、興學建祠、勸善頌德、序事記游等，皆可立石以記，所涉範圍至廣。

此外，還有石刻叢帖，爲彙聚名家法書上石，供人觀賞臨習，其文獻價值與上述各種石刻有所不同，兹不贅述。

二、從石刻到拓本、帖本

石刻爲古人當時所刻，所記爲當時事，史料價值很高；所録文章亦得存原貌，不似刊本之迭經傳刻，多魚魯亥豕之誤，故前代學者考史論文，尤重石刻。然而石刻或依山摩崖，遠處荒山僻野，或形制巨大，散在各地，即便最優秀的金石學家，也不可能全部親見原石。學者援據，主要是石刻拓本。

拓本是由拓工將宣紙受濕後，蒙於碑刻之上，加以捶椎，使宣紙呈凹凸狀，再蘸墨拓成。同一石刻之拓本，因傳拓時間之早晚及拓技之精粗，常有很大不同。一般來説，早期拓本因石刻保存完好，文字存留較多，晚近所拓，則因石刻剥蝕，存字較少。如昭陵諸碑，今存碑石存字已無多，遠不及《金石萃編》之録文，而羅振玉《昭陵碑録》據早期精拓録文，録文得增多於《金石萃編》。即使同一時期所拓，也常因拓工之拓技與態度而有所不同。如永州浯溪所存唐李諒《湘中紀行》詩，王昶據書賈售拓録入《金石萃編》，有十餘處缺文訛誤；稍後瞿中溶親至浯溪，督工精拓，乃精好無損（詳《古泉山館金石文編》卷三）。至於帖賈爲牟利而或草率摩拓，或僅拓一部分，甚或竄改文字，以唐宋冒魏晋，則更等而下之了。

拓本均存碑石原狀，大者可長丈餘，寬數尺，鋪展盈屋，不便研習。舊時藏家爲便臨習，將拓本逐行剪開，重加裱帖，裝成册頁，成爲帖本。帖本經剪接重拼，便於閱讀臨摹，已不存原碑形貌。在拼帖時，遇原拓空缺或殘損處，常剪去不取，以致帖本文字常不可卒讀。原石、原拓失傳，僅靠拓本保存至今的石刻文獻，不是太多，較著名的有唐代崔鉉撰文而由柳公權書寫的《神策軍碑》。唐初著名的《信行禪師碑》，因剪棄較多，通篇難以卒讀。

現存最早的石刻拓本，大約是見於敦煌遺書中的唐太宗《温泉銘》和歐陽詢《化度寺碑》。宋以後各種善拓、精拓本，因流布不廣，傳本又少，藏家視同拱璧，書賈索價高昂。近現代影印技術普及，使碑帖得以大批刊布，許多稀見的拓本，得以大批縮印彙編出版，給學者極大方便。影響較大者有《漢魏南北朝墓志集釋》（趙萬里編，科學出版社一九五三年版）、《千唐志齋藏志》（張鈁藏，文物出版社一九八五年版）、《曲石精廬藏唐墓志》（李希泌藏，齊魯書社一九八七年版）、《北京圖書館藏歷代石刻拓本彙編》（中州古籍出版社一九八八年版）、《隋唐五代墓志彙編》（天津古籍書店一九九一年版）。重要的石刻拓本，在上述諸書中均能找到。

三、宋代的石刻研究及重要著作

南北朝至唐代，已有學者注意記載碑刻，據以訂史證文，但有系統地加以搜集研究，使之成爲專學，則始於宋代。首倡者爲北宋文學宗匠歐陽修。

歐陽修自宋仁宗慶曆五年（一〇四五）開始裒聚金石拓本，歷十八年，「集録三代以來遺文一千卷」（《六一居士傳》），編爲《集古録》，其中秦漢至唐五代的石刻約占全書的十之九五。參政之暇，歐陽修爲其中三百八十多篇碑銘寫了跋尾，對石刻文獻的史料價值作了全面的闡釋。其大端爲：一、可見政事之修廢；二、可訂史書之闕失；三、可觀書體之妍醜；四、可見文風之轉變；五、可訂詩文傳本之訛誤；六、可據以輯録遺文。這些見解，可説爲後代金石學的研究奠定了基礎。録一則如下：

右《德州長壽寺舍利碑》，不著書撰人名氏。碑，武德中建，而所述乃隋事也。其事蹟文辭皆無取，獨録其書爾。余屢歎文章至陳、隋不勝其弊，而怪唐家能臻致治之盛，而不能遽革文弊，以謂積習成俗，難於驟變。及讀斯碑有云：「浮雲共嶺松張蓋，明月與巖桂分叢。」乃知王勃云：「落霞與孤鶩齊飛，秋水共長天一色。」當時士無賢愚，以爲警絶，豈非其餘習乎！

《集古録》原書已不傳。歐陽修的題跋編爲《集古録跋尾》十卷，收入其文集，單行本或題《六一題跋》。其子歐陽棐有《集古録目》，爲逐卷撰寫提要，原書久佚，今存清人黄本驥和繆荃蓀的兩種輯本。

北宋末趙明誠輯《金石録》三十卷，沿歐陽修之舊規而有出藍之色。明誠出身顯宦，又得賢妻之助，窮二十年之力，所得達二千卷之富，倍於歐陽修所藏。其書前十卷爲目録，逐篇著録二千卷金石拓本之篇題、撰書者姓名及年月，其中唐以前五百餘品，其餘均爲唐代石刻。後二十卷爲明誠所撰題跋，凡五百零二篇。趙跋不同於歐陽修之好發議論，更注重於考訂史實，糾正前賢和典籍中的誤説，録存重要史料，考訂也更爲細密周詳。

南宋治石刻學者甚衆，如《京兆金石録》《復齋碑録》《天下碑録》《諸道石刻録》

等，頗具規模，惜均不存。存世者以下列諸書最爲重要。

洪适《隸釋》二十七卷、《隸續》二十一卷，前者録漢魏碑碣一百八十九種，後者已殘，尚存録一百二十餘品。二書均全録碑碣文字，加以考釋，保存了大量漢代文獻，許多碑文僅賴此二書以存。

陳思《寶刻叢編》二十卷，傳本缺三卷。此書彙録兩宋十餘家石刻專書，分地域著録石刻，附存題跋，保存史料十分豐富。

佚名《寶刻類編》八卷，清人輯自《永樂大典》。此書以時代爲序，以書篆者立目，記録石刻篇名、作者、年代及所在地，間存他書不見之石刻。

另鄭樵《通志》中有《金石略》一卷，王象之《輿地紀勝》於每一州府下均有《碑記》一門，也有大量珍貴的記録。後者明人曾輯出單行，題作《輿地碑記目》。

宋人去唐未遠，搜羅又勤，所得漢唐石刻見於上述各書記載的約有四五千品。歐、趙諸人已有聚之難而散之易之感歎，趙明誠當南奔之際仍盡攜而行，但除漢碑文字因洪适輯録而得保存較多外，唐人石刻存留到後世的僅約十之二三，十之七八已失傳。幸賴上述諸書的記載，使今人能略知其一二，其中有裨文學研究的記載至爲豐富。如唐末詞人温庭筠的卒年，史書不載。《寶刻類編》載有：「《唐國子助教温庭筠墓》，弟庭皓撰，咸通七年。」因可據以論定。再如盛唐文學家李邕，當時極負文名，《全唐文》録其文僅五十餘篇。據上述宋人記載，可考知其所撰文三十餘篇之篇名及梗概，對研究其一生的文學活動十分重要。

四、清代的石刻研究及重要著作

元、明兩代是石刻研究的中衰時期，可稱者僅有三五種：陶宗儀輯《古刻叢鈔》僅録所見，篇幅不大；都穆《金薤琳琅》，録存漢唐石刻五十多種；趙崡《石墨鐫華》存二百五十多種石刻題跋，「多歐、趙所未收者」(《四庫提要》)。

清代經史之學發達，石刻研究也盛極一時。清初重要的著作有顧炎武《金石文字記》、葉奕苞《金石録補》、朱彝尊《金石文字跋尾》。三書雖仍沿歐、趙舊規，但所録多前人未經見者，考訂亦時有創獲。至乾隆間，因樸學之興，學者日益重視石刻文獻，史學大家如錢大昕、阮元、畢沅等均有石刻研究專著。全録石刻文字的專著也日見刊布，自乾隆後期至嘉慶初的十多年間，即有翁方綱《兩漢金石記》《粤東金石略》、吴玉搢《金石存》、趙紹祖《金石文鈔》《續鈔》等十餘種專著行世。在這種風氣下，王昶於嘉慶十年(一八〇五)編成堪稱清代金石學集大成的著作《金石萃編》一百六十卷。

王昶自稱有感於洪适、都穆、吴玉搢三書存文太少，「愛博者頗以爲憾」，自弱冠之年起，「前後垂五十年」，始得成編。其書兼載金、石，但録自器銘者僅當全書百之二三，其餘均爲石刻。所録始於周宣王時的《石鼓文》，迄於金代，凡一千五百多種。其中漢代十八卷，魏晋南北朝十五卷，隋代三卷，唐五代八十二卷，宋代三十卷，遼金七卷。各種石刻無論完殘，均照録原文，務求忠實準確。遇有篆、隸字體，或照録原字形。原石殘缺之處，或以方框標識，或備記所缺字數，遇殘字也予保存。又備載「碑制之長短寬博」和「行字之數」，「使讀者一展卷而宛見古物焉」（引文均見《金石萃編序》）。同時，王昶又廣搜宋代以來學者的著録題跋，附載於各石刻録文之次，其本人也逐篇撰寫考按，附於篇末。《金石萃編》搜羅廣博，録文忠實，附存文獻豐富，代表了乾嘉時期石刻研究的最高水平。

王昶以個人力量廣搜石刻，難免有所遺漏，其録文多據得見之拓本，未必盡善。其書刊布後，大受學界歡迎，爲其續補訂正之著，也陸續行世，較重要的有陸耀遹《金石續編》二十一卷、王言《金石萃編補遺》二卷等。至光緒初年，陸增祥撰成《八瓊室金石補正》一百三十卷，規模與學術質量均堪與王書齊駕。陸書體例多沿王書，凡王書已録之石刻，不復重録。王書録文不全或有誤者，陸氏援據善拓，加以補訂，一般僅録補文。這部分份量較大，因陸氏多見善拓，録文精審，對王書的糾訂多可信從。此外，陸書補録王書未收的石刻也多達二千餘通。

清代學者肆力於地方石刻的搜録整理，也有可觀的成績。録一省石刻而爲世所稱者，有阮元《山左金石志》二十四卷（山東）、《兩浙金石志》十八卷（浙江）、謝啓昆《粤西金石略》十五卷（廣西）、胡聘之《山右石刻叢編》四十卷（山西）、劉喜海《金石苑》六卷（四川）等。録一州一縣石刻而重要者有武億《安陽縣金石録》十二卷、沈濤《常山貞石志》二十四卷、陸心源《吴興金石記》十六卷等。

五、近現代的石刻文獻要籍

近代以來，因學術風氣的轉變，漢唐石刻研究不及清代之盛。由於各地大規模的基建工程和現代科學田野考古的實施，地下出土石刻的總數已大大超越清代以前八百年間發現的石刻數量。大批石刻得以彙集出版，給學者以方便。

端方《匋齋藏石記》四十四卷，是清季最有份量的專著。端方其人雖多有争議，但該書收羅宏富，題跋又多出李詳、繆荃蓀等名家之手，頗多精見。另一位大節可議的學者羅振玉，於古代文獻的搜集刊布尤多建樹。其石刻方面的專著多達二十餘種，《昭陵碑録》和《冢墓遺文》（包括《芒洛》《廣陵》《東都》《山左》《襄陽》等十多種）以録文精確、收羅宏富而爲世所稱。

二十世紀三十年代，由於隴海路的施工，洛陽北邙一帶出土魏、唐墓志尤衆。其大宗石刻分别爲于右任鴛鴦七志齋、張鈁千唐志齋和李根源曲石精廬收存。于氏所收以北魏志石爲主，今存西安碑林，張、李以唐代爲主。其中張氏所得達一千二百多方，原石存其故里河南新安鐵門鎮，民國間曾以拓本售於各高校及研究機構，近年已影印行世。其中對唐代文學研究有關係者頗衆。曲石所得僅九十多方，但多精品，王之涣墓志最爲著名，今存南京博物院。

民國間由於各省組織學者編纂省志，也連帶完成了一批石刻專著。其中曾單獨刊行而流通較廣者，有《江蘇金石志》二十四卷、《陝西金石志》三十二卷、《安徽通志金石古物考稿》十六卷，頗多可觀。

二十世紀五十年代，趙萬里輯《漢魏南北朝墓志集釋》，收漢至隋代墓志六百五十九方，均據善拓影印，又附歷代學者對這些墓志的考釋文字，編纂方法上較前人所著有很大進步，是研究唐前歷史、文學的重要參考書。

二十世紀最後二十年間，學術研究空前繁榮，前述自宋以降的許多著作都曾影印或整理出版。今人纂輯的著作，以下列幾種最爲重要。

《北京圖書館藏歷代石刻拓本彙編》，收録了北圖五十年代以前入藏的所有石刻拓本，全部影印，甚便讀者。不足處是一些大碑拓本縮印後，文字多不易辨識。

陳垣《道家金石略》，收録漢至元代與道教有關的石刻文字，於宋元道教研究尤爲有用。

周紹良主編《唐代墓志彙編》及《續集》，收録一九九九年以前出土或發表的唐代墓志逾五千方，其中四分之三爲《全唐文》等書所失收，可視作唐文的補編。

趙超編《漢魏南北朝墓志彙編》，據前述趙萬里書録文，但不收隋志，補收了一九八六年以前的大量新出石刻。

《隋唐五代墓志彙編》，據出土地區影印墓志拓本約五千方，以洛陽爲最多，約占全書之半，陝西、河南、山西、北京等地次之。其中包括了大批近四十年間新出土的墓志，不見於上述各書者逾一千五百方。

進入新世紀，石刻文獻研究成爲中古文史研究之顯學，更多學者關注石刻之當時書寫與私人書寫之特殊價值，成爲敦煌文獻研究以後有一學術熱點。同時，新見文獻尤以墓志爲大宗，每年的刊布數也以幾百至上千方的數量增長。其中最重要的，一是《新中國出土墓志》，已出版十多輯，爲會聚各地文物部門所藏者爲主；二是《大唐西市博物館藏唐墓志》，所收皆館藏，整理則延請史學界學者；三是《长安高陽原新出土隋唐墓志》，將考古報告與新見墓志結合，最見嚴謹。其他搜輯石刻或拓本的尚有十多家，所得豐富則可提到趙君平的《秦晉豫新發現墓志搜逸》三編，毛陽光的《洛陽新見流散墓志彙編》，以及齊運通洛陽九朝石刻博物館編的幾種專書。還應説到的是，日本學者氣賀澤保規編《唐代墓志所在總合目録》，不到二十年已經出版四版，爲唐代墓志利用提供極大的方便。陝西社科院古籍所編《全唐文補遺》十册，所據主要是石刻，校點尚屬認真。

上海古籍出版社編刊《金石文獻叢刊》，主要收録宋、清兩代有關金石學的基本著作，本文前所介紹諸書，大多得以收録。如王昶《金石萃編》，將清後期的幾種補訂專書彙集在一起，陸增祥《八瓊石金石補正》之正續編合爲一帙，也便於讀者全面瞭解這位傑出金石學家的整體成就。書將付刊，胡文波君囑序於我，是不能辭。然時疫方熾，出行不便，未能通讀全編，率爾操觚，總難塞責。乃思此編爲彙聚宋、清兩代金石學之菁華，爲滿足當代以中古文史學者爲主之石刻文獻研究之急需，或可將二十四年前爲當時還是江蘇古籍出版社的《古典文學知識》所撰小文《石刻文獻述要》稍作潤飾增補，用爲代序，敬請方家諒宥。

目録

西魏

東魏

平津館金石萃編卷十一……六三一

唐五

平津館金石萃編卷一

三代

岣嶁刻石

已見王氏萃編

壇山刻石

已見王氏萃編

石鼓文

已見王氏萃編

孔子觀延陵君之子葬題字

碑高漢建初銅尺九尺八寸廣四尺二寸篆書二行行五字今在江蘇丹徒九里鎮李子廟前

於虖有吳延陵君子之墓

於虖 句 有吳延陵君 句 子之葬 句

碑下截題字二十行行五字

夫子篆季子之墓凡十字歷代綿遠其文殘缺人勞應

命其石湮埋在昔開元中

玄宗大聖皇帝勅殷仲容摸搨其本尚可得而傳之者

暨大歷十四年己未歲潤州刺史蕭定重刊于石

憲章遺範以永將來前試大理司直吳郡張從申書

碑篆左右題字

公制禮作樂聲名雅量皆編諸史册載在碑頌欲爲具
紀恐近繁文清風凛然萬古不朽播作尉斯邑曰謁靈
宇式鐫數字聊以紀年時大唐貞元三年歲次丁卯五
月廿八日滎陽鄭播字伯豐記（此記六行行十三字）
建中元年八月十二日朝議郎守令盧國遷樹井建堂
文林郎守丞皇甫汶
将仕郎守尉王仲鱗
文林郎尉程準
将仕郎守尉楊憑
大宋元祐三年六月知潤州楊傑奏竊見管下延陵鎮

吴季子塚廟載在圖經祠禱有應近因夏旱遂差官嚴
潔致祭未踰旬浹雨澤霑足謹按季札生於晚周當干
戈剽攘之際獨能執德讓退輕千乘之國凛然清風千
古如在其審樂知政盛德信義詳見舊史廟中有孔子
所題十字碑
本朝太宗皇帝嘗以其字載之法帖以信萬世而其祠
塚未經
國朝旌表賜號誠為闕典伏乞
朝廷特賜封爵九月奉
勑賜嘉賢之廟已上七條在碑篆左右

碑陰

攺修吳延陵季子廟記　碑陰篆額三行行三字

攺修吳延陵季子廟記　前試大理司直張從申書

信都魏清海鐫

有吳之興也泰伯讓以得之有吳之衰也季子讓以失之為讓之情同而興衰之體異何哉泰伯之讓讓以賢也故周有天下而吳建國焉季子之讓賢以讓也當周德之衰而吳衰邦焉或曰非所讓而讓之使宗祀泯絶而不血食豈曰能賢斯可謂知存而不知亡者矣夫治亂時也興亡運也故至至而不可却終終而不可留黄

河既濁阿膠無以正其色鹽池斯鹹弊蔽不能匡其味與夫濁亂之世召力勝之戎讓與爭孰賢乎易曰知機其神則季子之見可謂知機矣季子之明可謂知進退存亡而不失其正矣至於聽樂辯列國之興亡審賢知世數之存沒挂劒示不言之信避國保無欲之貞故有吴之祀寂寥而延陵之饗如在方風可想至德與歎羡之詞哲人其萎表墓著嗚呼之篆向徽德仁兩至則夫子不復虛二歎焉詳其精義被物鉤深致遠之旨烏可究其津涯而窺其牆仞哉是知讓之為德德在於生靈不獨其子孫明矣國有祀典人懷永思定忝列藩條欽

崇懿範于以加敬嚴乎閟宫别闈壺之内外正衆神之序位舊以泰伯之廟在扵蘇臺而制季子之祠像設東面非由典禮諒無取焉必也正名扵是乎在祈報蒭奠贄幣宜列扵軒廂春秋禮薦俎豆當陳扵正寢俾觀像者識賢人之遺風可律審度者知經德之禮秩無差末學陋詞不足頌其休烈寒來暑往敢用同於紀年時大唐大歴十四年歲己未八月戊戌朔廿七日甲子正議大夫使持節潤州諸軍事守潤州刺史上柱國賜紫金魚袋新拜尚書戶部侍郎蘭陵蕭定字梅臣記

今人得九成雲麾宋搨本輒覩為至寶張從申在當時

原並駕馳驅者也猶云北海傚大令尚疾欹邪從申則無此况屬唐搨未曾鑱刻琅玕什襲豈僅什伯於兩搨哉張孝思謹識此條在碑陰記後

江陰申港重摹孔篆碑下截題字四十二行行十字

常州古延陵也吴季子所封之地至西漢為毗陵又至東晉為晉陵宋齊因之隋平陳廢晉陵為常州唐因之或曰晉陵郡自晉武帝太康二年分曲阿為延陵至隋徙治丹徒唐武德三年徙延陵還治故縣今潤之延陵鎮是也杜佑謂曲阿延陵有季子廟非古之延陵古之延陵在今晉陵縣其說明矣而孔子所書季子墓碑歲

久益湮沒開元中明皇勑殷仲容摹刻之大歷十四年潤州刺史蕭定重刻石延陵廟中於是習俗徒見潤之延陵季子廟而不知常實古延陵而季子之所封也崇寧元年余以罪謫守是州因考太史公書歷代地志通典圖經得其詳矣又得其所謂季子墓在晉陵縣北七十里申浦之西又曰曁陽鄉而曁陽隸今之江陰縣乃屬令趙士淝訪之得大塚於曁陽門外三十里申港之側旁有季子廟與史記地志通典圖經合於是表識其墓謹樵牧耕鑿之禁又摹取孔子所書十字刻碑墓上設像祠之學中以時率屬吏士諸生拜焉所以示邦人

貴有德也又備論歷世廢興與習俗之變易刻之碑下
後有君子得以覽焉明年四月十五日降授奉議郎知
常州軍州兼管内勸農事飛騎尉賜紫金魚袋朱彥記
臨安錢景瞻書　毗陵潘震摹刻
右古篆文曰於虖有吳延陵季子之墓自前世相傳
以為孔子所書據張從申記云舊石湮滅開元中玄
宗命殷仲容搨本遂傳於世然則開元已前已有刻
石矣其後貞元中鄭播又為記盧國遷建堂樹碑則
今本又非仲容所摹者字亦奇偉莫知何人所書按
孔子未嘗至吳以史記世家考之其歷聘諸侯南不

踰楚推其歲月蹤跡無過吳之理不得親銘季子之墓又其字特大非簡牘所容惟博物君子必能辨之

歐陽修集古錄

延陵季子墓字世傳仲尼書今入淳化官帖中其字如書簡牘不類豐碑石柱上所刻也而書亦稍異於籀文疑當吳季子時書文字盡從籀學不得有所異同又夫子未嘗至吳其書是非不可考也唐人於季子墓刻此十字張從申書其後而籀字極大不知一書而傳於世者大小不同此竟誰當其傳哉李陽冰書篆奄數百年人常謂初學繹山碑後見仲尼書季

札墓字便變化開闔如虎如龍勁利豪爽風行雨集是陽冰所從得法不可謂非古也此當自有妙處今人不到陽冰地安能議其是非所極哉董逌廣川書跋

右吳季子墓刻自唐以來相傳為孔子書大歷中蕭定再摸而刻之余覽史記家語及秦漢以前諸子凡孔子與學者談議問荅是非襃貶纖悉必載其閒荒誕之說實非出於聖人附託書之者固有之矣況於季子之賢孔子親銘其墓不應略不見稱於前世至唐而始傳也又碑銘始於東漢孔子時所未有而其字畫乃故為奇怪以欺眆世俗者非孔子書無疑蓋

好事者僞爲耳故余特爲録之以解來者之惑後有博識之士當以余言爲然趙明誠金石録

自前世以來傳爲孔子書故太白撰紫陽先生銘有延陵旣沒仲尼嗚呼之語字苑亦云李陽冰師繹山碑後見仲尼季札墓刻遂變化開闔若龍蛇蟠踞自言斯翁之後直至小生曹喜蔡邕不足比數此碑大歷十四年蕭定再刊本然必謂吾夫子書於何所據也陳思寶刻叢編引集古後録

此書流傳已久故陶淵明季札讃云夫子戾止爰詔作銘唐張從申云舊石湮滅方宗命殷仲容摹搨大

歷中蕭定重刻于石又有謂李陽冰學繹山碑得此而後變化者據此數説則真仲尼書也歐陽公疑仲尼未嘗至吴且其字大非古簡牘所宜又有謂原字止曰嗚呼有吴君子而延陵之墓四字后世妄增即黄長睿董廣川皆以為疑卒未有敢定其眞僞者但淳化帖所收字小而鎮江石刻字大不倫不曉何故姑存之以俟博識君子趙崡石墨鐫華

吴季子墓碑唐大歷十四年潤州剌史蕭定重刻在丹陽縣延陵鎮吴季子廟越絶書曰毗陵上湖中冢者延陵季子冢也古名延陵墟即其地也後人又摹

刻于縣南門外驛前元吾丘衍學古編曰按古法帖止云嗚呼有吳君子而已篆法敦古似乎可信今此碑妄增延陵之墓四字除之字外三字是漢人方篆不與前六字合且音君字作季字漢器蜀郡洗郡字半邊正與此君字同用此法也以季字音顯見其謬

顧炎武金石文字記

丹陽城西南六十里有延陵鎮去鎮九里為吳季子廟有孔子十字篆碑及潤州刺史蕭定修廟記大理司直吳郡張從申書并識重刊篆碑歲月二碑蓋同時立也歐陽公不喜從申書僅録其三碑今存者獨

此耳昔人評張書顛顔李北海今觀遺刻挺勁有餘而乏雋逸之致恐未堪肩隨也潘耒金石文字記補遺

吳季子廟在丹徒延陵鎮越絕書由毗陵上湖中湖中冢者季子冢也又名延陵墟廟記碑唐刺史蕭定撰後人又摹刻于丹陽驛浙葉奕苞金石錄補續記

唐蕭定撰季子廟記云舊以泰伯之廟在于蘇臺季子之祠像設東面云云似有改作而不詳其處今橫山趙溪之間臺與祠廟皆不可問閶門内僅有泰伯廟不聞有季子廟碑亦無考葉奕苞金石後錄

王象之輿地碑目載吳季子墓銘一在鎮江府一在

江陰軍一在合州巴川縣一在昌州北山今巴蜀二碑佚失僅見丹徒江陰二碑及丹陽驛前重摹碑三文大同碑下方各有題字惟江陰碑之朱彥記所辨季子墓在申港即申浦又辨潤之延陵非古之延陵為最確越絕書由毗陵上湖中湖中冢者季子冢也史記吳世家集解引皇覽延陵季子冢在毗陵暨陽鄉至今吏民皆祀事路史國名紀古延陵在今常之晉陵故漢毗陵地志會稽毗陵季札居公羊云札退居延陵終身蓋因封此今江陰芙蓉湖西馬鞍山札所耕處有札墓今基在縣北七十里申浦之西江陰

西三十五里合此數說足證朱彥所攷是也歐陽董逌疑此篆非孔子書然皆以字之小大及孔子未至吳紛紛致辯而於流傳源委未能致究且碑之嵩碁二篆尚皆誤識而遽定為好事者偽為豈非惑易實則唐內府所藏必有真跡殘字故殷仲容得以摹傳故宋得以摹入淳化官帖及絳帖帖本作[illegible][illegible][illegible][illegible][illegible][illegible][illegible][illegible][illegible][illegible][illegible][illegible][illegible]除有吳君子之五篆外皆與碑異字數次第亦異王澍法帖考正讀為博邑與諸家釋又異今據王讀因悟此篆必孔子書而與季子墓實不相涉季子聘上國喪子於嬴

博之閒見檀弓此葢孔子觀葬時題字歲久剥蝕越次摹傳者稍以意改後復放為大字刻于延陵廟故碑本帖本違異如此碑之君篆是君非季吾子行已釋正碑末𦽏篆必非墓字友人畢孝廉以田謂𦽏從古文从從艸當是葬字讀此當以於虖句有吴延陵君句子之葬句與檀弓觀葬事正合而千古疑團頓釋矣水經注奉高縣北有吴季札子墓在汶水南曲中從征記曰嬴縣西六十里有季札兒冢冢圓其高可隱也前有石銘一所漢末奉高令所立無所述叙標誌而已自昔恒蠲民户灑埽之今不能然碑石糜

碎靡有遺矣惟故趺存焉按嬴博在今萊蕪縣境縣西北三十里有季札子墓若摹取十字篆樹碑墓道纔為叢貫聖文僅存縮之更小放之更大皆真蹟也且可證經為識字助官是土者倘有意乎嚴可均四錄堂類集

吳季子廟在丹徒縣之九里鎮廟後大墟俗名九里敦蓋即殷仲堪所指為季子冢者也廟前有唐摹孔子篆碑碑下截為張從申題字篆文左右為唐宋人題字碑陰為蕭定改修廟記亦從申書李陽冰篆額後有張孝思跋尾廟前有宋刻殷仲堪王僧恕文碑亦有碑陰其石傾斷廟前有沸井二

所予以乾隆丙午秋與句容朱筠谷至其地手搨兩本藏笈中十餘年矣嘉慶乙丑又搨得江陰縣申港之宋摹碑碑下截為朱彥記錢景瞻書因彙裝一冊推考石刻墓字實當為葬字上從艸中從古文歺下從屮屮即古文艸蓋在齊觀嬴博葬時題字後人又刻于吳地者應讀有吳延陵君為句下云子之葬也藝文類聚載劉宋時范泰吳季子贊云嬴博遠歿解劍在生夫子戾止爰詔作名亦謂觀葬時題字太平寰宇記卷九十二引史記吳世家注云季子冢在暨陽西孔子過之題曰延陵

季子之墓張説謝碑額表云孔篆吳札之墳秦存展季之壠則謂親題季子墓者承誤久矣廟旁傾斷之宋刻碑篆額云延陵季子之碑前刻晉殷仲堪文後刻梁王僧恕文實刻叢編作殷仲堪文王僧恕書誤也碑陰刻開元閒口紹記篆額云吳季子碑陰記蓋宋時三碑竝壞故彙刻為一碑也碑陰記云紹以開元十　缺　巡屬縣訪貞石而湮滅是殷王二碑亡于唐時又云今重鐫刻以懿之紀年月以顯之是唐時已有重刻本後二行云左朝奉大夫知廣德軍事李健題攷宋史志太平興國二

年以宣州廣德縣爲軍則此爲宋人題字碑實重刊于此時也側有嘉定人題名碑陰記又云口仲堪李子碑皆云此墓即季某墓也墓前有季子廟碑據此則季子墓在延陵九里唐巳前早有此說然與越絶書皇覽違異碑陰記又引顧野王輿地志云季札退耕于延陵即其口邑土人懷缺之立廟又引山謙之丹陽記云季子舊有三廟在缺即此是也昔苐五倫爲會稽太守缺非正之祀宜歸于一故惟存南廟而二廟被毁其後人間悉更復之予攷史記索隱引太康地里志曰故延陵邑季

札所居粟頭有季札祠今未審粟頭所在也碑陰記又引顧野王輿地志云廟前有沸井四所廟後舊有沸井二所不詳何時所開齊缺元元年井缺石之聲掘深二尺得沸泉又云泉中得木蘭長一尺廣二寸隱起文曰盧山道士再拜謁缺以丞又云今見沸井騰涌驚缺獻沸之聲晝夜不絕據此知井開在齊以前予親見之僅有廟前二所矣景定建康志沸井在句容縣東三十五里引丹陽記云句容縣有沸井亦曰沸潭引異苑云句容縣有季子廟廟前井及瀆常自涌沸于今猶然是時屬

句容後入丹徒也嚴孝廉可均謂此斷碑唐開元間刻惟末二行李健題名及碑側題名是宋刻其說或然惜未拓得故坿載于此

秦

繹山刻石 始皇廿八年

已見王氏萃編

泰山刻石 始皇廿八年

石高五尺廣一尺六寸存字四行行十二字舊在泰山碧霞元君廟今燬

□□臣斯臣去疾御史大夫臣□

昧死言

臣請具刻詔書金石刻因明白
矣臣昧死請

臣斯臣去疾御史夫〻臣口昧死言

臣請具刻詔書金石刻因明白矣臣昧死請

岱史載秦篆碑僅存此二十九字余登泰山頂上從榛莽中得之起致湮沒因揭之壁間以識往古之遺跡云北平許莊并題

右跋二行在臣昧死請下

泰山刻石王氏萃編已入録其跋中自言得舊拓本摹之然金白等篆僅據岱廟近時翻刻碑實與

真本不合故重加摹入其諸家跋語王氏已錄不復贅也

附劉跋泰山秦篆譜

制曰可此末行在西南稜上

皇帝臨立作制明灋臣下脩飭

廿有六年初并天下罔不賓服

親輈遠黎登茲泰山周覽東極

從臣思迹本原事業祗誦功德

治道運行諸產得宜皆有灋式

右西面六行

大義箸明陲于後嗣順承勿革

皇帝躬聽既平天下不懈于治

夙興夜寐建設長利專隆教誨

右北面三行

訓經宣達遠近畢理咸承聖志

貴賤分明男女禮順慎遵職事

昭隔內外靡不清淨施于後嗣

化及無窮遵奉遺詔永承重戒

皇帝曰金石刻盡

始皇帝所為也今襲號而金石

右東面六行

刻辭不稱

始皇帝其於久遠也如後嗣爲

之者不稱成功盛德

丞相臣斯臣去疾御史大夫臣德

昧死言

臣請具刻詔書金石刻因明白

矣臣昧死請

右南面七行

□曰可

皇帝臨立作制明□□□□□廿□六□□幷□□□
不□□□巡遠黎登兹□山□□□□從臣思迹本原
□□□□□德□道□行諸産得宜□□□□大義箸
明陲于後嗣□□□□皇帝躬聽旣平天下□□□□
□興夜寐建設長□□□□□□經宣達遠近畢理□
□□□貴賤分明男女體順愼□□□昭隔内外靡不
清□□□昆□化□無窮□奉遺詔□□□□
皇帝曰金石刻盡
始皇帝□□□□□□□金石刻辭不稱
始皇帝其於久遠□如□□爲之者不稱成功□□

丞相臣斯臣去疾御史夫二臣□昧死言

臣請具刻詔書金石刻因明白矣臣昧死請

泰山秦篆譜後序

史記載秦始皇帝及二世皆行幸郡縣立石刻辭今世傳泰山篆字可讀者唯有二世詔五十許字而始皇刻辭皆謂已亡莫可復見宋丞相莒公鎮東平日遣工就泰山摹得墨本以慶歷戊子歲別刻新石親作後序止有四十八字歐陽文忠公集古録亦言友人江鄰幾守官奉符親到碑下纔得此數十字而已余以大觀二年春從二三鄉人登泰山宿絕頂訪秦篆裴回碑下其

石埋植土中高不過四五尺形制侶方而非方四面廣
狹皆不等因其自然不加磨礲所謂五十許字者在南
面稍平處人常所橅搨故士大夫多得見之其三面尤
殘缺蔽闇人不措意余審觀之隱隱若有字痕刮摩垢
蝕試令橅以紙墨漸若可辨自此益使加工橅之然終
意其末也政和三年秋復宿嶽上親以氈椎從事校之
他本始為完善蓋四面周圍悉有刻字揔二十二行行
十二字字從西南起以北東南為次西面六行北面三
行東面六行南面七行其末有制曰可三字復轉在西
南棱上每行字數同而每面行數乃不同如此廣狹不

等居然可見其十二行是始皇辭其十行是二世辭以史記證之文意皆具計其缺處字數適同於是泰山之篆遂成完篇宋歐陽二公初未嘗到惟馮工匠所說無足怪人多以二公爲信故亦不復詳閲余既得墨本并得碑之形象制度以歸親舊聞之多來訪問倦於屢報乃爲此譜大凡篆字二百二十有二其可讀者百四十有六今亦作篆字書之其毀缺及漫滅不可見者七十有六以史記文足之注其下譜成揭壁間久幽沈晦之迹今遂歷然秦至無義不足論然李斯小篆古今所師經千三百有餘歲而復彰兹可尚也如窺軏遠黎史作

親巡遠方黎民金石刻作刻石著作休嗣作世聽作聖陲作垂體作禮昆作後則又史家差誤皆當以碑為正其曰御史夫〻者大夫也莊子曰旦而屬之夫〻衛宏曰古文一字兩名因就注之史記於琅邪臺刻石備列從臣名氏余家所收琅邪殘字亦有五夫〻字然則夫從一大因不復重出歟河澗劉跂斯立識

右泰山石刻李斯篆今可見者惟此四十六字字畫渾厚而結體差長余得之山東僉憲洪遵道嘗見應天府學有石刻劉跂泰山秦篆譜跋自序其略云云跂河閒人此譜政和中所為然今人所得泰山斯刻

止此四十餘字豈其餘今皆已摩滅歟抑復為垢蝕所蔽而士大夫未嘗親造其處橅搨之工又皆苟且塞責不肯盡力歟余既得泰山秦篆又求得劉跂此譜遂附於後以見秦刻在泰山者其未摩滅蓋不止於今之所傳墨本也應天府學有此譜石刻余得之張士謙云考史記所載始皇東遊頌視劉跂小字譜不同者十字史記臨位跂作臨立二十跂作廿遠方黎民跂作遠黎休明跂作著明後世跂作後嗣躬聖跂作躬聽禮順跂作體順後嗣跂作昆嗣餘皆同楊東里續集

予家舊藏此刻僅五十一字乃二世詔即歐陽公所謂江鄰幾本趙氏所謂兖州及宋莒公摹本是也近得劉譜視前加九十三字首尾幾於復完都穆金薤琳琅

泰山秦篆小字譜凡三刻于石金石録云汶陽劉跂斯立親至泰山絕頂見碑四面有字乃摹其文刻石自為後序此初刻也潘駙馬取入絳州帖行列段數周匡剥泐悉仍跂舊唯跂于缺字七十六以史記足之注其下并自為後序帖皆刪去此再刻也元申屠駉會稽刻石跋云至元間行臺侍御史李處巽獲劉跂所摹本刊於建業郡庠明楊東里續集亦云應天

府學有此譜刻石余得之張士謙此三刻也跋原石久佚所見惟絳州帖而已都元敬所收劉譜蓋即至元刻本應天府學即今江寧縣學其石未必遽毀俟更訪得之跋作趙氏金石錄序云余登泰山觀秦相斯所刻退而按史遷所記大凡百四十有六字而差失者九字以此積之諸書浩博其失胡可勝言則此譜為功于史不小況關六書豈可任其湮沒跋汝陽人寶刻叢編作河澗楊東里乃云河間人四録堂類集

琅邪刻石 始皇廿八年

已見王氏萃編

會稽刻石　始皇卅七年

石高八尺八寸廣四尺三寸十二行行廿四字後刻申屠駉記舊在紹興府學近又重摩

皇帝休烈平壹宇內德惠脩長卅有
七年親巡天下周覽遠方遂登會稽
宣省習俗黔首齋莊群臣誦功本原
事迹追道高明秦聖臨國始定刑名
顯陳舊章初平法式審別職任以立
恆常六王專倍貪戾慠猛率眾自彊
暴虐恣行負力而驕數動甲兵陰通
閒使以事合從行為辟方內飾詐謀

外來侵邊遂起禍殃義威誅之殄熄
暴悖亂賊滅亡聖德廣密六合之中
被澤無疆皇帝并宇兼聽萬事遠近
畢清運理群物考驗事實各載其名
貴賤並通善否陳前靡有隱情飾省
宣義有子而嫁倍死不貞防隔內外
禁止淫泆男女絜誠夫為寄豭殺之
無罪男秉義程妻為逃嫁子不得母
咸化廉清大治濯俗天下承風蒙被
休經皆遵度軌和安敦勉莫不順令

黔首脩絜人樂同則嘉保泰平後敬
奉灋常治無極輿舟不傾從臣誦烈
請刻此石光垂休銘

皇帝休烈平壹宇内德惠攸長卅有七年親巡天下周
覽遠方遂登會稽宣省習俗黔首齋莊羣臣誦功本原
事迹追道高明秦聖臨國始定刑名顯陳舊章初平灋
式審別職任以立恆常六王專倍貪戾慠猛率衆自强
暴虐恣行負力而驕數動甲兵陰通閒使以事合從行
爲辟方内飾詐謀外來侵邊遂起禍殃義威誅之殄熄
暴悖亂賊滅亡聖德廣密六合之中被澤無疆皇帝并

宇兼聽萬事遠近畢清運理羣物考驗事實各載其名
貴賤並通善否陳前靡有隱情飾省宣義有子而嫁倍
死不貞防隔內外禁止淫佚男女絜誠夫爲寄豭殺之
無辠男秉義程妻爲逃嫁子不得母咸化廉清大治濯
俗天下承風蒙被休經皆遵軌度和安敦勉莫不順令
黔首脩絜人樂同則嘉保泰平後敬奉法常治無極輿
舟不傾從臣誦烈請刻此石光陲休銘
李斯書繹山頌淳化閣守太常博士鄭文寶以徐鉉所
授本刻於長安國學泰山頌至元間行臺侍御史李慶
巽獲劉跂所摹本刊於建業郡庠由是其迹僅存而所

傳浸廣予攷諸記載始皇及二世抵越取浙江岑石刻頌於山亦斯筆也磨滅久矣好古博雅者葢願見而不可得予乃以家藏舊本摹勒置於會稽黌舍庶與繹泰等文並貽於後但史記攸長作脩長世字作三十追道作追首又作追守軌度作度軌令則俱依石刻至正元年辛巳歳夏五月望日承德郎紹興路總管府推官東平申屠駉識

史記秦始皇本紀云上會稽祭大禹望於南海而立石刻頌秦德越絕書云始皇以三十七年東遊會稽以正月甲戌到越留舍都亭取錢塘浙江岑石石長

丈四尺南北面廣六尺西面廣尺六寸刻文立於越東山上其道九曲去越二十一里水經云秦始皇登稽山刻石紀功尚在山側孫暢之述征記云丞相李斯所篆也梁書竟陵王子良爲會稽太守范雲爲主簿雲以山上有始皇刻石三句一韵多作二句讀之竝不得韵又其字皆大篆人多不詳雲夜取史記讀之明日登山讀之如流張守節云會稽山刻李斯書其字四寸畫如小指圓鐫今文字整頓是小篆字予甞上會稽東山自秦望之山巔竝黄茅無樹木其山側有三石筍中有水一泓别無他石石筍并無字復

自小徑別至一山俗名鵝鼻山山頂有石如屋大中閒插一碑於其中文皆為風雨所剥隱約就碑可見缺畫如禹廟沒字碑之類不知此果岑石歟非始皇之力不能插於石中此山絕險罕有至者得一采藥者引之至耳非為碑也或云大篆或云小篆皆不可考寶刻叢編引姚寬叢話

劍南詩稿登鵞鼻山至絕頂訪秦刻石有詩王象之輿地碑記

右會稽刻石按史記始皇三十七年上會稽祭大禹望於南海立石刻頌秦德後其石人稱秦望山碑山在會稽縣東南四十里宋書載竟陵王子良刻日登

秦望山主簿范雲以山上有始皇石刻人多不識乃夜取史記讀之明日登山雲讀如流子良大悅以為上賓則晉宋已來石固無恙歐陽公趙明誠皆好集古文不應此獨見遺鄭夾漈通志金石略雖嘗載之而云疑在越州亦無真見此皆予之所未曉者元至正初東平申屠子迪為紹興路推官以家藏舊刻刻于路學即今之所傳是也然不知其先何從得之予觀其字畫與繹山碑絕類豈亦出徐鼎臣鄭文寶之所摹而申屠氏嘗藏之歟申屠氏跋謂石刻與史所載不同者數字今按史云有子不嫁石刻作而嫁史

云殺之無罪石刻作無辜史云和安敦誠石刻作敦
勉則又跋中之所未及漫識之金薤琳琅
今之所傳即申屠駉本其家藏舊刻當為范雲所讀
原本也金石錄補
秦會稽刻石六朝唐人皆見之歐趙不著于録蓋宋
時石佚也元申屠子迪以家藏舊本重刻于紹興學
宮審觀字畫似經臨寫遇損缺漫漶處皆以意補故
首尾完美如此自唐末以來號為能篆者如王文秉
郭忠恕夢英等皆祖陽冰惟徐鉉及元之劉惟一師
宗秦篆是刻雄健不及繹山而整飭過之或即惟一

等所臨寫史記正義云此二頌三句為韻其碑見在會稽山上其文及書皆李斯其字四寸畫如小指圓鐫今文字整頓是小篆字而是刻字徑漢尺三寸畫僅一分顯陳舊章正義作彰云碑文作畫璋也率衆自强史記作自彊正義云碑文作率衆邦强畫璋或然邦字可疑內飾詐謀史記索隱云刻石文作謀詐小司馬但據王劭所引張徽録非親見石本者又史記二世元年南至會稽而盡刻始皇所立刻石石旁著大臣從者名云云似頌詞後當有皇帝曰金石刻已下七十九字與泰山琅邪之罘繹山同而此數事

是刻敢與違異足明申屠家實藏舊本非依史記僞造申屠跋謂石刻與史記不同者四事而平壹宇内史記作平一親軌天下作親巡黔首齊莊作齊莊本原事速作事迹初平灋式作法式率衆自强作自彊被澤無彊作無疆黔首脩絜作脩潔光陲休銘作光垂諸凡小異未害大同故未悉舉金薤琳琅謂殺之無罪石刻作無辠又謂史云有子不嫁和安敦誠令驗拓本作無皐驗史記作而嫁作敦勉都氏僅舉三事皆不符所未解也是刻為明人磨去改刻他碑知府李曉園以拓本再刊於原石而剖棄申屠舊跋易

以已跋云秦會稽刻石諸書記載俱云在秦望山宋時已不可得元至正初推官申屠駉曾以舊本重橅與徐鉉繹山碑表裏刻之置諸郡庠説見金薤琳琅及金石林時地考乾隆五十五年余來守是邦訪之惟繹山碑獨存其會稽石刻一面已為石工摩去良可惜也因檢舊藏申屠氏本屬金匱錢君泳雙勾勒於原石仍還舊觀吕與好古家共之後二年閏四月朔知紹興府事鐵嶺李亨特題記江寧劉徵刻末又有翁覃溪等題名墨本廣傳宛然元刻云四録堂類集

平津館金石萃編卷二

漢

魯孝王刻石　五鳳二年六月

已見王氏萃編

祝其卿墳壇刻石　居攝二年三月

已見王氏萃編

上谷府卿墳壇刻石　居攝二年三月

已見王氏萃編

郙君開褒斜道摩厓刻石　永平六年

平津館金石萃編卷二　漢

已見王氏萃編

戚伯著碑大歲丁亥隸釋考是建武三年或章和元年

碑文從劉袞本摹録高廣行字數俱不可紀
額題僅存之碑二字在穿上隸書石今毀

本周末嗣㦸氏襲以興勃海君之孫胤著之碑○

胄周別封氏衛㦸邑亦為姓焉□□□□

□漢□□□之□□王朗是時麗持進朝

侯大僕光祿侍中臨營持節□□□方克列

王室遇讒亐呂委位捐爵調官近土孜下

罔營安措東山子孫孝弟篤學應鄉舉上

選仕至廣國都尉泉是府丞勃海大守功

德渙彰

伯著勑海君玄孫季景長子也二七府己

禮性仁知約身學事来略肯通爭墨敢疾

儀容茂盛議者觀始謂復龜鉅之緒而乎

以歲丁亥姊妻朱氏旬期著横遇卵度而

蒙禱卜奄遂實殁豈魂俱靈之哀毋悲傷其

國絶口怛□泯宗緒遠近悽愴失氣伊唯

唸卿相之下泐隸釋缺十口字後復有伯著二字

右周伯著碑在今宿州出於近歲蓋宮部春夫開汴

渠於泥沙中掘得之其文字古怪而磨滅無首尾了

不可讀伯著不知為何人其僅可見者云渤海君元孫季景長子也其事蹟不可考文辭莫曉而字畫不工徒以其古怪而録之此誠好古之弊也集古録

右其字畫如隸書而甚古怪又多磨滅伯著者莫知為何人其時世亦不可考但其文有曰伯著者渤海君元孫季君長子而其額曰周末嗣某氏某字不可識襲興與上又缺一字渤海君元孫伯著之碑而已然則周亦非伯著之姓也碑在宿州歐陽棐集古録目

右戚伯著碑首尾磨滅其略可見者有云充列王室遇謗于呂委位捐爵而其額題周末嗣戚氏襲以興

勃海君元孫伯著之碑知其姓戚以文詞字畫驗之疑東漢中葉以前人蓋當時石刻見於今者多類此所謂充列王室遇譖于呂者戚夫人也金石錄

右本周末嗣佽氏襲以與勃海君元孫伯著之碑隸額本之上有一字石損其半嘉祐中宿州浚汴得之泥沙中碑叙其先云調官沛土安措東山子孫孝弟蓋戚姬遭呂后之禍其族有官於沛者宅兆所卜子孫因家焉符離即沛之封内也襲以與者謂襲周之後而興此時墓刻始萌牙標題未當律令其字畫古怪偏旁增減亦有不可辨者世祖建武三年章帝章

和元年威宗建和元年獻帝建安十二年皆丁亥也碑有大歲丁亥字當是建武或章和年所刻者碑云而為性焉以性為姓也京晁府丞以晁為兆也㠯即之字是即是字𠁩即中字臬即京字鼏即丞字畀即事字丰即才字臾即筆字龜即龜字𡛷即始字躳即邪字帀即不字霣即賣字惟劳字未詳隸釋

元孫伯著碑在宿州隸釋引天下碑録

戚伯著碑隸額一行十九字有穿碑十二行行二十字文在穿下長其上者財數寸自穿之上兩旁浸削及其顛則鋭甚碑之前五行叙其先世至稱伯著則

别行隸續碑式

右漢戚伯著碑宋嘉祐中宿州浚汴獲之泥沙中是本紙墨皆古色為退谷孫侍郎收藏殆即初獲碑時所拓也鄱陽洪氏謂其字畫古怪偏旁增減有不可辨者審視之良然朱彝尊曝書亭集

已未春予在京師于孫氏研山齋見拓本其額周字上有本字異乎他碑之額葉奕苞金石後録

集古録目作周伯著碑蓋不辨題額戚字也顧藹吉隸辨

此蓋宋拓本孫次公星衡得之於京師有退谷鈐記北海孫氏珍臧書画印即竹垞所為作跋者也額但

存之碑二字而葉九來見此本其額周字上有本字豈重褾時割棄十七字邪九來康熙間人作金石録補金石後録所收漢魏碑其石已佚者百二十餘種只據隸釋等書懸擬跋語則研山齋本未必眞見之矣

四録堂類集

右漢戚伯著碑其文載在隸釋洪氏云嘉祐中宿州浚汴得之泥沙中字畫古怪有大歲丁亥字當是建武或章和年所刻云云今考碑文云功充列王室洪作芀調官近土洪作沛土攷卜罔營洪作姝卜泰略肙通洪作才略悽愴失氣下伊唯洪作

伯著宗緒上泯字洪作隕皆誤釋其文亟宜更正
至文中委位捐爾以爾為璽而乎大歲丁亥當是
天乎洪氏又未及言足證此本非依隸釋僞造者
舊為家退谷藏本有圖印尚存嘉慶丙寅秋仲弟
星衡得於都門嚴孝廉記隸釋有此始辨出之今
世收藏家俱未見此然則古碑之埋沒於市肆故
紙堆者不知凡幾也

祀三公山碑 元初四年

已見王氏萃編

嵩山太室神道石闕銘 元初五年四月

已見王氏萃編

嵩山少室神道石闕銘　延光二年三月

銘高一尺三寸廣約八尺餘寸三十餘行行四字額高如銘廣一尺二寸五分三行行二字白文今在河南登封縣

少室神道之闕

上缺述　上缺糸　上缺山　上缺壇　上缺靈

上缺業　上缺疇

少室神道之闕

述　糸　山　壇　靈　業　疇

桉西闕凡六橫此葢第一橫卽第二橫銘詞之前

半篇也篆書百數十字可辨者僅七字皆在行底

以其漫滅太甚自來無拓者

第二橫

已見王氏萃編

嵩山少室東闕江孟等題名 無年月

石高一尺四寸七分廣八寸八分四行行六字每二字為一界格今在河南登封

江孟李陽桓仲潘除鄭孟桓盛潘陽索文

令常紓萌索重令容

右隸書四行行六字每二字為一界格在少室神道

闕之東畫像之下牛氏金石圖謂之少室東闕題名

云高一尺濶六寸刻文寖下前人皆未及見見而表之者雒陽董金甌相函也東闕刻文皆北面牛氏凡缺五字予以拓本諦審其首行第一字尚露其半當是江字第四行首一字全具是紓字其不可辨者三字尒然以漢人題名之例必先書郡縣而後及其姓名字此刻則似每二字為一姓名不得以地名泥之矣其隷法則是東漢人筆無疑也桯或是査紓字當闕以俟考翁方綱兩漢金石記

此無缺字精拓本也紓姓不他見或與舒同四録堂類集

嵩山開母廟石闕銘 延光二年

已見王氏萃編

嵩山太室石闕後銘 延光四年

銘高一尺七寸廣五尺八寸二分四十六行行九字額三行當銘之上今在河南登封

中嶽泰室陽城石□□銘 額三行黑文末行四字是石室之銘隱隱可辨翁氏謂末行三字非

□□□□□□□□□□天地□□□□

□□□日□□□□□仕春□□□□□

□□後三□□□年□□□□三□周□

□□□□□□□□致孝□□□□延光

四年三百□□□□□孔子大聖□□□

□潁川大守楊□□□昱□□□陽□□
□□□□□北濤相□□□□沿□曲□
□□□□□启□廟□□□□□屬□□
□□□□□□□□□□□□□□□□
□□□□縣□□□□□□□昰以□□
□□神□懷□□□□□□□□□聿□
□□□□□辭曰
□中嶽雙下缺銘辭每行八九字不等未能定數此行全缺□□遍
區□□□衣被上缺萌下缺□李嶺乎□
□□□然北庭京雒縈□□淵上缺泰□

廟下缺 上缺 月下缺 此行全缺 至命下缺 親下缺

此行全缺 此行全缺 嶽下缺 將下缺 出下缺 此行全缺 上缺

置□ 上缺 雨□ 上缺 于予愛□□□□□□

于□ 上缺 以于可不□□□□□于

上缺

東闕無文字西闕額陽文云中嶽泰室陽城□□□九字三行後畫一人獸形下層有字三十餘行似篆似隸可辨者惟延光四年字孔子大聖字太守字顏乎字及末數行多用兮字當是銘文餘皆剥蝕後多畫人獸形下復畫一魚形此文顧炎武褚峻皆未載

畢沅中州金石記

右約四十餘行有直界紋其行視太室闕前銘稍狹而字長篆中帶隸剥泐已甚不能多辨矣其文亦前敘後頌太室闕額正當此文中間之上方其額後空處畫數獸此文從來不見於著録牛氏圖亦無之先是黃小松札來云見此拓本略摹數字見寄未之詳也逾月畢秋帆中丞於中州拓寄此本連上方之額乃知是太室闕之後銘而小松處拓本適亦寄來二本互對纔辨四十七字耳此段與前銘同勒於太室闕間即以歲月亦居前銘之後則題曰太室闕後銘

亦自可通抑或目曰延光四年潁川太守銘亦可通也（兩漢金石記）

延光殘碑（延光四年八月）

已見王氏萃編

孝堂山石室畫象題字（永建四年四月）

已見王氏萃編

裴岑紀功碑（永和二年八月）

已見王氏萃編

北海相景君銘（漢安二年八月 有陰）

已見王氏萃編

敦煌長史武班碑建和元年二月

已見王氏萃編

武氏石闕銘建和元年三月

已見王氏萃編

司隸校尉楊孟文石門頌建和二年十一月

已見王氏萃編

乙瑛置孔廟百石卒史碑永興元年六月

已見王氏萃編

宛令李孟初神祠碑永興二年六月

已見王氏萃編

孔謙碣 永興二年七月

已見王氏萃編

孔君墓碑 永壽元年

已見王氏萃編

韓勑造孔廟禮器碑 永壽二年 有陰有兩側

已見王氏萃編

郎中鄭固碑 延熹元年四月

已見王氏萃編

倉頡廟碑 延熹五年 有陰有兩側并額題字

已見王氏萃編

泰山都尉孔宙碑延熹七年七月有陰

已見王氏萃編

西嶽華山廟碑延熹八年

已見王氏萃編

史晨饗孔廟碑建寧元年四月

已見王氏萃編

竹邑侯相張壽碑建寧元年五月

已見王氏萃編

衛尉卿衡方碑建寧元年九月

已見王氏萃編

史晨祀孔子奏銘建寧二年三月

已見王氏萃編

淳于長夏承碑建寧三年六月

已見王氏萃編

陳德碑建寧四年三月有陰

已見王氏萃編

黽池五瑞圖建寧四年六月

已見王氏萃編

武都太守李翕西狹頌建寧四年六月有呂國等十二人題名

已見王氏萃編

博陵太守孔彪碑建寧四年七月有陰

已見王氏萃編

李翕析里橋郙閣頌建寧五年二月

已見王氏萃編

執金吾丞武榮碑無年月當在建寧時

已見王氏萃編

司隸校尉楊淮表紀熹平二年二月

已見王氏萃編

司隸校尉魯峻碑熹平二年四月有陰

已見王氏萃編

熹平斷碑 熹平二年十一月

已見王氏萃編

元儒先生婁壽碑 熹平三年正月

碑文從雙鉤本摹録高廣行字數俱不可紀額題未見石今毀

先生諱壽字元孝南陽隆人也曾祖父攸春秋以大夫侍講至五官中郎將祖父大常博士徵朱爵司馬親父安貧守賤不可營以祿先生童孩多奇岐嶷有志捥髮傳業好學不猒不攸廉隅不飭小行溫然而恭慨然而義善與人交久而能敬榮且溺

之耦耕甘山林之杳藹遁世無悶恬佚淨
漠徲遟衡門下學上達有朋自遠冕紳莘
莘朝夕講習樂以定憂郡縣禮請終不回
顧高位厚祿固不動心麤絺大布之衣糲
秴蔬菜之食蓬戶茅宇棬樞甕牖樂天知
命權乎其不可拔也是以守道識真之士
高尚其事鄉黨州鄰貴親殁懷年七十有
八熹平三年正月甲子不祿國人乃相與
論德處謚刻石作銘其詞曰
皇矣先生褢德惟明優於春秋玄嘿有成

知賤爲貿與世無爭擇徒衡門禮義滋醇
窮下不苟知我者天身歿聲鬯千載作珍
縣之日月與金石存

貞明四年十二月廿四日偶因行過下缺

右漢元儒婁先生碑云先生諱壽字元孝南陽隆人也祖太常博士父安貧守賤不可營以祿先生童孩多奇岐嶷有志好學不厭不飾小行善與人交久而能敬榮沮溺之耦耕甘山林之杳藹又曰有朋自遠冕紳莘莘講習不倦年七十有八熹平三年二月甲子不祿今光化軍乾德縣圖經載此碑景祐中余自

夷陵貶所再遷乾德令按圖求碑而壽有墓在穀城界中余率縣學生親拜其墓見此碑在墓側遂據圖經遷碑還縣立於勅書樓下至今在焉集古録

右隸書不著書撰人名氏先生名壽字元考南陽人隱居不仕以教授爲業碑延熹中立在光化軍乾德縣壽墓之側集古録目

右元儒婁先生碑篆額今在光化軍婁君名壽以靈帝熹平三年卒國人相與論德處詞謚之曰元儒先生猶陳寔之文範法真之元德也隸釋又有忠惠父魯峻碑亦非謚於朝者群下私相謚非古也末流之

槃故更相標榜三君八顧之目紛然而奇禍作矣碑首所篆婁字頗異圖經謂之翟先生碑歐陽公問之王洙原父以李陽冰篆文證之始知元儁為婁姓西漢紀從官給事宮司馬中者注云宮之外門為司馬門蓋今之皇城門也東漢志宮掖門凡七每門一司馬考之於碑元賓為蒼龍司馬沈君為北屯司馬則主南宮門者劉曜為朱爵司馬靈臺碑管遵為東明司馬則主北宮門者婁君之祖為朱爵司馬而書作朱肘者猶帝堯碑以繼作𢇍校官碑以剡作炎省其文也又有兩脩字皆作攸殆亦類此夫不脩廉隅不

飭小行居今則為過舉作文者亟以講婁君之美何也書不云乎不矜細行終累大德漢儒其何擇焉麗即麤字糲即糲字㤅即愛字褱即懷字徲音大奚切徲音與而切隸釋

婁壽碑在乾德縣勅書樓下隸釋引天下碑錄

玄儒婁先生碑篆額一行文在暈下穿在文中三行之內所廢者六字凡十三行行二十五字碑陰十五行行四人隸續碑圖

隸釋云元儒先生國人私謚末流之弊更相標榜而奇禍作矣予謂漢人之好標榜其罹禍固宜然自漢

至今千有餘年而私謚不廢亦未聞有罹禍者此又不可以執一論也光化軍即今襄陽府之光化縣而乾德亦其地云（金薤琳琅）

此刻與禮器張遷等碑筆法相侶二碑尚存而是刻傳之甚中中父所藏乃宋搨尒册首闕文則都太僕金薤琳琅可考也嘉靖己酉中伏日道生觀于真賞齋（豐道生跋）

右漢南陽處士婁壽碑歐陽趙氏洪氏均著于録其曰元儒先生者國人之私謚也易名之典禮官主之太常博士議之廷臣得以駁正之其後但請于朝不

考德行惟爵謚失制謚之本矣至于私謚多出鄉人門弟子之私極辭肆意未有限量然稽之古若展禽之謚惠黔婁之謚康降而東漢見諸碑闕者故友易名不盡加以上謚元儒先生其一也是冊為中吳齊女門顧氏所藏雖非足本而古意淋漓于楮墨之表予先後見漢碑約三十種老年復覯此幸矣曝書亭集

右額云元儒婁先生碑篆書諱壽字元孝南陽隆人蓋山林棲遁之士鄉黨愛之論德處謚而誌銘寥寂反有不脩廉隅不飭小行之語竊意當時附勢趨炎習以成俗有人焉脩然高尚則相與追慕而標榜之

亦風厲末世之一端也金石後録

集古録云光化軍乾德縣圖經載此碑而壽有墓在穀城界中此碑在墓側遂據圖經遷碑還縣棲宋置光化軍領乾德縣熙寧中軍廢改乾德為光化縣今與穀城縣俱屬襄陽府予家有雙鉤本得之寒山趙氏曾見一拓本於鬻古之家剪而帖之每行四字失去首二行今不知所歸矣隸辨

聞諸官茲土者云碑石尚存今在某廟中泐蝕幾無字矣又云近有某巡道重刻其文方綱皆未之見也

豐道生真賞齋賦云夏承婁壽漢碑樂毅東方晉刻

牙籤錦笈以為藏天球河圖而比重此賦為無錫華東沙作東沙所藏婁壽碑宋拓本後有豐道生題識後歸邵僧弥又歸顧維岳後又歸何義門云碑首闕四十八字此本聞今尚在吳中惜未得見顧南原云曾見一拓本於鬻古之家翦而帖之每行四字失去首二行今不知所歸此與吳山夫所收足本及朱竹垞所跋中吳齊女門顧氏不全本皆各自一本也顧南原云予家有雙鉤本得之寒山趙氏吳山夫云碑本完好無一字刓剥真漢刻之僅存者彝釋州鄰下闕一字此本乃是見字方綱今所得正是寒山趙氏

雙鉤本而州鄰下見字完好又與山夫本同後有小篆書二行云甲戌四月廿二日書于小宛堂時清味新緑繞筆端上前後有金孝章俊明印歸安丁小疋曰兩漢南陽屬縣無名隆者集古録此碑跋云今為光化軍乾德縣圖經載此碑又云按圖求碑壽有墓在穀城界中隷釋亦云此碑在光化宋乾德穀城二縣在兩漢為陰縣地疑是陰字之訛方綱按此說甚辨然今見雙鉤本確是隆字闕疑可矣且之為沮榷之為確此皆漢碑之借體至若不可營以禄洪氏隸釋作榮則非也李鼎祚周易集解否卦象詞君子以

儉德辟難不可營以禄虞翻曰君子謂乾坤爲營乾爲禄謂辟難遠遯入山故不可營以禄營或作榮儉或作險碑作營字正可見漢時讀本如此兩漢金石記

是碑在華氏真賞齋已闕其前四十八字矣後歸於邵僧弥又歸顧憩閒後又歸何義門有竹垞義門二跋未及摹入也州鄰下一字洪釋所闕據此作責上半亦不分明義門疑睦之省當存攷也金匱錢楳谿自吳門雙鈎此本見寄未谷欣然爲付剛氏以視顧南原所稱趙凡夫本奚啻十倍過之翁方綱跋

説文睦古作𥈠蓋從目尖聲此碑睦親愛懷字作責

即眘之變體從目在共中何氏疑爲省文非四録堂類集

武都太守耿勳銘 熹平三年四月

已見王氏萃編

石經殘字 熹平四年三月

已見王氏萃編

聞憙長韓仁銘 熹平四年十一月

已見王氏萃編

嵩山堂谿典請雨銘 熹平四年

銘高一尺廣五尺一寸十七行行五字今在河南登封開母闕下方

漢寺□五官中郎將隱陵□□□ 伯千熹

平四年來請雨□高廟典大君諱協字季
度自為郡主簿伯闕銘文後舉孝廉西鄂
長早終敘曰於惟我君明允廣淵學兼游
夏德配臧文歿而不朽實有立言其言惟
何□□□□下缺
右漢堂谿典嵩高山石闕銘云中郎將堂谿典伯并
熹平四年來請雨嵩高廟按後漢書靈帝紀熹平五
年復崇高山名為嵩高山章懷太子注引前漢書武
帝祀中嶽改嵩高為崇高東觀記曰使中郎將堂谿
典請雨因上言改之復為嵩高今此銘乃熹平四年

可以正漢史之誤又蔡邕傳注引先賢行狀云典字子度而延篤傳注又作季度今此碑乃云字伯并亦當以碑為正（金石錄）

季度銘刻於開母銘下高七寸五分濶二尺三寸字徑一寸五分開母銘及季度銘刻文皆北向（牛運震金石圖說）

前有四行行五字漫滅不甚明以金石錄合之卽堂谿典請雨嵩高山銘也隸釋金石文字記俱未載此文惟見金石錄及褚峻金石圖（中州金石記）

牛空山金石圖載其文自典大君諱協句起云刻於

開母銘下南向謂之季度銘者是也予初得拓本亦止有後十行今見此拓本通計文十七行其前五行之文髣髴可辨者正與趙氏金石録合然此拓本後十二行内明云字季度趙氏既引延篤傳注作季度而以此碑伯弁為是則於碑後字季度之文何以默無一語恐趙氏所見拓本止有前五行耳然後十二行實承前文一貫觀其字季度上一行曰典大君諱協而大君二字能解則前後文皆明矣攷之後漢書延篤傳曰少從頴川唐溪典受左氏傳注先賢行狀曰典字季度為西鄂長風俗通曰吳夫槩王奔楚封

唐谿因以為氏典為五官中郎將唐與堂同也郡國志潁川郡有定陵鄢陵今驗拓本陵上一字微露左直似是鄢陵也郡國志潁川郡陽城有嵩高山劉昭注山海經謂為太室之山帝王世紀曰陽城有啟母冢以此核之則碑謂郡主簿者即潁川郡主簿也潁川既與陽城合季度又與西鄂長合似乎此季度者即是堂谿典矣然是銘請雨嵩高及蔡邕傳與五官中郎將堂谿典等奏正定六經文字二事相合並在熹平四年而延篤終于永康元年其受業於典乃在少時且在其受業馬融之前況以此碑字季度者自

為郡主簿時作闕銘文此開母闕銘造於延光二年下距熹平四年相去五十三歲之久且五官中郎將秩比二千石而先賢行狀及此銘皆僅言為西鄂長不當舍其大官而專舉其微者合此數說則字季度為西鄂長之一人恐未必是熹平書石經請雨嵩高之一人矣友人張石公欲讀大為太謂典之先人諱協字季度此則於情事時代俱可通按鄭固碑云大男孟子有楊烏之才年七歲而夭大君夫人所共哀也以大君與夫人竝言正是父母之稱當是漢時有此語耳顧不知後漢延篤傳注何以有堂谿典字季

度為西鄂長之語若至熹平四年寫經禱雨其人尚在則已在其門徒延篤歿後八九年矣又安得謂為早終乎此亦當入兩漢刊誤補遺之一條也兩漢金石記

銘後不知缺幾行前無缺審觀五官行前寸許即弓邊外皆敓紋翁氏圖此于首行前虛一行云已前未知缺幾行非也文云大君為郡主簿作闕銘文又云歿而不朽實有立言則開母闕銘乃堂谿協所作主簿即書佐而彼闕署名末但有佐左福無堂谿協越五十三年協子典來請雨刻此叙以表揚之然先賢行狀猶云典字季度混合父子為一人而後之考據

家問以開毋闕銘誰所作亦絕無知之者則表微亦
未易言矣四錄堂類集

豫州從事尹宙碑熹平六年四月
已見王氏萃編

費鳳別碑附熹平六年九月
碑高四尺五寸廣三尺三寸五分二十二行行二十七字石今毀

君甥家中孫曰陵石勛字子卞載馳載驅
来奔于喪庭肝摧意悲感切傷心瞻彼碑
誄懷之好音司馬慕藺相南宮復白珪仰
之以彌高鑽之而彌堅不堪哀且思敘詩

之一篇庶邈昔子夏起夫子之所言其辭
也
君諱鳳字伯蕭梁相之元子九江大守之
長兄也蚤德龍爵鉅艾相亞慘還祖之鴻
軌拓前代之休蹤邈逸越而難繼非羣愚
之所頌仁義卒於心慈孝著於性言不失
典術行不越矩度清絜皦爾淥而不滓恤
憂矜厄施而不記由近及遠靡不覆載故
能闡令名而雲騰揚盛聲而風布踐郡右
職三貢獻計辟州式部忠以衛上漢安二

年吴郡大守東海郭君以君有逶虵之節
自公之操年卅一舉孝廉拜郎中除陳國
新平長禮化風靡惠以流下靜而爲治匪
煩匪擾乾乾日稷矜此黔首功成事就色
斯高舉宰司委職位思賢以自輔玄懿守
謙丕白駒以遜阻月陽有誠寂湨□□□
□命君討理之試守故鄣長蓋危亂有不
讓又畏此之罷閭□□而□牧愛止其師
旅鳩若飛鷹鷂虓若夫虓虎彊者綏以德
弱者以仁撫顜在上帝心功訓而特紀輻

輿宰堂邑墓月而毀道視□□□□遂據
于鄉尹中表之恩情兄弟與甥甥鵠與女
蘿性樂松之茂好聞君顯令名舉宗為歡
喜不悟奄忽終藏形而匿景耕夫釋耒耜
桑婦投鉤莒道阻而且長望遠淚如雨共
馬循大路搴裳而涉洧儦儦歌黍離思黃
鳥集于楚悌悌之臨穴送君於亭上嗟嗟
悲且傷每食□不絕夫人萬舊好不以存
亡改文平感渭陽悽愴益以甚諸姑咸辟
踊愛及君伯姊孝孫字元宰生不識考妣

追惟厥祖恩蓬首斬縗杖世所不能爲流
稱於鄉黨見吾若君存剝裂而不已壹別
會無期相去三千里絕翰永忼慨泣下不
可止
右漢費鳳碑云字伯蕭梁相之元子也漢安二年舉
孝廉拜郎中除陳國新平長又云試守故障長其文
班班可見而卒葬年壽皆不載其後悉爲五言韻語
其略曰不悟奄忽終藏形而匿景耕夫釋耒耜桑女
投鉤筥道阻而且長起坐淚如雨其文既非工故不
悉録 集古録

右石勛撰隸書不著書人名氏鳳字伯蕭漢安中歷守故郭堂邑長勛自稱鳳男家中孫文悉為五字句不著所立年月集古録目

右漢費君碑陰云君諱鳳字伯蕭梁相之元子九江太守之長兄也世德襲爵銀艾相亞又云君踐郡右職三貢獻計漢安二年吳郡太守東海郭君以君有委蛇之節自公之操年卅一舉孝廉拜郎中除陳國新平長遂宰堂邑其後為五字韻語詞頗古雅而時時殘闕不可次序其前題君甥家中孫甘陵石勛隸釋載此跋作石勛字子才所述云金石録

右費鳳别碑刺舅家中孫甘陵石勖詩一篇其辭云瞻彼碑誄懷之好音謂卜君所作也其詩先叙世系歷官繼以韵語六十句其三句六言餘皆五言石君葢鳳之中表也所述兄弟甥舅諸姑伯姊夫人孝孫悲傷哀痛之意宛轉悽切費氏父子三碑合竝列於吳興校官之壁不知者指此為碑陰趙氏亦有斯誤其中涅而不滓蓋用涅而不緇鴥彼飛飛鷹鷂鐃若夫虓虒蓋用虓彼飛隼闞如虓虎其字有不同若非假借則是傳授異也碑以確為搉以邌為幾以逶虵為委蛇以遾為遂以基為朞以辟為辟釋隸

碑陰二十二行行二十七字隸續碑圖

費鳳别碑在湖州前碑無名字世系見于此碑金石録作碑陰非也婁機漢隸字原

伯蕭碑陰者石子才之所作也子才甘陵人自稱君舅家中孫瞻彼碑誄不堪哀思而叙之以詩也賢哉石君不遠三千里而會中表之喪今之人以貴陵賤以富忽貧薄恩敗禮喜不慶憂不弔者幾何人也嗚呼觀此碑者情友親厚之心可以悠然而生矣寶刻叢編引集古後録

右漢堂邑令費鳳别碑歐陽公直以為費鳳碑趙明

誠則以為費鳳碑陰彙釋謂費氏父子三碑竝列於吳興校官壁葢鳳之父汎為梁相有碑而鳳亦自有碑此則鳳中表石勛字子才之所述也三碑今皆不存此予得之四明豐解元坊宋搨本也金薤琳琅費氏三碑舊在吾郡墨妙亭石皆亡失此葢宋拓本先大父得之沈長山陸氏即余曾祖母家也有陸崑印記紙色黴損以隸釋讀之第十二行越寇下沒字第十五行行首視字不可識第一行勛字口內有沕

敍集古録目彚釋以為勛金石録以為勛又以為勛審觀實是勛字第十八行黃鳥上思字誤衍彚釋以

為六字句恐非都南濠嘗得是碑幷得前碑今不知所歸此本未經剟褾當雙鉤重刻于石然多漫漶處非精于隸法者不能鉤出也四録堂類集

劉君殘碑越渭川考為光和四年三月

已見王氏萃編

校官碑光和四年十月

已見王氏萃編

白石神君碑光和六年

已見王氏萃編

白石神君碑陰

主簿郝晉𣏟道 共三列又後人題名一列有半

主簿郝匆匆高

主簿郝尚文休

主簿 又淵孔先

主簿王合元先

主簿 阝舉文業

祭酒 乚礼孝仁

祭酒范朏孔周

祭酒張廣德林

祭酒郭稚子碧

祭酒郭挈仲業

都督趙略孔達　已上第一列

主簿郝明孔休

主簿杜斐玄達

主簿馬靖文□

主簿韓南儒伯

主簿武觀泰引

主簿李斐衍宗

主簿□當季元

主薄郗志元恪

主薄張斐休武

祭酒陳光長林

主薄陳由季儒　已上第二列

務城神君錢二萬

李女神義錢三萬

礝石神君義錢二萬

壁神君義錢一萬　已上一列在額中

重修郗翁記

都惟張那緒　賈吉張信　蘓進蘓吉

任方　吴方裴順　劉讓
張义男張用分一貫為都三伯　共計一十口
李方劉演　柳榮　康誠
王吉　王吉　董秀　李寧
杜旦　史秘　李新　安榮
么擇　么斌　么璘　么隆　么計
□□　孫顯　李玉　張清
趙征　張能　李謙　任鐸　後空一行
左村蘊家庄都唯郍頭蘊琮男蘊誠蘊隆
孫五人婆婦伍个并長欲共十八口　後空三行

廣化寺主
僧惠具夵五百
唯鄉頭張志　藴理　藴正
馮塤　安秀　藴順　藴則　後空三四行
東庄　李元成政　成諌　李能
李元　成和　么隆　麻新　李巳
李海　李潤　成昌已上一列在第二列隷書下
真定府石五谷亮并檀卿記已上一行在左邊
碑陰有務城神君李女神甄石神君壁神君名号殆
因白石而充類名之者碑建于光和六年是歲妖人

張角起矣曝書亭集葉奕苞金石録補

聞有碑陰予未之見隸辨

碑陰有主簿十六人祭酒六人都督一人祭酒即鄉有秩都督即督郵督曹其正書題名殆燕元璽間刻有么姓六人為希姓㚬字即埒之俗四録堂類集

尉氏令鄭季宣碑中平二年四月有陰

已見王氏萃編

郃陽令曹全碑中平二年十月有陰

已見王氏萃編

蕩陰令張遷表中平三年二月有陰

已見王氏萃編

仙人唐公房碑無年月

已見王氏萃編

唐公房碑陰

故江陽守長成固楊晏字平仲

東部督郵成固左介字元術

故江陽守長南鄭楊銀字伯慎

處士南鄭祝龜字元靈

司徒掾南鄭祝楊字孔達

處士南鄭祝岱字子華

故益州從事南鄭祝恍字子文
處士南鄭祝恒字仲華
處士南鄭祝朗字德靈
處士南鄭祝崇字季華
大守史南鄭祝榮字文華
大守史南鄭趙英字彥才
處士南鄭劉通字海□
故褒中守尉南鄭趙忠字元楚
□□南鄭楊鳳字孔鸞
額暈三重內有八分書數行隱隱略辨公房二字又

其右下露一山字餘皆泐不可見洪氏亦未言也兩漢金石記

唐公房碑陰一列在穿下尺一寸以正面穿處度之侶碑陰元十七行隸釋所載僅十五行疑右邊二行舊泐或元無字皆未可定額暈三重內有隸書四行翁氏僅舉山字公房字其右上露一國字頗明白翁氏未言也四錄堂類集

豫州從事孔褒碑 無年月

已見王氏萃編

魯王墓二石人胷前題字 無年月

已見王氏萃編

中嶽廟前石人頂上字　無年月

今見河南登封

馬

魯相謁孔廟殘碑　無年月　牛空山以爲孔宏碑

已見王氏萃編

竹葉碑　無年月

已見王氏萃編

華嶽廟武都太守殘碑陰　無年月

已見王氏萃編

朱君長題字無年月

已見王氏萃編

殷比干墓題字無年月

已見王氏萃編

子斿殘碑無年月

已見王氏萃編

元孫碑無年月

已見王氏萃編

正直碑無年月

已見王氏萃編

武氏祠堂畫象題字無年月

已見王氏萃編

武氏石室祥瑞圖題字無年月

已見王氏萃編

武氏祠前石室畫象題字無年月

已見王氏萃編

武氏祠左石室畫象題字無年月

已見王氏萃編

周公輔成王畫象題字無年月

已見王氏萃編

周王齊王畫象題字無年月

已見王氏萃編

孔子見老子畫象題字無年月

已見王氏萃編

朱長舒墓石室畫象題字無年月

已見王氏萃編

射陽石門畫象題字無年月

已見王氏萃編

曲阜元帝廟畫象題字無年月

石高四尺五寸廣二尺八寸今在曲阜四氏學

周公

石高三尺廣一尺四寸一人左向立右題周公二字徑四分右縱横界畫九層如屏扆祇存右半周公冠服與他碑異而題字實漢人筆法也學內尚有畫象一石星冠雲佩題石雞娘娘四字則後人所為矣山左金石志

大風歌無年月

已見王氏萃編

凥當文字三十三種

已見王氏萃編

平津館金石萃編卷三

魏

上尊號碑有陰延康元年

已見王氏萃編

受禪表黃初元年十月

已見王氏萃編

孔子廟碑黃初元年

已見王氏萃編

膠東令王君斷碑黃初五年

已見王氏萃編

郃陽殘碑黄初五年共四石

已見王氏萃編

廬江太守范式碑青龍三年有陰

已見王氏萃編

東武矦王基碑景元二年四月

已見王氏萃編

李苞通閣道題名景元四年十二月

已見王氏萃編

吳

九眞太守谷朗碑 鳳皇元年四月

碑高五尺三寸廣三尺四寸五分十八行行二十四字今在湖南耒陽

府君諱朗字義先桂陽耒陽人豫章府君之曾孫公府君之孫郎中君之子也其先世自顓頊謚爲舜虞賜姓嬴氏至于扉子封於秦谷因而氏焉君承洪原之清流稟弈世之高素履道思順德行純備三歲喪母十一亡父獨與弟居承奉繼親和顏悅色孝友温恭曾閔之操君其蹈焉弱冠仕郡歷右職守陽安長淋問宣沭遂升王府

除郎中尚書令史郡中正遷長沙劉陽令
播渥惠以育物垂仁恩以布化莅政未期
徵拜立忠都尉尚書郎靖密樞機名冠衆
僚遷部廣州督軍校尉正身率下不畏彊
禦派清蕩濁萬里肅威功成辭退拜五官
郎中遷大中正平衡清格彝倫攸敘于旹
交州竊邑叛國戎車婁起干戈未戢帝思
俾乂訓咨羣司僉以君往部南州威恩素
著遷九真大守君稟明德所歷垂勳宜延
遐紀光讚皇家如何不永春秋五十有四

鳳皇元年四月乙未寢疾而卒嗚呼哀哉
凡百君子莫不嗟痛乃立碑作頌以顯行
績其詞曰
於鑠府君稟性玄通積行閨閾九族睦雍
羽儀上京德與雲騰入蹈丹墀夙夜靖恭
出撫梨民風移俗興名杲豹産勳齊往縱
當永黄耇翼佐帝庸昊天不弔哲人其從
濟濟縉紳靡瞻靡宗勒兹玄石永光無窮
題名
先生　古□□亻寄名□此一行在碑文前

興蔡　谷起凰　□集谷先　子真　達可
大義鄉　嗣孫谷尚志　子上　平
馬□□鄉　谷昭□　□　年
□祥公卿　申山　符□之
已上在碑文後

右谷朗者事吳為九眞太守碑無書撰人名氏其序云府君諱朗字義先桂陽耒陽人豫章府君之曾孫公府君之孫郎中君之子也其先出自顓頊益為舜虞賜姓嬴氏至于扉子封於秦谷因而氏焉谷氏在吳不顯史傳無所見所謂豫章府君而下三世皆莫

知其名字按秦本紀非子邑於秦而此與朗子永寧侯相碑皆爲扉子莫詳其義也集古錄

右秦朗碑按吴志建衡三年陶濬破交趾禽殺晉所置守将九真日南皆還屬朗必以是年守九眞明年改元鳳皇而卒史不立傳其三世皆仕吴爲牧守而志亦無考矣金石錄補

碑在湖南耒陽縣其文十八行行廿四字隷書以順爲順从心色爲色劉陽爲瀏陽禦爲禦詶咨爲疇咨顥爲顯梨爲黎縱爲蹤蓋猶沿漢碑之遺其字遒勁亦有漢分隷法是碑罕見於著録惟歐趙二書有之

趙有目無跋近日崑山葉九來金石録補題曰吳秦朗碑引吳志建衡三年云云是矣但以爲秦朗者乃誤讀碑内賜姓嬴氏後封秦谷之句而致訛耳不特歐趙二書皆作谷朗爲可據而今所見拓本之末有興業鄉大義鄉嗣孫谷起凰谷尚志諸姓名皆谷氏之後裔其爲谷朗愈無可疑矣兩漢金石記

右谷朗碑歐趙及王象之輿地碑目天一閣碑目九來覃溪竹汀諸家皆著于録隸法不惡刻手極拙賜字作賜從易漢碑所未見四録堂類集

天發神讖碑天璽元年

已見王氏萃編

禪國山碑 天璽元年

已見王氏萃編

衡陽太守葛祚碑額 無年月

已見王氏萃編

禹陵窆石題字 無年月

已見王氏萃編

急就篇 無年月葉石林以為吳皇象書

文從褒冊本摹錄石高廣不可紀每列高一尺五分凡一百廿九行行十一字每行後有葉夢得釋文原缺甚多末有夢得跋今在江蘇華亭

第一急就奇觚與衆異羅列諸物名姓字

第一急就奇觚與衆異羅列諸物名姓字

分別部居不雜廁用日約少誠快意勉力

分別部居不雜廁用日約□□□勉力

務之必有憙請道其章宋延年鄭子方衛

務之必有憙請道其章宋延□□□方衛

益壽史步昌周千秋趙孺卿爰展世高辟

益壽史步昌周千秋□□□□展世高辟

兵第二鄧萬歲秦眇房郝利親馮漢彊戴

兵第二鄧萬歲秦眇房郝利親馮漢彊戴

護郡景君明董奉德桓賢良任逢時侯仲
護郡景君明董奉德桓賢良任逢時侯仲
郎田廣國榮惠常烏承祿令狐橫朱交便
郎田□□□□常烏承祿令狐橫朱交便
孔何傷師猛虎石敢當所不侵龍未央伊
孔何傷師猛虎石敢當所不侵龍未央伊
嬰齊第三翟回慶畢稚季昭小尤柳堯舜
嬰齊第三翟回□□□□□□□□□□
藥禹湯淳于登費通光柘恩舒路正陽霍
□□□□□□□□□□□□□□□□

聖宮顔文章莞財知徧呂張魯賀憙灌宜
□□□□□□□□□□□□□□□□
王程忠信吳仲皇許終古賈犮倉陳元始
□□□□□□□□□□□□□□□□
韓魏唐第四掖容調柏杜楊曹富貴李尹
□□□□□□□□□□□□□□□□
桑蕭彭祖屈宗談樊愛君崔孝襄姚得賜
□□□□□□□□□□□□□□□□
燕楚嚴薛勝容聶干將求男弟過說長祝
□□□□□□□□□□□□□□□□

恭敬審毋妨龐賞賚贅士梁成博好范建

□□□□□□□□□□□□□□□□

羗閣歡喜第五寧可忘苟貞夫茅涉臧田

□□□□□□□□□□貞夫茅涉臧田

細兒謝內黃柴桂林温直衛奚驕叔邴勝

細兒謝內黃柴桂林温直衛奚驕叔邴勝

箱雜引敞劉若芳毛遺羽馬牛羊尚次倩

箱雜引敞劉若芳毛遺羽馬牛羊尚次倩

丘則剛陰賓上翠鴛鴦庶霸遂萬段鄉泠

丘則剛陰賓上翠鴛鴦庶霸遂萬段鄉泠

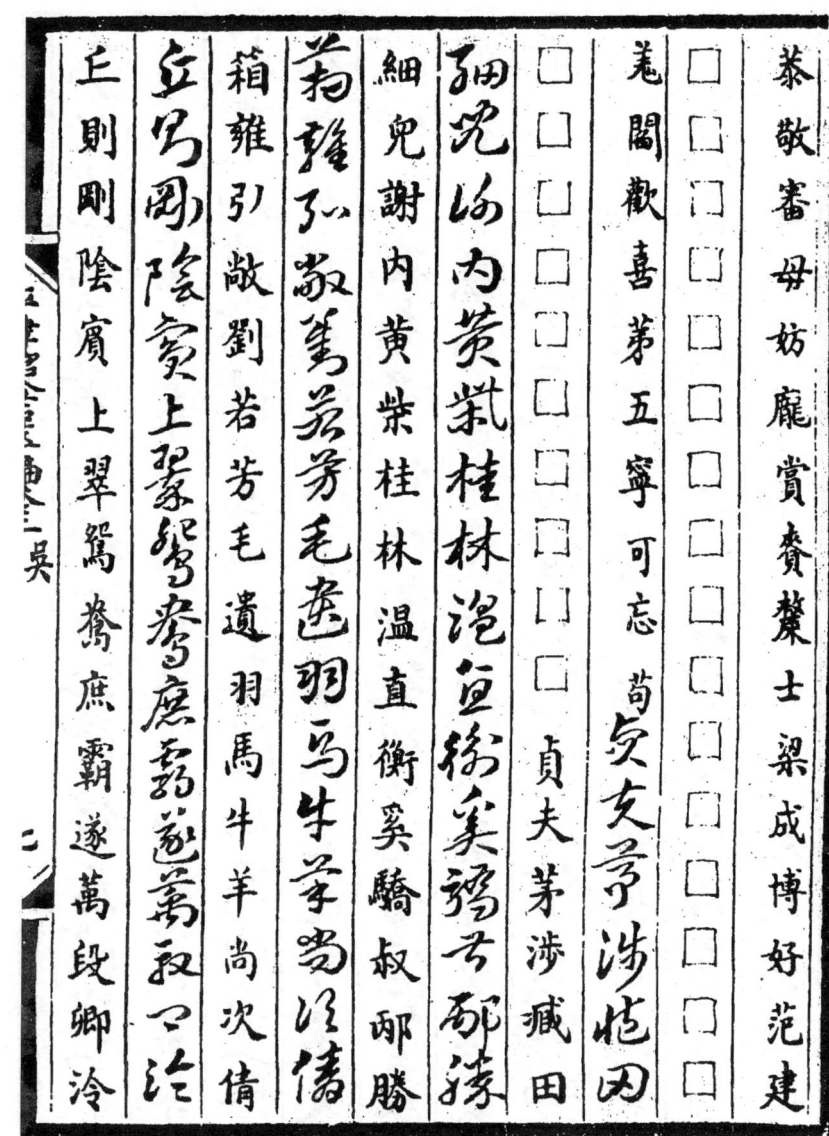

豸功武初昌第六諸回池蘭偉房減罷軍

豸功武初昌第六諸回池蘭偉房減罷軍

橋賓陽原輔福宣棄奴殷滿息充申屠夏

橋賓陽原輔福宣棄奴殷滿息充申屠夏

脩俠公孫都慈仁他郭破胡虞尊偃憲義

脩俠公孫都慈仁他郭破胡虞尊偃憲義

渠蔡游威左地餘譚平定孟伯徐葛咸軻

渠蔡游威左地餘譚平定孟伯徐葛咸軻

敦錡蘇耿潘匽第七錦緰縐旄離雲 爵桒

敦錡蘇耿潘匽第七錦緰縐旄離雲□□

風縣鍾華隤樂豹首落莽兔雙鶴春草雞
□□□□□□□□□□□□□□□□
翹鳧翁濯鬱金半見霜白蓊縹綟綠丸早
□□□□□□□□□□□□□□□□
紫硟烝栗絹紺縉紅繎青綺羅縠靡潤鮮
□□□□□□□□□□□□□□□□
綈雒縑練素帛蟬第八絳緹絓紬絲絮緜
□□□□□□□□□□□□□□□□
帔幣囊橐不直錢服瑣俞帗與繒連貫貸
□□□□□□□□□□□□□□□□

賣買販肆便資貨市贏匹幅全絡紵枲縕

□□□□□□□□□□□□□□□□

裹約纏綸組縌綬以高遷量丈尺寸斤兩

□□□□□□□□□□□□□□□□

銓取受付予相因緣第九稻黍秫稷粟麻

□□□□□□□□□□□□□□□□

粳餅餌麥飯甘豆羹葵韭葱䪥蓼蘇薑蕪

□□□□□□□□□□□□□□□□

荑鹽豉醯醬漿芸蒜薺介茱萸香老菁蘘

□□□□□□□□□□□□□□□□

荷冬日藏梨柿柰桃待露霜棗杏瓜棣饊

□□□□□□□□□□□□□□□□

飴餳園·菜果蓏助米糧第十甘麮殊美奏

□□□□□□□□□□□□□□□□

諸君袍襦表裏曲領裙襜褕袷複褻袴褌

□□□□□□□□□□□□□□□□

單衣蔽膝布無尊蔵縷補袒撻緣循履舄

□□□□□□□□□□□□□□□□

沓裒越緞紃靸鞮卬角褐韤巾尚韋不借

□□□□□□□□□□□□□□□□

為牧人完堅耐事愈比倫第十一屐蕎褺
□□□□□□□□□□□□□□□
麄羸窶貧旃裘索擇蠻夷民去俗歸義来
□□□□□□索擇蠻夷民去俗歸義来
附親譯導贊拜稱妾臣戎貊總閱什伍陳
附親譯導贊拜稱妾臣戎貊總閱什伍陳
廩食縣官帶金銀鐵鈇錐鑽釜鍑鍪鍛鑄
廩食縣官帶金銀鐵鈇錐鑽釜鍑鍪鍛鑄
鉛錫鐙鐎錠鈴鏞鉤銍斧鑿鉏第十二銅
鉛錫鐙鐎錠鈴鏞鉤銍斧鑿鉏第十二銅

鍾鼎鈃銷匜銚錭釭鍵鉆冶錮鐈竹器簦

鍾鼎鈃銷匜銚錭釭鍵鉆冶錮鐈竹器簦

笠簟籧篨笓篅箯筥簞筴篝簁箄箕帚筐

笠簟籧篨笓篅箯筥簞筴篝簁箄箕帚筐

篋簍椭盂槃案桮閜椀蠡斗參升半卮簞

篋簍椭盂槃案桮閜椀蠡斗參升半卮簞

榑榼椑榹匕著籫缻盆盎甕罃壺第十

榑榼椑榹匕[]籫缻盆盎甕罃壺第十

三甑瓽甂甌瓨甖盧絛繘繩索紡絞纑

三甑瓽甂甌瓨甖盧絛繘繩索紡絞纑藺

札檢署槧櫝家板柞所產谷口茶水虫科
札檢署槧櫝家板柞所產谷口茶水虫科
斗鼃蝦蟇鯉鮒蟹鱣鮐鮑鰕妻婦聘嫁齎
斗鼃蝦蟇鯉鮒蟹鱣鮐鮑鰕妻婦聘嫁齎
媵偅奴婢私隸枕牀杠蒲蒻藺席帳帷幢
媵偅奴婢私隸枕牀杠蒲蒻藺席帳帷幢
第十四承塵石簾絛繢縱鏡籢梳比各異
第十四承塵石簾絛繢縱鏡籢梳比各異
工蕡熏脂粉膏澤筩沐浴揃搣寡合同襐
工蕡熏脂粉膏澤筩沐浴揃搣寡合同襐

飭刻畫無等雙係臂琅玕虎魄龍璧碧珠

飭刻畫無等雙係臂琅玕帀魄龍璧碧珠

璣玫瑰甕玉玦環佩靡從容射鬾辟邪除

璣玫瑰甕玉瑠環佩靡從容射鬾辟邪除

群凶第十五竽瑟空侯琴筑錚鍾磬鞀簫

群凶第十五竽瑟空矦琴筑□鍾磬□□

鼙鼓鳴五音雜會歌謳聲倡優俳笑觀倚

□□□□□□□□□□□□□□□□

庭侍酒行解宿昔酲廚宰切割給使令薪

□□□□□□□□□□□□□□□□

炭萑葦孰炊生臏膾炙胾各有刑酸醎酢
□□□□□□□□□□□□□□□□
淡辨濁清第十六肌臈脯腊魚臭腥沽酒
□□□□□□□□□□□□□□□□
釀醪稽蘖程棊局博戲相易輕冠幘簪黃
□□□□□□□□□□□□□□□□
結髮紐頭額頞准麋目耳鼻口脣舌齗牙
□□□□□□准麋目耳鼻口脣舌齗牙
齒頰頤頸項肩臂肘卷捥節搔母指手胂
齒頰頤頸項肩臂肘卷捥節搔母指手胂

胦匈齊喉膺髃第十七腸胃腹肝肺心主

胦匈齊喉膺髃第十七腸胃腹肝肺心主

脾腎五臧膍齎乳尻寬脊膂要背僂服脚

脾腎□□□□□□□□□□□□□

膝臏脛為柱踹踝跟踵相近聚矛鋋鑲盾

□□□□□□□□□□□□□□□

刃刀鉤靸鐵鈹鎔劒鐔鍭弓弩箭矢鎧兜

□□□□□□□□□□□□□□□

鍪鐵垂楇杖棁柲殳第十八輜軺轅軸輿

□□□□□□□□□□□□□□□

輪康輻轂館鎋柔櫌桑枳軾軨苓轙納衡

□□□□館鎋柔櫌桑枳軾軨苓轙納衡

蓋槓桿棿戹縛棠轡鞅韅絆羈靮韁茵茯

蓋槓桿棿戹縛棠轡鞅韅絆羈靮韁茵茯

薄杜鞍鑣鍚靳靷茸鞊色焜煌革嗇髹漆

薄杜鞍鑣鍚靳靷茸鞊色焜煌革嗇髹漆

猶黑倉室宅廬舍樓殿堂苐十九門戶井

猶黑倉室宅廬舍樓殿堂苐十九門戶井

竈廡囷京根櫌薄盧瓦屋梁泥塗堊曁壁

竈廡囷京根櫌□□□□□□□□□□

垣牆幹楨板栽度員方屏廁溷渾糞土壤
□□□□□□□□□□□□□□□□
壂粲詹廏庫東箱碓磑扇隤舂簸揚頃町
□□□□□□□□□□□□□□□□
界畝畦畤窳疆畔畯佰耒犁鉏苐廿種樹
□□□□□□□□□□□□□□□□
收斂財稅租攄穫秉把函拔把桐梓樅松
□□□□□□□□把函拔把桐梓樅松
榆櫄樗槐檀荊棘葉枝扶騂騩騅駁驪騮
榆櫄樗槐檀荊棘葉枝扶騂騩騅駁驪騮

驢騏駞馳騊怒步超羘羖羝羯羠䍦羭六

驢騏駞馳騊怒步超羘羖羝羯羠䍦羭六

畜番息豚彘豬豭豶狡狗野雞鶵第廿一

畜番息豚彘豬豭豶狡狗野雞鶵第廿一

犙犻特犗羔犢駒雌雄牝牡相隨趍糟糠

犙犻特犗羔犢駒雌雄牝牡相隨趍糟糠

汁葦稾莖葍鳳爵鴻鵠鴈鶩雉鷹鷂鳧鴇

汁葦稾莖葍鳳爵鴻鵠□鶩雉鷹鷂鳧鴇

翳貂尾鳩鴿鶉鴳中罔死鳶鵲鴟梟驚相

翳貂尾鳩鴿鶉鴳中罔死鳶鵲鴟梟驚相

視豹狐距虛豺犀兕貍兔飛鳧狼麋麞第

視豹狐距虛豺犀兕貍兔飛鳧狼麋麞第

廿二麋麈麢麃皮給履寒氣泄注腹臚張

廿二麋麈麢麃皮給履寒氣泄注腹臚張

痂疕疥癘癡聾惡癰疽瘜㾬瘻㾜疢疝瘕

痂疕疥癘癡聾惡癰疽瘜㾬瘻㾜疢疝瘕

顛疾狂失□虐瘚瘀痛痲溫病消渴歐潓

顛疾狂失□虐瘚□痛痲溫病消渴歐潓

欬逆讓癉熱瘻痔眵瞶眼蔦癃裹瘊迎醫

欬逆讓癉熱瘻痔眵瞶眼蔦癃裹瘊迎醫

匠第廿三灸刺和藥逐去邪黃苓伏令礜
匠第廿三灸刺和藥逐去邪黃苓伏令礜
茈胡牡蒙甘草菀梨盧烏喙付子椒元華
茈胡牡蒙甘草菀梨盧烏喙附子椒元華
半夏皁夾艾槖吾弓窮厚朴桂栝樓款東
半夏皁夾艾槖吾弓窮厚朴桂栝樓款東
貝母薑狼牙遠志續斷叅土人亭歷桔梗
貝母薑狼牙遠志續斷叅土人亭歷桔梗
龜骨枯第廿四雷矢雚菌藎兔盧卜夢讉
龜骨枯第廿四雷矢雚菌藎兔盧卜夢讉

祟父母恐祠祀社保戴獵奉行觴塞禱鬼
祟父母恐祠祀社保戴獵奉行觴塞禱鬼
神寵棺椁槥櫝遺送踊埀邪悲哀面目種
神寵棺椁槥櫝遺送踊埀邪悲哀面目種
哭泣醊祭墳墓冢諸物盡訖五官出宦學
哭泣醊祭墳墓冢諸物盡訖五官出宦學
諷詩孝經論第廿五春秋尚書律令文治
諷詩孝經論第廿五春秋尚書律令文治
禮掌故庭癘身知能通達多見聞名顯絕
禮掌故庭癘身知能通達多見聞名顯絕

殊異才倫超擢推舉白黑分積行上究為
殊異等倫超擢推舉白黑分積行上究為
牧人丞相御史郎中君進近公卿傅僕勲
牧人丞相御史郎中君進近公卿傅僕勲
前後常侍諸將軍第廿六列侯封邑有土
前後常侍諸将軍第廿六列侯封邑有土
匝積學所致無鬼神馮翊京兆執治民廉
匝積學所致無鬼神馮翊京兆執治民廉
絜平端拊順親變化迷惑別故新姦邪並
潔平端拊順親變化迷惑別故新姦邪並

塞皆理馴更卒歸誠自詣因司農少府國
塞皆理馴更卒歸城自詣因司農少府國
之淵援眾錢穀主辦均第廿七皋陶造獄
之淵援眾錢穀主辦均第廿七皋陶造獄
法律存誅罰詐偽劾罪人廷尉正監承古
法律存誅罰詐偽劾罪人廷尉正監承古
先總領煩亂決疑文鬥變殺傷捕伍鄰游
先總領煩亂決疑文鬪变殺傷捕伍鄰游
徼亭長共雜診盜賊繫囚榜笞臀朋黨謀
徼亭長共雜診盜賊繫囚榜笞臀朋黨謀

敗相引牽欺誣詰狀還反真第廿八坐生
敗相引牽欺誣詰狀還反真第廿八坐生
患害不足憐辭窮情得具獄堅籍受證驗
患害不足憐辭窮情得具獄堅籍受驗證
記問年閭里鄉縣趣辟論鬼新白粲鉗釱
記問年閭里鄉縣趣辟論鬼新白粲鉗釱
髡不肯謹慎自令然輸屬治作谿谷山蔌
髡不肯謹慎自令然輸屬治作谿谷山蔌
蔌起居課後先斬伐材木斫株根第廿九
蔌起居課後先斬伐材木斫株根第廿九

犯禍事危置對曹謗詆首匿愁勿聊縛購

犯禍事危置對曹謗詆首匿愁勿聊縛購

脫漏亡命流攻擊刦奪檻車膠嗇夫假佐

脫漏亡命流攻擊刦奪檻車膠嗇夫假佐

扶致牢疻痏保辜謼呼獋乏興猥逮調讓

扶致牢疻痏保辜謼呼獋乏興猥逮調讓

求輒覺沒入檄報留受賕枉皃惌怒仇茀

求輒覺沒入檄報留受賕枉皃惌怒仇茀

卅讒訣爭語相抵觸憂念緩急悍勇獨延

卅讒訣爭語相抵觸憂念緩急悍勇獨延

肯省察諷諫讀江水涇渭街術曲華研投
肯省察諷諫讀江水涇渭街術曲華研投
筭膏火燭賴赦救解貤秩禄邯鄲河間沛
筭膏火燭賴赦救解貤秩禄邯鄲河間沛
巴蜀穎川臨淮集課録依恩汙擾貪者辱
巴蜀穎川臨淮集課録依恩汙擾貪者辱
第卅一漢地廣大無不容盛萬方来朝臣
第卅一漢地廣大無不容盛萬方来朝臣
妾使令邊竟無事中國安寧百姓承德陰
妾使令邊竟無事中國安寧百姓承德陰

陽和平風雨時節莫不茲榮蝗虫不起五
陽和平風雨時節莫不茲榮蝗虫不起五
穀孰成賢聖並進博士先生長樂無極老
穀孰成賢聖並進博士先生長樂無極老
復丁
復丁

右章草漢黃門令史游急就二千二十三字相傳爲吴皇象書摹張鄧公家本象書惟官本法帖所載文武將隆等四帖其餘不復多見而章草自唐以來無能工者其法盖僅存世傳獨吴越錢氏所藏蕭子雲出師頌寂

為近古他如索靖月儀等未必盡真此書規模簡古氣
象沉遠猶有蔡邕鍾繇用筆意雖不可定為象書决非
近世所能偽為者自李斯作蒼頡其後爰歷博學凡將
元尚與急就五家繼作皆為小學所宗攷字書略備今
蒼頡而下皆亡獨此書有顏師古注本尚在乃相與參
校以正書並列中間臨榻轉寫多不無失實好事者能
因其遺法以意自求於刻畫之外庶幾絕學可復續也
宣和二年上巳日知潁昌軍府事緡雲葉夢得題
右急就篇明正統間吉水楊政以宋葉石林刻本重
刻于華亭凡缺六百卅四字存一千四百字與紹聖

三年帖本對勘字數點畫悉同行十一字亦同後有石林跋謂相傳爲皇象書而未敢定或言索靖書校石林集謂索靖章艸急就篇一千四百五十字此少五十字固非靖書也王伯厚注第七章云碑本無此章此與紹聖帖本亦無明即皇象本然第二章榮惠常之榮注云碑本作棠此在缺字中又與厚齋所見不同章艸久爲絕學故諸家所釋互異此本每行有石林釋文亦不皆確第六章康輔福釋康爲原虞苟偃釋苟爲尊第十一章譯導贅拜釋導爲導臬食縣官釋稟爲廩第十四章沐浴揃搣寡合同揃搣見說

文釋椷爲揻第十八章壂堂釋壂爲殿第十九章欜櫋釋欜爲榱第廿八章誠竈情得釋誠竈爲辭竆皆爲顔師古所誤第十二章箅篝第廿二章痹疢艸書畀作尖第十六章鼻字可證疢與痕同而釋箅篝爲英篝釋痹疢爲瘓疢第十八章尻縛榮釋縛爲縛狢黑倉狢見說文釋狢爲猶第廿二章癡聾忘釋忘爲惡第廿三章弓竆釋竆爲竆土人乃土衣之爤文即瓜釋瓜爲人第廿六章歸誠言旁微損釋誠爲城皆石林自失師古不受過也艸書轉摹亦或微誤第十五章筑釣師古作筑箏釣非箏字鉗不協韵第廿二

章狂失覀師古作失響石林皆不釋甚是第十四章揃搣字作𢱢第廿三章桼元華字作𢱢亦無區別艸書車作车亦或作车第十三章槧櫝字作𣏾似梨字第廿八章斬伐字作𣂔不可識第廿九章軵覺字作𠨖似緅字此類若非錯釋必恐碑本摹譌楊政刻此又得任勉之所摹宋仲溫寫本以補此缺六百十九字并仲溫別書二幅堦刻于後而第一章第二章缺十五字失補楊跋又言缺三百餘字以六為三其鹵莽如此四録堂類集

右急就章明正統四年按察副使楊政以葉夢得

刻本重刻于華亭凡一千四百字每行有夢得釋文末有夢得跋今據以摹録中缺六百卅四字以顔師古王應麟本附注于旁其第七章第卅三四章碑本原無不復附注楊政刻此又得元宋克寫本以補此缺凡六百餘字并宋别書二幅及楊政自跋附刻于後今皆不録桉急就章漢史游所作蓋草書之權輿唐張懷瓘十體書斷云按章草者漢黄門令史游所作也王愔云漢元帝時史游作急就章解散隸體麁書之漢俗簡惰漸以行之是也此乃存字之梗概損隸之規矩縱任奔逸赴速急就因草創之義謂之草書

謂之章草

書斷云懷瓘案章草之書字字區别張芝變爲今草加其流速上下牽連或借上字之終而為下字之始呼史游草為章因張伯英

草而謂也其文比篆隸爲流速故名急就草書之始蓋出于篆或以爲解散隸體麄書之非也書斷云梁武帝草書狀曰蔡邕云昔秦之時諸侯爭長簡檄相傳望烽走驛以篆隸之難不能救速遂作赴急之書蓋今之草是也又董仲舒欲言災異草稾未上姚察曰草猶麄也麄書爲本曰稾据此知秦時及漢初已有草書則裨諶草創及屈原屬草稾疑即草書又不始于史游矣歷代傳摹急就漢有張芝書斷云張芝字伯英韋誕云其草書急就章皆一筆而成宋黃伯思東觀餘論云今世所傳惟張芝索靖二家爲真皆章書而伯英書祗有鳳爵鴻鵠等數行崔瑗清河書畫舫似道家藏名蹟有崔瑗臨史游急就章魏有鍾繇玉海引太宗實錄云先是下詔求先賢墨迹有以鍾繇書急就章爲獻字多踳駮吳有皇象晉有衛夫人王羲之俱見顏師古序又陶宏景上武帝書云馮澄云在軍急就篇二卷古法緊細近脫憶此語

當是零落索靖東觀餘論云靖所書乃有三之二已不復存其闕者自毋縛而下纔七百五十字此本是已蓋后人摹而未填者葉夢得石林集云索靖章草急就篇一千四百五十字闕七百五十九字余聞世有此唐人硬黃臨本舊矣紹興後甲子偶得秘書郎黃長睿雙鉤所摹於福唐魏有崔浩魏書崔浩傳浩既工書人多託寫急就章從少至老初不憚勞所書蓋以百數必稱馮代軀以示不敢犯國其謹也如此唐有陸柬之書見宣和書譜時人又多臨本宋米芾寶章待訪錄云皇象急就唐撫奇絕在相張公齊賢孫名直清處宋有太宗御書玉海太宗實錄端拱二年十月丙戌以御書急就章藏於秘閣羅願記云國朝至道中太宗皇帝嘗親書此篇又於碑本外多齊國給獻以下百二十八字凡為章三十有四此兩章蓋起於後漢東坡集云終南太平宮有太宗急就章一卷黃庭堅李仁甫朱文公皆有刻本見玉海元有鄧文原見汪砢玉珊瑚網明有

宋克王世貞集余家藏仲溫急就章二百年矣取葉少蘊刻皇象石本閱之大小行模及前後缺處若一波撇小異耳俞和見王世貞集注之者有後漢曹壽舊唐書經籍志急就章一卷史游撰曹壽解魏劉芳北史本傳芳撰急就章續注音義證三卷周豆盧氏隋書經籍志急就章三卷豆盧氏撰齊顔之推舊唐書經籍志急就章注一卷顔之推撰今所見石刻本自葉石林外有紹聖三年帖本與玉海所載碑本文字異同皆合又有戲鴻堂徐鼎臣殘本梁相國國治本所存注解惟顔師古及王應麟本餘無存焉葉夢得石林集云史游急就章二千二十三字相傳爲吳皇象書摹張鄧公家本又云索靖章草急就篇一十四百五十

字紹興甲子偶得秘書郎黄長睿雙鈎所摹于福唐按今紹聖本纔一千三百九十九字前題史游名知郎皇象本故大學士梁國治有臨本字小于紹聖本缺字較少不言据何本而相國書脱誤亦多二章所不侵作不便三章舒作郤樊愛君脱愛字八章資貨作資儵十章奏作央十七章矛鋋脱鋋字十八章轅軺脱軺字轡靷脱靷字廿一章作兩鳩字廿二章釋文以忘為惡響為盈之類予惜顔注本旣不依古本分章玉海所稱碑本異字核之葉本尚有遺漏因以葉本為定校各本文字為考異一篇漢時小學書有倉頡爰歷凡将勸學諸篇皆軼不存惟蓺文志所載急就有完本又

可仿佛史游筆法中多古字古音皆倉頡中正字先于許氏說文其羅列名姓諸物五官者姓不與名連屬名取嘉名諸物五官舉其大畧備世行用不獨初學于此究心亦通人所宜實事求是故鄭康成孔穎達注經李賢注史皆引此書今案其文妙作眇藏作臧蘔鞸作索擇蓞作敍箆作比箜篌作空侯繮作疆輯作茸駏驉作距虛脹作張癲作顛葶藶作亭歷潔作絜境作竟皆可以証俗書之謬凡从竹之字寫爲艸可知葙即箱字蕳即簡字而本草經青葙子及詩柬蕳亦俗書也詩釋文云本作簡

世旣不識草書故各本所釋急就亦有歧舛如以縈爲崇昌爲罔他爲化尊爲荀棨爲索稽爲皆剸爲黔骨爲胃治爲詔之類尤數之不能終而十一章遺見漢書及說文今釋爲導廿一章文有貍兔飛鳥狼麋麐按說文鳥是㲋之籀文音丑略切今釋爲㲋字獸之屬安得有鳥名廿九章文有騶覺没入橄報留騶卽驟省文或釋爲聊或爲輒俱不詞矣昔三代古文爲秦變篆爲隸嘗恨孔壁諸經亡于西晉竟無傳本邯鄲淳三體石經僅存一二于隸釋韓愈所稱李陽冰有科斗孝經衛宏官

書兩部合一卷亦不可見急就變草書爲真字有槪本可以校勘老成典型庶幾不墜歟夫草從篆生故武字先書戈後書止以止包戈與字上爲卌下爲亡省大省林稟从禾荃从父鹿頭从廿卷首从采也眞出于草故苊誤則爲花脩誤則爲儵嫋誤則爲嬲疊誤則爲疉一隅可以反之後世字體與小學屢變而失其初章草則字字區別一變爲今草再變爲懷素張旭書而上下牽連矣倉頡急就說文古字假借轉聲已周于事一變爲字林玉篇而偏傍滋益近鄙別字且行于經典矣予于此

編備述源流以貽知者冀以正定文字若其箋釋
已有顏王或疑史游以元帝時為急就章而史稱
元帝善史書卽謂見其書而善之是帝能為章草
亦或然也

苐一　雜廁王海本作雜廁　必有憙顏本黃本作喜　展世黃本展一作歷

苐二　眇顏本作妙　漢彊顏本作強　所不侵梁本作便誤

苐五　茅顏本作苗　奚驕尗顏本作叔　邴顏本作祊　丘則

剛玉海作岡　泠顏本作伶　一　勞功李本作襃功　昌黃本一作岡　一

苐六　房顏本一作防　一　康葉釋作原誤顏本作原　輔福顏本作輻

棄玉海作弃　夏玉海作交　慈仁他李本作地玉海作化　虞荀

偃葉釋作尊偃誤顏本作尊　咸顏本作鹹　錡顏本作倚

第七顏本及玉海以此章為第八別有第七焦滅胡晏奇能邢麗奢劭守寳宰安其俠郝敵代馬于司馬應尚自於陶熊羆解莫如樂欣諧童扶疏痛無忌向夷吾閻并訢竺諫朝續曾配遺失餘姓名訖請言物顏本其作期應作褒疏作踈閣作閭曾作增配作紀黃本曾作魯

旌顏本作旄玉海作純

第十一

索擇顏本作䅽釋越本索作粹　譯䆃字從禾各本作導誤

賢顏本作讚　貊顏本作伯　陳顏本作鄰　稟葉釋作稟誤顏本作稟

錐鑽顏本李本作鑽錐玉海錐作鉦一作鋥非　鐎錠顏本作錠鐎　鏑顏本作鏑非　鋞玉海作鉦　鉏玉海作鋤

第十二　鈃顏本作鋞玉海作鉶　匜顏本作鉇　鐧釭顏本作釭鐧

鈷顏本作鈷玉海作鍩　英顏本作筭按艸書寫竹為艸尖即艸書畀字第十六章鼻

作臬可証葉釋作英華之英非　盂顏本作杅　槃顏本作盤　桮玉海作杯

斗李本作升玉海作計　参即參字玉海作三　蕈顏本作艒　槫玉海作椯

缶顏本作瓿　一　瓴顏本作甈在缶字上　甇顏本作盎

第十三　盧玉海作甗　紊繻黃本作纍縎　桼顏本作𣏟葉釋從之

按𣏟字當書為桼摹刻小誤或此是𣓌字　樻顏本作槓　柞玉海作笮　荼顏本

作鈄　𩹉顏本作蟹　鮑顏本作鮑　一　聘顏本作娉　䐿顏本作膹

蒲黃本作蒱　一　蘭玉海云顏本作萑非　幢各本作幢從童

第十四　蒹此即薕省顏本作慊　蕡熏顏本作芬薰　櫉顏本作櫉

從手 搣各本釋作搣誤 飭顏本作飾 甕顏本作甕 瑁顏本作玦

第十五 鈁顏本作箏此當是錚字摹刻誤或釋為鉗不協韻亦非樂器

第十六 准麋顏本作顁眉校准即準艸書 卷捥顏本作捲腕玉海作

拳 搔母顏本作爪栂 胂黄本作胛 匈顏本作胷 脅玉海作脊

膺顏本作咽

第十八 輻轂錧鎋柔㯓桑顏本作輨轄輮轣轢玉海轣作軾李本作

輻輨轂轄黄本轢作輮 笭顏本作軨 納顏本作軜 椑梘尻顏本作俾

倪杔玉海作捭捝扤 縛各本釋作縛非 纞鞅韅絆羈靮韁顏本作轡

勒鞅韅絆羈韁玉海作緪 茵茯薄杜顏本作鞇鞦鞋韉 鐊顏本作鍚

靷黄本作靷誤 茸顏本作鞲 嗇顏本作轖 膝顏本作髤 狀當是

裕字顔本作油玉海作猶　壂顔本作殿

第十九　欀顔本作桹黃本同此　櫋顔本作椽

第廿　畝拔杷顔本作插捌杷　松顔本作榕　櫄槫顔本作椿桴

葉黃本作桑　騮顔本作駵　騶顔本作驟　牂羖羝羯⿰羊戔⿰羊兆

羭顔本玉海羝字在⿰羊兆下　畨顔本作畨　彘顔本作豕　犬顔本作狗

第廿一　犨顔本作犉　鷄玉海作鴿　一　鵬顔本作鵠桉鵬即鳳字上句已有鳳爵此鵬字當作鵠摹刻小誤　翳貂玉海作鷖鵰顔本作雕黃本翳作鷲

鴿黃本作鶴　罔顔本作網　戴顔本作鳶　距虛玉海作駏驉　勇

顔本作㲋玉海引碑本作㲋葉釋亦作㲋桉此非㲋字說文㲋籀文作㲋即此字也丑略切

第廿二　廬顔本作麃　張顔本作脹　聾忘顔本作聾盲此草書忘字

葉釋作惡誤 瘱此州書瘱字玉海引碑本同葉釋作瘞誤 疢顏本作瘶云字或作疢音義同蓋從丈之字葉釋及玉海作疢誤 顛顏本作癲 瘶玉海作癩 痳

玉海作瘦 歐灊欬逆顏本作歐逆欬灊又一作嘔 [illegible]顏本作蔑 衰

廢顏本作瘕癈

弟廿三 令顏本作苓 黎盧顏本作藜蘆 喙付顏本作喙附

栜元顏本作椒芫 早夾顏本作皁莢 弓窮顏本作芎藭

東玉海作冬 龜骨顏本作龜骨

弟廿四 夢顏本作問 保蔽顏本作稷叢 行觴顏本作調觴

兼顏本作椿 種顏本作腫 醊祭顏本作祭醊

弟廿五 底厲顏本作砥礪 知能通達多見聞黃本此句

十二

在春秋尚書律令文之上 超顏本作抽 積顏本作迹 敉顏本作貴 近

玉海作退

第廿六 無顏本作非 絜顏本作潔 拊顏本作撫 皆顏本作一

階 理 馴玉海作巡顏本此句在變化迷惑別故新之上 洙此誠字言肴識損葉

釋作城誤 援 衆 錢 穀顏本作遠取財物 辨顏本作平

第廿七 鬬 變顏本作變鬬本鬬一作罰 黄 游 徼 亭 長顏本作亭

長游徼

第廿八 誠 窕顏本作辭窕 驗 證顏本作證驗 趣玉海作趨

㴒怭各本釋作謹慎畨視碑文恐非 治顏本作詔

第廿九 匿玉海作慝 購顏本作束 謕玉海作啼 貘顏本作號

一作嗥　還顔本作逺　[illegible]顔本作軏玉海作聊皆非按艸法此字即騄字　冤

顔本作法

第卅　觝顔本作觝　憂越本作更非　悍黄本作捍　江水涇

顔本作涇水注　投顔本作籌　捄玉海作求　恩顔本作溷

第卅一　竟顔本作境　茲顔本作滋　老復丁玉海此後有第三十

三四兩章黄本亦有今不録按玉海別有第七章以第七爲第八下皆遞降故以第卅一爲第卅二

梁本梁相國國治　顔本顔師古注　黄本黄

魯直　李本李仁甫　越本朱文公　玉海本王

應麟補注

附徐鈖臨本急就篇

急就奇觚與衆異羅列諸物名姓字分別
部居不雜廁用日約少誠快意勉力務之
必有喜請道其章宋延年鄭子方衛益壽
史步昌周千秋趙孺卿爰展世高辟兵第
二鄧萬歲秦妙房郝利親馮漢強戴護郭
景君明董奉德桓賢良任逢時侯仲郎由
廣國榮惠常烏承祿令狐橫朱交便孔何
傷師猛虎石敢當所不侵龍未央伊嬰齊
第三翟回慶畢稚季昭小兄柳堯舜禁夫
湯淳于登費通光柘恩舒路正陽霍聖宮

鄒文二年覺坊楷編呂張急絮熹宜

右徐鼎臣臨急就篇墨迹董思白收入戲鴻堂帖凡百七十四字以石林本及紹聖三年帖本校之多出五十七字斷圭殘璧尚見唐本厓略因附載于此

平津館金石萃編卷四

晉

潘宗伯等造橋格題字泰始六年五月

已見王氏萃編附魏李苞題名右方

任城太守孫夫人碑泰始六年十二月

已見王氏萃編

太公呂望表太康十年三月

已見王氏萃編

大興造塔題字大興二年

石高一尺九寸五分廣一尺四寸三行行四字

大興二年十月二十九日造

太平興國七年七月廿六日　任城錢萬呂成德遊觀此小字題名四行刻于造字下

成化五年王正到此此隸書題名一行刻于日字右方

右大興題字忘其拓處字徑四寸楷法古勁按東晉元帝北燕馮宏渤海大欽茂皆有大興年號馮氏所據之地宋初為契丹不得有太平興國題名渤海即高麗彼大興當唐貞元字畫亦不類故定為東晉無疑四録堂類集

關中侯劉韜墓志 無年月

已見王氏萃編

前秦

廣武将軍□產碑 建元二年十月 有陰

已見王氏萃編

宋

寧州刺史爨龍顏碑 太明二年九月 有陰

碑高九尺五寸廣三尺六寸廿四行行四十五字正書今在雲南陸涼

宋故龍驤将軍護鎮蠻校尉寧州刺史邛都縣侯爨使君之碑 額六行行四字正書

君諱龍顔字仕德建寧同樂□□□□□□□□顓頊
之𤣥术子祝融之眇俏也清源流而不滯深根固而不
傾夏后之盛敷陳五教勳隆九土純化□古仁功播於
万祀故乃耀輝西岳郢楚子文銘德於春秋班朗紹縱
於季葉陽九運否蟬蛻河東逍遙中原班彪刪定漢記
班固述脩道訓爰暨漢末采邑於爨因氏族焉姻婭媾
於公族振纓蕃乎王室迺祖肅魏尚書僕射河南尹位
均九例舒翮中朝遷運庸蜀流薄南樹安九世千柯繁
茂万葉雲興鄉望標於四姓邈冠顯於上京瑛豪繼體
於茲而義祖晉寧建寧二郡太守龍驤將軍寧州刺史

車越斧金章紫綬棨戟憧蓋襲封邛都縣侯歲在壬申
百六遘釁州土擾亂東西二境凶竪狼暴緬戾窺場君
收合精鋭五丁之衆身伉矢石摽碎千計肅清邊嵎君
南中磐石人情歸望遷本号龍驤將軍護鎮蠻校尉寧
州刺史邛都縣侯君姿瑛雄之高略敦純懿之弘度獨
步南境卓尔不羣雖子産之在鄭蔑以加焉是以蘭聲
既暢福隆後嗣者矣自非愷悌君子孰能若斯也鼓旻
天不弔寢疾弥篤享年六十一歲在丙戌十二月上旬
薨黎庶痛悼戀長傷懷天朝遠感追贈中牢之饋也故
吏建寧趙次之巴郡杜長子等佈哀仁德永慕于澤刊

孝龍驤輔國将軍八郡監軍晉寧建寧二郡太守追謚
寧州刺史邛都縣侯金紫累跡朱紱充庭君承尚書之
玄孫監軍之令子也容貌瑋於時倫貞操超於門友溫
良沖挹在家必聞本州礼命主薄不就三辟别駕從事
史正式當朝靖拱端右仁篤顯於朝野清明扇於遐迩
舉義熙十年秀才除郎中相□西鎮還蠻府行參軍除
試守建寧太守剖符本邦衣錦晝遊民歌其德士詠其
風於是貫伍鄉朝本州司馬長史而君素懷慷慨志存
遠御万里閼（歸）除散騎侍郎進無烋容退無愠色忠誠簡
於帝心芳風宣於天邑除龍驤将軍試守晉寧太守軺

石樹碑裒尚烋烈其頌曰
巍巍靈山峻高迢遰戚躍在淵龍飛紫闥邈邈君侯天
姿瑛哲縉紳□門揚名四外東帛戔戔禮聘交會優遊
南境恩沾□震撫伺方岳滕殘去兹悠哉明后德重道
駈綢繆七經騫騫遲躬鳳翔京邑曾□比蹤如何不吊
遇此繁霜良木摧枯光暉潛藏在三感慕孝及哀傷銘
迹兮石千載垂功
祖已甍背孝忠存銘記良頤不遂奄然早終嗣孫碩子
等及乎哀感佈尋靈訓永慕高蹤控勒在三仲秋七月
登山采石樹立玄碑表殊勳於當世流芳風於千代故

記之
寧州長子驎弘早終次弟驎紹次弟驎暄次弟驎崇等
建樹此碑
太明二年歲在戊戌九月上旬王子翔嗣孫碩□碩□
碩萬碩思碩□碩羅碩□碩俗等立
近碑府主薄益州杜長子
文建寧縣道虔作
碑陰
府長史建寧縣道文
司馬建寧縣□民

錄事叅軍武昌郡劉覲
功曹叅軍建寧孟□倫
倉曹叅軍建寧縣□□
户曹叅軍建寧周賢
中郎叅軍鴈門郡□□□
府功曹建寧縣□
府主薄建寧趙□才
別駕建寧縣敬祖
治中晉寧趙世伐
主薄建寧縣徒融

主薄建寧孟艹明
西曹益寧楊琮子
西曹晉寧路雄以上第一列
鎮蠻長史建寧爨世明
司馬建寧□靖
錄事叅軍建寧毛瑋子
功曹叅軍朱提李融之
倉曹叅軍牂柯謝國子
戶曹叅軍南廣楊道育
中丘叅軍建寧爨孫　記

鑾府功曹建寧李政植

主薄建寧孟令孫

主薄建寧孟□德

門下建寧纍連□

録事武功郡舒彵

西曹建寧周令活

戶曹建寧陳世□

省事安□□稚才

書佐建寧孟羅

幹張孫明以上弟二列

録事孟林
西曹劉道善
户曹尹仲□
記事張□□
朝直張世保
□下都督王道盈
□□□頭
□□□文
□□康
門下張㝵

録事□敬
户曹□廾子
省事李道學
書佐單仲
幹盛度子以上第三列
嘉慶丙寅中秋訪趙北嵐明府於吳趨行館北嵐出此碑見示文雖完好題額使君上一字爲人磨去驟觀之不知其姓以碑文細紊乃知其爲爨也碑叙爨姓出于班以漢書班孟堅自序證之大畧相同班氏本家楼煩与建寧之爨士著相連固可同出一氏第

云漢末萊邑於爨曰氏族之語攷兩漢及魏晉並未有以爨名邑者未知所据何書耳又云歲在壬申百六遘釁州土擾亂攷壬申當是宋文帝之元嘉元年本紀載是歲九月妖賊趙廣寇益州陷没郡縣州府討平之蓋龍顏與有功焉碑書龍顏享年六十一歲在丙戌十二月上旬薨丙戌乃元嘉二十三年下距太明二年戊戌建碑時則已十有三年矣碑書斑字俱从文不从刀案字書从刀者乃分班字从文者乃斑駁字孟堅漢書自序云楚人謂虎斑其子以為号則斑姓義取斑駁之斑从刀者非是當以碑為正也

其楚作埜嶡作嶥歌作哥或作咸靈作霝驎作驎匪作遈匠作近皆當時繆體俗書也廊即卿𣶒即淵幢蓋字既誤巾匈為心又於蓋字亦加心此皆繆之尤甚而僅見此碑者也碑陰有遷曹不見於晉宋二史百官志而史有運曹又碑所無遷与運字形相似未知運即遷之誤否朝直亦史所無豈以其微而略之歟楊倞子姓名上書益寧攷諸史無此郡名豈益州之誤抑即建寧之誤歟又省事一官下書安上與稚□攷郡亦無以安上名者姑皆闕疑以俟博雅瞿中溶跋

此碑近日著錄家皆未見惟載於于氏天下金石志

云在曲靖府之陸涼州予得自友人官大理府者惜
未能言其所在也碑製絕類漢人額下有穿穿左右
復㔾作兩月形中刻花紋頌後復叙祖考薨卒及采
石樹碑又書長子早終次弟某某等立又書匠碑及
作文人皆作另行亦皆此碑所僅見可備金石之例
者也宋武帝紀年太明晉書皆書太作大據此知係
傳刻之譌然宋晁伯咎歷代紀年已收此紀元于大
字下可見沿誤已久今賴此碑得證千百年之誤字
亦一快也趙曾跋

右爨府君碑太明二年立在雲南陸涼州以僻遠故

少拓本碑言爨姓出于班漢末菜邑于爨因氏族焉續漢志無爨地班氏出樓煩爨氏自言祝融眇肯其分派未審信否廣韻爨又姓引華陽國志昌寧大姓有爨習蜀志建寧大姓蜀録有交州刺史爨深按晉有爨琛興古郡人永嘉中與姚岳同破李雄兵仕為本郡太守或深即琛爨龍顏即其族裔矣是後爨氏據有滇南幾二百年南齊志寧州諸爨氏强族恃遠擅命隋書梁睿傳云梁南寧州刺史徐文盛被湘東徵赴荆州土民爨瓚遂竊據一方後分為東西二爨唐南蠻傳兩爨蠻自曲州靖州西南昆州曲軛晉寧

喻獻安寧距龍和城通謂之西爨白蠻自彌鹿井麻二川南至步頭通謂之東爨烏蠻自云本安邑人七世祖晉南寧太守中國亂遂王蠻中梁元帝時爨瓚據地延袤二千餘里既死子震翫分統其衆隋史萬歲擊之至西洱河滇池而還太宗遣將擊西爨開青蛉弄棟為縣開元中南寧州都督爨歸王襲殺東爨首領蓋聘俄而爨崇道殺歸王崇道俄亦被殺諸爨稍離弱南詔閤羅鳳立以兵脅西爨徙戶二十餘萬於永昌城後烏蠻種復振徙居西爨故地貞元中異牟尋復定西爨故地爨氏始末如此唐末已來史傳蠻

酋無爨姓蓋皆改姓然滇海東南地至今稱爲東西二爨此可補姓氏書所未備也昆明縣東十五里有隨西爨王墓墓有碑唐成都閭丘均撰洛陽賈餘絢書見一統志各家未入録故附記于此閭丘均舊書附陳子昂傳即撰聖歷元年王仁求碑者也四録堂類集

梁

焦山瘞鶴銘 天監十三年

已見王氏萃編

石井闌題字 天監十五年

已見王氏萃編

安成康王蕭秀碑 年月泐

碑文全泐未拓獨其額存高一尺九寸五分廣二尺五寸今在江蘇上元黃城村

梁故散騎常侍司空安成康王之碑 額五行行三字

上元黃城村東北甘家巷有二碑屹立田中其一全泐一額云梁贈侍中司空安成王之碑文為風雨摧殘剥落已盡喜其中隱隱有孝綽數字可辨葢即王厚之復齋碑録所載故州民前廷尉彭城劉孝綽撰吳興貝義淵正書之碑也按王名秀字彥達太祖第七子與始興王同母以孝弟聞於時官中衛將軍都督郢司霍三州軍事尋遷雍梁南北秦四州軍事多

惠政天監十七年薨於竟陵謚曰康歸喪京師故吏夏侯亶表請立碑詔許之于是名士游王門者王僧儒陸倕劉孝綽裴子野各製其文欲擇用之而咸稱實録遂四碑竝建從古所未有也然王陸等作金石家未見論及豈其剥蝕尚在此碑之前歟碑陰正書分六列紀故吏人名今止三十九人姓氏可辨中多希姓亦可資博雅之小助云 第一列 參軍朱甄下缺 議曹從□茂昌下缺 第二列 西曹修行夏令孫下缺 西曹吏朱政興下缺 第三列 西曹吏鍾離文會缺 西曹吏茍靈副西曹吏朱僧表缺 西曹吏悄景仙下缺 第四列 西曹

吏劍□□下缺第五列小吏潘洗之缺吏虞玟緒缺吏
皇伯存下缺吏昃法李缺吏桓師祐下缺第六列吏景肅
吏周道授吏蔡寵之吏虞公分吏黃公强吏盛持之
吏潘僧敞吏許休之吏陳法況吏蔡文建吏錢文豪
吏榮承宗吏釗公憙吏錢文超吏趙世成吏莊悅之
吏郭林叔吏蔡溫吏周闓之吏李道興吏孫令宗吏
黃石虎缺吏郎後文缺吏邴明吏陳伯林嚴觀江寧金石記
按蕭秀碑有陰余未獲拓本但獲一額據嚴子進
所見甘家巷有二碑屹立田中其一全泐一額云
梁贈侍中司空安成王之碑其文有孝綽數字可

辨則余所獲乃全沕之碑之額非即孝綽所撰碑之額也南史梁宗室傳安成康王秀卒游王門者東海王僧孺吳郡陸倕彭城劉孝綽河東裴子野各製其文咸稱實録遂録四碑並建此額即王陸裴之一王氏萃編采復齋碑録及南史語綴于蕭憺碑後誤

始興忠武王蕭憺碑梁書普通三年十一月薨有陰

已見王氏萃編

吳平忠侯蕭景神道闕梁書普通四年卒

已見王氏萃編

陳

攝山棲霞寺碑

已見王氏萃編卷一百卅二

後魏

洛州鄉城老人佛碑太和十七年正月

已見王氏萃編

孝文帝弔比干墓文太和十八年十一月有陰

已見王氏萃編

始平公造象記太平廿二年九月

已見王氏萃編

楊大眼造象記錢竹汀攷是宣武初年

已見王氏萃編

魏靈藏薛法紹造象記無年月字體似楊大眼記

已見王氏萃編

孫秋生等二百人造象記景明三年五月

已見王氏萃編

比邱法生造象記景明四年十二月

已見王氏萃編

石門銘永平二年正月有題後

已見王氏萃編

比邱尼法行造定光石象永平三年四月

已見王氏萃編

仳和寺造象記永平四年十月七日

已見王氏萃編

寧朔将軍司馬紹墓志銘永平四年十月十一日

已見王氏萃編

安定王造石窟象記永平四年十月十六日

已見王氏萃編

白駒谷鄭道昭題名無年月

摩崖高八尺廣五尺三行行五字後又摩崖高
五尺五寸一行四字今在山東益都北峯山

中岳先生熒陽鄭道昭遊槃之山谷也

此白駒谷

右題名字徑尺餘文云此白駒谷中岳先生熒陽鄭道昭遊槃之山谷也凡十九字魏書北史道昭俱有傳稱其歷光青二州刺史今此題無年月按道昭以魏永平中爲光州刺史及轉爲青州則又後於永平矣是其題名當在此時也北史道昭子述祖傳云父爲兗州於鄭城南小山起齋亭刻石爲記述祖時年九歲及爲刺史往尋舊迹得一破石有銘云中岳先生鄭道昭之白雲堂蓋道昭所在題記皆自署號如

此然白雲堂刻字當齊天保中已殘毀而此獨巋然存焉豈有神物相之邪兖州即光州之訛武億授堂金石文字

續跋

右刻題云中岳先生滎陽鄭道昭遊槃之山谷也凡十五字分三行後又題此白駒谷四字皆徑尺許筆意極蒼老段赤亭松苓益都金石記云案魏書道昭字僖伯少而好學綜覽羣言初為中書學生遷祕書郎累官至祕書監滎陽邑中丞出為光州刺史轉青州刺史熙平元年卒謚文恭又謂其好詩賦凡數十篇其在二州政務寬厚不任威刑為吏民所愛此谷

乃青州冰簾堂表海亭之遺愛矣山上有康熙時馬
介石等遊記謂公有題名在洞中稱為白雲堂中解
易老今不見疑為洞門所掩白雲堂在萊州天柱山
即古之光州北齊書鄭述祖傳謂在兖州誤山左金石志

劉洛真兄弟造弥勒象記延昌元年十一月
已見王氏萃編

司馬景和妻孟氏墓志銘延昌三年正月
已見王氏萃編

清信女尹靜妙造象記延昌四年八月
已見王氏萃編

松滋公元萇溫泉頌無年月當附世宗末有側

已見王氏萃編

齊郡王祐造象記熙平二年七月

已見王氏萃編

雍州刺史刁遵墓誌熙平二年十月

已見王氏萃編

杜遷等廿三人造象記神龜元年六月十五日

石高一尺廣二尺三寸

題名二列後文四行

邑師慧尹　比丘道回　杜安遷　潘祖悅　劉景林

劉梵達　藍世祖　張元興　潘遵遠　劉思敬

展祖暉　張榮先　張榮宗已上第一列

馬惠初　李方進　石□康　潘子緒　賈顯歸　潘

思遠　潘遵遠　傅沖子　尹龍達　賈靈玠　范恩

紹已上第二列

神龜元年六月十五日杜遷等廿三人敬造釋迦像一

區右為七世父母師僧眷屬一切衆生俱登正覺

兖州刺史賈思伯碑神龜二年六月有陰

已見王氏萃編

濟青相涼朔恒六州刺史高植墓志神龜三年

已見王氏萃編

趙柯歡等造弥勒像記神龜三年六月

已見王氏萃編

魯郡太守張猛龍碑正光三年正月 有陰

已見王氏萃編

袁□靳神子等五十人造石象記正光三年

已見王氏萃編

贈營州刺史高貞碑正光四年六月

碑連額高八尺八寸廣四尺二十五行行四十六字末行無字今在山東德州

魏故營州刺史懿侯高君之碑額四行行三字

魏故驃騎將軍營州刺史高使君懿侯碑銘

君諱貞字羽真勃海脩人也其先盖帝炎氏之苗裔昔
在黄唐是為四嶽爰逮伯夷受命于虞舜曰典朕□□
□ナ禾□暨吕尚佐周克殷有大功於天下位為太師
俾侯齊國世世勿絶表乎東海其公族有高子者即其
氏爲自兹已降冠冕継及世濟其德不霣其名祖左光
禄大夫勃海敬公純嘏所鍾式誕
文昭皇太后是為世宗武皇帝之外祖考安東將軍青
州刺史莊公有行有祀克荷克構即
文昭皇太后之弟二兄也君稟岐嶷之姿挺珪璋之質
清暈發於載𢆯秀悟表乎齠齒黄中通理之名卓尔不

羣之目固已殊異公族見稱於匠者至於孝以事親則白華不能比其潔友于兄弟則常棣無以方其盛敬讓著自閭閻信義行於邦黨若夫秉心塞淵砥礪名教伏膺文武不肅而成則綴軌於前脩同額於先達者矣雖綺繻紈袴英華於王許龍馬流車陸離於陰鄧而不以富貴驕人必以謙虛業己是故夷門識慕騫步知歸我德如風物應如響弱冠以外俄令望除秘書郎儀鱗閣而来儀瞻石渠而式踐於是縱容校文之職翩飛鵷鷺之閒容止乢而可觀清風茲焉已穆既而重離載朗東朝始建杞梓脩陳瑶金必剖僉求其可帝曰爾諧遷太

子洗馬夙夜惟夤媚茲儲后仰敷四德之美式揚三善之功同禁聯坊亡有出其右也于時六宮無主百姓未繁周蔓大姒罔踰莘似以君姊有神表淑問拜為皇后君儀愈重志愈沖寵日益權日損由是有少君退讓之風無長淵嬀奢之患故燕燕之望具瞻允集損幹之期匪朝伊暮而不幸短命春秋廿有六以延昌三年歲次午四月己卯朔廿六日乙巳遘疾卒於京師二宮悲慟九族悼傷同位駿奔遐迩必至

天子迺詔有司曰故太子洗馬高貞器業始茂方加榮級而秀穎未實奄殞夏敘今宅兆有期宜蒙追陟可特

贈驡驤將軍營州刺史以旌俄儁其墓次所須悉仰本
州營辨臨莹又特給東園龍轜加謚曰懿凡我僚舊爰
及邦人咸以君生而玉質至美也㓜若老成至慧也孝
友因心至行也冨貴不驕至謙也君以此終亦以此始
焉可癈而不録使来者無聞焉迺相與採石名山樹碑
墓道其詞曰
厤緒皇皇□□□□堯咨四嶽周命呂望惟高惟國世
有龍光自兹作氏不霣其芳於鑠光禄饗兹戩穀燕矣
安東紇蝦斯屬或女或妹匪娥伊僕陟彼昭陽光我邦
挨山川降祉餘慶不已敬公之孫莊公之子如琇如瑩

為山伊始人知其進莫見其止古人有言膏粱難正於
乎我君終和且令牧己謙謙與物無競孝友因心能久
能敬爰始來儀濯纓鱗沿翻羽儲扃其容皎皎方摶九
霄載飛載翯天道如何是久是戾生榮死哀禮有加數
曷用寵終英英桁輅其人雖往可風可慕玄石一刊清
徽永鑄
大代正光四年歲次癸卯律管黃鍾六月□□□□□
□□
右高貞碑金石家未著于録孫伯淵觀察始得之衛
河第三屯邊樹德州學宮文頗完善僅蝕十五字就

中載卡之卡同頪之頪同輩未識余謂載卡即小雅
載弄魏孝文弔比干墓碑執垂益而談卡芀與此碑
同玉篇哢作咔偏旁從此魏劉洛真造象記少者益
笄論語八佾篇釋文又作笄彼偏旁卡卞皆卡之省
也頪與頪同借為規俗規從矢碑末銘詞載飛載矯
字作矯可互證北齊天柱山銘禮義以成頪矩偏旁
小異即規矩也魏書無高貞名以祖父官爵攷之當
是高颺之孫偃之子德州田氏有高植碑即貞從父
昆弟四録堂類集
碑云祖左光祿大夫勃海敬公式誕文昭皇太后是為

世宗武皇帝之外祖按魏書外戚傳高肇父颺颺女是
為文昭皇后生世宗景明初贈左光禄大夫賜爵渤海公
謚曰敬則貞祖即颺也碑又云考安東將軍青州刺史
莊公即文昭皇太后之第二兄也按傳有琨弟偃字仲
游太和十年卒正始中贈安東將軍都督青州刺史謚
曰莊侯琨為高肇長兄是貞即偃子也碑又云君姊
有神表淑問拜為皇后按皇后傳宣武皇后高氏文
昭皇后弟偃之女也亦見偃傳貞早卒故史無其名傳
言肇自云本渤海蓨人五世祖顧晋永嘉中避亂入高
麗又言肇出自夷土時望輕之似不信其為名族碑則

以爲齊高子之後或有所考德州又出土有高植墓志植
肇子見肇傳高氏墓族葬在今景德之閒此碑以嘉慶
九年六月九日拓得其明年移樹德州學宫作歌刻碑陰
云碑浮衛水兮移之學官墓崩阤兮其人傳惟貴戚之尚
德兮曷藉功名之爛然我無建樹於兹土兮獨好古以窮
年媿峴首之羊公兮庶後人之宁想乎碑前

滎陽太守元寧造象記孝昌二年正月

已見王氏萃編

懷令李超墓志銘

已見王氏萃編

西魏

僧演造象記大統四年七月

已見王氏萃編

岐法起造白石象記大統十六年九月

已見王氏萃編

法顯造玉石象記大統十七年十二月

記橫廣一尺一寸高四寸十二行行字不等今在江蘇吳縣畢氏

大統十七年十二月五日襄咸竹軍嶺小關□□□平縣佰釗□□□七世父母所主父母乒息法顯造玉石像一區願丘者速度八難

東魏

中岳嵩陽寺碑天平二年四月八日

已見王氏萃編

比邱洪寶造象記天平二年四月十一日

已見王氏萃編

南秦州刺史司馬昇墓志銘天平二年十一月

已見王氏萃編

王方略造須弥塔記天平三年正月

已見王氏萃編

比邱尼曇會造觀世音象記天平三年五月

已見王氏萃編

齊州刺史高湛墓志 元象二年十月

已見王氏萃編

敬史君顯儁碑 興和二年 有陰

已見王氏萃編

李仲璇脩孔子廟碑 興和三年十二月 有陰 有側

已見王氏萃編

王雙虎等造觀音石象記 武定二年十二月

碑高三尺一寸廣二尺五寸五分約五
列二十一行參差不等今在山東東阿

王衆 石像主王雙虎 妻蔡光圖 王ナ常 妻張

妍姜　王暈　王萊義　王萊起　王長貴
法儀王世通　法儀王方周　法儀杞洪達　法儀王
暎世　法儀杞惠表　法儀王叔顥　法儀王廣達
法儀王㢋　法儀張灰　法儀王僧貴　法儀王神保
法儀王石枝　法儀王道暢　法儀王寶興　法儀
張玠奇　法儀杞惠勝　法儀王靈暈　法儀張勍保
法儀王洛周　法儀王武勇
比丘僧惠達　比丘僧惠文　比丘僧惠通　法儀高
醜娸　法儀申姜
都維那比丘普明

大魏武定二年歲次甲子十二月辛亥朔四日甲寅東
阿縣王雙庯法儀五十九人等知身無常財非已有是
以謹竭家珎敬造觀世音石像一區上為皇帝陛下
州　郡令長　師僧父母因緣眷屬一切衆生咸何
福慶　法儀袁景
右相菩薩主清州人朱仕相　為父母造法儀張惠通
右相菩薩主蒿敬姜為夫妻　法儀　劉珎
法儀王桃棒　法儀王光周　法儀王慶賔　法儀張
盆土　法儀王買　法儀王元掂　法儀王賔　法儀
王車　法儀杞榮秩　法儀王槃龍　法儀王景安

法儀王文援　法儀王羨　法儀王延秀　法儀王方榮　法儀杞承光　法儀張文遠　法儀王遵義　法儀王奉先
法儀劉黑驢　法儀杞世安　法儀王醜　法儀王洪演　法儀王祚　法儀甄靖談　法儀袁元昌　法儀王惠紬　法儀張誕

記爲黃小松拓寄前著録者未目及之魏石刻多稱清信士邑中正諸名謂此又稱法儀亦希覯也别體字竭作竭切作切陛作陛溜作溜甄作甄遵作遵儀作儀靈作靈勅作勅名内有高醜娸王桃棒劉黑驢

王醜皆俚俗可笑由其時習若此授堂金石文字續跋

碑上銳下平在東阿縣張秋鎮白宿寺左角下書記文上節及右角下俱法儀姓名兩側有字多漫漶黃承元張秋志云脩寺時掘地得石佛背刻大魏武定二年黃氏所言蓋即此記也山左金石志

右碑上節及左角刻法儀姓名右角下刻記文家珍之珍虛一格皇帝不虛格州郡令長之郡虛二格師僧虛一格福慶虛三格其俚俗如此武虛谷所得蓋非精拓其云甄作飄勍作勅溜作澑皆與拓本不合碑亦無澑字殆即王洪演之演也

季洪演造象頌武定三年二月

已見王氏萃編

武德于府君等義橋石象碑武定七年四月有陰

已見王氏萃編

張洛保等造象記武定七年十二月

已見王氏萃編

脩太公廟碑武定八年四月有陰

已見王氏萃編

强弩將軍掖庭令趙振造象記無年月

已見王氏萃編

平津館金石萃編卷五

北齊

崔頠墓志銘天保四年二月

碑高一尺七寸廣一尺七寸十六行行十七字今在山東益都

魏開府叅軍事崔府君墓誌銘

君諱頠清河東武城人尚書僕射貞烈公之孫涇州使君苐二子也冠冕世德福慶餘緒曜車為寶荊玉成珎文慧之志著自弱年孝友之情表於冠歲漆翰與春華比美景迹共秋菊均榮而宦止開府叅軍事輔仁之道

便虛年廿六武定六年七月遘疾七日卒於鄴都寢舍
粤以天保四年二月甲午朔廿九日歸窆本鄉齊城南
五十里之神塋日月不居感臨川之歎有德無位致殞
秀之悲其銘曰
於穆不已世載其英朝端岳牧袞紱璁珩休芳必嗣有
芙誕生黃中闡譽敏內懋名膺斯府檄稱是才實器懷
明悟文情委逸方此今期宜從厚秩命也不融朝縣遷
日故土□□塵書廢笥一辭華屋言歸蒿里原隰□□
□風欝矣刊石泉陰永傳蘭芷
右崔頠墓銘益都新出土損左下角缺五字又缺兩

半字文云尚書僕射貞烈公之孫涇州使君苐二子按魏崔亮傳遷尚書右僕射轉尚書僕射加散騎常侍正光二年卒謚曰貞烈亮三子次士和拜冠軍將軍中散大夫西道行臺元脩義左丞行涇州事則頤祖即亮父即士和也文云年廿六武定六年卒計頤之生在正光四年亮先二年卒士和奉使為莫折念生所害在正光五年頤以孤子早世宦未達故史無其名然片石如新譔書精麗名門遺迹故自不凡而余最先覩有餘快也四録堂類集

張景暉造象記天保五年七月

記橫廣二尺高四寸八分十六行行四字記之上方佛座橫廣一尺八寸高四寸又右側橫廣九寸高四寸皆題名今在山東益都縣法慶寺

大齊天保五秊歲次甲戌七月乙酉朔十五日己亥平

昌縣人張景暉為亡父母敬弥勒佛乀軀後為師僧七

世父母皇帝陛下居家眷屬普為法堺群生果登正覺

暈息阿憘　□□□

息景暈供　張子昂

張度供養　張阿至

度妻曹　張阿妃

暈妻孫　張噉鬼

暈女阿男已上一列 張惡奴

在記上方 張羅侯已上一列在右側

右張景暉造象石座舊在縣北三十五里平昌亭今移法慶寺邑人李南澗段赤亭皆有攷證碑文戊作戊朔作詶界作堺妻作婁皆異體山左金石志

清河王高岳造西門豹祠碑天保五年有陰

已見王氏萃編

智超等造象記天保八年八月

石橫廣一尺二寸高八寸文十行行十一二三字不等

大齊□□八年八月丁卯□□□丙戌正信佛弟子家

羊□□哲智超等頃从祖父母□□洪願造像一區直
从□□□□不得造像奄至于舍灾仰□祖之願遂造
像一區亘武監□述先人之願願七世父母自家□□
託生西方妙樂國土及願令大衆康吉陸百悳丟自与
□□□□□心值佛文法法泐下

桉此銘忘其拓處年號泐缺云八年八月丁卯朔
知是天保無疑

銅雀臺石奮門銘 天保九年

銘高八寸廣八寸一分四行行七字又題名三行今在河南安陽

大齊天保八年九年造銅雀臺石奮之門百代之後見

此銘者當澓知之

将陳驥　軍副程顒　承婁晞　幢主孫悦

軍主董矦　幢主楊晏

文云天保八年九年非九月之誤北齊文宣紀九年八月云先是發丁匠三十餘萬營三臺于鄴下至是三臺成改銅雀曰金鳳則此臺以兩年訖功故云八年九年也四録堂類集

比丘道朏造象記天保十年七月

已見王氏萃編

鄭述祖夫子廟碑乾明元年

已見王氏萃編

鄉老舉孝義雋敬碑 皇建元年十二月

碑連額高五尺二寸廣二尺三寸十七行行二十一二字不等下截題名十七行四列碑陰十二行行二十三字上刻佛象今在山東泗水

大齊鄉老舉孝義雋脩羅之碑 額四行行三字

惟皇肇祚大齊受命引軒轅之高宗紹唐虞之遐統應
孝義以改物揚人物以布則於是緝熙前緒奬顯上世
雋敬字脩羅鑽土長安食菜勃海前漢帝臣雋不疑公
之遺孫九世祖朗遷官於魯遂住洙源幼傾乾蔭惟母
偏居易色承顏董生未必過其行守信志忠投杼豈能

着其心捨田立寺顛在菩提醱味養僧纓絡匪悋救濟
飢寒傾盡等意少行忠孝長在仁倫可欽可羨莫復是
過蓋聞詮賢舉德古今通尚履惡秀彝才雖囊自現余等
窮魁壹伯餘人目覩其事寧容嘿焉敬刊石立樓以彰
孝義非値斵名今世𤋮勸後生義夫節婦　詔令所
行其辭曰
恭恭易色兔受承顏孝同曾閔行比丁蘭待如握髮接
若吐飡醱味救飢解渴濟寒披幽糧古奉敬如來割巳
施造傾力捨財終終之念其性可哀鐫石壹朝千代羨
其流芳万古迹絕當今庶勸將來誰不悉心忠孝之外

任世浮沉絶筆刋功志畢松林朱陽再現相訖南金訪
石鏤文永保余心懸宗殞轉放筆畄音
皇建元年歳次庚辰十二月戊寅朔廿日丁酉訖功
弭粃孔□孫暾兕陳□□
趙国麟褚睩昮□□達
褚葙明陳太模雋進可劉當世
陳道朗陳大器雋識龍
褚榮祖沈昕郎雋金保
周榮祖雋文度雋力任彭群□
沈伯周雋作龍雋方莀苗景集

沈肫生雋文居雋延歸彭景達
華方達雋衆安陳逖生雋畢虎
趙安福雋識安褚□龍陳景祚
趙尊生雋遊之褚顯貴雋安禾
趙伯玉雋雙和陳度世雋副憐
陳景通雋烏奴魯永通陳滕之
褚□□雋立周劉子洪陳幼祖
陳天饒雋死要王暉宗雋道康
陳暉祖雋箱陽□甫案雋遠達
陳義和雋方與雋勝見雋義生寫

碑陰

維摩經見阿閦佛品第十二

經文不録

曲阜顔運生得自泗水卞橋遂從京邸封寄君爲魯故一書此碑之顯當益富有矣授堂金石文字續跋

碑在泗水縣泉林爲顔運生教授拓寄内稱雋脩羅名敬爲雋不疑之遺孫雋氏族望不顯於世碑陰所列雋氏多人可補氏族書之闕漏也序銘極稱脩羅孝義爲朝廷所舉且言纘土長安食采渤海則亦有卓然可傳者而縣志竟無一語及之碑末署雋□生

寫亦六朝諸刻所罕見者山左金石志

比邱明空等造象記河清三年三月

石高八寸五分橫廣二尺三寸十六行行五字今在山東益都

大齊河清三季歲次甲申三月己未朔十八日丙子比

丘明空等七人仰為過現師父母□主帝主及一切衆

生敬造盧舍那像一軀願善道資生福因聞識菩語恩

脩齊鑒我淨長乖四生永登一實

此刻可證劉仲寶筆法翁方綱記記末有此二行

石在青州府李文世家山左金石志

在孫寺造象記河清三年四月廿日有陰

已見王氏萃編

石佛寺佛經碑河清三年七月

碑高九尺五寸廣三尺七寸厚八寸八行行二十五字隸書今在山東鉅野

經文不録

碑側

太安元年三月十八日再　立碑人蔡心李安

徐忠口　陳塘　闇希　說　化主　柳學　大齊

太和十年七月十七日重立住持道文　河清口

大都維那慶棠　申七月

碑正面佛經不知何時所刻據碑側四行有再立重

立諸題名蓋碑傾復樹之也桉魏高宗以興光二年六月改元太安此刻在三月巳稱太安豈史誤邪山左金石志據下截有大齊河清字編入北齊姑從之河清三年歲在甲申則申上缺者是甲字 四録堂類集

朱曇思等一百人造象記 河清四年三月

已見王氏萃編

鄭述祖天柱山銘 天統元年五月

摩崖高六尺四寸廣七尺八寸二十九行行二十三字今在山東平度州

天柱山銘 額一行字徑七寸

使持節都督光州諸軍事車騎大將軍儀

同三司光州刺史滎陽鄭述祖作
巖巖岱宗魯邦仍其致祀弈弈梁山韓國
从之作鎮蓋由拳石吐雲扶寸布雨五岳
三望六宗九獻祈禱斯應禮秩攸明天柱
山者即魏故通直散騎常侍中書侍郎國
子祭酒秘書監青光相三州刺史先君
文恭公之所題目南臨巨海北眺滄溟西
帶長河東瞻大壑斜嶺槩天層峯隱日尋
十州於掌内揔六合於眼中文鯑自此經
停精衛因其止息始皇遊而忘返武帝過

以樂留豈直蛾眉鳥翅二別兩觜對談小大共敘優劣者也　公稟氣辰象含靈川岳禮義以成類矩仁智用爲樞機自結衣纓譽華履傳聲組綬相輝銘冕交暎至於愛仙樂道之風孝敬仁慈之德張良崔廓未之云擬文先夏甫何以能加魏永平三年朝議以此州俗關南楚境号東秦田單舊武之鄉麗其騁辯之地民歒鄙薄風物陵遲詛諂俾乂非　公勿許及駈雞御下享魚理務羣情款容庶類允諧變此澆亰

之俗俾彼禮樂之邦懋蹟布在哥謠鴻軌
宣諸史策　公久闊枌榆永懷桑梓同昇
隴而灑泣類陟岵以興嗟於此東峯之陽
仰述皇祖魏故中書令秘書監兖州刺史
文貞　公述狀鐫碑一首峯之東堪石室
之内復製其銘余忝資舊德力攜前墓遂
秉笏朝門策名天府出入蕃邸陪從帷幄
凡諸身歷瀛趙滄冀懷及兖光行正十州
刺史北豫州大中正三登常伯再履納言
光禄大常頻居其任攜究庸盡無階至此

亶是遺薪妄委餘慶濫鍾何曾不想樹嗟
風瞻天愧日猥當今授踵迹此蕃敢慕楹
書仰宣庭誨其詞曰
嵩高峻極太華峭成祈望諸素禋禱羣經
崇哉天柱迥出孤亭地險欝德藉此為名
赫矣先　公道深義富如桂之馨如蘭之
茂尊祖愛親存文賞舊齔屬愚淺實慙穿
搆
大齊天統元年歲次乙酉五月壬午朔十
八日己亥刊

右北齊天柱山銘在今萊州膠水縣初後魏永平中鄭道昭爲郡守名此山爲天柱刻銘其上至北齊天統元年其子述祖繼守是邦復刻銘焉按後魏書道昭之父羲謚文靈而道昭所立羲碑乃云謚爲文今此碑又云謚文貞皆莫可考金石錄

述祖爲羲之孫道昭之子祖孫父子三世皆刺東郡可謂衣冠盛事碑述祖父遺軌抒寫孝思詞旨悽惻而文采華整書法有漢魏規矩爲鄭氏諸碑之冠以扶寸爲膚寸認諮爲疇咨享魚爲烹魚哥謠爲歌謠蕃邸爲藩邸常佰爲常伯皆古通用字惟酈食其作

麗其為省文規作頮禋作禋晃作冕標作檦乃增減異體也山左金石志

姜纂造像記天統元年九月

已見王氏萃編

紀僧諮造象記天統三年正月

石横廣一尺六寸五分高七寸十八行行六字今在山東益都鄉賢祠

大齊天統三年歲次丁亥正月癸酉朔十二日甲申比丘從西僧範影東遊□□□人□□□□□兄□□通導風訓在□□□清信士□□□紀僧諮信□□撤慧力□明□慕丘宗追□□□竭丘單□敬造觀世音石

像一軀仰為唅霝已身眷屬弥勒出世俱□想□

舊在青州西門内人家門扂下乾隆壬子翁覃溪閣

學按試時移於學宮山左金石志

韓永義等造七佛寶堪銘天統三年三月

已見王氏萃編

朱道威等造丈八大象訟天統三年五月有陰

已見王氏萃編

法義等造弥勒像記天統四年九月

石横廣二尺八寸四分高四寸二分二十三行行四字

大齊天統四年歲次戊子九月癸巳朔十一日癸卯正

信士法義廿餘人等識法相如可遵知吾海如須越是以嚮導衆情削㦸乜有敬造弥勒像一軀上為皇帝陛下國祚㧌隆𠃊逅七世父母現在居門常逢□祉含生□類咸同斯福

隴東王感孝頌 武平元年正月廿二日

已見王氏萃編

少林寺董洪達造象銘 武平元年正月廿六日

已見王氏萃編

映佛巖摩崖 武平元年

已見王氏萃編

徂來山佛號摩崖 武平元年

已見王氏萃編

徂來山大般若經摩崖 山左金石志附武平元年

摩崖橫廣九尺高五尺八寸十三行行七字今在山東泰安徂來山

大般若經曰

内空外空内外空空空大空第一義空有爲空無爲空小克空滅如空故空生空□□空身□空無法空有法空無法有法空

冠軍將軍梁父縣令王子椿造椿□道是道佛—道是道

僧真并造

王世貴此三字在第六行身字下

徂來山佛號摩崖在大般若經東面大般若經在光化寺東南里許巨石上經文八行字徑七寸後王子椿等題名五行别有王世貴三字刻于經文第六行下字多剥蝕山左金石志

桉佛號摩崖在此東面王氏萃編謂文殊師利云云之東面有弥勒佛等六行佛字右一竪直下至二尺許蓋王氏未獲全拓本故誤以文殊師利一段當大般若經也

朱岱林墓志 武平二年二月

碑高三尺四寸廣四尺八寸四十行
行三十四字今在山東壽光田劉村

君諱岱林字君山樂陵濕沃人也自辛朝宦歷昌戶衙書親以建社賢亦啓國扶封於邾公加茅土方書析壤媲魯稱雄別有由謚立姓因字爲氏斯即去邑從朱蓋是殊方共致卯金則司空佐命當塗即領軍賛業懋在晉嗣美表於趙垂名所謂杞梓繼生公侯閒起哲人出挺衣冠代襲曾祖霸儒該丘素術盡從横魏使持節平州諸軍事安遠將軍平州刺史俗隣壃場布以威恩酧酒空陳夜金不受於後謗言及樂讒巧乱郡傔介鷹揚

飜然鵲起擁鄉里三千餘戶來遊河南值元嘉之末朝
多喪亂不獲其賞仍居青州之樂陵郡祖法宏下帷耽
藝閉靜自得舉秀才釋褐南平王府行叅軍遷尚書祠
部郎中禮閣有聲含香擅美後遷司徒府諮議叅軍事
亡贈鴻臚卿父孝祖清規勝範地美才高俄而魏高祖
孝文皇帝熊羆競騁蒼兕爭先化洽江湘令行天下錄
奇異於巖藪訪隱逸於閭閻起家除槃陽縣令轉北海
太守流涕孟侯歌謠稚子從令劉古並駕分驅君膺茲
秀氣稟是淳和三鍊六里方珠比玉左智右賢擬龍齊
鳳得嗟蔡子見重侯相年始十餘身離艱苦晨號夕踴

柴毀骨立遂使鳩来栖集馬慨蒭草精通飛走探貫幽明魏廣陵王愛善如蒼好書比德俾侯南服妙選英佐託以金蘭徵為國常侍辭不獲已俛僶從職而侯嬴荷眄難交公子介推逃賞終遠晉文未踰十旬還以病解後彭城王又以皇枝之貴作牧東秦召為主薄乆而從命王籍甚有素不苦抑遣終遂千木之心乃申安道之志君雅量之地無際可尋元昆季弟推之京官同於得喪等槩榮枯含章韜綵藏明晦用兄元旭散騎常侍出除南兖州刺史弟叔業通直散騎常侍左光禄大夫高冠暎日長戟陵風譽滿京華聲馳寓縣縱趙孝之讓禮

食曾何足云魯恭之就平名詎堪方此魏廷尉卿崔光
韶侍中賈思伯並聰敏當世器居欝時結四子七賢之
交飲醪投水之密留連宴熹付寫衿期黃門郎徐紇與
君意得言忘處權居要恒思不次之舉還疑志不可奪
麟言之暇聊申微旨君答云昔人有以術忏帝或道質
□王辟之鱗羽本乖飛伏而平生庸短未希簪紱如斯
之貺乞不加已紇愛人以禮兼相欽尚從其所好不敢
縶維普泰之季水德不競蒼雲蓋野紫日生天烏合蟻
徒聚三齊之地竪牙鳴角沸十二之險不異井中虛言
聖出何殊轍□妄号神人抜本塞源摧蘭夭桂春秋五

[illegible]北齊　十五

十有四遐迩悲噎聞見涕零惟君大度不羣峻□孤上
託宿假道唯仁與義規短成則物我兼忘非惠非患不
石不玉惻隱同於子魚友悌侔於伯雅何忽僭山石折
哲士遽傾以大齋武平二年歲次辛卯二月乙卯朔六
日甲申葬於百尺里東五里第四子敬脩自惟羅此荼
毒眇然咳幼離奇以生龍鍾而立窮而匡子溫慙閔騫
岵山難陟過庭無訓擕鋤而感言下集冠之禽攀松弗
昭寧降成墳之鳥空追士季瞻像載興傷慟日殫觀狀
益增酸哽謦玆鄙拙式序徽猷思與泣俱文兼涕落先
言多不備述往行盡是闒如良由才非作者情隈蕪次

從父兄敬範史君伯第三子脫略荣華不應徵聘沉深
好古尤工摛屬勒銘黄壤以播清風辭曰
本自高門世資陰德從來位重人兼才識運海鱗奇摶
搖翅力繁枝不已清瀾爲息其一唯祖英毅唯父深沉飛
纓鳴玉作範垂音仍生東箭遂梃南金素榮俱美出處
分心其二有應純和□望餘耀嵇風阮德梁遊大鈞掍于
君子藝才何劭闕里儒英瀨鄉元妙其三道王天崖志輕
人爵菊蘂危坐□裹採藥楚漢兜戲仁雄寡廓我如曾
閔何論許郭其四虛言輔善實驗無親石雞旣落僊山从
淪少微之應遂屬高人悲王難序痛霍何陳其五仁厚慶

鍾育斯才彥歷階武目過庭鯉盼似鳳方鳴如龍比絢遺孤在笈蘋爲誰二見二其六伊何慈顏弗覩□朝不食隣人罷祖比學西河擬文東魯述彰者固情深陟岵其七魚山本志門豹遺風丹青已寫元窆之方崇思人下淚瞻葢悲空山川不易覠猷詎終其八嗟二猶子瞻儀在笞荷恩惟訓依帝如覿頌雅曰詩宏文託易追思素道敬鐫元石

右刻文字攷證已詳錢少詹金石文跋尾碑云廷尉卿崔光韶侍中賈思伯黃門郎徐紇案各傳載崔光韶為廷尉卿在孝莊初年時賈思伯卒已三載矣思

伯仕明帝朝終于侍講不言其為侍中或史失書徐紇為黃門郎亦在靈太后反政之初三人官位先後參差蓋碑是追敘前因約畧言之非與史異也二月乙卯朔六日甲申乙卯乃己卯之譌羅此荼毒羅字筆畫極明近人釋為罹非是山左金石志

邑師道略等造神碑尊象記武平二年九月

已見王氏萃編

武成胡后造觀音石象記武平二年十一月

記高八寸廣二尺八寸十七行行六字今在河南臨漳

盖大士慈悲施 八畏於 六趣菩薩引護慈

神通於三有　皇心所以翹仰　聖意所以懇懃
皇太后以武平二年十一月十三日敬造
觀世音石像一區以此勝善仰資
武成皇帝昇七寶之宮殿
皇帝處萬國之威雄傍兼有心之類一時俱登聖道

北齊胡后傳自武城崩後數出詣佛寺與沙門曇獻通置百僧於殿内託以聽講武平二年曇獻尚未伏法或此象即獻等所造四録堂類集

伏波將軍石永興等造象記 武平二年十一月

石高四尺廣二尺四寸厚六寸二分中刻象匡楞刻題名今在河南登封

當陽像主伏波將軍儀州司馬廣武郡西面都督南頻川郡城局參軍石永興當陽像主瑱遠將軍加廣武太守張元朕 此一行在象右匡楞

弥勒下生主石方憘

武平二年十一月廿七日用錢五百文買都石像主一區董伏恩 弥勒下生主閔州騎兵參軍倉州洛陵冣令董相朕弥勒下生主董通達 此三條在象上匡楞

藥師像主鎮南府録事參軍馮□珎 此一行在右側之左匡

藥師像主馮外賔　右相下堪開光明主張洪畧此二條在右側之右匡

左相下堪開光明主比丘尼法好此一行在左側之左匡

此記鎮遠作瑱遠陜州作閃州皆假借其别體字波作彼居作㞐錢作錢董作堇縣作縣亦罕見四録堂類集

邑義主一百人等造靈塔記武平三年十二月十六日

已見王氏萃編

趙桃科妻劉造塔記武平三年十二月十八日

已見王氏萃編

臨淮王南陽寺造象碑武平四年六月廿七日

已見王氏萃編

等慈寺造阿育王塔殘碑 武平五年十月

已見王氏萃編

都邑師道興造象記并古驗方 武平六年六月

已見王氏萃編

尖山摩崖 武平六年六月

一種高二丈四尺九寸廣四尺三寸三行行三十字字徑七寸今在山東鄒縣

大沙門僧安與漢大丞相京兆韋賢十九

世孫州主溥無治中鎮軍將軍膠□長史

□睢州刺史興祖弟子深妻徐息欽之休

兒等同刊經佛於昌邑之西繹[氵系]山里于
時天降車跡四轍地出涌泉一所故記大
齊武平六年歲乙未六月

一種高一丈二尺
五寸一行九字

經主韋子深妻徐法仙

尖山摩崖十種俱八分書一刻大沙門僧安與漢大
丞相云云凡九十字三行字徑五寸餘案韋賢字長
孺其五世祖韋孟家本彭城為楚元王孫戊傅去位
徙家于鄒賢遂為魯國鄒人篤志于學通禮尚書以
詩教授號稱鄒魯大儒仕至丞相乞骸骨歸事詳前

漢書蓋韋氏世居鄠縣久矣北齊書列傳祗有韋子粲稱爲京兆人凡弟十三人子姪親屬闔門百口悉在西魏此碑子深疑是其兄弟行也武平六年爲齊後主嗣位之十一年適年亾國韋氏諸人安居東土奉佛刊經若不知有興亾之事者碑云天降車跡四轍地出踴泉一所案北齊後主本紀武平四年四月癸丑所皇祠壇壝蕝之内忽有車軌之轍案驗有無人跡不知車所從來碑即紀此事也踴泉事未詳此與後一石皆從黄小松處借録未及尺寸　一高二丈二尺廣一丈二尺刻波羅蜜經六行行十三字徑

一尺八寸第二行泐一字餘俱完好與韋子深等題記相近記云同刊經佛于昌邑之西當郎此也　一高二丈二尺廣五尺九寸刻文殊師利云云凡三十三字分三行字徑一尺九寸字體與前波羅蜜經相同亦韋子深等所刻也　一題經主韋子深妻徐法仙九字一行字徑九寸子深郎與祖弟巳見前刻一刻諸行无常未生滅寂滅韋平振韋玉爲□□息□業振息長達凡二十四字徑一尺至八九寸不等拓者分爲十幅不能得其文義　一高六尺六寸廣五尺四寸刻經主徐時經主韋□都□郙經主韋子

氵凡三行字徑九寸　一高七尺八寸廣三尺八寸
刻書晉昌王唐邕妃趙儀同陳德茂□陳德信妃董
凡三行字徑一尺晉昌王上有書字未曉其義或拓
者有遺漏也案吳山夫金石存載北齊唐邕寫經碑
中列銜稱特進驃騎大將軍開府儀同三司尚書令
幷州大中正食司州濮陽郡幹長安縣開國侯晉昌
郡開國公唐邕眷言法寶是所歸依以爲縑緗有壞
簡策非久金牒難永皮紙易滅于是發七處之印開
七寶之函訪蓮華之書命銀鉤之迹一音所說盡勒
名山于鼓山石窟之所寫維摩詰經一部勝鬘經一

部學經一部彌勒成佛經一部起天統四年三月一日盡武平三年歲次壬辰五月廿八日云云據此則唐邕寫經摩崖非祗一處惟不知鼓山石窟在何處耳又案山夫所載碑文稱晉昌郡開國公此刻則稱晉昌王與齊書邕傳合因竝識之　一高一丈五尺廣四尺刻大空王佛四字徑三尺餘與韋子深題名相近其山土人呼爲大佛頂亦因此字而名之也

一高五尺三寸廣五尺六寸刻與大比邱僧云云凡六行三十二字徑八寸　一高二尺廣三尺二寸刻沙門僧安道壹六字分三行字徑八九寸不等安道

壹又見後周小鐵山題名自稱東嶺僧應是一人也山左金石志

鄒縣尖山摩崖山左金石志共十種余得拓本僅二種其經主韋子深妻徐法仙一種字徑尺一寸拓工粘簽云大步頂石刻按通志謂之石經埠其尖山大步頂皆土名也

孟阿妃造象記 武平七年二月

已見王氏萃編

吴洛族造象銘 無年月

已見王氏萃編

公孫文哲等造象碑無年月

石高一尺九寸廣二尺六寸厚五寸一分四面刻字今在山東鄒縣孟廟墻外

大像主公孫文哲大像主公孫勉鵄為母正面佛象九軀上方刻此四行凡十六字

碑陰

□□韋子深　像主韋太陽　像主頎子鸞　像主胡

海珎　像主鄭靚雲　像主劉哲　□主李苟安　□

主劉景暑　□主唐敬賓　□主劉武嫣　□□劉霙

頂　□□魯益　上缺丰　上缺鈘　已上第一列

□□□□陁　大像主翟子休　大像主翟子豫　佛

主李清体　菩薩主王菜　菩薩主歆貴　七佛主孫
莫問　像主傅羅英　像主比丘僧辨寺　像主夏侯
龍還　像主徐明桂　像主夏侯水姬　像主星子悅
像主洪義和　菩薩主王悅　像主魯貴洛　像主
王元軌　像主董曇安　已上第二列
比丘僧尼右相菩薩□下缺　佛主紀亾下缺　開府令下缺
佛主紀房下缺　都維那紀下缺　都維那陳下缺　都維
那卜下缺　像主孔下缺　佛主劉下缺　大像主陳下缺　都
維那紀下缺　都維那董下缺　邑子萬僧下缺　都維那比
丘下缺　佛主徐滕下缺　佛子李四下缺　都維那王下缺

像主張太缺下　左相菩薩主缺下　左相菩薩主缺下　上已

第三列

碑右側

缺上公孫缺下　菩薩主東缺下　像主東清缺下　像主韋缺下

碑左側

缺上張智還　缺上張龍丢　缺上客子　缺上明朗　缺上孫

像主大缺下　菩薩主缺下　像主吴缺下　像主羊缺下　像

主馬缺下

右碑多殘泐無立碑年月惟碑陰有韋子深姓名故

與尖山各刻連類及之山左金石志

水牛山佛經摩崖

割裒本高廣行字數俱不可紀凡五十二字字徑一尺餘今在山東寧陽

經文不錄

右碑八分書黃小松錄寄未詳尺寸首曰舍利弗凡五十二字弗即佛字山左金石志

平津館金石萃編卷六

北周

皇甫景元等造七級浮圖記武成三年四月

已見王氏萃編

王䰟生造像記保定四年

已見王氏萃編

華嶽頌天和二年十月

已見王氏萃編

王道真造觀音像記天和四年七月

已見王氏萃編

宇文康造象記天和五年六月

已見王氏萃編

嚴迴達造象記天和五年十月

石高一尺五分廣三尺四寸三十
二行行十一字今在陝西長安

夫真宗昕煦六□□□□□潛形四生枩目是以□□
□□迴達割捨資匡道通□□□之難採石名山敬造
釋□□□一區于時歲歸提格□□林鍾日令初旬匠
功告訖□若寶瑞重臻示如婆羅□□石此仰□郊鄉
惠霑蒼庶□詞□馥□□銘焉

方光敞□□□□宣緣融鐫象衘感禪熙□□雲衤閒

訓遷詮遯超□□衡湊道泉

天和五年十月廿六日造作功訖

亡祖嚴老生　亡祖母蘇明月

亡父道意　亡母□雪璺

姉父阿達　姉母趙坵□

兄迴達　妻李言猥

弟迴景　妻李□妃

妹迴男

妹迴好

迴達息子仁　妻盛□輝
息雙□　妻□犭是
息□□　妻劉貴妃
息作□
息女滕女　女孫金滕
弟迴景息子欽　女孫玉滕
息子恭　女孫向男
息子祥　女孫男来
息子明　女孫德滕
息女阿姑　女孫女中王

女孫九女王

男孔明殹

碑陰一列凡十二人

亡牀席保　亡牀寄生　亡牀㯿利　亡弟才達

亡弟阿賢　亡弟景賢　亡弟元達　亡姊法諂

亡妹要孫　亡息毛妳　亡姪伯仁　亡姪子榮

文云于時歲聶提格即攝字爾雅太歲在寅曰攝提

格天和五年乃庚寅也四録堂類集

費氏造四面象記天和六年五月

已見王氏萃編

小鐵山摩崖匡喆刻經頌 大象元年八月

崖高約六丈廣約一丈六尺十二行行五十二三字
兹從不全拓本摹録高一丈七尺廣六尺五寸五行
行十六字在山東鄒縣
小鐵山西側佛經之後

孰有誰无自非體括三乘身苞十力詎辯
天英姿獨秩知宏細尚訣□□紐方傾嘆
謂門抽杞梓家握芳蘭颯然龍騰鬱然鳳
皇周大像元年歲大淵獻八月庚申朔十
嶽無復左顧昌巖右臨傳駒表裏山川林

黃小松録匡喆刻經頌全文

觀□曰池□不清波□□□ 不□□□震火光而易滅

但以四毒□躬□疵縈骨纖納皆羅孰有誰无自非體
括三乘身苞十力詎辯□□之章自和□讒之品者□
是以有信□□□匡喆及弟頭□祖珎漢丞相衡之苗
裔□秀德自天英姿獨拔知宏緼尚猷□□紐方傾嘆
□四□遷嗟□言之□□奚烏塗而在懷□青骸而□
戚於是乃與同義人李桃曰□姚等可謂門抽杞梓家
握芳蘭颫然龍騰㟃然鳳舉□□邑人敢欲寄杲□洺
共汲無竭之賕□財法肆□□□用之□□仍割家貲
捨如霜葉在皇周大像元年歲大淵獻八月庚申朔十
□日□子瑕丘更□之向四達□之陽前觀□嶧峨峨

覩拂□□□郤瞻岱獻魏魏毗排雲之嶽兼復左顧昌
巖右臨傅駁表裏山川林□□文於是有□□□安臣
者道鑒不二德悟一原匪直八相咸韜書工尤最乃請
伸豪於四顯之中以寫大集經衆等□□九百廿字道
□司□拔□乃約石畐之□納常質六龍上繞□瑩五
彩□雲雙□下蟠甲負□□□□路□□□□玉□□
觀金簡周穆記功教□□紹□今滕□□辟彼蔑如也
釋近本運之世工十二那由他衆生發菩提心一万六
千天子得无生法□況此群英聯珪共琲□□善心採
班倕之巧成斯福業者乎從今鐫構逢劫火而莫燒神

□一□對□□而常住亦其丹青□唯山□啚其盛法
金石長存□以彫之不朽此巖不琢于葉何觀璋寺同
迈鶖藻謝旦犹覽此徵誠何堪抃躍聊措寡豪以申短
韻乃作頌曰
世□大道非若□□空来寂住能卷能舒想□□崖□
離陷途称肌忄鳥放鴿殘軀六度常滿三空不歉敢緝
遺訓式□餘烈縑竹易銷金石難滅託□高山永留不
絕尋師珏輪□□□曲□吟義誕妙越英縣如龍蟠霧
似鳳騰氣聖人幽軌神□秘法從茲寶木樹標永刼
右刻因崖高字大艱於椎拓元所藏拓本祗八十字

每以未見全文為憾嘉慶丙辰夏黄小松司馬録寄新拓全本始知造經人匡喆爲丞相匡衡裔孫書經撰頌之人已缺其姓文凡十二行行五十二三字字徑七寸摩崖上尚有篆書石頌二大字各徑二尺餘摩崖未詳尺寸案縣志載匡衡其先東海郡承人遷居鄒縣之羊下村在城北三十里元興社匡氏子孫當北齊時或仍聚居于此不因全拓此碑則匡氏後人竟湮没不顯矣山左金石志

按是刻小松拓本五百九十二字余所藏拓本纔八十字隸書超逸可愛諸家目為正書非

小鐵山摩崖 無年月

一種字徑尺六寸在
鄒縣小鐵山石壁

鄆離

一種字徑尺九寸
在鄆離二字之後

佛善

一種高一丈四尺廣三尺七寸二
行行八字在小鐵山石壁之東

寧朔將軍大都督任城郡守經主孫洽

一種高一丈三尺八寸
廣二尺在寧朔將軍西

東嶺僧安道壹著經

一種高一丈四尺廣五尺七寸三行一行
十字一行九字一行三字在東嶺僧之西

齊搜揚好人平越將軍周任城郡主薄大都維那閭長嵩

小鐵山摩崖殘字八種俱八分書一刻鄣離二字分拓二紙字徑一尺二寸在岡山石壁　一刻佛善二字分拓二紙佛字徑一尺七寸善字徑一尺三寸在鄣離二字之右　一刻賓性善男子菩薩一行凡七字在佛善二字之右尺寸未詳凡後不言尺寸者皆由他處録寄薩字六朝唐人皆不从産孫觀察星衍云薩即薛字異文故一切經音義作扶薛葢聲之轉耳　一刻寧朔將□大都督任城郡守經主孫□凡十五字分二行

在小鐵山石壁之左　一刻東嶺僧安道壹著經凡
八字一行在寧朔将□之右安道壹已見北齊尖山
摩崖此與寧朔将□一行連屬故仍列此　一刻捜
揚好人平越将軍周任城郡主薄大都維那閭長嵩
凡二十一字分三行在東嶺僧之右捜揚好人乃北
齊所設官即徵求遺逸之意唐房彦謙碑云開皇初
頻詔捜揚人物是隋初猶沿此制也閭長嵩在後周
時曾爲任城主薄此與前段郡守孫□皆志乘失載
　一刻齊□任城郡云云凡四行行五六字不等在
後段佛善男子經文之東　一刻佛善男子經文五

十八字在岡山之陽尺寸未詳朱朗齋云小鐵山與岡山相連而志乘不載當是後起之土名也山左金石志

隋

淮安定公趙芬碑開皇五年

已見王氏萃編

兖州高平縣石裒村造橋碑開皇六年二月

碑高六尺八寸廣三尺二寸上鐫佛象中層記文十八行行十八字下題名二列佛象左右題名三行今在山東鄒縣

大隨開皇六季歲次丙午二月壬午八日已丑兖州高平縣石裒村仲思那等卌人造碻之碑

蓋形同石火忽有便無命似浮泡儵存還滅若不傾心
捨命如薩埵之根骸剸已精誠泆尸毗之救鴿自非仰
習二士之功普海寧容可渡然令大邑主仲思那等卌
人謹見村南分派成池滯水競流以起瀾濤之浪阻隔
長衢致使楊朱泣分歧之淚獄偽異形遂登高樓樊香
啓發獎化衆緣四部崇助謹於此處敬造石碕一淸之
所急緩通傳求絕替留之歎兩盈美麗婉娩可觀又採
石荊山訪匠周隨福力自天名師忽至畵龍看若乘虛
模花衆鋒競集漏佛兩坎相同百工左右侍衛八部備
足藉此橋像福及那等茂若春蘭尉殊夏馥身比乹巛

季同弗石學並宣尼仕登卿相敬法伏摩三途遡絶昔
秦王越海人鬼懷嗟義取成功能言羨德其詞曰
運石荊山藍田採玉接軌連轅首尾相續欄枕再紅其
功始足織女來楏江妃屢囑維那薛哈
都維那大督土階新蔡鎮將仲子□
維那張仕栝　維那仲子建
維那周子建　維那薛長遷
維那王迴洛　維那邵洪璨
維那仲子闉　維那仲長儒
維那高玉摩　維那高文乱

維那□□蕪　維那薛衆則
維那郤□周　維那孫桃晃
維那張難及　維□□□□
維那龐縫粖　維那張子才
維那周士進　維那仲金席
維那宋文尚　維那孫小覬
維那孫道兎　維那萬□洛
維那仲憘洛　維那萬子高
維那仲預瑋　維那神小覬
維那張舍利　維那仲長遵

維那周多壽　維那仲文洪

維那仲登生　維那仲元軌已上二列在記銘下

佐葙菩薩主仲義機　上坎像王仲子業此二行在佛像左

右葙菩薩主周伯奇此一行在佛像右

碑側

太唐上元二年歲次乙亥八月癸丑朔　維那趙子路

碑在鄒縣西南五十里顏運生訪得之陰有上元二年趙子路等題名案隋書地理志高平屬下邳郡下邳周改為泗州則高平宜為泗州之屬矣開皇閒宋文彪造橋碑有泗州高平縣魏君遐名是可例証也

然此題稱兖州高平縣兖即兖字是高平又屬兖州矣縣殆由高平割并四封已包入鄒縣之境故鄒既隸兖則高平亦可稱屬兖州與（授堂金石文字續跋）

右碑爲顔運生教授拓本桂未谷云水經注泗水又南經高平故城西洸水注之案高平故城在今鄒縣南石裏村在縣西南五十里村臨白馬河即洸水此爲洸水造橋也碑云漏佛兩坎坎謂碑首陷處刻有佛象兩即滿之异文漏佛謂佛身雕鏤空透耳碑又云剋已精誠汱尸毗之救鴿案洛陽伽藍記惠生西行七日渡大水至如來爲尸毗王救鴿之處即指此

事元案碑中别體字甚多皆沿魏齊之舊惟隨改爲
隋自文帝始今碑仍題大隨豈當時令甲不盡從耶
山左金石志

王忻造像記 開皇六年七月

已見王氏萃編

千佛山鄧景安造像記 開皇七年正月

記高一尺四寸廣一尺七行行十字今在山東歷城

大隋開皇七年歲次丁未正月十五日弟子鄧景安知
身非恒疾踰露莫是以敬造石弥勒像一軀上為皇帝
□□臣僚百官□□□七世師僧父母見在眷屬一切

□衆生共同斯福

千佛山時□造像記開皇八年五月

記高二尺八寸廣八寸上刻
咒語下刻記五行行六字

唵嘛呢巴弥吽

開皇八年五月十五日時□□□□□□明□敬造釋迦像一軀為法□□□□

千佛山李景崇造象記開皇十年八月

記高一尺一寸廣一
尺五寸十行行八字

維大隋開皇十年歲次庚戌八月丙辰朔八日癸亥弟子李景崇知身非永固素躰難存機變無留生化有易

是以敬造阿弥陁像一區并二菩薩上為 皇帝陛下
師僧父母見在眷屬一切衆生咸同斯福

千佛山吴□造像記開皇十年十二月

記高一尺一寸廣七寸五分六行行十字

大隨開皇十年歲次癸丑十二月十三日大像主吴□
□合家眷屬遠割生資敬造阿弥陁像一□□供□□
□生同登岐□□□□□□□保天壽

桉是年庚戌而云癸丑則十三年也必誤或漏刻三
字 四録堂類集

□照禮造象記開皇十一年正月十五日

已見王氏萃編

車騎祕書郎張景略銘開皇十二年正月廿六日

已見王氏萃編

千佛山安永昭造像記開皇十一年五月十九日

記高一尺廣三寸三行行十二三字不等

開皇十一年五月十九日安永昭為亡父母亡弟造弥

勒像一區□□□□□為亡父母亡兄造弥下行泐

千佛山宋㭉蝦造像記開皇十一年五月廿三日

記高一尺一寸廣五寸五分四行行十一二三字不等

開皇十一年五月廿三日宋㭉蝦為亡父母亡姑敬造

弥勒像一區上為国王帝主師僧父母見存眷屬咸同
斯福

千佛山許道等造像記開皇十一年

記高一尺一寸廣四寸四行行約十二三字

開皇十一年□□□日佛弟子許道□為下缺像一區
下缺皆

又一種殘記高五寸廣四寸僅存三行行四五字

上缺月十五日下缺上缺道粲為息□下缺上缺佛像一區願
下缺

建安公構尼寺銘開皇十一年六月

已見王氏萃編題爲詔立僧尼二寺記

陳思王廟碑開皇十三年

已見王氏萃編

千佛山女花紅等造象記開皇十五年正月

記高八寸廣六寸題名二行行年月二行

女花紅　息丐政　女金滕　女志仁

開皇十五年正月十一日造

千佛山解省躬題名無年月

高一尺廣七寸二行行四字

解省躬記　妻鄧同礼

千佛山失名造象記 年月泐

記高一尺二寸廣八寸七行行約十三四字

上缺像一區上為國主下缺 上缺家眷屬下缺

千佛山造象題字四種開皇年刻俱正書在歷城千佛山洞壁内外一高二尺一寸廣六寸題開皇八年五月十五日□□□造象記凡五行字徑七分其上又有唵嘛呢巴弥吽六字徑二寸一高八寸廣一尺一寸題開皇十年八月李景崇造象記十行字徑一寸一高八寸廣六寸題解省躬記妻鄧同礼凡二行八字徑二寸一高四寸廣一寸四分題甲子□五云

云一行字徑九分以上四種乾隆乙卯九月元將赴浙江始搜得之縣志皆未著録何夢華又云黔婁洞扃尚有隋人題名數行益歎古蹟之失於耳目前者正多也山左金石志

千佛山造象題名余拓得十一種其九種皆開皇年刻解省躬已下二種當亦隋刻山左金石志僅載四種其甲子□五一種余未拓得尚有開皇元年題名及十三年宋僧海妻張公主造象楊文蓋造象皆在千佛山亦未拓得

張洪亮等造象記 開皇十五年四月

記横廣二尺八寸高六寸廿八行
行約七字今在山東益都廣福寺

大隋開皇十五秊歲次乙卯四月己丑朔八日丙申維
那張洪亮等敬造尖光像一軀二菩薩上為皇帝陛下
州縣令長又為七世父母援及一切衆生咸同斯福
維那孟清　清信女李荒女　清信女石唅
清信女王次男　清信女卓平曉　清信女劉潘尼
清信女戴羊女　清信女李娀女　維那王居羅
維那孟伏念　維那孫益錢　維那郭仲容
維那胡保　維那張思慕　維那王大寧　維那王伛
維那劉建德　清信女張元妃　清信女營那子

右記首敘年月及造象之由次列姓氏十九人凡二十八行造象祈福兼及州縣令長惟有此刻亦可見古風之淳也征字德字皆省筆从彳又案默曹殘碑有李荒此云李荒女可證彼是隋刻無疑山左金石志

東魏王雙虎造象云上爲皇帝陛下州郡令長此亦云州縣令長蓋造象之常語末有營郱子為希姓廣韵引風俗通云周成王卿士營伯之後漢有京兆尹營部四錄堂類集

比丘尼脩梵石室銘 開皇十五年十月

石高二尺廣二尺十七行行十七字今在山東益都李文世家

故比丘尼釋脩梵石室誌銘　并序

比丘尼諱脩梵俗姓張氏清河東武城人瀛州刺史烈
𡳿第三女幼而爽晤規範閑明有同縣崔居士南青使
君𡳿第五子以德義故歸爲未獲偕老而君子先逝遂
發菩提心出家入道不意法水常流刼火将滅𨋢開皇
十三秊八月廿三日終于俗宅春秋九十有一十五秊
十月二十四日窆于石室兄弟相撫貫截肝心烏烏𡳿
心終天莫報先王制禮抑不敢過馮翊吉子才高學博請
挨其詞式昭玄壤

畱城祚土趙都建国代肴喆人門多通德王祖王父肴

文胥則駐馬期童褰襜述職載梃淋質天資柔惠梁婦
辭榮棄妻避世心遊正覺行依真諦超彼勝津溺茲善
誓電多急影泡是虛緣形歸掩石神住開蓮春鶯朝噯
秋螢夜燃使令殦泣匍匐空山

右碑十七行行十七字徑七分文頗雅潔銘爲吉子
所撰其序又出一手也段赤亭云脩梵終于開皇十
三年年九十有一是生於梁武帝天監二年魏宣武
帝景明四年南北八朝已閱六矣張烈魏書有傳云
字徽仙其先清河東武城人徙居齊郡之臨淄烈少
孤貧涉獵經史有氣概以守順陽勳封清河縣子後

爲瀛州刺史元象元年卒於家所著有家誡千餘言子二人又案青州崔氏有僧淵者北史作僧深避唐高祖諱曾爲南青州刺史有六子魏書俱有傳其第五子名祖螭普泰初與張僧皓謀叛誅計脩梵此時年二十九歲其夫似卽祖螭而誌諱言之所謂使君殆指僧淵也山左金石志

梁州刺史陳茂碑 開皇十八年十一月

已見王氏萃編

青州舍利塔下銘 仁壽元年十月

已見王氏萃編

鄧州舍利塔下銘 仁壽二年四月

已見王氏萃編

大海寺唐高祖造石弥勒像記 大業元年五月

已見王氏萃編

遵德鄉郭雲銘 大業三年

已見王氏萃編

陳叔毅修孔子廟碑 大業七年七月

已見王氏萃編

左屯衛大将軍姚辯墓志銘 大業七年十月

已見王氏萃編

李靖上西嶽文 無年月

巳見王氏萃編

智永二體千字文 無年月

巳見王氏萃編

青州默曹殘碑 無年月

碑石上下左皆毀僅存高二尺五寸廣二尺二寸八分十一行行十三字今在山東益都

上缺 以懸石秘麼之理雖深傳通之義 下缺

上缺 屬作經藏臺所於是銅擱翅觸王 下缺

上缺 未優匹己化成拔猶稱麗且地 下缺

上缺 委雲去迴向之心自懸受持之教 下缺

此行無字

上缺方滑涇觀烝虎号閣起麟名於不爲下缺

上缺通論門高剖但䟫迴伺即堪長下缺

上缺爲巖餅邁世超偏岌峩層攔差下缺

上缺濟我之功德無量無邊嵐風勿下缺

此行無字

上缺甲寅朔八日辛酉建　青州默曹下缺

碑陰

上下右皆毀僅存六列列十五人

嚴徒王　霍憐　高戢　孫外興　孫季孺　張護

馬相　裴會　孫洪鳳　孫清醜　王舍　裴武
步中興　王祺首　嚴明珍　劉祺　馬智邇　徐法僧
曹正始　孫蒦　蘇大胡　李紹世　徐曇休　王莫廬
孫興　李黑鼎　姚胡兒　許金　霍思伯　宋普貴
陳悅　趙伯兒　張明　張倪　王繼射　池遵
□文遠　蘇伯同　麻惠雄　徐延　李終憘　董桃
高耽　張思　傅伯兒　劉顯榮　韓解脫　張大瓌
項道益　韓興　鄭永洛　鄭須陁　趙道始　李肱
馬儉　麻石兒　邢祖　孫大　李方顯　梁士章
□懷玉　王萇生　楊永興　王文遠　秦利　鮑鸞

呂智 景光伯 夏都 孫婆羅 賈護 趙鳳
李臺生 封奉伯 其世明 馬社生 林珍 崔建
□□恍 劉玄副 高藏 王略 王洪 李荒
□□□ 李□□ □□□ 姚永貴 孫清 權廻
碑右側凡六列列五人
王晧 孟散愁 許滂 張暉宗 楊繖女 張□
依薩陁 淳于領民 李侯 散胡道 孔寄生 辛里
王法寧 阿奴 路光 王興國 秦浪海 徐祖珎
朱瑗亮 胡荒 張世 菅樊 周洪 單清奴
趙伽 朱遵 石暉 □□□ 周賓 李霆

右殘碑文九行字徑寸二分碑陰姓名十五行行六人碑側姓名五行行六人字徑八分段赤亭益都金石記云此碑書法奇古友人得於城西隅田間意亦南陽寺中物後爲人所毀存者僅十之一耳前四行爲序空一行後四行爲銘又空一行後題年月職銜陰與側雜記姓名余攷此碑必是隋刻得數証焉隋承十六國之後人名多沿其陋內孫清醜王莫遮李黑鼠韓解脫鄭須陀孫婆羅等類一也齊乘謂隋開皇元年改南陽寺曰長樂又曰道藏碑云作經藏一所二也廣福寺隋開皇造象題名有李荒女此有李

荒三也錢辛楣少詹跋敬使君碑陰云題名有功曹
士曹鎧曹集曹默曹皆府屬官而隋書百官志有墨
曹無默曹是當時借默為墨四也碑中虒字𢙣字載
字祴字剢字撖字字書俱無禯字遲字儉字必儒遷
儉之俗書蕫卽董字武梁畫象董永亦作蕫蓃集韻
音蘡正字通以為蕿之訛菅與靈臺碑成陽令菅遵
同卽管字餙爲飭之訛體韓勑後碑有修餙字此作
餙者又其變耳渭作滑論倫二字旁皆从侖皆當時
異文他若借憘爲喜借萇爲長同魏敬使君碑借壹
爲一同隋龍藏寺碑而壹字書作壹爲字書作爲眞

所謂隸兼篆法者矣山左金石志。

平津館金石萃編卷七

唐一

秦王告少林寺主教武德四年四月在開元十六年少林寺碑上截

已見王氏萃編

孔子廟堂碑武德九年十二月陝西長安本山東城武本

已見王氏萃編

隨皇甫誕碑無年月當在貞觀初

已見王氏萃編

豳州昭仁寺碑貞觀四年十月

已見王氏萃編

贈徐州都督房彥謙碑貞觀五年三月 有陰有側

已見王氏萃編

九成宮醴泉銘貞觀六年四月

已見王氏萃編

虞恭公溫彥博碑貞觀十一年十月

已見王氏萃編

睦州刺史張琮碑貞觀十三年二月

已見王氏萃編

左屯衛將軍姜行本紀功碑貞觀十四年閏六月 有側

已見王氏萃編

伊闕佛龕碑 貞觀十五年十一月

已見王氏萃編

襃國公段志元碑 貞觀十六年

已見王氏萃編

晉祠銘 貞觀廿一年七月

已見王氏萃編

龍門山思順坊老幼等造弥勒像碑 貞觀廿二年四月

已見王氏萃編

洛陽鄉望父老王師德等造像記 永徽元年

已見王氏萃編

梁文昭公房元齡碑 無年月當在永徽三年

已見王氏萃編

三藏聖教序 永徽四年十月

已見王氏萃編

述三藏聖教序記 永徽四年十二月

已見王氏萃編

萬年宮銘 永徽五年五月 有陰

已見王氏萃編

潁川定公韓良碑 永徽六年三月

已見王氏萃編

化度寺海禪師方墳記顯慶二年四月

石高廣一尺一寸五分八行行七字今在陝西長安

大唐化度寺故僧海禪師季六十有六俗姓劉綏州上縣人也永徽五年十一月八日卒於禪衆以顯慶二年四月八日於信行禪師所起方墳焉

海禪師方墳記正書在長安百塔寺關中金石記

顧升妻莊寧書心經顯慶二年八月

石高一尺五分廣七寸四分十四行又顧升跋一行行廿二字

經呪不録

顯慶二年八月一日莊寧爲夫資福書

撿遺篋感深意福無靈人先棄勒貞珉還資施井□記

莊寧書心經字徑三分閨秀楷法妍麗如此可愛也

然與唐人不類四録堂類集

瘞琴銘無年月與心經同刻

石高廣與心經同十三行行十八字

瘞琴銘有序

嗚呼琴兮鼓者人亡則留爲虛器友之樂盡將顧而生

悲妻莊氏字清卿明姿燿玉慧性旋珠垂髫而貞度山

安待笄而麗辭泉涌蠶桒之暇癖嗜絲桐家有美材命

工精斲音律既協性命相依年廿四歸予琴即為滕春花芬而奏薰風秋月皎而操流水寢食與並好合彌徵纔及十年遽罹娩難春秋卌有四惜哉一息靡憑豈謂九原可作七紡無恙誰禁五內併傷乃以服御之具閒寘高閣瘞琴于山巔殉所自也唯埋軫弛紡希聲於太古濡翰勒石歔恨以千秋銘曰

生不逢辰子人物棄捐音徽不遠兮南山之巔銘幽表淋兮有待他年　頤廾撰書

王行滿書三藏聖教序并記　顯慶二年十二月

已見王氏萃編

禮部尚書張允碑顯慶三年正月
已見王氏萃編
衛景武公李靖碑顯慶三年五月
已見王氏萃編
王居士磚塔銘顯慶三年十月
已見王氏萃編
鄂忠武公尉遲恭碑顯慶四年三月
已見王氏萃編
紀功頌顯慶四年八月
已見王氏萃編

蘭陵長公主碑 顯慶四年十月

已見王氏萃編

岱嶽觀鴛鴦碑 起顯慶六年二月（兩面兩側）訖建中元年二月

已見王氏萃編

左監門將軍許洛仁碑 龍朔二年十一月

已見王氏萃編

同州三藏聖教序并記 龍朔三年六月

已見王氏萃編

道因法師碑 龍朔三年十月十日

已見王氏萃編

騎都尉李文墓誌麟德元年二月

已見王氏萃編

燕公于志寧碑乾封元年十一月

已見王氏萃編

紀國陸妃碑乾封元年十二月

已見王氏萃編

敬善寺石像銘無年月當附陸妃碑後

已見王氏萃編

隋桂州總管武康郡公令狐熙碑乾封二年五月

已見王氏萃編

淄川公李孝同碑咸亨元年五月廿四日

已見王氏萃編

李義豐造像記咸亨元年十二月廿二日

已見王氏萃編

碧落觀李訓等造大道天尊像記咸亨元年 有咸通十一年七月

鄭承規 釋文

已見王氏萃編

内侍張阿難碑咸亨二年九月廿日

已見王氏萃編

少林寺金剛經咸亨三年十月

已見王氏萃編

集王右軍書聖教序記并心經咸亨三年十二月

已見王氏萃編

中書令馬周碑金石録云上元元年十月

已見王氏萃編十七在卷四

孝敬皇帝叡德記上元二年八月

已見王氏萃編

薛公阿史那忠碑上元二年十二月

已見王氏萃編

攝山棲霞寺明徵君碑上元三年四月

已見王氏萃編

周豫州刺史淮南公杜君墓誌 儀鳳二年五月

已見王氏萃編

贈泰師孔宣公碑 儀鳳二年七月 有陰

已見王氏萃編 卷五十五

英貞武公李勣碑 儀鳳二年十月

已見王氏萃編

彭陽憲公令狐德棻碑 年月泐 訪碑列于儀鳳三年

已見王氏萃編 卷五十七

棲霞寺講堂佛鍾經碑 儀鳳四年四月

碑高六尺六寸廣三尺七寸五分廿九行行四十九字今在山東魚臺縣西北棲霞寺

大唐方與縣故棲霞寺講堂佛鍾經碑
□□□進士登仕郎朱懷隱撰文　宣德郎騎都尉徐伯興書　太原王客師鐫
蓋聞香山潧構如来開説法之堂雪嶺疏基菩薩起安居之寺暫龍宫於月路架迴舒丹浮鴈塔於雲巖横空疊翠是知重臺累榭必控圓泉梵宇祇園多連山岳依㫄悟道就以知真至如四月王宫六年法樹導三乘之軌躅闡八正之亡□得其□者

則谿介天開迷其路者則窅然雲合雖復
銀丞東度玉樹南翻象負之所不勝龍藏
之所未盡莫不絶倫開□□□儀高□
□□揚煙戾止蔭菩提之巨澤盡芥子於
方城遊無礙之遐疆承天衣於磐石欲明
常住覺體生光將說真空□□微□□□
□養之國似入祇洹之城遂得夙悟當空
堅持戒行去妻子如脫屣委家馬若遺塵
並託真乘咸歸正覺側聞造像沙門獲□
□□□緬鏡成龕羅漢取雄黄之樹敢緣

斯義竊景前脩各捨寶財俱爲淨業清信
士張師曠騎都尉王善義邲行等敬造講
□□所□星置梟揆日開基擢脩榦於松
巒採規模於梓匠梅梁結影望琁極以通
光芝井披英泛銀河而蕩色虬檐霧闢鳳
幌□□□□□臨似度金娥之影霞窗曉
徹疑窺玉女之容講座衆於燈王聽筵多
於方丈開寶丞之輿典闡金字之微言顯
證一香□□□慧隨類各解俱會真如清
信士閻文褒王孩王慈騎都尉司馬感張

智靜司馬明遠等敬造一佛二菩薩洪鍾
一口多心經一部□刻浮檀如彫水玉毫
光夕泛愛月凝輝紺彩晨明慈雲結族洪
鍾曉韻風傳浮磬之濵法鼓宵驚聲颺孤
桐之嶺停酸浩劫拯溺大□聞之者揮慈
劔而斷惑繩聽之者摇智鈎以離魔網洞
崩雲之袐體菓字相暉櫪垂露之華蹤煙
文文暎抑□意□□處託六念以矜懷望
樹階梯歸依勝業上為　天皇天后皇
太子藉此莊嚴乘斯法本神明翊衛幽顯

扶持括地開源張□□櫟定陶鈞於寶思
苞宇宙於神襟恒遊波若之船永蔭菩提
之日況乃圓泉隱暎容介猴池喬木森疎
依然龍樹波含月鏡□蕩菱光松落天衣
仍任蓋影前臨酆色星弩開五色之疆却
背砂丘天孫標九河之鎮迴接獲麟之野
俯枕觀魚之臺孔宣之□仍存魯侯之望
斯在周遊眺矚藻月思於煙花登陟徘徊
暢風襟於露葉雲如鵬翼忽已垂天樹異
若華翻能拂日足使廬山□發精舍均芳

台嶽龐羲仙都比麗庶憑靈鑒共建豐碑
行方與縣令通直郎宋方鳳衛命西秦佩
銅章而莅職出宰東魯帶墨綬而司官寬
猛相循韋弦並騖導之以廉恥敦之以孝
慈禮讓風行仁恩雨布豌豆鱗於魚甸局
逸翰於□□敷化一方化□舞鸞之化調
風百里風均遠蝗之風潔類冰壺豪脂膏
而不潤明齊水鏡照隱伏而猶神靜訟圓
扉騰歌□□丞鄭元□□□□□□尉□
□操並冠蓋八川羽儀四海含輝荊岫出

則連城孕彩隨一生而照兼五墨究其枝
派九易得其泉源水溢方□□□□丽射
寶□□□團扇泛娥影而動仙歌六藝兼
須三端爻備咸以留情慧路降意禪門屢
陟雲樓頻依月殿如來半影之□□□室
之未修舍利全身之函恨珠臺之未就俱
抽正俸並起擅心以儀鳳四年歲次己卯
四月庚戌朔八日丁巳畢功小□□□□
移河內之灰長贏蒇辰氣改淮南之燧文
河合浦玄兔朱鳶並入法流同開甘露縱

使蕭丘永扇毒火不然閶闔長開業□□
□託斯妙力遐插兜率之宮馭彼勝因遠
庇淨居之域矚通賢之綺構偶福地之韶
規雖敞悪終蹤未探瞽於義窟思非揚鳳
關絢藻於祠林然則才物緘丹誠違管議
因機染素竊會芻襟輒扣庸音聊殫腐翰
式旌盛事迺緝銘云其詞曰　星光
早落劫燼初開□□□度白馬西來祇洹
有廟波若成臺方逢飛錫乃遇乘杯其一妙
覺是生眞如首出德侔造化功苞權實橫

流法雨高浮慧日魔□□魂優填寶律其二
神工構極淨域開場日華蓮井霞照梅梁
雕楹玉餙鏤檻金裝應龍若動威鳳疑翔
其三天孫郤背星弩前通抽□鼂嵲抗輢龜
蒙桐山清露磬水吟風高平草綠大野花
紅其四納衣梵志蓮花長者望月知塵聞鍾
識假並甘蟬蛻咸能喜捨永留天供長充
鹿野其五梁奈勒峻燕嶠銘勳刻伊綺構闕
紀餘芬卞非擲地志悉臨雲聲騰永劫義
屬斯文其六

右碑孫淵如觀察訪得於魚臺縣西北十八里棲霞寺按唐武德四年置金州領方與金鄉二縣五年改金州為戴州廢為縣同方與隸兖州至寶歷初始改方與為魚臺縣此碑題曰方與正與戴縣同隸兖州之時也碑載縣令宋元鳳及縣丞尉政績頗有可傳而縣志皆不載其姓名何邪山左金石志

散騎常侍褚亮碑無年月金石錄云高宗時立

已見王氏萃編卷四十八

天后御製詩書碑永淳二年九月

已見王氏萃編

乾陵述聖記文明元年八月

已見王氏萃編

奉仙觀造老君石像碑垂拱元年十二月

已見王氏萃編

王徵君臨終口授銘垂拱二年四月

已見王氏萃編

夏侯造像記垂拱二年五月

已見王氏萃編

寧義寺經藏碑垂拱三年

碑高八尺九寸廣四尺七寸上截卅一行行九字下截卅三行行五十一字今在山東壽光

大方廣華嚴經一部大般涅槃經一部摩訶般若波羅蜜經一部大方等大集經一部佛名一部然燈三昧經一部賢刼經一部華□經一部中阿含經一部佛阿含經一部大毗婆沙經一部大品般若經一部□法念經一部□□阿毗曇經一部□□阿含經一部 □理論一部瑜伽師論一部成唯式論一部阿毗曇論一部十論一部俱舍論一部大智度論一部阿毗婆沙論一部阿毗曇論一部攝大乘論一部波若燈論一部解脱論一部大般若經一部觀佛三昧經一部立世毗曇經一部菩地持經一部佛名經一部一切佛名經一部龍華

經一部撰集百緣經一部賢劫之意經一部光讚波若
經一部太楞伽經一部別譯阿含經一部四分律一部
摩訶僧祇律一部五分律一部□□律一部□内合三
千一百卷經已上在碑上截
原夫大德曰生體二儀而合道至德曰孝備百行以成
功故□發歷山□□□其茂實業□泗水闕里播其嘉
□□□承驩聞偉行　於躬楚躍魚繼美兆峻郇於□
沂斯蓋丈夫餘事自淩軼於前古未有婦人□迹獨□
暎於當今屬茹蘗□哀養荼側息虞風難靜　傷屺岵
之無依勝日易沉懼陵谷之將改而復翹襟淨域銳想

福林瞻鷲山而仰心顧龍池而利涉誕敷聖教其在兹
乎青州壽光縣寧義寺經藏者有　唐至孝比寺比丘
本孝之所立也法師俗姓任氏樂安苗裔壽光舊隸樂
安郡郡廢縣名猶存法師即樂安壽光人也昔祚啓陛
陋臣殷隆其左相源分命薛朝魯讓其宗盟開國惟敫
肅丹毫於御殿承家曰隗巚黄茀於司空翼翼昭先標
魏朝之淋慎昂昂元裔掌晋代之銓衡迄乎江左大小
雙名既淩南而守郡亦翔西而尹邑蓋莫不蘭芬桂馥
玉潤金貞用能駿發緒餘丕膺復始書云克諧以孝易
云不事王侯揔二美在躬萃一門而高視者其　惟吾

宗達人　乎法師父惻晳在隨季遭家不造周烏爰止
則白騎弥山秦鹿尚驚則黄巾蔽野将恐将懼泛萍水
而無歸自東自西寓逢阡而靡託与弟軌安乎膝下就
養無方勁笋含青已抽冬暖崇蘭孕紫将被春除及國
步初康言旋舊里樂簞瓢而日用肆耕鑿而年徂貞觀
初太夫人奄隨風過□□□□絶機之　訓□乖淚栢
全枯倚廬之望奚設至若去瑟送終之禮承衾追遠之
情則通人故屯田郎中京兆韋山甫製其碑從伯□右
武衛長史虞權為之頌清芬懿迹可得而詳也法師稟
訓母儀承規女憲旌淩霜之苦行表犯雪之貞心松操

不虧冒歲寒而轉勁蕙苗自遠秉獻春而逾馥年十九出家於是練識歸真儲精詣道赴三歸之勝轍泳波若津排六趣之　迷塗踐菩提境釋鈆粉御緇衣不以婉淋攖其懷唯以貞靜凝其慮龍朔之歲丁乎内憂無幾父又遷化號天靡愬擗地何追水漿絶於口者遽經七日負土而成墳者奄至三年爰捨伽藍結廬兆域青烏啓隧環削杖而輸哀白鶴疏塋撫悪笄而灑欷隣里潜而罷相市堙黷以同悲服屏繒綺味資蔬蒜日居月諸迄今廿有七年矣前後州將　皇炑祖贈司徒鄅莊王鳳司空舒王元名明德茂親建旗作牧武陵公北平陽

文瓘通儒碩學海内具瞻並歲時致問親詣其所先是父於墓左别建精舍筆精墨妙廣事招延寫一切經厥功垂畢法師聿遵先志草創後圖經之營之復廿有三年矣遂於寺院設經藏以貯爲玉字霄開因毫鋑相金聲曉振自口流音婉婉乘龍似覿淩雲之藻亭亭顧鵲疑觀垂露之書尔其飛檐四注順陰陽以開闔曾軒八襲積寒暑而來往前縈德水宛如舍衛之中都枕香山即是耆闍之外朱柰爲宛其實也玲瓏青蓮作池其花兮菡萏地則川原疊映煥淄壤以成都人則忠孝連蹤肅任童而濟美千里可照杜魏乘以無辭萬卷可師揖

馬樓而有歎所謂英靈間出震耀邦家者焉于時歲在
泉獻　大唐之握寶圖七十餘祀　皇太后紹隆景化
發揮洪烈練石光其亥極韜金清其赤縣神嶽被蓮
瞙龍鱗而動色靈阿孤竹㵽馬頰以浮光揔衆妙於情
機仙猋迅發蓂群迷　於意絪□景飛昇廣命宗枝藩
屛王室使持節青州諸軍事青州刺史司徒雍王亦令
上之从祖也□□沖曠英姿奭澈凝神大易潔靜洞
其靈闕㵽慮元詩溫　柔甄其思匠光流佛若竹園將
日館相暉吹動生蘋蘭坂與風臺交暎長史司馬聲学
展□□贊彤襜壽光縣令譽浹　翔翬俯臨墨綬咸能翼

宣調御光輔時省法師以舊譯諸經繕寫云備新翻衆
論流傳未遠故躡屩西遊言　過洛邑曾不向日復德
一千餘卷豈非天經懇至地義聿修□□□哉余素奉
□□實居茲壤有懷敬梓微願莫從儻血食未□□□
族□則盛德必祀非其効歟法師又欲余為文確乎□
□□□□□□□□□□□□□□□裁之其詞云尒
□　□太始肇有□□蟾光啓夕鷄唱移晨時遷否泰
運華澆淳心猨匪寐意馬□□□□□□□□□□
□奐能行誕敷慧力遽撤疑網旋超淨域色即是空空
即是色二其亭亭鴈塔翼翼蜂臺香奮爍上寶鐸風來右

□左□木田斜開□□顧□彼美良材其三朝魯讓滕匡周胙薛廣阿負夏祉信都曾烈地稟賢蹤門承孝轍結廬墓左餘芬靡竭其四挺生媛淑寔惟貞固翥想十因騫□六度亦既鍾罰循還穗慕吹驚揚風光晞翌露其五欲報之德哀哀我思歸誠梵宇磬節仁祠爰創經室緬栖眞楣鸞迴□態鵲顧凝其六目閱寶函手披仙軸衣則麻枲食惟蔬蒭露液春滋霜明冬肅何以取喻寄之松竹其七河楚藩屏海岱輿區建□鑒□禮□是敷道□□□化穆還珠式閭標敬清徽不渝其八屯田彥緒武陵英胄德音孔碩風流坐鎮或披詞藻□恩信詎測波瀾孰窺

牆伃其九綿綿瓜瓞系自吾宗孝乎惟孝必敬必恭貞猷
矩疊茂績規重勒茲琬琰永播笙鏞其十
朝議郎行麟臺郎掌　太后御集樂安　任知古
撰　大施主弟子比丘尼四禪竪其碑　姪男思解書

碑在壽光縣寧義寺任知古撰文姪男思解書碑但稱法師任氏而無名號玩其文是寧義寺之比丘尼也明嘉靖山東通志貞觀元年建寺新志不載此碑無從校其缺泐法師俗姓任氏樂安苗裔壽光舊隸樂安郡郡廢縣名猶存法師即樂安壽光人也今之青州府舊有北海樂安二郡北海郡隋大業初置唐

武德四年置青州北海郡治益都縣樂安郡始于劉宋時治千乘縣博昌縣屬焉隋開皇初廢樂安郡六年以博昌廢縣置壽光縣與千乘並屬北海郡唐時爲青州北海郡壽光縣屬焉此碑稱樂安壽光人者尚仍隋以前之舊郡名也碑叙法師父惻及其弟軌在隋季遭家不造耕鑿養親貞觀初太夫人奄逝屯田郎中京兆韋山甫製碑從伯處權爲頌蓋述法師先世之孝也法師年十九出家其時父母俱存及先後丁憂負土成墳碑無建寺年月其藏經之緣起則以其父在墓左建精舍招延寫經墓即葬太夫人處

時在貞觀初當即建寺之始與山東通志語合法師聿遵先志遂創成寺院設經藏以貯所寫之經此其所以為孝也所藏經名列目于碑上方凡經律四十一部合三千一百卷文中載歲時致問者前後州將皇𣏟祖贈司徒號莊王鳳司空舒王元名武陵公北平陽文瓘又有今上之叔祖使持節青州諸軍事青州刺史司徒雍王及長史司馬壽光縣令等皆列其銜而不署姓名新唐書宗室傳高祖二十二子第十四曰號莊王鳳字秀成始王豳為鄧州刺史俄徙王歷號豫青三州刺史薨贈司徒揚州大都督第十七

曰舒王元名始王譙後徙王歷五州刺史治石州二十年垂拱中徙鄭州進加司空武后時被殺神龍初詔復官爵贈司徒傳不詳其官青州殆即在五州刺史内也餘人無考撰文之任知古雖與法師同姓然銘詞云綿綿瓜瓞系自吾宗則非本支矣其官行麟臺郎唐書百官志武后垂拱元年改祕書省曰麟臺省有郎三人從六品上掌四部圖籍碑文云歲在泉獻大唐七十餘祀泉即淵也避高祖諱作泉淵獻者歲在亥也丁亥歲為垂拱三年故其時有麟臺郎之官大唐御宇恰七十年知古系銜掌太后御□泐一

字必是書字（朱文藻跋）
高祖第十七子舒王元名此碑作无名疑史誤任知古結銜掌太后御集碑集字尚露太半朱朗齋以為書字殆未審觀也（四録堂類集）

木澗魏夫人祠碑　垂拱四年正月

已見王氏萃編

魏夫人祠碑陰

今有魏夫人下志等処　小熊　青龍峪　虎頭山
沐澗　皆是　聖賢以大石所試　元君之処
大唐四年六月五日

右在碑陰下截

皇祐庚寅九月朔張吉甫来鐫字

張子諒何嶠姚師魯至咊元年五月廿四日題

潘旦南鄉杜樸元真同遊嘉祐丁酉八月廿三日題

脩武令張埜同王耆老張厔元祐辛未元日謁祠下沐

澗山僧普恩亦至

右四段在上截

維大元國紫陵村 上清紫虛元君廟地壹段 東至

溝道 北至溝 南至官道 西至楊家溝 至元拾

玖年叁月十九日 知廟主志希謹記

魯書末人張元礼

右在下截左角

王無德拉王仲和王文炳李秉文遊勝果院步自石甕

回邂逅向翼中小酌於此丁巳三月十二日

右在上截右角

木澗魏夫人祠碑垂拱四年正月立在懷慶府城西

北紫金壇下祠中題名碑下方有大唐四年六月五

日凡三十九字大唐下有年月無年號或是武德初

題或是後人戲書之中州金石記

碑陰下截有大唐四年云云四十字或即垂拱四年

所題文有宋元題名六段訪碑録別有八分書隋碑

未獲見之四録堂類集

美原神泉詩碑垂拱四年四月有陰

已見王氏萃編

朝請大夫雷府君墓誌永昌元年

額方廣一尺九寸碑方廣二尺六寸廿九行行廿九字今在陝西長安

大唐故朝請大夫雷府君墓誌額四行行三字

大唐故朝請大夫〔〕國下缺

蓋下缺十行全缺縣令缺九字文下缺裡會享缺八字功下缺

開缺八字司僕寺在下缺校使事〔〕〔〕之缺六字泉之下缺

令缺八字石之言闕東楊□□八缺十字黃泉悲而不□□
秋六十有五以永昌元年十缺下宋氏及夫人□□
□桃李香深之缺下可則□□□□之□□□不留缺下
先終□□□□夫人□總章二年十□□三②缺下
十三②□□□□□□原礼也昔時缺下子右缺十字仕
非缺下西缺十一字忽□□雪丹缺下轉缺十二字悽斷缺下嗚
呼缺七字立爾□塋一横缺下術士有缺六字我雷公□□
周缺下辯牛升□□□□何代無奇其人挺質缺下后
土英賢一代丘墳萬古隴樹風悲缺十一字⑤十三②
雷府君碑約八百字存者不及百卌字名籍行績

俱無可攷楷法絶工故録之

右虞候副率乙速孤神慶碑 載初二年二月

已見王氏萃編

剖牛溝小石橋碑 證聖元年八月

已見王氏萃編

封祀壇碑 萬歲登封元年十二月

已見王氏萃編

滎德縣丞梁師亮墓誌 萬歲通天二年三月

已見王氏萃編

馮善廓造浮圖銘 萬歲通天二年四月

已見王氏萃編

河東州刺史王仁求碑聖歷元年正月

已見王氏萃編

潘尊師碣聖歷二年二月

已見王氏萃編

昇仙太子碑聖歷二年六月有陰

已見王氏萃編

明堂令于大猷碑聖歷三年十一月

已見王氏萃編

秋日宴石淙序久視元年

巳見王氏萃編

大雲寺皇帝聖祚碑 大足元年五月

巳見王氏萃編

駝山尹思貞等造像十五種 起長安二年七月訖三年十月

一種高一尺三寸廣一尺四寸九行行九字十字不等今在山東益都駝山北洞南石壁

長安二年歲□七月庚辰朔□日□子青州益縣佛保

子尹思貞為亡過妻張氏及女得男□施淨財於山寺

□造□□像鋪上為金輪皇帝下□師僧父母□□子

□□埃枉群生□□□□□往生淨土□樂無窮一切

衆生咸同斯福

又一種高一尺一寸廣四寸二行行六字在南洞

像主張真妙敬造无量壽一軀

又一種高一尺廣三寸二行行七字在南洞

像主冒忽為亡父母敬造无量壽

又一種高一尺一寸廣三寸五分二行行六字在南洞

像主馬摩耶敬造无量壽一軀

又一種高一尺五寸廣四寸一行九字一行六字

像主馬摩耶張真妙為師僧父母敬造

又一種高一尺廣四寸二行行六字在南洞

□□□比丘僧解供養佛時

又一種高一尺三寸五分廣五寸二行行五字在南洞

像主樂安郡沙門都僧盖

又一種高一尺廣四寸一行五字一行七字

像主許惠倩為師僧父母敬造

又一種高八寸廣四寸二行行五字

僞主許惠倩為亡息敬造

又一種高一尺廣三寸五分二行行五字

像主甯仕賔敬造像一軀

又一種高七寸廣二寸一行五字

像主朱二娘

又一種高一尺一寸廣四寸二行行五字

像主楊過母敬為亡夫造

又一種高一尺五寸廣三寸一行九字

像主明觀為亡父母造

又一種高二尺廣五寸三行一行十九字一行十六字一行十一字在北洞石壁

長安三十月十九日李懷膺為亡過母任及一切見存

□□施淨財造弥陀像一鎮普願見在□□咸同斯福

高文熊書

又一種高一尺七寸廣六寸二行行六字在南洞佛座下

大像主青州摠管柱國平桒公

駝山造像題字十五種在益都縣駝山　一題長安
三十月十九日李懷脩造象記高文熊書凡三行行
書大小不等在北洞石壁三十脫一年字　一題像
主比邱僧法韶七字正書徑一寸五分在南洞石壁
一題像主張真妙敬造无量壽一軀二行正書徑
寸在南洞佛龕下　一題像主冒忽為亡父母敬造
无量壽二行正書徑寸在南洞佛像旁　一題長安
二乖長⋯七匝庚辰朔五日壬子青州益縣佛弟子
尹思貞造像記九行行書徑八分在北洞南石壁益
縣蓋是益都縣省文耳　一題像主馬摩耶敬造无

量壽一軀二行正書徑寸在南洞佛像旁　一題□
□□比邱僧供養佛時二行正書徑寸在南洞佛像
旁時字下似紀年月借文未全也　一題像主比邱
尼道仁一行正書徑八分在南洞石壁　一題像主
樂安郡沙門都僧盍二行正書徑寸三分在南洞佛
像下字畫端正門字從篆法案舊唐書地里志樂安
隋縣武德二年屬乘州州廢屬青州此稱樂安郡者
庸僧不諳掌故妄以千乘有樂安之名遂加郡字也
沙門都當如元魏釋老志沙門統之謂唐史無文可
藉以補之　一題大像主青州總管柱國平桑公三

行徑一寸五分在南洞佛座下案元和郡縣志武德四年海岱平定改為青州總管府舊唐書地里志武德四年置青州總管府七年改總管曰都督則此稱青州總管者不出武德五六年間矣平来郎平桑隸書變體

一題長安二𠡦三𠥱廿⊙戊辰廿六日癸巳前羽林郎任元覽奉勅於紫象軍䓁敬造觀世音菩薩一軀云云十二行正書徑五分在北洞石壁任元覽稱羽林郎案唐書左右羽林軍有左右中郎一人紫象軍或疑象是蒙字段赤亭云唐制天下十道置府五百六、十四軍衛各有名號如參旗鼓旗天紀天節之類不悉載於兵志此云紫象亦足以廣見聞也廿六日癸巳則戊辰當是朔日　一題潘乂為父母法界衆生造彌勒一軀二行正書徑八分在南洞佛象旁　一題潘乂妻王為亡父母敬造像一軀二行正書徑一寸餘在南洞佛象旁　一題比丘尼先等造像四行正書徑一寸五分在南洞旁佛像下　一題儀同三司青州總管府長史趙良供養儀同妻郡君張供養佛五行正書徑七分在南洞佛像旁案唐書職官志總管後改為都督其屬有長史一人據此碑則未改之時已設此員久矣地里志武德四年

置總管府七年改為都督職官志作武德四年又改為都督者誤也山左金石志

駞山造像山左金石志所載十五種余亦拓得十五種志有而余無者六種余有而志無者亦六種然則古刻之不能盡搜者正多也平桑公一種若非唐初即屬隋已前舊刻姑類附于此

漢紀信墓碑 有陰 長安二年七月

已見王氏萃編

泗水橋十二人造像碑 長安二年十二月

碑高二尺三寸廣一尺五寸一行十六字今在山東曲阜

大周長安二秊歲次壬寅十二𠥱廿二𡆠

右造像殘碑中幅刻佛像左題大周長安年月一行碑陰存字十四行字徑一寸立碑姓名皆殘闕朱朗齋從宅處借録竝云舊在兖州牛氏今為顔運生攜歸曲阜山左金石志

華塔寺高延貴造像銘長安三年七月十五日

已見王氏萃編

華塔寺王璿造像銘長安三年七月

已見王氏萃編

華塔寺韋均造像銘長安三年九月三日

已見王氏萃編

華塔寺蕭元眘造像記長安三年九月十五日

已見王氏萃編

華塔寺李承嗣造像記長安三年九月十五日

已見王氏萃編

華塔寺姚元之造像記長安三年九月十五日

已見王氏萃編

華塔寺僧德感造像記長安三年九月十五日

已見王氏萃編

華塔寺梁義深等造像題名 無年月

已見王氏萃編

城北社施門記長安三年

石高二尺廣八寸五行行字不等今在山東益都

城北社衆共施門記

施主張佟已　施主曹訓　施主甄暉

施主李知進　施主鹿暉　施主石密

施主高光鳳　施主孫書金

□□子楊氏施主□□大周癸卯歲記

石在益都縣雲門山陽佛龕下山左金石志

衛州共城縣百門陂碑長安四年九月有陰有兩側

已見王氏萃編

姚元景光宅寺造像銘長安四年九月

已見王氏萃編

王三孃墳記神龍二年二月

石高一尺廣八寸五分九行行十字今在陝西長安

曹氏故妻王三娘長安人也少脩真媛苦空閑悟觀身地篋五蘊防非調善誠心從遊自遣因圓業謝奄忽從風春秋卅有八儀鳳二年八月五日捨化即其月殯亡親院後息智度恐陵谷名移人處隔易剖題方石表此芳猷至神龍二年二月八日脩建墳焉

王三娘坟記在西安府城南 關中金石記

竇門姜爲夫鉅野將軍李悳造像記 神龍二年七月

已見王氏萃編

滎陽令盧正道清德頌 神龍三年五月八日

已見王氏萃編

賜盧正道勑 景龍元年十月十七日

已見王氏萃編

亐部將軍功德記 景龍元年十月十八日

已見王氏萃編

龍興觀道德經 景龍二年正月

碑高八尺四寸廣三尺七寸前面道經卅二行行七十一字後面德經卅三行行九十餘字在直隸易州

經文不録

大唐景龍二年正月易州龍興觀為國敬造道德經五千文此在前面額上十二行行二字

前重光觀都監齋蕭知威儀事至神龍元年召入龍興觀撿挍觀主張春行此一行在前面末行之下

右道德經碑景龍二年正月立前代金石家未著于録歐趙所收皆明皇御注懷州本今不傳邢州龍興觀石臺本歸震川集有跋今亦未見所傳拓惟易州八面石柱為蘇靈芝書之御注本刻于開元廿六年

景龍舊碑同在易州世人貴耳賤目無過問者蓋道德經自御注後頒列學官久相傳習故余所見道藏七十餘本略同雖以河上王弼二家校者亦頗改就御傳而傳奕古本字句較繇亦難盡淺則世間真舊本必以景龍碑為最其異同數百事文誼簡古遠勝今本者甚多今合蘇靈芝書御注本及河上王弼與釋文所載參互校勘條舉得失足證此刻之善　老子

道經一卷（御注河上作老子道經卷上王弼作上篇）无名（各本作無下皆放此）

天地始（御注與此同河上王弼作天地之始下句亦有之字）常无欲觀其妙（御注與此同河上此句上有故字觀上河上王弼有以字下句亦然）衆妙之門（句下空一）

字所以分章御注不空河上於道可道前題體道第一王弼題一章此無標目下皆放此相形
王弼作相較見釋文成功不居御注王弼作功成不居河上作功成而弗居不
上賢各本上作尚使心不亂王弼使下有民字聖人治各本句上
有是以二字王弼人下有之字常使民御注作使人使知者各本使下有夫
字不敢為各本句下有為無為三字王弼有也為無為四字久不盈各本
作或字深乎御注作淵似河上作淵乎似王弼作淵兮似萬物宗河上王弼
物下有之字湛常存河上作湛兮似若存王弼作湛兮似或存誰子河上王弼
作誰之子荁猶別體字橐籥御注作橐籥河上王弼句末有乎字不屈
王弼顧歡作不掘俞出各本作愈出𤣥牝門天地根河上王弼門上
有之字天地上有是謂字長久者河上王弼長下有且字故能長久王氏

萃編引邢州本與此同易州石柱及河上王弼作長生非也以其无私釋文引河上與

此同御注王弼以字上有非字王弼句末有邪字又不河上王弼作而不善人

各本作善仁古字通政善河上作正善不若其以各本作不如其已古字通

而銳王弼作而梲長保邢州本作長寶而驕御注作而憍功

成名遂身退王弼作功遂身退傅奕作成名功遂身退邢州本作名成功遂身退

能无離傅奕及近刻王弼句末有乎字下五句皆然愛人各本作愛民能

无為王弼作無知能為雌河上作無雌能无知王弼作無為

有之以為利各本句上有故字何謂寵辱辱為下王弼傅奕作何

謂寵辱若驚寵為下有大患各本句末有者字為我有身及我无

身兩我字各本作吾故貴身於天下御注作故貴以身為天下與王弼同河上

故作貴以身為天下者　若可託天下　御注王弼作若可寄天下河上作則可寄於天
下永樂大典作則可以寄天下　若可寄天下　河上作乃可以託於天下王弼作若可記
天下大典作乃可以託天下　繩繩　大典作繩繩兮　以語今之有　各本作以
御　以知古始　御注王弼作能知　是謂道已　御注河上作道紀審觀王
弼注當亦是已字　豫若冬涉川　河上豫作與兮王弼作豫焉　猶　河上王弼
作猶兮　儼若客　河上王弼儼下有兮其二字　渙若冰將釋　河上王弼
作渙兮若冰之將釋下三句皆有兮字　混若濁曠若谷　御注作曠若谷渾若濁河
上作曠兮其若谷渾兮其若濁王弼與河上同渾字作混　安以動之　御注作安以久
河上王弼作孰能安以久大典作孰能安以無久字　能弊復成　御注作故能弊不新成河
上作故能蔽不新成大典作故能敝不新成按弼注蔽覆蓋也當與河上同　吾以觀其

復王弼無其字各歸其根河上王弼各下有復字忘作凶各本作妄作凶河上或作萎誤也容能公御注河上王弼能作乃下四句皆然公能王王能天邢州本作公能生生能天其次親之豫之御注河上作親之譽之王弼作親而譽之其次畏之侮之河上畏之下有其次字信不足河上王弼足下有焉字有不信王弼信下有焉字由其貴言御注由作猶河上作猶兮王弼作悠兮成功各本作功成有人義各本作仁義智惠出王弼作智慧或作慧智非孝慈大典作孝子絶民各本作絶仁

相去何若王弼或作若何非忙其未央御注作荒其河上王弼荒下有兮字句末有哉字若享大窂窂別體字御注作如享釋文作若亨引河上作饗若春登臺御注王弼作如春登臺河上作如登春臺我魄未兆御注作我獨怕其未

兆河上作我獨怕兮其未兆釋文作廓引河上作泊傳奕作我獨魄兮其未兆大典作我泊兮其未兆王

氏引邢州本與此同若嬰兒未孩各本作如嬰兒之未孩乘乘無所

歸河上乘乘下有兮若二字王弼作儽儽兮若無所歸我獨河上我上有而字之

心河上王弼心下有也哉字純純河上王弼作沌沌兮釋文沌本又作忳我獨

若昏王弼作我獨昏昏淡若海御注作忽若晦河上作忽兮若海王弼作淡兮其若

海大典作漂乎一本作忽兮漂无所止御注作寂兮似無所止河上作漂兮若無止釋

文引河上作淵兮王弼作飂兮若無止梁簡文傅奕作飄兮有巳各本作有以我

獨頑河上王弼我上有而字而貴食母御注作而貴求食於母是從

大典作之從忽恍中有象恍忽中有物顧歡與此同御注作忽兮恍其

中有爲恍兮忽其中有物河上作忽兮恍兮其中有像恍兮忽兮其中有物本或二句互倒王弼與河上

同忽作惚

窈冥中有精顧歡與此同御注作窈兮冥其中有精河上王弼作窈兮冥兮其中有精

之然御注今河上作之然哉王弼作之狀哉釋文河上一本直云吾何狀也

枉則正傳奕與此同諸本作則直　弊則新釋文作敝傳奕今王弼作敝

多則惑各本作惑　莫能與之爭河上無能字　豈虛語各本作豈虛言哉

故成全各本作誠全無故字　飄風王弼句上有故字　孰為

此天地河上王弼此字下有者字　上不能久各本作尚不　於人各本句末有乎字

故從事而道者道德之同於德者德之同

於失者道失之信不足有不信古得德字通德之即得之也河上作故從事於道者道者同於道德者同於德失者同於失同於道者道亦樂得之同於德者德亦樂得之同於失者失亦樂得之御注王弼無三樂字餘與河上同河上王弼作信不足焉有不信焉

企者不

久立御注河上作跂者不立王弼作企者不立　夸者各本作跨者按當是夸字　自見

不明河上王弼自見下有者字下四句皆然　其在道王弼作其在道也御注河上作

其於道也　物或有惡之各本無有字　故有道不處御注王弼道下

有者字河上亦有者字句末有也字　寂漠王弼作宗寞河上今王弼作寂兮寥兮鍾會作飂

獨立不改御注河上立下有而字　周行不殆各本行下有而字

吾强為之名各本無吾字　遠曰返河上王弼作反　道大各本道上

有故字　王大各本王下有亦字　而王處一河上王弼作而王居其一焉

是以君子河上王弼作是以聖人　燕處王弼傅奕作宴處　如何

各本作奈何　以身各本以上有而字　輕則失臣王弼作失本大典作失根

轍迹河上作徹迹王弼作徹跡梁簡文云應車邊今作彳邊者古字少也　瑕讁

御注河上作瑕讁王弼作瑕讁善計王弼作善數籌策御注作籌筭不
可開各本不上有而字下句亦然而无棄人各本而作故下句亦然善
人御注大典作故善人河上作故善人者不善人河上人下有者字雖知
河上王弼作雖智此謂各本作是謂為天下蹊各本作谿釋文谿或作溪
常得不忒各本作常德常得乃足各本作常德於朴御注
作樸王弼作樸下句亦然朴散各本散下有則字聖人用為官長各本
用下有之則字是以大制无割各本作故大制不割神器大典器下有也
字不可為各本為下有也字夫物各本作故物或噓王弼作或
歔御注河上作或呴或贏各本作或羸或接或隳御注河上接作載王弼渠
蕳文作挫以道作各本作以道佐荆棘生各本生下有焉字此句下各本有大

軍之後必有凶年八字蓋注語羼入正文此本無王氏引邢州本亦無故善者果而

已河上王弼無故字大典亦無故字而已已上有矣字今王弼者作有不以取強各本

不下有敢字果而勿驕果而勿矜果而勿伐御注驕作憍各本果

而勿驕句在果而勿伐下果而不得以是各本以作已無是字謂之非

道非道早已御注河上王弼作是謂不道不道早已傅奕王氏引邢州本皆作非道

夫佳兵者河上無者字不祥之器大典無之器二字故有道

不處各本道下有者字大典處下有也字恬惔御注作恬淡河上作恬惔一作恬然王弼作

恬澹故不美若美之御注河上王弼作勝而不美而美之者大典無而字是

樂殺人各本作殺人大典人下有也字不可得意於天下御注作得志河

上王弼作則不可以得志於天下矣大典無則字故吉事尚左各本無故字

居左御注大典作處左下居右亦作處右煞人衆多河上王弼作殺人之衆此句上御注河上有言以哀禮處之六字蓋注語羼入正文此與大典皆無悲哀王弼作哀悲哀禮各本作喪禮朴雖小御注作撲王弼作樸天下不敢臣王弼作天下莫能臣也王侯若能守御注河上王弼作侯王梁武與此同河上王弼守下有之字人莫之令河上作民莫天將知止御注王弼作夫亦將知止河上作天亦將知之知止不殆御注作知止所以不殆河上作知之所以不殆王弼作知止可以不殆譬道在天下河上王弼道下有之字與江海御注河上作之與江海王弼作之於江海強行有志各本行下有者字道汜御注作道汎河上作道汜兮以生河上作而生成功各本作功成不名有傅奕大典作而不居愛養王弼作衣養大典作衣被不為主各本不上有而字下

句亦然可名於大（河上作為大大典作於大矣又有是以聖人能成其大也）是

以聖人終不為大（河上句末有也字王弼作以其終不自為大大典作以其不自大）

平太（御注大典作平泰）道出言（御注河上王弼作道之出口傅奕作道之出言）

（下視聽用三句各本皆有之字）淡无味（各本淡下有乎其二字）用不可既

（御注河上作用之不可既王弼作用之不足既）翕之（河上作噏之王弼作㒆之簡文作歙又作

結）必故（各本作必固下三句皆然）柔勝剛弱勝強（大典與此同御注河

上王弼作柔弱勝剛強傅奕作柔之勝剛弱之勝強）國有（各本作國之）可示（各本

作可以示）能守（王弼守下或有之字）之朴（御注王弼作之樸）亦將不

欲（王弼作夫亦將無欲）老子德經（御注河上作老子德經卷下王弼作老子德經下篇）

忠信之薄（御注作之薄下不處其薄亦然）處其厚不處其薄居

其實不居其華河上作處其厚不居其薄處其實不居其華王弼亦然

万物各本作萬物天下正御注王弼作下貞其致之句下或有一也

二字高以下為基御注脫為字河上高下有必字不轂御注王弼作不穀河

上云不轂喻不能如車轂為眾轂所湊卅二輻不轂亦然非各本作非乎數車無

車御注王弼作數輿輿無輿蘇靈芝書上輿作與與誤也落落王弼作珞珞天下

万物河上王弼作萬物御注作之物勤而行之御注無之字傅奕作而勤行之

故建言有之御注無故字夷道若類御注王弼作若纇善貸

且善各本作且成不轂御注王弼作不穀或益之而損御注無或

字我亦教之御注作亦我義教之無有入於無間御注河上王弼

無於字傅奕淮南子作出於無有入於無間是以知無為有益御注作是以知

無為之有益益河上王弼有之字不重益字是故甚愛河上無是故故知足各本無故字以為天下正各本無以字罪莫大於可欲王弼無此句常足御注王弼作常足矣其知弥近各本作彌少又損之河上王弼無之字無不為各本無上有而字得善信者各本作德善下句亦然御注脫信字怵怵御注作惵惵河上作惵惵王弼作歙歙簡文云河上作怵高翱作喋喋動之死地十有三王弼高翱地下有亦字措其爪御注河上王弼作措釋文作錯是以万物御注作是以聖人夫莫之命御注傳奕作之爵成之孰之王弼作亭之毒之又知其子河上作復知王弼高翱作以知是謂習常御注高翱作襲常而人好徑御注高翱作民其好徑河上王弼作而民服文綵御注高翱作彩厭飲食御注作猒高翱

作冐是謂盜夸非道也哉王弼盜夸下復有盜夸二字釋文引河上本同
子孫祭祀不輟王弼子孫下有以字韓非子有以其世世四字脩之身河上
河上王弼脩之下有於字下脩之家脩之鄉亦然御注高翿五句皆無於字其德有餘
衆本作乃餘御注作其德能有餘韓非子與此同脩之於國韓非子作於邦與豐叶韵
今沿漢避諱改也天下之然河上作之然哉王弼作然哉無之字毒虫不
螫御注河上高翿作毒蟲不螫王弼作蜂蠆虺蛇不螫按虫虺兩通作蟲者誤而峻作
王弼作而全作釋文引河上作峻本一作朘精之至也河上王弼至也有字下句亦然
號而不嗄高翿而下有嗌字知常曰明河上作日明下二句亦然
謂之不道御注高翿作是謂不道解其忿河上作紛王弼作分不可
得而疎河上不上有亦字下二句皆然亦不可得而賤諸本無亦字河上有

以正（御注作以政）以奇（御注誤作以具）知其然（河上王弼高翿然下有哉字）而人弥貧人多利器（各本人作民）法物滋彰（御注王弼高翿作法令河上云法物好物也）人自化（各本人作而民下三句亦然）我無事人自富（御注此句在我好静之上）其人醇醇（各本作其民御注王弼高翿作淳淳）禍福之所倚福禍之所伏（御注作禍兮福作倚福兮禍所伏河上王弼有兩兮字無兩之字）其無正（御注作正邪）政復為奇（各本作正）復人之迷（御注河上高翿作民之）廉而不害（御注作不穢王弼作不劌）不曜（御注作燿王弼作耀）則無不剋（御注王弼作不克下句亦然）固蔕（御注作故蔕王弼作固柢）不傷人（御注作傷民下二句皆然）交歸（各本作交歸焉）天下之牝（御注作之交高翿作之交牝）牡常以靜勝牝（各本

作牝常以靜勝牡則取大國御注作則聚故或下以取或下如取御注下句作或下而聚河上王弼高翿作而取此兩者河上王弼此作夫高翿無此字不善人之所不保各本作所保不日求以得河上王弼求字在以字下高翿日作曰有罪以免諸本作以免邪高翿作不免邪圖難於易為大於細各本於下皆有其字故欲無難王弼作無難矣其脆易破河上作其脆王弼作易泮是以聖人無為河上無是以復衆人御注作衆民非以明人各本作明民以其多智各本作智多以智治國御注王弼高翿作故以亦揩式河上作楷王弼作稽下句亦然深遠與物反各本作深矣遠矣與物反矣百谷王各本王下有者字以其善下之河上無其字是以聖人欲上人王弼無聖

人河上王弼作上民必以言下之御注作以其言我大王弼作我道大不肖各本不上有似字下故不肖亦然其細御注王弼作其細也夫高翿作其妙也夫河上其細句絕以夫字屬下句持而寶之御注作保而持之高翿同河上王弼作持而保之夫慈故能勇河上王弼無夫字今捨慈且勇御注高翿捨下有其字下二句亦然且先御注誤作先且古之善為士者各本無古之不爭河上王弼作不與善用仁者為下各本仁作人御注王弼作為之下是以用人之力各本作是謂行无行各本无作無下皆做此仍无敵王弼作扔則哀者勝各本作哀者勝矣無則字知我者希則我者貴御注脫我者希則四字而注中有之是以聖人不病御注作夫唯病是以不病聖人不病河上王弼高翿夫唯病病下復有病字大威至御注王弼高翿

句上有則字河上無則字末有矣字无狹王弼作無狎知此兩者河上王弼無知字孰知其故此句下各本有是以聖人猶難之不召而自來口然而善謀來下一字未刻御注王弼高翻作繟釋文引梁王尚鐘會孫登張嗣作繟坦二字引河上作繟踈而不漏各本作不失民不畏死高翻民下有情字若使常畏死御注高翻使下有人字河上王弼有民字煞之各本作殺之下倣此代大匠斲御注無大字夫代大匠斲御注無夫字其手御注王弼作其手矣河上作其手者矣民之飢御注作人之上有為河上王弼高翻作上之有為生生之厚各本作求生人生之衆本作人之生也高翻作民之生也其死各本作其死也生之御注作生也衆本作之生也其死各本作其死也木強則共王弼傅奕作則兵故堅強處

下各本作强大處下無故字張弓御注河上作張弓乎王弼作張弓與不足者

與之王弼作補之而補不足御注無而字人道各本作人之道

損不足各本足下有以字孰能有餘以奉天下御注以字在能字下

其唯有道者各本無其字爲而不恃御注無而字功成

不處河上王弼成下有而字斯不見賢各本作其不欲見賢高翔句末有邪字

天下柔弱莫過於水王弼作天下莫柔弱於水而攻堅强莫

之能先御注王弼强下有者字先作勝河上亦有者字作莫知能勝高翔作莫之能奥故

弱勝强柔勝剛御注高翔作故柔勝剛弱勝强河上王弼無故字作弱之勝强柔之勝剛

莫能知各本作不能故聖人云御注作是以聖人言王弼作是以聖人云

受國不祥河上高翔國下有之字不責於人御注作而不責於民河上王弼

有而字　故有德河上王弼無故字　小國寡人各本作寡民　什伯之器河上伯下有人字　使人重死河上王弼作使民　鷄狗之聲御注高翻作雞犬之音王弼作雞犬之聲　既以為人已愈有御注作與人

已上三百卌九事皆景龍本異文是時御注未出所行皆六朝舊本故文句簡古卓然可據如斯間亦有承習舊譌或寫刻時錯脫不可為訓者是在善讀者之擇善而從也四録堂類集

右唐景龍年所刻道德經在易州漸即漫漶其絕勝今本之處錢少詹潛研堂金石文跋尾已言之今人得宋刻書流連賞玩出值數十百金此唐刻

在開元本之前更當何如珍重耒可與貴耳賤目

者道也

比丘尼法琬法師碑景龍三年五月十日

已見王氏萃編

鄧村塔幢景龍三年五月廿三日

石高三尺一寸八面周廣五尺三寸六面刻佛像兩面題字共十行行約卅三四五字今在山東益都

維大唐景龍三年歲次己酉五月丁巳朔二十三日己

卯諸鄧村老幼咸願普皈爭解之心敬造五級石塔一

所并弥勒像一鋪上為膺天

皇帝陛下庶及七祖先亡之助見存眷屬起請未來塔

乃四遺東遥長嶔巍臨堂西占大峪土峴北接雙堂南
府樂安隣側如斯功德妙美精成塔主施主隨下刋名
此修永固塔主等
比丘尼趙慈　弟子錦子　趙圓授　趙師則　趙師
徹　鄧宜榮　趙德藏　趙德昉　大女張　郭君期
郭仁謹　功德主
郭仙朗　郭大珪　郭處約　馬阮籍　郭仁泰　馬
阮行　崔文緯　馬万吉　郭處忠　宋興邦　崔處
詧　郭處仁　郭元景　吴義感　趙嗣宗
明昌五年三月　住持沙門郝口明再建

右鄧村造塔記在益都縣福勝院碑文并施主姓名
凡十行後刻云金明昌五年三月再建案記云維大
唐景龍三年歲次己酉五月丁巳朔二十三日己卯
諸鄧村老幼咸願普皈争解之心敬造五級石塔一
所并彌勒像一鋪上為膺天皇帝陛下云云攷唐書
中宗紀神龍元年十一月戊寅上尊號曰應天皇帝
景龍元年八月丙戌上尊號曰應天神龍皇帝記文
在景龍三年不書四字尊號又應天訛作膺天皆鄉
人無知者所為也後文北接雙堂南府樂安府亦俯
字之訛諸鄧村者段赤亭據北齊書幼帝紀云周師

漸逼太上皇置金囊于鞍後與韓長鸞淑妃等十數騎至青州南鄧村為周将尉遲剛所獲既云南鄧村必對北鄧而言故碑以諸鄧槪之也山左金石志

平津館金石萃編卷八

唐二

長安縣丞蕭思亮墓誌景雲二年二月十五日

已見王氏萃編

平昌寺造像記景雲二年二月廿四日

石高六寸廣一尺九寸十五行行四字今在山東益都平昌社

大唐　景雲二年歲次辛亥二月景子朔廿四日巳亥平□□村等上為　皇帝陛下下為師僧父母敬艁弥勒□□石像一軀法界□□咸同斯福

平昌寺造象記在益都縣平昌社彌勒寺朱朗齋云此刻書法端勁酷類景龍觀鐘銘唐人造象中以此爲最山左金石志

此記大唐上下皆空一字二月景子朔廿四日己亥二子己三字皆泐舊唐書睿宗紀是年正月丁未朔蕭思亮墓誌是年二月景子朔則此爲二月無疑歲次辛亥蕭思亮墓誌作丁亥彼誤也四録堂類集

許公蘇瓌碑景雲二年三月

已見王氏萃編

王璥造石浮屠銘景雲二年四月八日

已見王氏萃編

景龍觀鐘銘 景雲二年九月十五日

已見王氏萃編

田義起石浮圖頌 太極元年四月八日

已見王氏萃編

贈邛州刺史狄知慇碑 年月泐當在睿宗時

碑連額高一丈二尺二寸廣四尺八寸五分卅一行行六十二字今在河南洛陽平樂北

大唐故邛州刺史狄府君之碑 額三行行四字

大唐贈使持節邛州諸軍事邛州刺史狄公之碑并序

君子進德修業以佐時哲后求賢審官以成務有才無

命賈問服於長沙其□□貞□□□□□□□□□
□□□□□□□□□□□□□令則□□程
昱既卒雖增車騎之榮劉毅云亡徒表直臣之禮死而
追贈何補袞章不其悲乎□□□□□□□□□□□
□□□□□□□□□□□□□景胥於戲后稷
克播靈苗承積德之鴻休藉基王之茂緒周封孝伯因
受氏於狄城孔□門人□□□□□□□□□□□
□□□□□□□□□□□□□飈息魚羊擾代龍馬
浮江九州幅裂四溟版蕩樂平公出將入相豹變於秦
庭□□□□□□□□□□□□□□□□□

□□□□□□□□□□□□□□事炎方虎賁屈潘
岳之才坐悲秋興曾祖叔湛魏平西將軍臨邑子齊□
□□□□□□□□□□□□□□□□□□□□□
□□□□□□□□□□□動渑池鄧艾專征卷懷膚
蜀建旟作牧首登循吏之科開國承家俯入功臣之□
□□□□□□□□□□□□□□□□□□□□□
□□□□□□□□□□□吳坂父孝緒唐行軍揔管
大將軍金紫光祿大夫尚書左丞使持節汴州諸軍事
□□□□□□□□□□□□□□□□□□□□□
□□□□□□□□□□□兵略地傳長虞嚴持左轄

八座澄清蔣子通常侍乘輿萬機引益六條出守鎮梁
國□□□□□□□□□□□□□□□□□□□□
□□□□□□□□□明月公即臨潁公之第五子也
龍章鳳姿地靈天縱神情秀發則白日雲開□□達擢
□□□□□□□□□□□□□□□□□□□□□
□□□□□□□□體物居多黃絹之詞敬業樂羣早
茂青襟之譽起家以國子明經擢第補東宮內直□□
□□□□□□□□□□□□□□□□□□□□□
□□□□□□□□授鄭州司兵參軍兼鄭王□□兵
曹參軍漢川南紀摠録衆曹鄭國東門職司鍵局□□

□□□□□□□□□□□□□□□□□□□□□
□□□□□□□□國之封降彼親賢守茲陋隘大開
藩邸博訪英髦□授□□梁州都督府錄事參軍□□
□□□□□□□□□□□□□□□□□□□□□
□□□□□□□□咸坐君不與焉豈惟魯國僑親每
憖田叔汝南人吏常畏范滂而已乎俄除越州剡縣令
□□□□□□□□□□□□□□□□□□□□□
□□□□□□□□華州鄭縣令竹箭長瀾浸于關輔蓮
花峻岳鎮若都畿祖恕之理引農唯聞惠愛陳稚之□
□□□□□□□□□□□□□□□□□□□□□

□□□□□□□□拜周景之題與御王祥之别乘屈汝頴
之高節通理譙都振海沂之康歌來清夔道若乃□□
□□□□□□□□□□□□□□□□□□□□□
□□□有山巒之殺盜更相刼掠久患兼并爲官擇人
非君莫可即除夔州都督府長史州府軍節一□□
□□□□□□□□□□□□□□□□□□□□而
猛獸懷仁諭沸鼎而游魚知懼招集亡散户口日增敦
勸農弃京邸歲積紎攘□□□□□□□□□□□□
□□□□□□□□□□□□□□□□□□□我有
餘美既而朝廷藉甚　璽書優洽坐望公車佇登廊

廟豈謂祅延二豎夢奠兩楹遘疾□□□□□□□□
□□□□□□□□□□□□□□□□有同朱
□之亡郡吏□攀更甚莊遵之死　天子行魏文之錄
舊芳周禮之易名贈使持節邛州諸軍事邛州刺史□
□□□□□□□□□□□□□□□肅恭成德柔順
居貞鳳皇于飛生享從夫之秩蛟龍既沒死偕同穴之
榮初封太谷縣君追贈太谷郡□□乃以載初元□□
□□□□□□□□□□□□□禮也惟公生而□明
幼而好學有黃童之俊逸世号無雙有顏子之庶幾共
推知什容儀端肅識□虛謙□□□□□□□□□

□□□□□□□□□□□之材抱干将莫□之□方
欲粥諧王道□亮天工作神化之丹青為　聖朝
之元凱豈知□隨有命州□□□□□□□□□□□
□□□□□□□□□□但見生祠張訓其亡空優死
贈嫡子故中書令尚書右僕射贈司空梁國文惠公明
謨光於　帝道至性叶於天經痛□宣□□□
□□□□□□□□□□塋月偃平皐得仙公之宅兆
以為岡巒起伏雖封白玉之棺陵谷遷移須勒黃金之
碣頹齡溘謝誠願莫申有孝孫鴻臚□卿光嗣□□□
□□□□□□□□□□□合宮羽居喪有滅性之酷

惟孝将成父之志見何□之羸毀孰不哀憐頌陳寔之
□猷吾無愧色迺爲銘曰　周道□□□□□□
□□□□□□□□□□祢弥丘賢子哲儀實知禮義
存載籍山爲巨儒志在引益其一秦推樂平魏得安成伏
波曜武臨邑持兵時逢喪亂運偶□横經□□□□□
□□□□□□□□□名其二司馬建安降年短折散騎
常侍匡時仗節武帳前鋒文□左轄戡濟寓縣肅清朝
列盛德延鍾克生俊哲其三欽惟雅量江漢□□□□□
□□□□□□□曳履朱邸抽毫聲雄總録望重諸曹
非君作宰誰與操刀其四剡本吳縣鄭稱京輔銅墨外臨

韋紼內□政成飛□澤及時雨□若黎□□□□□

□□□□□□□其五東臨睢渙西涉泜波方勞剌割載

穆康歌青江灝漾赤甲嵯峨賓渝始附寖盜仍多微我

君者孰樂安和其六克播□□曲承□□□□□□□□□

□美□□□□□□釐百揆袄鵬来集臥龍不起一歎頹

山長悲閱水其七恩覃死贈禮□哀榮冥冥同穴昭彰易

名□烏□□□□□佳城□□□□□□□□□□□

□□□□□□

周邛州刺史狄知愻碑書撰人姓名殘闕載初元年

正月金石錄

碑見金石補遺僅著其目予頃乃拓一紙故其事跡尚可攝舉相屬碑首言周封孝伯因受氏于狄城與宰相世系表稱孝伯封于狄城因以為氏合碑言樂平公出將入相豹變于秦庭與表稱後秦樂平侯合碑言曾叔祖湛魏平西將軍臨邑子與表稱湛東魏帳内正都督臨邑子合但碑載叔湛較表多一廾字碑言父孝緒唐行軍總管大將軍金紫光禄大夫尚書左丞使持節汴州諸軍事缺與表稱尚書左丞臨潁男合碑言公郇臨潁公之第五子也又歷官可見者鄭州司兵參軍兼鄭王府兵曹參軍缺授[ ][ ]梁

州都督府錄事叅軍缺儀改越州刺缺授鄭州鄭縣令缺除夔州都督府長史缺贈使持節邛州諸軍事邛州刺史下言嫡子故□書令尚書右僕射贈司空梁國文惠公据是則碑為梁公之父知遜也然表載孝緒三子知遜即居三而碑以為第五子表載知遜越州刺史而碑以為贈邛州刺史前雖為越州刺縣究非任為刺史疑表文誤往時洛陽令王君字嘗為溧陽狄氏訪其先墓得梁公碑于草間遂豎置白馬寺東偏因封樹焉不知狄氏先墓固在平樂北山上俗名雙碑四者以此也他日獲遇狄氏當詳告之樸堂

右狄知遜碑泐缺弱半中有載初元年字是梁公母
太谷郡夫人合葬之年非立碑之年舊書梁公傳中
宗返正追贈司空睿宗追封梁國公碑云贈司空梁
國文惠公云云又云有孝孫鴻臚□卿光嗣云云則
此碑梁公卒後其子光嗣於睿宗時追立金石録列
于載初元年正月非也碑云曾祖叔湛新書宰相世
系表朓叔字碑云贈邛州刺史表作越州刺史碑云
鴻臚卿光嗣表作戶部郎中皆表誤碑云孔□門人
即表狄黑碑云山為巨儒即表漢博士山

是碑王氏萃編入録僅上半截余拓得全本多出
王氏三百許字故復載全文

亳州録軍叅軍馮本紀孝碑先天元年十一月

已見王氏萃編

涼國公契苾明碑先天元年十二月

已見王氏萃編

興隆寺僧九定造像記先天二年九月

石高一尺一寸五分廣一尺六寸一分中刻佛
像五軀四周題字今在江蘇上元孫忠愍祠

大唐先天二年九月十二日僧九定僧方朏僧義隆僧
惠澈僧真空等奉為皇帝皇后及師僧父母法界有情

敬造阿弥陁像一鋪　大匠趙守忠以上凡十一行從左而上而右

造浮啚近蘇則此一横在佛像下一字為一行

僧九定等造象記在兖州府興隆寺大殿壁間中鑿為龕刻佛像五軀四周題大唐先天二年九月十二日僧九定等造象記其中后字作看匠字作近皆别體山左金石志

薛義令等造像記先天二年十二月

石高一尺四寸廣一尺五寸五分十四行左右各三行行十四字中間八行行七字今在河南偃師

洛州緱氏縣景山鄉蓋聞妙法□□□及雲□濯□金蓮湛照明惠□□□□然令清信弟子薛義令等□□

□晧□奪慈□□□心千哀□□崇福祐用展□
□敬捨淨則爲亡□母及七世先亡□造石浮啚阿弥
陁像一鋪今得成□願此功德資益亡者託生西方圓
滿仏果又爲合家平安諸親眷屬同沾此福
先天二年一十二月一十五日建立
唐造阿彌像石記正書在縣南楊家橋文字皆無可
徵惟稱洛州緱氏縣景山鄉以見當時鄉名如此足
爲方志之補也記亦庸兒搜出與府招提寺佛座一
造像同自丙午正月得之武億偃師金石記

周公祠碑 開元二年十二月

已見王氏萃編

馮十一孃墓誌 開元三年四月九日

已見王氏萃編

嶲州都督姚懿碑 開元三年十月十二日

碑連額高一丈五寸廣四尺廿九行行五十八字今在河南陝州

大唐故嶲州都督贈吏部尚書文獻公姚府君之碑 額四行行五字

大唐故嶲州都督贈幽州都督吏部尚書文獻公姚府君碑銘并序

朝請大夫祕書丞兼昭□□學士上柱國胡皓撰

正議大夫行将作少匠上柱國徐嶠之奉

勅書

夫應順相成君臣有待豈不以叅庸作□□□移屯爲闕不可以不臨□川不可以不守於是開分都野對乂天人高爵命於儀刑太邕熙於品物五矦九伯公實當之公諱懿字善意其先吴□□夫姓明考以官歷陝圻遂留家於硤石也昔有虞惟舜其姓惟姚欽若神明蓋云祖始□□□邈而追于兹曾祖宣業陳征東将軍吴興郡公祖安仁隋青汾二州刺史遠圖曆錫大名乘休父祥隋懷州長史撿挍函谷關都尉煬帝誥以武能守

于天險高門晉燭何爲賢之紛光哉公都尉之季子毅烈昭融蓄大容遠藝工非習學達無師燕雀不知鴻鵠自若以待奮也年十八屬亂隋無爲羣盜生郊授公本縣令以先人部曲少用輯寧

太宗濟河聞公名密遣捐託公告於州將曰王充非主天命在　唐宜速舉衆以應義不尔恐貽後慼因聞道入謁

高祖嘉歎者久之乃降賜　璽書金帛以此闔州離患

太宗東伐王充授鷹揚郎將長沙縣男水陸道揔管洎

賊平將舉籍議功有妄譖者云公曾通僞鄭因見疑黜又以明略用多每爲朋儕所忌乃築室于硤石東北重崗之曲將以道德幽栖高尚其事右二陝左二陵北河南陰南山北趾中養浩氣外衍遐風紫芝淹留赤松不返俄而貶授晉州高陽府折衝都尉公抗疏自列謝病而退乃除常州長史亦堅以疾辭尋除硤州刺史累加銀青光祿大夫公舉六察按百城導齊江門茂育雲澤龍朔初卭蠻作梗乃除公使持節巂州都督公正[illegible]馭吏嚴以蓄戎不罰而懲不戰而服能以毀遠[illegible]以褒還啓全告終返真于始以二年十二月一日終于官舍春

家園以慰吾平生之好耳崇等敬遵遺旨以景龍二季歲次戊申九月庚寅朔十五日甲辰葬于萬安山之南陽令公純德佐時高堂生感永思不待長號罔極以為東塋□畢西北未毀占考歲辰奏加封樹以開元三季歲次乙卯十月己酉朔十三日辛酉庀徒有作初景龍年以時宰先人特

制追贈幽州都督而神道貴靜方宅不移重廣窴域因成為制

天子於是乎昭寵大臣追崇舊烈又

制贈吏部尚書謚曰文獻公昭公命五品官一人監護賜米粟各二百石絹布四百端匹庶事官供特令優厚蓋念功悼

長史志遠之女令紫微令崇故宗正少卿景之母也夫
人于資福祉實受靈和四德待行三從及嗣祗先尊後
在閫成象二子少孤一門所恃長幼咸若禮訓所陶出
有庶官入惟丞相乃敷皇極遂廣人和至矣哉蓋由內
則有方外成其大而況乎衆姜羣婦罔或不宗於休夫
人豈古之明達者矣以神龍三年正月八日終于洛陽
慈惠坊之私第嗚嘑遺令曰生以形累死以魂遊然事
尊在冥無遠不至何必合葬然後為禮昔邴根矩沐德
信並通儒達識咸以同窆為非實獲我心當從其議無
改吾志尔惟孝乎歿已可於龍門山外用為窀穸與近

秋七十有三嗚呼哀哉以三秊七月十五日藁葬於硤石縣安陽公之原未備遷禮也公門傳孝義代蒙旌牓至若雞鶩家禽牛羊圈畜互以相乳不限所生豈非明德繼脩應形殊類也公青雲誰與白日相隣武傑文英幽深天理孝原忠極保合神庭餘力所存致心無害雖五善三變窮妙曲成而藏器迨時移官于位乃作藩翰以制要荒約之以誠不以言震之以威不以暴遠夷□順羣物緝熙存立大功歿昭餘訓豈無

明主而有遐遺命矣哉公初娶張氏李氏並早殂歿後娶劉氏累封彭城郡夫人則隋左常侍隆之孫唐襄州

存發榮而資哀者也版築相麗賁飾其儀豈不近奢薄
不違儉名山大谷異勢盤紆窈壙重墳靈祇式叙是惟
幽極可以永安撰德昭文長垂不已銘曰
氏原德先裔裔緜緜㫒時無儁㫒位無賢重象曜賁紛
紛秩秩潔齊相亨休復于吉于吉伊何文虞[illegible]山我生
則晬天爵云多粤有符彩寧施琢磨英圖烈烈利用此、
峨曦天歷象謁　帝闕河庸勛遠大錫命驂羅行
行駟馬作藩荒[illegible]稱職善人爲範陶均政闕誰贖時修
物育陟遐未窮歸冥不復慈告式䀹卜宅離塋東畢西
賁幽封大成尊尊孝子昭發家聲　開元三年十

月十二日建　朝請郎行武□□□□□□將作□
□□劉祿鐫
右唐姚懿碑懿崇父也據碑及唐宰相世系表皆云
公諱懿字善意而崇子奕碑與元和姓纂乃云名善
意豈非以字行乎懿隋末唐初人仕至巂州都督開
元間崇為宰相立此碑金石錄
巂州都督姚懿碑在陝州張茅南二里許墓前寶刻
類編有此碑碑載懿歷官尤詳云隋授本縣令太宗
東伐王充授鷹揚郎將長沙縣男水陸道總管俄而
貶授晉州高陽府折衝都尉除常州長史尋除硤州

刺史累加銀青光禄大夫龍朔初卬蠻作梗乃除使
持節嶲州都督卒葉葬於硤石縣安陽公之原景龍
年以時宰先人特制追贈幽州都督又制贈吏部尚
書謚曰文獻公懿乃崇之父也宰相世系表稱硤郡
姚氏梁有征東將軍吳興郡公宣業生安仁隋汾州
刺史生祥隋懷州刺史檢校函谷都尉皆與碑合惟
碑云安仁青汾二州刺史祥懷州長史是世系表誤
長史為刺史足証傳寫之失碑云懿字善意與世系
表同劉昫唐書姚崇傳云父善懿貞觀中任嶲州都
督則合名字並稱誤矣嶠之書之存者惟姚氏二碑

此尤完整可觀良足貴也中州金石記

嘉靖刻本舊書姚崇傳云父善意與碑及世系表同本或作善懿誤徐嶠之即浩之父四錄堂類集

醴泉寺誌公碑 開元三年十月十五日

已見王氏萃編

淨域寺法藏禪師塔銘 開元四年五月廿七日

已見王氏萃編

光祿少卿姚彝碑 開元五年四月廿七日

已見王氏萃編

贈歙州刺史葉慧明碑 開元五年七月七日

劄褎本高廣行字數俱不可紀

唐歙州故刺史葉府君之碑 額三行行三字

大唐贈歙州刺史葉公神道碑并序

江夏李邕□　國子監太學生鄭

公諱慧明字德偘南陽郡人也其先系自
軒后於于周文聃季食沈于高封葉因　為
氏矣遠問政□孔好能得真　代有聞也昔
者惟帝興運乃聖炳靈風雲相從人夢通
感開氣駿發良弼大來有開必先憑物為
無因自然矣則我使君降儁府秉道流追

蹤隱淪叶契幽叟結廬澗沚考槃巖楸同
人利貞遁代勿用雅好酒德尤邃老經詁
言解頤精□絕倒誘進不倦虛納盡□好
事集門長者闐里每坐升月帷戶味風林
薄植杖嘯谷席交琴山泰然樂生澹乎忘
老方且維性壽遐神僊佪赤松之遊縱黃
□之術外身先物歸根致果緣以大均持
以大定色理不溢寵辱不驚繩繩焉淵淵
焉孔德之容罔可測已故師長旌禮邦族
與化智者謂智仁者謂仁雖褐塞桑樞紵

衣韋帶必避途加敬褢風惕息焉是用克
聞于家大育厥胤則我鉞公龍上德延慶
靈生而知之學而習之有專門之資得丕
承之業纔齔班道既冠同也訊逵岱之福
庭覲幽尋之方士陳呪雷駮吐刃電光沈
海奠濤蹈治匪爇呵萬鬼溺百神啟陰官
之符變冥司之籙追究往事坐知來茲膏
肓無所遁其形霧露不能滋其疾奇迹多
緒嘉聲日聞是以大君孔休辟命荐
延入自卧內問以各徵造膝必誠遇事皆

中時叜四紀代且五玉順風吕請天帀敷
社以近皇極緇素莫能出右公卿之
惟虛左國家有事天地將旅海岳公
嘗致禮加璧能事潔蕃傳駟載途郡邑迎
謁者歲四三馬自頃賊口畜䄂小人吹蠱
敢爲戎首興此厲階天步未亨人事
將殆公乃極陳幽贊大啟聖猷杖卜撰辰
並走群望佐爲邦翰先口主憂殄勳元兇
翼扶皇統是嘉厥異式揚爾忠爵賞
懋於身寵贈光乎考匪此乂也曷訓其子

匪此子也曷揚其親松楸已行碑板未立
永念終古追存孝思驟請闕廷苐如
江介遠訪十子狂逮鄙夫趙括論兵多缺
舊學班固述史實賴家書顧惟成章實愧
貞石其詞曰　真隱夷軌默僊解形
倬哉獨立企古遐征殆庶方德升觀丹經
服鄉不涅光味無營築卜岑渚上藥侍琴
徐嘯風谷緩步月林白雲怡意清泉洗心
曷勝不往曷奇不臨迹囙神遠情隮地深
舉代方籍皇□　朱軾肇□懿子載揚令德

左慈致物越人辨色司察鬼謀俱使神力
寵被 五君聲聞八極日嘗薄蝕
國有多難兇慝口揚忠烈憤惋亦既先覺
克圖幽贊 皇哉神武赫然天斷薄言
即戎于以戡亂 帝念疇庸典開列土
登曜厥身寔贈于父朱藩乃錫紫綬是與
存歿致榮忠仲孝舉烈烈桐柏緒風興悲
表墓有闕紀德彝詞哀哀嚴蔭欒欒孝思
孰傳終古是建豐碑 贈慧明銀青口口
口口口歙州刺史子道士鄧善授鴻臚卿

封越國公

開元五年太歲丁巳鶉尾七月庚朔七日

甲辰建　　□州張□□□□撿校

樹碑侍者洪州翊真觀主盧齊物□

贈歙州刺史葉慧明碑松陽令李邕撰國子監太學

生韓擇木八分書慧明字德昭南陽人隱居學道方

宗時子法善以道術顯為鴻臚卿追贈慧明歙州刺

史以開元五年七月立寶刻叢編引集古錄目

贈歙州刺史葉慧明碑韓擇木撰并八分書開元五

年七月金石錄

贈歙州刺史葉公神道碑李邕撰韓擇木八分書其石運自霅川擊之鏗然有聲今在麗水縣北一百二十里沖真觀中王象之輿地碑目

葉慧明碑李邕撰韓擇木八分書開元五年七月立在處州寶刻類編

葉慧明碑江夏李□□國子□太學生□□□八分書今在金鄉縣此爲葉法善之父本傳法善括州括蒼人三世爲道士皆有攝養占卜之術高宗聞法善名徵詣京師法善自高宗則天中宗殆五十年嘗往來名山數詔入禁中盡禮問道然排擠佛法議者或

識其向背以其術高終莫之測也睿宗即位稱法善有冥助之功先天二年拜鴻臚卿封越國公仍舊稱為道士止于京師之景龍觀又贈其父為歙州刺史年一百七歲卒其叙葉氏云聃季食沈子高封葉則葉字當音式涉反今人讀為枝葉之葉非也又其文有曰情隋地深字當作隨而省為隋金石文字記

右碑趙錄云韓擇木撰并八分書按碑題之次行有江夏李闕國子□太學生闕則撰文者非擇木也碑云公諱慧明字德昭南陽郡人以子越國公法善貴贈歙州刺史碑立于開元五年之七月是年三月立

有道先生碑爲李邕文則此文亦邕撰無疑故有道碑序其祖乾昱考道興子慧明而是碑不及有道名字似出于一人之手故略之也擇木初爲太學生後爲諸王侍書滎州司馬此碑書法在史惟則梁昇卿上固非韓不能但碑詳越國道法之高遭遇之渥所謂時更四紀代且五王者高中睿玄四宗與天后爲五也新舊書皆云開元八年卒又云生于大業丙子死于開元庚子凡一百七歲若卒于八年庚申止一百五歲況開元中無庚子必史家傳聞之誤也越公傳云括州括蒼縣人而有道碑又曰南陽葉縣人豈

兩碑溯其始封傳則據其譜籍耶吾宗得姓固本子高而南陽舊譜自子高而下二十八世諱續者渡江居徽州其家處州者諱儉晉折衝將軍括蒼太守十四世至乾昱又四世至法善又五世至刑部侍郎逵居吳中又五世至石林公諱夢得又十三世而至余七世祖文莊公諱盛則越國傳云括蒼人無誤也葉氏雖微姓纂姓林皆與崔盧裴李齊列唐文皇之序大姓也謂之京南葉氏然石林公譜序稱七世祖彪是生侍郎逵而石林之子模祠堂記又曰越國五世生信州守雄石雄石孫元爲烏程令生侍郎逵父子

序記舛異乃爾傳信傳疑付之闕如而已顧亭林云葉字當音式涉反今人讀為枝葉之葉者誤金石後錄

碑舊在金鄉縣治今佚元藏舊拓本文二十行行五十字徑一寸三分次行標題下有江夏李邕□國子監太學生闕則撰書明是二人趙明誠金石録以為韓擇木撰并八分書誤也唐書越公傳云括州括蒼人而此碑云南陽郡人蓋碑溯始封傳據譜籍故不同耳山左金石志

碑連額高建初尺九尺四寸廣三尺七寸廿行行五十字首行標題下有撰書人名泐缺集古録目與地

碑目寳刻類編謂李邕撰韓擇木書當是也金石録
又謂韓擇木撰并書據碑云驟請闕廷弟如江介遠
訪才子柱逮鄙夫李邕廣陵江都人故云江介韓擇
木昌黎人烏得云尔趙氏誤也世系表李邕祖元哲
由江夏徙廣陵而邕撰書諸碑皆云江夏舉郡望也
舊書本傳開元三年中書姚崇嫉邕左遷括州司馬
此碑及有道先生葉國重碑葢即左遷後所撰法善
括州括蒼人括蒼今處州松陽等縣慧明為法善父
國重為法善祖寳刻叢編及類編載二碑皆在處州
葢立于墓所國重碑俗呼追魂碑金石録謂在開封

府不確屠隆考槃餘事及山東通志謂在金鄉縣寶刻類編追魂碑紹興十四年大雷辟其石則原碑宜多毀缺而今所見拓本一字不損是金鄉或有重刻本然問之官是土者皆言未見寰宇訪碑録謂追魂碑重刻仍在松陽疑得其實金石文字記又謂慧明碑在金鄉蓋誤憶屠隆語而以此當追魂碑也山左金石志亦言在金鄉則又沿寧人之誤此碑隸法與告華岳文同而筆力稍弱蓋韓少時書審觀是原刻計括蒼至金鄉相距三千里又隔數大山萬難轉徙則寧人語必涉追魂碑而誤今所見拓本不少原石

未必據毀按王象之言此碑在麗水縣北一百二十里沖真觀中以今縣推之則當在縉雲縣西北宣平縣東南將屬處州守令訪之四録堂類集

右碑石未知存佚嘉慶丁卯夏中權藩歷下趙校官葆舒得此持贈唐書葉法善括蒼人碑稱南陽猶李邕江都人碑稱江夏也慧明曾祖乾昱祖道興父國重見葉有道碑而此不書二碑出李邕一手故詳略互見阮撫部曾得完本載之山左金石志而此冊割裂闕三百卌許字因據阮書注補焉

宗聖觀主尹尊師碑 開元五年十月二日

已見王氏萃編

幽栖寺尼正覺浮屠銘 開元六年七月十五日

已見王氏萃編

修孔子廟碑 開元七年十月十五日 有陰有兩側

已見王氏萃編

贈太尉祁國公王仁皎碑 開元七年十一月

已見王氏萃編

雲麾將軍李思訓碑 開元八年六月廿八日

已見王氏萃編

華岳精享昭應碑 開元八年 在後周天和二年碑陰

已見王氏萃編

本願寺造舍利塔碑開元九年二月

已見王氏萃編

北嶽府君碑開元九年三月有陰有側

已見王氏萃編

鎮軍大將軍吳文碑開元九年十月

已見王氏萃編

常熟縣令孝子郭思謨墓誌開元九年十一月

已見王氏萃編

萊州刺史唐貞休德政碑年月泐錢竹汀攷為開元十年七月

碑高七尺八寸廣四尺二寸廿七行下截漫滅行字不可紀今在山東萊州府治

大唐萊州刺史唐府君德政碑

□□郎行□□都督府功曹參軍缺下

□□□王之經始萬國平章□□□□岳

之缺下□□及□□□之刺永缺下□□

之□姓□□閒□□□乎佩玉□金□代

而缺下□□□西遷濟州萊□□□背□

□顏淮南之師缺下開國公食邑五百戶

謚曰忠武曾祖陵幼負雄缺下□禮容富

文雅□□道入朝□欲□以文□之任缺下

平壽公□曰逵□□□從□□□舍人
華州華陰縣令缺下 尚書虞部員外郎出
爲簡州長史器□中□神用缺下 致醇醴
邦族榮之公則簡州長史之第二子也□
骨不缺下 之座暗識通家過蔡邕之門遙
聞倒屣聲華藉甚朝野缺下 州司功參軍
事州廢改授華州司倉參軍事局彼□綱
甲茲鴻漸缺下 鑾輿順動將幸離宮乃先
授公岐州扶風縣令公上接 天顏下
矜缺下 興政聞 恩勅加公朝散大夫

雍州奉天縣令屬　大聖皇后缺下
拜　安國相王府諮議參軍事俄遷尚書
比部郎中朝辟蘭苑夕趣芸閣缺下州洛
陽縣令地滿親勳里徧豪貴萬方都會之
邑百賈駢羅之所公冰鏡照人缺下之末
亶坐堂無訟近巷有歌久之下　制曰
洛陽縣令唐貞休理□精密幹能缺下持
節萊州諸軍事萊州刺史公拜受
王命長驅褰服亦既下車即敷惠理訓
學行務農桑哀四辟之孤貧資其食
缺下

業變二一出之俊□勸以淳和設法而悪子
草必缺下　數多徵剩九切公審知難辦表
請延期遂得物免流離人歆耕織風雨調
順禾黍盈□□□□之恵也加缺下　縱於
和門息紛爭於公室不然官燭但飲吳水
文翁之臨蜀郡曷足可稱黃覇之牧潁川
缺下　國家妙擇人英樹之司牧貪官黜吏
盡以澄清特　制加公通議大夫使持
節缺下　三品所管州刺史有犯停務奏聞
長史以下便令解任仍令馳驛赴職合缺下

卧途不遂吴郡之韋雷伯道擁舳何追
乃相與言曰□□易□□□久頌缺下
唐之□姓物難□者國自堯封家分周社
世載英彦門傳□□□□□□貽厥缺下
睢園夕遊璅闥秉岱難理委之懲末其二下
車敷化威動神行□□□□里□□□城俗
缺下歲遷閒遷牧念彼何親奪我何速弃
子懷戀卧途興哭琴琬缺下

右碑無年月在萊州府治聽事西牆下額題大唐萊
州刺史唐府君德政碑隸書四行字徑三寸碑文二

十八行字徑七分下截漫滅撰書姓名及年月俱不可見錢辛楣少詹攷證此碑以趙氏金石録有萊州刺史于府君碑沙門重閏八分書開元十年七月立今按此碑亦八分書以年代攷之正相近疑德甫所收卽此後人轉寫誤唐爲于爾元案碑言口州司功叅軍事州癈改授華州司倉叅軍事下云鑾輿幀動將幸離宮乃先授扶風縣令案扶風與麟遊比近以新唐書地里志徵之麟遊有九成宮永徽三年曰萬年宮乾封二年復曰九成又西二十里有永安宮蓋當時有事幸此因以貞休吏幹豫爲之供張歟又云拜

安國相王府諮議參軍事舊唐書中宗初即位相王加號安國及貞休由萊州刺史遷都督以去亦在景雲二年六月壬午依漢代故事分置二十四都督府後也貞休居官更歷高宗中宗睿宗三帝事蹟可推者如是是碑舊在萊州府署大門外多為民吏汚毀徐太守大榕始拂拭之遷置聽事西牆下山左金石志

是碑撰書人姓名及年月皆泐中有云久之下制曰洛陽縣令唐貞休因知府君名貞休而舊新書皆無傳僅見于宰相世系表錢少詹疑即金石録之于府君碑于字為唐之誤未審信否碑下截漫滅以銘詞

計之當是每行五十二字凡廿七行山左金石志作廿八行蓋并末無字之一行計之也四録堂類集

奉先寺像龕記開元十年十二月

已見王氏萃編

閑居寺珪禪師塔銘開元十一年七月

已見王氏萃編

少林柏谷塢荘碑開元十一年十一月有陰

已見王氏萃編

御史臺精舍碑開元十一年有陰有側

已見王氏萃編

內侍高延福墓誌開元十二年正月廿一日

已見王氏萃編

石佛堂記開元十二年三月

碑高九尺五寸廣四尺五寸廿七行行五十六字今在直隸臨城

大唐開元十二年歲次甲子三月□□□□□□□前

洛州司□□□□□孫義龍撰并書

大哉乾健者斗極隣影洽於梵宮至乏者坤貞山河載

於賢刼是□□□□域□□有□□□風□釋提□□

□□而凝浩氣雖復道應形器鴻鑪爲滯有之因理涉

名言群籟起談空之譽況七覺亐獻三明奧旨體權實

而兼遺鑒□內而□忘□彼□□□□□之可察方茲
网象豈神妙之或□故百億須弥三千剎土仰天津而
引派則業火咸消瞻覺路之方門則情塵共偃□□□
□斯見□□□□□大矣乎至聖□仁固無得而稱
已豈不以□□日月德配乾坤□其賾者逾深討其源
者□□　開業寺者育王達羅□□□□□□□□
□□□當地□□□龍交會□所七□方明之地遂立
淨觀至十ㄱ五年天水公衛尉卿冀州刺史趙郡□趙
□□靈根入淨慧□□□□□□以閑邪□乾域而入室
□□□紺並遺脩多齊服冰紈咸歸妙藏觀其湮滅數

百餘年通徹宗祊□繼不絶至後魏延昌武□□族□
□□□□□□□□□□育王之聖□□□帝之英聲
撫事興言起葺寺觀初月偎角復易名隱角及至隋末
唐初□□之□姚義□□之所出□□□□□□□□
□□□土恒華之其□□□以永建望形勝疊障千尋
列香鑪而吐霧雲樓萬室舉綺袂以成帷□□□眠樹
福□廣遠□□□□□□□□□□□□□□□□□
觀其地勢爽塏周神師聿脩淨業花臺寶刹架迴浮空
層閣步檐飛丹列紫如化城之壯麗譬□□之□高□
氣桃□□□□陽□□□者窺上忍之門入其□者踐

菩提之域揔法門之交際者其在徽寺主馮諱徽俗姓
郭□族□□原歷官□□□□□□□為□氏縣人也
□祖諱貴齊歧州刺史贈輔國大將軍氣陵氵表威
振燕垂靈臺不新神襟自逸 祖諱珽□□□□□□
□□□□□□□□□小□□□□□□臺之高□□
□好□下揚閤而三□家積賜書門□□□命賞次
祖諱平唐初□□□□□□□□□□□□□□□□
□□□□□□□聖於白虹練湯文於青□大丘鳴鴈
德星之應可期□□□□□□ 之符斯在 父諱□□
□□□□□□□□□□□□□□□□□□□□紀

□壓帳內親軍授綏戎副□□□□許州行參軍息□
□□□□□□□□雅□□□□□□□□□□□□
□□□□□□□□為□□□□陸縣令□□□落□
□拂衣高蹈鶩三乘之正路尋八□□□□□□□□
□□□□□□□□□□□□□□□□□□□□與
□□維那四輩及道俗等為國敬造淨土石仏堂臺所
未能周備寺主□□餘□□□□□□□□□□□□
□□□□□□□□□□□□□□□□□宿之分暉
之□志以董修鑿虔心而孝饗旁求郢匠廣召山□□
魯殿之新成采□□□□□□□□□□□□□□

□□□□□□□□□□刻文□於□砌□□柱於瓊

階龍角爭騰龖□照室風輪□□□八會而□□□□

□□□□□□□□□□□□□□□□□□□居□

□□□□□□俗由乎□□寺主僧□正上坐僧惠隱

前都維那□慧周□都維那□□武□□□□□□□

□□□□□□□□□□□□□□□□□□□門徒

等□高堂之□□□有遺音睹讓坐之雙尊非緾□澡

□空階於十□□□□□□□□□□□□□□□□

□□□□□□□□□鶴樹□心□□□□□□此大

施主令君之子娛金素里命駕青□□見石髓之□驟

聽蘇門之曲空山□□作□□□□□□□□□□□
□□□□□□祇□□□□□□□□襲緇衣之果豈
非法王錫類遠被孫謀者哉下官□□樂□忝謬□滕
藉孔李之通家□□□之至戚□□所□□□□而多
憖筆扎見知在三軍而無媿人稱顏冉器惟珪璧敢相
質天書庶芳名於帝石其詞曰　法身不凋寶相□
□□□他□□□□□□□□北□□□西嶺形寫鷲
山□如鷄白駒常縶紺弁恒蔞魔精夜落惠日晨隮聿
脩淨觀來坐菩提孤池遶砌□□□□□□□□□
□□□□□□□□□□□□跡嗣□重□爰有惟

孝地菞□慈咸從五養俱稱大悲銀樹開□金沙映絲
猗□上德折竺承訓林□□□□鷭秋□□□□□
□□□□□□□□嶠杖節圖真□□寫妙福緣遊觀
俯仰廊廟喁俗侶躋僧徒心驚夢幻思□□湖鳳剎□
□鯨鐘夜□孝珠冰淨智刃霜潔□□□□龜碣寒暑
□謝徽塵無絕
右石佛堂記孫義龍行書諸家未著于錄文云遂
立淨觀至□□五年天水公衛尉卿云云觀其湮
滅數百餘年至後魏延昌云云五年上似是太和
字宣武改元延昌歲在壬辰上距石勒太和五年

僅百十九年更前曹魏太和未必有佛寺不知何所指也

香積寺淨業法師塔銘開元十二年六月十五日

已見王氏萃編

虢國公楊花臺新莊像銘開元十二年十月八日

已見王氏萃編

涼國長公主碑開元十二年十一月

已見王氏萃編

華山銘殘字開元十二年十一月

已見王氏萃編

賜益州長史張敬忠勅 開元十二年閏十二月十一日

碑高五尺廣二尺六寸六行行字不等又飛白勅字并時日一行

大唐開元神武皇帝書　常道觀主

甘遺榮勒字及題　晉原吳光遠刻

已上一行在勅書前

勅益州長史張敬忠頃者西南阻化傜役殷繁山川既
接於戎戍縣道有勞於轉輸自卿鎮撫百姓咸安革弊
遷訛良多慰沃歲除寒極比平安好今賜卿衣一副至
領之蜀州清城先有常道觀其觀所置元在青成山中
聞有飛赴寺僧奪以為寺州既在卿節度撿挍勿令相

侵觀還道家寺依山外舊所使道佛兩所各有區分令
使内品官毛懷景道士王仙卿往蜀川等州故此遣書
指不多及
勅此飛白書徑六寸八分 十一日
開元十二年歲次甲子閏拾貳月十壹日
下十三年正月一日巡益州二日至蜀州
專撿校移寺官節度使判官彭州司倉
參軍楊濤 蜀州刺史平嗣先 清城縣
令沈道觀已上三行在十一日下

右武衛大將軍乙速孤行儼碑 開元十三年二月

已見王氏萃編

鄎國長公主碑開元十三年四月

已見王氏萃編

紀太山銘開元十四年九月十二日

已見王氏萃編

禖谷寺建塔記開元十四年十月一日

石高三尺九寸廣三尺八寸廿五行行廿八字今在河南林縣

已前不知缺幾行　食長齋六時礼誦常坐不□□□□□□

□□□□□□□□□□□□人不為師於尼衆定慧

雙妙善淨□維□人□欲□俞□□丹量□□□□留

連有始有終確乎不拔深慈攸被悪見者咸口遷心大悲所口固疾者莫不痊復固以長河南北請謁者如雲太行東西歸依者若霧凡一千已下不知缺幾行導庸距勝紀門人公度千有餘人雖為度脱之師亦無章句之教但以淳德變化至精感動清顫一奉隨類曲成經者擅其經律者專其律遊觀門而淨眼撫禪鏡以明心咸自鑚磨皆為瀌器當州門子外境傳徒並鴻鷹連飛稻麻分秀僉以為禪支落蔭定水淪波盈目空悲拍頭無追追法生之覆育感慈父之他行渴仰遺形顧分灰骨相州門徒一百人等於硔谷寺東形勝之所建塔供養即

萬歲登封元年歲次景申一月廿六日也斯即山臨傘
葢峰瞰香鑪金門連聖者之居寶刹接神人之宅敬託
玆地仰荅師恩遂勒塔圖銘紀頌遺刻式宣此義乃說
揭他　真宗之妙正法之晶妝攝萬境洗盪六情禪林
載欝定浦爰清誰傳寶印寔仗金襀雲堯懆族天漢遺
靈去超習諦來踐福湮身衣脫像心巻開經戒囊木固
律鍵蹤營迋圖全梵遠託圓成韋蘿𡾰戶冐葛山楹虬
盤八定鷃憩五停念茲却鑰瞻彼傾缾苦節尤苦貞心
更貞穹崇輔德沈潛贊誠泌泉流態藏衹耀形馴爲降
質諍讚呑聲香菲神異藥授銜苓雨不衣濕禽不頂驚

轉業安養移心往生水想弥淨日觀逈明天子召我披
銀洛京緗葩吐萼綠樹舒榮長懷麓岫不顧王城祇門
桒隆菂室梁傾天歌載請聖衆來迎祥虹上屬神燈下
旌至德云捨孰不悲零凡所熏發石宇籌盈分置蘇乳
各潤根莖隨方闡化應物敷程扶輪寶月翼亮金星一
州髙足十縣羣英同思正濟共感他行却依龍嶷俛瞰
崢嶸分灰建塔頌德圖銘俾四墉之藍壞溢九地而蘭
馨
大唐開元十四年歲次景寅十月一日上足門徒大雲
寺　勑清滁上座僧方濟等刊銘於塔

按碑知塔以萬歲登封元年建有云渴仰遺形願分灰骨葢門徒等以其師骨造塔西域立塔或以柱代之名為刹柱以安佛骨今之立塔是其遺制近世多以形家言立塔寺中非為瘞僧葢失其義矣又云馴為降質諍贙吞聲按爾雅釋獸云贙有力說文云贙分別也从虤對爭貝讀若逭郭璞云出西大秦國有養者似狗多力獷惡令倒寫一虎字不知何義唐人字體紕繆如此往往有之中州金石記

右相州門徒一百人等谼谷寺東建塔記前半泐缺銘詞正法之晶脫晶字補刻于次行之首各潤根莖

並字誤作茲諍贙吞聲倒一虍蓋與貳同意李勣碑贙嘯龍騰五經文字虍部贙從二虍從貝俗以二虎顛倒與説文字林不同廣韻銑部云倒一虎者非四録堂類集

嶽陽縣伯陳憲墓誌 開元十四年十一月十六日

已見王氏萃編

端州石室記 開元十五年正月廿五日

已見王氏萃編

雲居寺石浮圖銘 開元十五年二月八日

已見王氏萃編

道安禪師碑開元十五年十月廿日

已見王氏萃編

嵩嶽少林寺碑開元十六年六月十五日

已見王氏萃編

開元寺陁羅尼經幢開元十六年十一月八日

已見王氏萃編卷六十六

敬節法師塔銘開元十七年七月十五日

石高二尺一寸廣二尺七寸廿六行行廿一字今在陝西咸寧

大唐衆義寺故大德敬節法師塔銘并序

夫王而作則者大雄見而遍者大寶聲被周漢義逸齊

梁學比𢹂毛富如崐玉道飾其行俗賞其音或內秘靈
知或外見常迹起伏不拘於代出沒所謂於須臾孰有
以蕪之公得其門也
惟大德俗姓盧諱敬節范陽人也祖　尚書遠蓁栖志
丘園父樂司徒季英閑居遁世慭于稱子遏以群流放
令出家不從文秩上可以益　后下可以利人不
累莊嚴足陪淨藏令投虔和上受業年甫廿歲日誦千
言維摩妙高飛峰口海法華系月吐照情田奏梵音以
雲揚感神明而雷激厭俗之垢　王澤遐沾落髮
之貞天魔爲慴至二十九入道具臘寺舉都維那二十

載清拔僧務造長廊四十間不日克就光嚴
帝宇粹表祇園結棟淩霞飛簷振景士拜左顧靡怯風
搖人謁右旋非憂雨散亦嘗柔外以定定力振振順中
以如如心奕奕咲法橋而虹斷切義舫之神移莫不悼
哉何及嗟矣以開元十七年七月廿五日終于私房春秋
七十有五窆於神和原律也門人處玉瑎延祚等念松
迴茂仰蕙遥芬恨頹景之不畱恨驚風之早落師魂遠
何至資影痛何孤恐岸成川起塔崇礼式爲銘曰
迹滿三界神放六通教令遞囑德位常融轉延像世運
及都公木選寒柏山寶舒虹行高獎下言貴居忠俗承

遠聲色道洽化無窮水搖魚徙動人斷院悲空日影何旋北山陰遷已東荒郊悲慘慘烟氣亂蒼蒼式修營兮妙塔用表列於仁雄柩窆之歸於泉壤性遥援於樊籠挫一代之濁命流千古之清風

按節敬七十五示寂在開元十七年已巳距其生實當高宗永徽六年乙卯奄忽沚没尚賴塔銘畧具其名系然則語言文字亦何負於彼教哉授堂金石文字續跋

敬節法師塔銘在咸寧杜永村關中金石記

興聖寺主尼法澄塔銘開元十七年十一月廿三日

已見王氏萃編

麓山寺碑開元十八年九月

已見王氏萃編

李北海書龍興寺額無年月當在開元十八年

二行行二字字徑三尺

今在山東益都滚水橋

龍興之寺

元于欽齊乘云龍興寺在益都府城西北隅修身坊宋碑云寺即田文宅考圖志乃南史劉善明宅耳碑陰金人刻曰宋元嘉二年但呼佛堂北齊武平四年賜額南陽寺隋開皇元年改曰長樂又曰道藏則天天授二年改大雲元宗開元十八年始號龍興寺有

北齊八分碑制刻精妙碑陰大刻四字曰龍興之寺蓋唐人續刻于欽所謂碑陰龍興之寺四大字予亦有之王鳴盛蛾術編

北齊臨淮王像碑舊在青州府城龍興寺今移滾水橋北文昌祠碑陰有唐人題龍興之寺四大字傳為李北海書金人摹刻山左金石志

雲門山功德銘開元十九年十月十五日

石高一尺二寸廣三尺九寸廿二行行八九十十一字不等今在山東益都

青州雲門山功德銘并序

承議郎行益都縣令唐道周

夫代上伋伋人間蚩蚩茫是非之環溺死生之海者久
矣六代祖後魏使持節青州諸軍事青州刺史諱輪作
牧慈仁道被東夏逮從祖諱、字卿訶符□□大亢□人
暨紉□□貞休□□是邦纂□丕烈□□以寔應□□
□□□□嗟嗟□□□□□□淨業□□□□□□羣
生□□□屬介□大千之後躅□於□初翹勤寂尊□
□□嵯峨崖業統□□□□涌沈瀁□□□□□□冈
測惟像□□能不□□
開元十九年歲次辛未十月丁丑朔十五日辛卯畢功
京兆善子謀書

雲門山功德記在益都縣雲門山之陽洞西大佛龕下字多剥蝕茲就可辨者録之歲辛下闕字當是未字開元十九年為辛未歲也段赤亭云案唐書百官志散官承議郎同出身正六品上縣令品從六中下縣令品俱從七品以正六品為之故曰行也山左金石志是刻多泐缺審觀可認者視山左金石志尚多五六十字文為益都令唐道周撰稱六代祖輪從祖季卿皆官青州又稱貞休□□定邦萊□丕烈今萊州府治有開元十年萊州刺史唐貞休德政碑當即其人丑朔上缺三字據十五日辛卯知必丁丑朔矣是年

無閏月據淨土寺經幢是年十一月景午朔知丁丑朔必是十月矣四録堂類集

淨土寺陁羅尼經幢開元十六年十一月十五日

石高七尺周五尺八寸八面周刻五十六行行七十五六字至八十字不等今在河南鞏縣淨土寺

經文不録

開元十九年歲次辛未十一月景午朔十五日庚申前
左率府長史王元明奉為七代父母洎亡妻見存兄弟
合家大小六親眷屬一切衆生建立此幢咸同此福
唐大中八年歲次甲戌正月丙戌朔廿六日辛亥再立
此幢　幢主當寺上座僧太初　寺主智遠　都維那

明詢　近人常公諭此一行行書在王元明署名後

大漢乹祐乖初歲次涒灘月建辛酉五日辛巳重立幢

主穆遲兄穆　妻常氏男拷挠次男拷挠姪男迸舜將

斯勝善提撣先亡法界有情俱霑上宥此一行行書在首行經序標題之下

右石幢開元十九年[illegible]率府[illegible]史王元明立在石窟

寺即淨土寺筆法古勁未詳何人所書村學究以字

跡不真用礦灰填塞令肆[illegible]村[illegible]模寫許郡通判程

志智命工剔拭仍還舊觀黃叔璥中州金石攷

尊勝經幢在鞏縣淨土寺幢末題開元十九年歲次

辛未十一月景午朔十五日庚申前左寧府長史王元明奉為七代父母洎亡妻見存兄弟合家大小六親眷屬一切衆生建立此幢咸同此福又題唐大中八年歲次甲戌正月丙戌朔廿六日辛亥再立此幢幢主當寺上座僧太[illegible]云云題大漢乾祐年初歲次涒灘月建辛酉五日辛巳重立幢主穆暹云云是幢屢仆屢立知為開元時原刻者以開元款識字樣與經文無二大中乾祐二題又異體也淨土寺即魏石窟寺洛陽伽藍記云京南關口有石窟寺即此寺內有景明造象鑿崖谷為之奇偉無比中州金石記

代國長公主碑開元廿二年十二月三日

已見王氏萃編

平津館金石萃編卷九

北嶽靈廟碑開元廿三年閏十一月廿二日

已見王氏萃編

元氏令龐履溫清德碑開元廿四年七月

已見王氏萃編

慈州刺史鄭暠碑開元廿四年五月

已見王氏萃編

大智禪師碑開元廿四年九月十八日

已見王氏萃編

美原縣尉張昕墓誌開元廿四年十二月三日

已見王氏萃編

臨高寺重修晉碑開元廿五年四月廿八日

已見王氏萃編

景賢大師身塔記開元十五年八月十二日

已見王氏萃編卷七十八

廣化寺無畏不空法師塔記開元廿五年八月

已見王氏萃編

周太師蜀國公尉遲迥廟碑有陰開元廿六年正月廿□日

已見王氏萃編

開元寺貞和上塔銘開元廿六年七月十五日

已見王氏萃編

任城縣橋亭記開元廿六年閏八月五日

已見王氏萃編

元宗御注道德經開元廿六年十月八日　易州本

已見王氏萃編

易州鐵像頌開元廿七年五月三日

已見王氏萃編

易州刺史田仁琬德政碑開元廿八年十月十六日

已見王氏萃編

夢真容碑開元廿九年六月一日

已見王氏萃編

石壁寺鐵弥勒像頌開元廿九年六月廿四日

已見王氏萃編

莒國公唐儉碑開元廿九年

已見王氏萃編

金仙長公主碑無年月當在開元時

已見王氏萃編

虢國公造象記開元□□□四月廿三日

已見王氏萃編卷七十七

内侍省功德碑開元□□□

已見王氏萃編

華嶽廟題名五十六種起開元訖唐末

小石襍嵌于壁或刻于北周華岳頌及唐述聖頌等碑側碑陰髙廣行字已見王氏萃編今在陝西華陰

常冀元撝題名年月泐有史子華刻四字當附開元末王氏萃編作鄭虔題名開元廿三年

太州別駕殘題名無年月

丘據題名寶應二年六月八日

李懷讓題名殘字無年月

劉士湠等題名廣德元年三月

韋□題名廣德二年二月

焦鍰等題名永泰元年

蔣羅漢題名無年月

王嘉欽等題名無年月

蘇敦等題名大歷五年六月六日在精享昭應碑下截

盧綸等題名大歷六年二月二日

庚□李亘等題名大歷六年

崔徵等題名大歷七年三月廿日

韋溤題名大歷七年十月廿八日

元澄等題名大歷八年十二月三日

韋涗杜錫等題名大歷九年四月廿二日

李謀等題名大歷九年十月十三日

上官沼題名大歷十三年七月廿九日在昭應碑下截

崔漢衡題名興元元年十二月廿三日在昭應碑後

崔頲等題名貞元元年二月六日在昭應碑前

鄭齊躬題名無年月在昭應碑前崔頲下

裴濟等題名貞元九年[illegible]月十[illegible]日在述聖頌碑陰

鄭全濟等題名貞元十三年三月廿四日在述聖頌碑陰裴濟下

尉旻題名元和元年正月[illegible]日

薛存等題名元和四年九月十九日

協律郎李[□]等題名元和十年五月十二日

前容府□□等題名元和十四年正月一日

李朝式題名元和十四年正月十一日

張常慶題名元和十五年七□七日

王璠題名元和十五年十一月廿六日

裴穎修嶽廟中門屋題□長慶元年□月十三日

裴穎等題名無年月

方叅等題名大和二年八月廿八日

李璠題名大和三年十一月十五日

韋公式題名又續題名太和四年上元日

李虞仲題名大和四年七月十□□

竇存辭馮耽題名 開成二年四月

□庚題名 開成二年九月五日

李景讓題名 開成四年六月十九日

陳商題名又續題名 會昌元年正月廿五日

崔鄘等題名 會昌二年六月十六日

祀嶽廟殘詩 會昌二年六月十二日

崔慎由等題名 會昌五年二月八日

李□方題名 大中元年三月

楊漢公題名 大中二年五月

李貽孫祈雪題名 大中三年十二月八日

鄭復等題名大中四年九月五日
李貽孫題名大中五年七月廿七日
于德晦等題名大中六年三月廿四日
李植題名大中十一年十一月十三日
李蠙祈雪題名咸通元年十二月廿九日
許瓌等題名咸通十一年十月十七日
司空圖嶽廟殘詩唐摭言云大順中
嚴□題名乙丑歲八月庚寅當是乾寧二年八月六日
崔恭伯題名無年月
李境等題名無年月

已見王氏萃編卷七十九卷八十

賢令山摩崖二種 無年月當在開元中

一種三大字徑一尺三寸分拓三紙不知摩崖高廣今在廣東陽山

千巖表

一種横廣四尺二寸高一尺一寸艸書横列字徑九寸後署名二字徑二寸

鳶飛魚躍 退之

千巖表三字正書徑尺外在賢令山讀書臺前石峯上相傳為韓文公書傍有銘曰萬石之中巍然雄尊與歲寒君心契無言舊志云稱歲寒君者山多松柏故也 粵東金石略

陽山縣北二里賢令山讀書臺前有摩崖千巖表三大字正書不署名相傳為韓文公書嘉慶壬戌余至粵東求得拓本其明年陽山令又拓寄艸書鳶飛魚躍四字一橫末題退之二字云新搜得之翁氏粵東金石略所未載也艸書古勁飛動實為神品但昌黎生平自稱愈不稱退之唐詩統籤唐詩快有開元中道士司馬退之詩一首中有云羅浮奔走外日月無短明乃嶺南詩也此二刻當即其人所書海陽近刻有白鸚武賦亦出一手今人但知退之為韓文公不知有此道士矣四錄堂類集

白鸚武賦 無年月

石四段共横廣三丈高二尺七寸四十九行行五六字不等今在廣東海陽

白鸚鵡賦

若夫名依西域族今南海同朱喙之清音變緑衣于素采惟兹鳥之可貴諒其㜸之斯在爾其入玩于人見珍奇質狎蘭房之妖女去〻飛林之[illegible]日易喬枝以羅袖代危巢以瓊室慕侶方遠依人永畢託言語而雖通顧形影而非匹經過珠網出入金鋪單鳴無應隻影長孤偶白鸝于池側對皓鶴于庭隅愁混色而難辨顧知名而自呼明心有識懷思無極芳樹絶想鵰梁撫翼時嗛花

而不定每投人以方息慧性孤稟雅容非飾含火德之明爛被金方之正色至如海燕呈祥有玉筐之可依山雞學舞向寶鏡而知歸皆羽毛之偉麗奉日月之光輝豈憐玆鳥地遠形微色淩紈質彩奪繒衣深籠久閉喬木長違儻見借其羽翼與遷鶯而共飛　退之

碑在韓祠東壁後欵書退之二字雍正八年知府龍為霖得墨蹟於廣州故家勒諸石大行草字徑三四寸後有蘭陵龔松林八分跋粵東金石略

右白鸚武賦雍正八年摩刻賦見王右丞集唐文粹亦載之頗互異行艸生動開黃魯直一派未題退之

二字當亦司馬退之所書四錄堂類集

雲麾將軍李秀殘碑金石錄云天寶元年正月

已見王氏萃編

鄂州刺史盧正道碑天寶元年二月八日

已見王氏萃編

韓賞告華嶽文天寶元年四月十日刻于述聖頌碑陰

已見王氏萃編

兖公頌天寶元年四月廿三日碑側有大和九年六月大中八年正月題名

已見王氏萃編

吏部南曹石幢天寶元年九月

已見王氏萃編卷六十六

靈都觀張尊師碑 天寶二年六月三日

碑高五尺三寸廣三尺二寸廿九行行五十字今在河南濟源

唐東京　　道門威儀使聖真玄元兩觀主清虛洞府

靈都仙臺貞玄先生張尊師遺烈碑

大弘道觀法師蔡瑋撰　　承議郎行河陽縣

尉韓贇書

先生諱探玄字體微家廿南陽正一真人道陵師君之

胄也真人光上清之版蓋中古之仙眄睞而駈馳鬼神

指麾而震動河岳仙支流乎百代真氣降于　三天

玄元將斧續妙門光傳法印興復乃烈是生貞玄曽祖
儼周襄國紫州刺史大父幹隨平州司馬襲封朝陽縣
開國子父睿遭季廿亂離終身向晦莅州也政符于德
儒司武也才叶于文若避廿也　道隣于仲御盛矣哉
其先自沛遷鄧朝陽因官徙廣平今為臨洺人也先生
童而遜悌冠而貞愿勁若脩篁之節和如浮磬之聲正
衣冠而氷雪在容離堅白而歘都遊丹師君之施遠矣
文明初　天皇下席國家延慶于　道度為仙官
隸本郡明山觀道士開元初補西京景龍觀大德恩詔
供奉將授諫官先生執心堅明守　道純固固辭見許

十年　朝廷增崇　大聖祖𠀤元廟祠庭有侐寥迩宮
垣擇賢才以時禋潔　天子精選黃褐　親垂紫書先
生與峨眉王仙卿青城趙仙甫漢中梁虛舟齊國田仙
寮等允膺　宸鑒有司脩禮冠蓋紛迎登邙山俯河洛
飄飄明霞之外窅窅凝丆之際望者以為神仙之會也
廿一年　詔為東都　道門威儀使與洞𠀤先生司馬
秀同拜於玉清𠀤壇冠重疊之五雲佩離羅之九色霜
臨絳府氷鑒𠀤都邈登仙階允執　天憲自是采真遊
者知發鄉之所存焉俄兼聖真𠀤元兩觀主清飈不弭
令望如初先生興時靡然歎曰始吾擢德繕性矜仁宿

名將以跡混人間心存應　帝殊不知外韄內捷已滑真焚和大丈夫當神動　天隨披然為是因歷選海岳至止乎玆山焉入清虛洞宮得皇人秘記曰凡初躋道位必先詣陽臺即此山是也先生乃考卜幽勝薦辭明靈至誠旁通若遇神授雖子真谷口遠遊邛中亦一時也古老相傳曰仙人壇也昔周王升仙太子朝　天壇於此臺上有憩笙鶴之跡　我唐玉真公主於臺下構館為集靈仙之都旁風嘉聲信萬古之同德其地即是古奉仙觀前有投鐘泓為蛻桓之瀋每至陰凝黛碧則霜韻常聞雖千載之湮淪亦九州之殊異者也

公主以　天人之貴　帝子之尊玉鏡清懸瓊華洞
照自夫署真官於金格烈仙位於瑤壇曰大洞三景法
師四紀于茲矣頃年搖羽節吟鳳簫真相光煌於　九
天風馭周遊於群岳以為此地青溪万仭碧洞千門煙
蘿嘶風金澗生月可冥丶秘滋五牙朝會丹田豫遊沖
漢　皇上奉尊　祖之孝穆友于之仁　恩降紫宸光
融碧落題上方公主幽居曰平陽洞府小有仙臺又於
山門別署金牓為靈都觀貴主又罄散湯沐首事增修
先生亦德契言從　道同心一晝以　天恩所賜巾裘
器服及私居莊磑園墅資營繕焉惜乎厥功未而晏然

體逝享年七十有六默遷於山口雲泉之業時天寶元年七月丙寅也先生將示疾也預修金籙法事躬奠河圖醮禮倏有二仙光降百神昭明其景象靈命及遺誡方詞誌傳詳焉文多不載及乎解蛻也非煙霞覆異香盈室參老龍之户疏子鶴之塋隣人見先生紫衣白馬儀亡所在烈風迅雷晏祇後息八月壬寅封樹之際赤氣被於方宫信夫昇仙之驗也奉仙觀主段抱質聖真觀監齋寇含光夙奉　主恩經始靈都之役道士席守元馮若水亻絢朱運劉意並承　天澤服御方牝之門猶子進芝門人靈應或感愴泉洞或悽傷竹林相與歎

雲霓之不歸望松檟之增慕瑋也肅尚其德悦聞其風
敬謚曰貞夛先生頌崖略于幽石
溥愽泉源清漳孕靈淪激波怒如雷如霆於昭乎貞夛
才全而德形端若表炯若星嶷岳峙潛泉渟同乎而来
委　天和而出寧脩然而往混元化以歸冥乘日之車
兮馭雲之軿飛霞丹霄兮流金火鈴小有空洞兮清虛
明庭雲層峩峩兮上鎮下坰浩翃洋洋兮厥德弥馨
天寶二年歲次癸未六月己酉朔三日辛亥建　刻
字人李興
碑云先生諱探元字體微家世南陽正一真人道陵

師君之冑按三國志列傳云張魯沛國豐人也祖父陵客蜀學道鵠鳴山中造作道書以惑百姓而此碑及道書昇元經等通謂陵爲道陵未知何意元世述張道陵家世甚詳不知唐時已有正一封號矣碑又稱家世南陽亦與史言豐人不合中州金石志

碑云曾祖儼周襄國紫州刺史唐志洺州武德元年于臨洺縣置紫州四年罷據碑則周已有紫州屬襄國諸史皆不言殊缺略也今永年縣西有臨洺關即廢縣州所治西有紫山蓋紫州命名以此嚴可均跋

龍角山慶唐觀金籙齋頌天寶二年十月十六日

已見王氏萃編

寶際寺隆闡法師碑 天寶二年十二月十一日

已見王氏萃編

嵩陽觀聖德感應頌 天寶三載二月五日

已見王氏萃編

騎都尉薛良佐塔銘 天寶三載閏二月十四日

石高一尺六寸五分廣一尺八寸五分廿四行行廿二字今在陝西長安

唐故翊麾副下缺置下缺同下缺騎都尉薛君塔銘

龍集協洽月□于皋朔已亥日辛酉君奄然卒于西京

太平里之第春秋廿八惜也人到于今悲之草木哀日

月逝覩天地之蕭瑟感幽冥之慘慼欲見之不可得將捨之不可得爰起玆塔因誌于行是謂百二之論也君諱良佐字堯臣河東聞喜人蓋上古軒皇之華裔經國諸侯之令緒具在諸譜吾將略焉曾祖待躬皇右千牛通事舍人祖麟朝散大夫皇北都司法父諤朝散大夫行右監門衛長史並疑讞必剖亂政斯理覆車之後當革前弊文翰以飾之道術以華之賢良代有秀異出誕我君子克彰前閫君即長史之次子也纔逾捧雉之年已有食牛之氣始過龍女之歲早懷成佛之因乃乘軒靜邊爲國侵地胡寇載殄皇恩是班以功授官勳焉由

是日崇法門專精釋詁行深般若而種善根五蔭皆空
一塵不染無上之士君其謂乎不然者何以予時右脅
而沒月惟徂暑日在東井寒泉沸歲亇乾君小斂在林
自奠生而盡三旬乃出庯不改常百日開空色不渝舊
信有金剛之堅豈無我淨之理由前劫之未覩墜□代
之一聞者也昆良道季良史竊三武之喪偉節良五常
之敞白眉敬崇法因乃遵所請以來年閏二月十四日
建塔于終南山施陀林善知識之次其實天寶二祀也
銘曰
□□東注流景西馳天長地久逝者如斯焚從悟發惠

逐□爲塔建何所終南之垂

右監門衛長上上柱國良史書　再從兄鈞撰

薛良佐塔銘再從兄鈞撰弟良史正書天寶三載閏四月文言年止廿八卒于里第塔于終南山施陀林善知識之次此官而葬以僧者金石文字記

右碑題云唐故翊麾副下少十餘字騎都尉薛君塔銘右監門衛長上上柱國良史書再從兄鈞撰文殊娟秀情亦婉轉書有虞褚風味洵非俗筆金石録補

文云來年閏二月金石文字記關中金石記皆作閏四月誤

石臺孝經 天寶四載九月一日

已見王氏萃編

嵩山淨藏禪師身塔銘 天寶五載十月廿六日

已見王氏萃編

竇居士碑 天寶六載二月八日

已見王氏萃編

遊濟瀆記 天寶六載十二月 碑陰有宴濟瀆序又濟瀆記後叙 按此碑仆而重樹故碑陰反在陽面

已見王氏萃編

北岳恒山封安天王銘 天寶七載五月廿五日 有陰

已見王氏萃編

吏部常選潘智昭墓誌 天寶七載七月五日

已見王氏萃編

崇勝寺丁思礼造像記并心經 天寶八載七月廿一日

已見王氏萃編誤作大歷八載其録記文題名竝多脫誤

少林寺靈運禪師功德塔銘 天寶九年四月十五日

已見王氏萃編

永泰寺陁羅尼經幢 天寶九載八月廿九日

已見王氏萃編卷六十六

靈都觀劉尊師碑 天寶十一載二月廿八日

碑高五尺三寸廣三尺三寸厚七寸
廿七行行四十三字今在河南濟源

大唐□□□□□□□□□□□□□□□□□□□齊

物劉尊師碑銘并序

□□□□□□縣主簿□□撰　故靈昌郡太守息

翟顯書

道本無名名生□物而聖本無跡跡者□改存□惟□

□所以能明□□理盡乎妙有矣夫惟得無所得能知

合□□□名□□以此進為而混俗功大名揚而衆

仰以此退居而閑遊江海山林之士伏其孰謂也

尊師□□□□□□□□又號齊物□城人也曾祖皇

隨任洺州司戶參軍才器過人德行殊衆祖楚皇任房州上庸縣丞詩書傳□文詞宏達又問養□丘園優遊卒歲　尊師幼而聰敏性與沖和真相霞舒挺骨嶽立年十三神龍中有　勑士人誦經入　道配養臺觀既慕神仙之術託作求真之遊遂詣中岳　韓尊師受洞神經法便居勞盛山五載仰其　道也至開元初又詣東岳　任尊師受洞玄中盟八景之要便居泰山日觀臺十載已外物矣時遇茅山　任尊師遊山見而異之曰此　道覺也遂授以靈飛六甲豁落七元八籙秘文大洞真要仍傳養生隱訣自後郤粒服餌

吐故納新人負而天乎又詣恒山居大光欿峯三載至
如九丹秘要三洞經法皆成誦在心如示諸掌至開元
四載　道門威儀使奉　玉真公主教請詣中
岳興唐觀校定經籙　道高物外跡寓寰中聲聞于
天名著非我至天寶三載有　詔　尊師德行純
和尤精科戒請住西岳雲臺觀上方太清宮至五載靈
昌郡道衆等竭誠勤請願傳法要乃□日齋心潔行以
祈引盐　道不凝滯亦在流通遂於瑤臺觀壇場廣
闡　天地肅清授真一經法金人玉撿始以要盟
龍章鳳篆終焉授與道衆謝　天建黃籙齋以祈靈應

其時白鶴繞壇綵雲浮座祥風肅起異香遠聞見者皆
言　尊師精誠所感也至六載玉真公主已捨館陶
之封卜居平陽之洞以為常娥餌藥乘兔輪以長生嬴
女吹簫登鳳樓而久壽遂於仙人臺下建立山居既饒
靈芝復多仙草有　敕安置旌至德也七載又奉
敕東京　睿宗大聖真觀奉　勅修齋理籍清
高副　國誠命初□□　道□□□功威儀設而
□□□行而儼若鑪煙晝啓瑞色氤氳燈炬夜開祥光
熻赫都城士女觀者霧集莫不讚□稱□曾有□八□
□□記云　尊師時年五十有七閏六月廿二日無

疾忽曰吾本入　道志求仙也所望華表御鶴白日
昇　天令上聖有命我欲辝去顧謂諸弟子曰方生
方死方死方死方生死生一理汝勿憂也其日申時復有異
香入院左右莫不聞者至夜半寢於靜室奄然而絶當
其炎暑容色鮮輝手足柔和一無改變門人號躃行路
傷嗟以為　尊師歎廿而尸解矣以七月十七日遷
於尚書谷之東阜禮也□□時則變易物經長久彼堅
者石可以刻彫彼言者文可以傳人匪文匪石後何觀
焉有弟道士曰齊莊鴒原永懷式昭至德銘曰
天長地久于物則虧盈陰化陽施于有衰有榮達士所

以肥遁居貞得　道可以齊乎死生　吾師仙化
兮神遊上清寐兮寥兮可知其名千秋万歲仙臺之下
蕭然唯有松風之聲
天寶十一載歲次壬辰二月己酉朔廿八日景子建
撿挍霞鐫字姪劉女覺　刻石人李宗洵
碑側
五行行字不等
觀因山西大渠破其渠將廢而不繼遂流絶于觀已五
十年今
□□□□即不婥嫈於所訃其意決一以美其□不以

功厚是難下缺□□□□□　四老感　公德理遂恭

公之命　公自厚施□下缺　□□其□□其初月不一

而功就水三枝而灌其觀昨四老告成于下缺　筆大和

五年辛亥二月三日壬申山人胡邀記

碑多摩滅乃其徒因尊師既卒頌揚道行之詞獨缺其姓名有云祖皇隨任洺州司户參軍祖楚皇任房州上庸縣丞亦不能考其人也中述玉真公主於仙人臺下建立山居之事蓋亦與尊師並時入道也末云以七月七日遷於尚書谷之東阜是其葬處碑側有字數行末題太和五年辛亥二月三日壬申山人

胡邀記中州金石記

碑甚模胡前半尤甚首行齊物劉尊師碑銘并字隱隱可識據碑末有隸書題名撿按覆鐫字姪劉方覺則尊師姓劉無疑中州金石記題為某尊師碑天寶十載二月立寰宇訪碑錄緣之别載天寶十一載二月王屋山劉尊師碑齊莊文翟□行書一碑兩收誤也碑云有弟道士曰齊莊鴿原永懷式昭至德是齊莊寔立此碑而撰文者縣主簿非即齊莊且碑是十一載非十載碑第六行又問二字未成句似有脱文嚴可均跋

中岳永泰寺碑天寶十一載閏三月五日

已見王氏萃編

千福寺多寶塔感應碑天寶十一載四月廿二日

已見王氏萃編

夫子廟堂記天寶十一載四月廿二日

碑高四尺廣二尺五寸十七行行廿五字今在山西[illegible][illegible]

夫子廟堂記篆額一橫

夫子廟堂記

駕部郎中程浩撰

朝議郎判尚書武部員外郎琅邪顏真卿書

朝散大夫檢校尚書都官郎中東海徐浩篆

天地吾知其至廣以其無不覆載日月吾知其至明以其無不臨照江海吾知其至大以其無不容納料廣以寸管測明以尺圭觚大以一筆廣不能逃其數明不能私其質大不能亡其險偉夫

夫子後天地而生知天地之始先天地而沒知天地之終非日非月光之所及者遠不江不海潤之所浸者博三代禮樂吾其損益百王憲章吾其消息君臣以位父子以親家國用和鬼神以饗道不可筌其有物釋未可證於無生一以貫之我

先師夫子聖人也古之帝聖者曰堯古之君明者曰禹

堯之德有時而息禹之功有時而窮
我夫子之道久而弥芳遠而弥光用之而昌捨之而亡
昔否於宗周今泰於
皇唐不然何耀袞而裳垂珠而王者矣唐天寶十一載
歲次壬辰四月乙丑朔廿二日丙戌建
夫子廟堂記魯公初書于天寶時大歷中又刋于湖
州今華州王氏藏有殘石七十一字其前二行魯公
及徐季海列銜與多寶塔碑同乃天寶時書也近山
西新獲顔碑行列字次與華州殘石悉合蓋即從彼
本翻刻者末行年月日亦與多寶塔碑同惟廿二日

戊戌作廿二日丙戌為異蓋翻刻者疑乙丑朔則廿二日非戊戌故妄改不知乙丑乃魯公誤筆通鑑目録是月丁丑朔且廿二日戊戌則丁丑朔無疑是年二月己酉朔見劉尊師碑有閏三月見永泰寺碑是四月丁丑朔也然魯公一日未必連書二碑想是華州本末行久泐翻刻者篡取多寶塔之月日補之遂臆改戊戌為丙戌字又非魯公體淺人涉手輒謬如此然賴有此翻刻得見華州碑款式且悟唐文粹所載别是一碑與魯公兩次所書皆無涉也四録堂類集

此碑劉觀察大觀從山西拓寄未知在何縣華州

王採花家藏殘石七十一字行列字次與此無異知此碑即從華州本摹刻也夢英重書碑標題起訖字句皆同惟唐文粹所載題曰扶風縣文宣王廟記文多互異天地吾知其至廣唐文粹知下無其字廣下有也字下三句倣此以其無不覆載無下有所字下三句倣此測明以尺圭作測景偉夫夫子作偉哉吾其損益吾下有知字下句倣此家國用和作用肥道不可銓其有物不作未銓作詮我先師夫子聖人也夫子下重夫子二字古之帝聖者曰堯古之君明者曰益作帝之聖者曰堯王之

聖者曰禹下又有師之聖者曰夫子七字用之而
昌捨之而亡而皆作者昔否於宗周無宗字今泰
於皇唐無皇字不然作不然者輝袞作被袞垂珠
作垂旒者矣作者哉後又多扶風古縣也至時大
歷二年某月日記二百九十六字歸美扶風尉袁
弁及縣丞主簿其詞專為扶風而作非他處可通
用蓋程浩此記作于天寶時至大歷二年續撰後
半篇而前半隨加改定或云皮日休作也其書扶
風碑者未知為誰與魯公無涉夢英碑後序言此
記刊石元在湖州是夢英所據以重書者為湖州

碑當有行湖州刺史上柱國魯郡公列銜而湖州
今佚此碑想魯公斷不以扶風尉袁舟縣丞主簿
等語移之湖州而華州殘石列銜是天寶時官職
在刺湖州前廿餘年在大歷二年前十六年則當
石之未殘時亦斷無唐文粹之後半篇且殘石字
次與山西碑同若加後半篇則太横廣須兩面刻
字而殘石陰面無字然則山西碑實據足本重摹
無所删節其戊字作戌蓋在北宋已前也

夫子廟堂記殘石 無年月當在天寶時

石僅存高廣一尺五寸八行共七十一字有半今在陝西華州

部貟外郎琅邪顔真卿書
書都官郎中東海徐浩
覆載日月吾知其至明
不容納料廣以寸管測
不能私其質大不能
之始先天地而没知天
海潤之所浸者愽三代
以位父子以親家國用
少華探花王氏家藏
右残石王氏萃編入録部貟外郎誤作司員郎又

以唐文粹之大歷二年記補足無以見原石行式

故復載之

雲門山投龍璧詩 天寶十一載十一月

摩崖高六尺二寸廣二尺八寸十八行行卅九字今在山東益都

□□□□□□□并序　北海郡太守趙居貞述

渤海吳□書　郡人李元莊鐫

有唐天寶玄黓載辜月己巳中散大夫使持節北海郡

諸軍事守北海郡太守柱國天水趙居貞登雲門山投

金龍環璧奉為

大唐開元天寶聖文神武應道皇帝祈福也先是投禮

太守不行以掾吏代之余是年病月戾止以為

□□□祐宜牧守躬親畀吏輒代固非禮也當是時上

元投禮猶未備余責龍辟觀之皆不肖於是詰□□□

□□□裴□更具□□□撰良日躬□祈□爰及中元

下元並躬行□□□□□□□□□□□□

□□□□□□□□□□□□

□□祈□□祝拜焚香投龍辟禮畢有瑞雲從洞門而

出五色紛郁迴翔空中有聲曰

皇帝壽一万一千一百歲頂禮者悉聞之余乃手舞足

蹈賦詩以歌其事遂於巖前刊石壁以紀之

曉登雲門山直上壹千尺絕頂弥孤聳盤迳幾傾窄前對豎裂峯下臨削成壁陽巘靈芝秀陰崖仙乳滴□□羣山遠望何所隔太陽未出海曠晃半天赤大壑靜不波渺溟無際碧是時雪初霽冱寒冰更積恭展送龍儀寧安服狐白□□惟聖主祈福在方伯三元章醮昇五域真仙覿帝幕翠微亙机茵丹洞闢祝起鳴天鼓拜傳端素册霞閑朱紱縈嵐際黃裳襞玉□奉誠信□□俟奔驛香氣入岫門瑞雲出巖石至誠必招感大福旋來俗空中忽神言帝壽萬千百

□□□□□□ □□□ □□□ 陳方外 □相

長史□□□ 楊幼玉 李潤 司馬段□

□□□□ 錄事叅軍崔晏 司功劉克烈 益都令

裴昇 丞李俊□、□□張思繼 □裴冀

□□□□□ □□□ 敬鉷 叅軍王知微 鄭廷杞

□下缺

右唐雲門山投龍詩北海太守趙居貞撰序言天寶元默歲下元日居貞投金龍環璧於此山有瑞雲出於洞中有聲云皇帝壽一萬一千一百歲蓋天寶中元宗方崇尚道家之說以祈長年故當時諂諛矯妄

之徒皆稱述奇怪以阿其所好而居貞遂刻之金石以重欺來世可謂愚矣金石錄

雲門山投龍詩刻在益都縣雲門山洞西關帝廟後北壁段赤亭嘗以全唐詩校之頗多異同全唐詩載此序辜月上有有唐天寶元默歲七字攷舊唐書元宗紀天寶七載三月羣臣請加皇帝尊號曰開元天寶聖文神武應道許之八載羣臣上皇帝尊號為開元天寶聖文神武應道皇帝今是碑所書尊號與紀合又歲在壬曰元默十一載為壬辰居貞以是年到官則為十一載無疑矣段赤亭據文獻通攷中宗先

天元年舉手筆俊拔科有趙居正同杜昱等及第正即貞避宋仁宗廟諱也又言全唐詩居正鼓城人任吴郡採訪使天寶中官北海太守斯言可徵其實山左金石志

授龍壁詩載辜月上缺六字全唐詩作有唐天寶玄默歲蓋本是默載二字尔雅歲在壬曰玄默十一月為辜天寶元年為壬午十一載為壬辰八載羣臣上尊號為開元天寶聖文神武應道皇帝序中已有此語則是十一載十一月也序云余是年寎月戾止尔雅三月為寎則居貞三月到官十一月授禮也全唐

詩病月作病月嚴可均跋

雲門山造象八種起天寶十一載十二月迄十二載十一月廿一日

一種高一尺七寸廣七寸一行八字一行五字今在山東益都

天寶十一載十二月李思供養

一種橫廣一尺七分高二寸六分十行九行二字末行三字不全

故人王昕敬造无量壽像一軀願生仏國及法界衆生

下缺

一種橫廣一尺五分高二寸十二行行二字末行三字

故人依六妻宮清讓敬造無量壽像一軀願生佛國及

法界衆生下缺

兩種共高八寸廣六寸文各二行

比丘尼世僧造像一軀為師生父母及法界衆生

比丘尼圓花造像一軀願供法界衆生同生佛国

兩種共高七寸廣一尺四寸前六行行八九字不等後七行行四字

□□天寶十二載二月□□□二日甲戌清信仕□□

□□定光像一軀下缺十二三字眷屬□□□□生咸斯福

□□□依智顯為亡父母敬造定光像一軀願生仙国

及法界衆生下缺

一種高五寸五分廣二尺五分前六行中八行後五行

姓千秋供養　姓哥悟供養　□□供養　□知金供

養 □恭供養 過□晏供養

大唐天寶十二載歲次癸巳十一月戊戌朔廿一日戊

午清信士王□恭敬造□彌陀像一鋪上為國主帝主

師僧父母七代先亡見存眷屬法界蒼生[illegible]同斯福

□□供養 □□供養 趙門東世仇供養 妹伴娘

供養 女陳娘供養

在益都縣雲門山陽石壁佛龕下山左金石志

右雲門山造像題字有依六依智顯是希姓又有姓

千秋姓哥悟廣韵姓又姓漢書貨殖傳臨菑姓偉貲

五千万四錄堂類集

玉真公主靈壇祥應記 天寶十二載五月

碑高八尺五寸廣四尺廿七行行七十字今在河南濟源

玉真公主朝謁應□□真源宫受□□□王屋山仙人

臺靈壇祥應記

御題額　引道觀道士臣蔡瑋撰上　朝請

大夫□引□觀□駕上柱國□□言□□□西京大昭

成觀□□□□使臣元丹丘奉　勑□□建

皇上□□□天下之卌載也物歸混茫人□太樸故

我玄元聖祖□服龍駕雲□□□　天明示

真□錫以寶符靈命國祚嘉祥所謂純嘏丕業永昭於

左契矣明年春三月既望乃　詔上清彡都大洞三景
法師玉真長公主有事于雖郡□□宮泊名山□岳亦
既□□□□□□□□□□□無休也公主承　天恭
拜受　命駿假□□□□□□□所以履虛　而昭烱
戒也於是浮函關之紫氣望　帝鄉之白雲登華□□
□雎及渙駈馳百靈悠□千里□□月届于□宮□戀
宣□□誠□若□奠□　聖敬之□德□　皇心之在
人精意□□休□□跡□先天后廟有朱文隱成太字
垂八角之□□□□□宮有飛龍躍□重泉□□井之
瑞既而□金簡□河圖則　天地合莫貞明連曜彧潛

虬吐液以澄暎仙鶴縈空而鳴舞紫霞散壇彩雲拂樹
允所謂降福穰穰惟休于無疆若是其至矣者哉迴□
□旋□□太室捫日□步玄州挹上清羽人焦真□于
中峯絶頂訪以空同吹萬之始丹田存一之妙不渝月
又將朝于王屋之　天以及仙人臺而北岳洞靈宫胡
先生賁□來會先生文離其德骨乂其容河眸徹照嶽
犀擴偃思□□寶聲動　天庭廿五人獨守真於恒代
卅六洞遠陟降於清虚公主因齋心順風膝行避席請
受八籙三洞紫文靈書先生並虚已□□□□冥合遂
以是月下宿甲午子夜象設壇宇星陳香燈以金寶盟

天霜羅薦地時也煙霏夕靄□□古朝徹林外如有靈
宮□儀法位周列簫管清籟□□□發倦成希微髣髴
觀□□□灑萬水風然□音而壇無搖旌燈不□焰公
主於是官三極府百神左右不戒而嚴肅如也洎乙未
丁酉異夕同符皆有甘露夜零珠明玉潤華滿庭樹□
龍人□□□臺下有泉石□□□紛綸□□殆不可測
每有至人精思遐感則霜韻潛鳴迺五月辛丑之夕公
主□□文□玉□鍾聲□□發深底達□□韶自暝達
曙春容不絕壬寅佩五老真印杖八威神□瑞五嶽靈
飛六甲傳谿□□□或日月交輝或煙霞動色晃朗

天字揚光仙山至若□陰□□□雲□鬱儀結隣之
録右□宴景之道則有□公□保三□□司皆降飛雲
□朝□□□□□□授□□冥感□□故署仙格曰
玉真萬華真人□有 命自 天理□□□甲辰宮功
受祛□□解散□有祥烟蓬蓬從中壇而起□神□羽
駕歸飛於太空□□□□□□□□徐轉公主□鳴□
大鼓□□□延□□之迄乎居室矣是歲東周炎亢自
春徂夏人□□力野無良苗公主□仙□□洞府□鑪
□□□□□剛俾夫金龍驛傳辟奠□禮□□□□□
□□流盈尺故當時遠近咸謂之為公主雨禹則知夫

德苞於經濟者其惠也廣行通於神明者其感也深自
非降□　彤庭孕靈金格持受無□□為至人則曷能
靜該□道□□□　天祐祈誠必應休有明徵者哉公
主法号無上真字玄玄
睿宗大聖貞皇帝之十女　　今上之□妹青□□
□□□洞虛□褖□玄門而禎符不一年十二歲當景
雲之初始受□道於括蒼羅浮真人越國莱公其時
　老君為親降法壇□烏三刻言皆口授旨以神融
故□□章隱訣代莫得而聞也今見事載青史辞編玉
誅西京□陽□之樓觀者昔文始先生尹真人望氣之

所山水屋盤蒼蒼古墟崢嶸丹宮亻後聖有仙公主以□□天寶之前歲孟夏月佩釆靈之印混□□之心能自存真斯焉攸處若然者七日而所居精室卿雲覆之有二青衣玉童自雲來拜因而動承指使常在左右也□仙格之稱不其□□自是□□□之□□□□□□踵息聽道遺形絕粒動無違事矣不□□□能周丨萬象徧索羣岳得于玆山焉夫此山者隱元陽臺小有天洞環合曾翠淩□□□□□騰赤霄□□□□明□丹□而□□□□昔王子晉舉手緱嶺息駕於斯者詣天壇凡卅里傍連太行□□千□□□皆秀孤松自

煙況其呀谷攢峯玉林瑤草可名言也公主未笄□□
為釆真人居□門□□□□□□丹竈□日藥園長春
白水□□□□卷石可以□□也　主上前年揮
灑宸翰光題寶額曰平陽洞府小有仙臺又於山門别
署金牓為靈都觀公主爰遊爰處將廿年功行已成昇
仙階近故凡五□真籙□□植□合□移步昇□□如
□□□□之輕舉方默□天□葢□頤祝尭不能忘
魏是知無往不適与□道為徒者非至德其孰能與
於此焉有若監度保舉中岳三洞鍊師□□□王玉京
同法壇西岳道士敬延壽中使内謁者監程元遲王屋

令李拯官寮道俗莫不咸同感觀時東京法衆玄元觀
主王虛貞等□金□靈封陪□乎絳節之前倘佯乎
碧宇之外□□□會□聲揚言慶　大君受祚於
玄元大妹同符於女僑詠歌不足願紀斯文瑋
幸得捧鐽瑤壇舐扎仙府輒敢扣沖寂搜窅冥昭列玄
猷□兹□□誠懇□翰或愧當仁時昭陽記歲蕤賓貞
月　有唐天寶十二載也
大中大夫守河南少尹臣李□才　中使□□
□臣□□□　西京大昭成觀道士臣□□□□
□名□□胡□摸勒　□□□□刻字

碑文摩滅多不可辨有云公主法号無上真字元元
按新唐書列傳云玉真公主字持盈始封崇昌縣主
俄進號上清元都大洞三景師與碑所稱無上元元
之號不合豈公主又自加道號歟史稱公主薨寶應
時而世俗傳靈都宮為公主昇仙之處志家載之可
謂大愚矣金石略又有蕭誠書玉真公主受道應祥
記亦當在此今不可得也中州金石記

贈武部尚書楊珣碑天寶十二載八月

已見王氏萃編

柘城縣令李仲華德政頌天寶十三載五月十八日

碑高六尺七寸廣四尺一寸廿九行行五十字今在河南柘城

大唐雎陽郡柘城縣令李公德政頌并序　下邑縣

令封利建撰　朝議郎行丞魏崇仁書

初利建之登于　王畿也聞宋有柘城大夫隴西李

公之德能媚於神而和於人者久矣及是而與之差肩

馬觀其□揚□□祇率訓典逌洒然而異之亦旣詢事

考言果於入境知善邑老皆稱曰人之不安由黠吏肆

暴政之不一或亂法滋彰公下車視俗執轡遵途獖豕

之牙府庭憚其強項除馬之害閭井飲於洗心令修伍

鄙之間理浹四封之內莫言一朝之便皆務□身之切

焉以為豪右兼并不均之所從也糺遨以裁制之孱弱
轉移流亡之所起也勞賚以安輯之登其孤終恊其出
入倉廩既實□理□□□□人之居矣阜其財求明其
利弊羣萃州處心安不遷士既聞燕以詳求典禮農服
畎畝而察時節用商安市井識貿遷之利工守□習辯
功苦之宜是成人之事矣然後設姦宄之禁制吉凶之
禮廉讓興而奪攘寢故扃鐍不用長幼順而□□達故
紡誦日　聞莓苔蔓聽訟之庭蟰蛸網思過之户事無
巨細必也躬覩道有汙崇於焉適衷牛刀在握而窾
郤餘地龍䶑出匣而魑魅慙形到理閑乎小康滿歲稱

其大賴邑自成於保鄣賦不域於繭絲郡守襜冕唯頒

詔令遊士弊帛兼禮才賢□□下於琴堂譽已充於軺傳以管子之術御下用平仲之心奉上莫不以石投水若礪資金故道不虛行人仰攸墍勝殘去殺百姓稱仁焉省傜薄賦百姓稱寬焉敬上愛下百姓稱順焉輕財重義百姓稱廉焉信有長□使人之術寬肅宣惠之美寬所以保□也肅所以濟時也宣所以敎施也惠所以和人也若此而不令聞□世者未之有也其或止灌壇之風雨息中牟之災沴則理符□□無得而書今太守越國李公明照肝膽首加賞譽十縣之内一人

而已子徒見能政之所以成未識有開之所由然夫以
理官謩九德柱天涼重文武昭王之勤卹遠黎姑臧公
之發揮餘□而不澤流後裔寵集時賢者乎
太翁雲將　皇給事中常州刺史與房元齡等十八
學士曳裾秦邸可不謂文乎
王父文道　皇尚書右丞隴州刺史□□行已終始
若一可不謂忠乎
昭考綘　皇職方郎中滑州刺史不□□□克開
後人可不謂榮乎公名仲華字仲華以隴州之忠而納
之以常州之文閾之以滑州之□露知事　君必□

□□幼也□□以從令壯也□志而用令冠也和安而
□□曾謂成人矣加之□□山□仞而□戢雲雨玉□
千尋而潛伏珍奇歛爰以□□內□之年□□擢□賈
誼登朝之歲分陝叅卿以選授汝南郡錄事叅軍振□
□凋章善癉惡六條隨其指顧八使任之耳目以清白
上聞俾作宰於是邦適名著於彼遽政成於此庶幾坐
□廊廟□是□□□□□員外丞鉅鹿魏崇仁
故太師鄭公之曾孫也忠□有□祖遺風問望允時賢
攸屬丞王嶷況潛温克潔淨□□□□□□寶膏
梁人惟儁頻簪壽等華髮含光顛毛□齒□昏錄事等

謹身稟命所奉竭誠惕愧檀之火遷惜桃李之飧□□
日□□□□□光耿於人多矣□欲社而稷之尸而祝
之□或□□期在他日姑務稱伐之典其庶銘勳之義
由是述旨於□□假詞於□□□□為政如多方人利
百倍故　天錫純嘏神應嘉生夫自足於躬不知日
用之力從事於此誠晤歲計之餘是用紀□□□□□
□以導之以光昭　君之令德迺作頌曰
隴山峩峩渭水湯湯輔我盛族兮與代偕昌左轄之孫
專城之子誕守丕業兮世濟其美分陝參佐汝南綱紀
聲聞于天兮作□于輔□□秉馬稅于株野此邦之人

自　天祐者所祐何居茂宰綏之昔也殷無朕今也
足生耄適歎來暮旋嘵去思分勢駸駸高駕難□千金
□字以立□碣頌美□□啓□□□
大唐天寶十三載歲次甲午五月景申十八日癸丑□

右李仲華德政頌魏崇仁行書寶刻類編及黄玉圃中州金石考有其目文云員外丞鉅鹿魏崇仁故太師鄭公之曾孫也撿魏徵魏謩傳宰相世系表魏謩先廟碑並無其名傳言徵四子叔瑜豫州刺史善草隸以筆意傳其子華及甥薛稷今是碑行草偉麗可喜崇仁于華為子姪蓋家學淵源也世系表華子瞻

駕部郎中崇仁與華當同一格表殊漏略文云今太守越國李公蓋即許遠所代其任者史亦無名其敘李仲華先世皆無考而稱曾祖爲太翁則可補入通俗編也四録堂類集

已見王氏萃編

内常侍孫志廉墓誌天寶十三載六月八日

東方朔畫贊天寶十三載十二月一日有陰

已見王氏萃編

勅還少林寺神王獅子記天寶十四載八月十五日

已見王氏萃編

折衝都尉張希古墓誌天寶十五載四月一日

已見王氏萃編

金石文獻叢刊

平津館金石萃編

二

【清】孫星衍 嚴可均 撰

上海古籍出版社

平津館金石萃編卷十

唐四

憫忠寺寶塔頌至德二載十一月十五日

已見王氏萃編

縉雲縣城隍廟碑乾元二年八月

已見王氏萃編

贈太保郭敬之家廟碑有陰廣德二年十一月廿一日

已見王氏萃編

與郭僕射書廣德二年十一月

已見王氏萃編

左武衛大將軍白道生碑　永泰元年三月廿四日

已見王氏萃編

怡亭銘　永泰元年五月十一日

剳裒本高廣行字俱不可紀今在湖北武昌縣北觀音巖壁

怡亭裴鶠卜而亭之李陽冰名而篆之裴虬美而銘之曰

崢嶸怡亭磐礴江汀勢壓西塞氣涵東溟日月所經風雲自生衆木成幄羣山作屏頫余逃世於此忘形

永泰元乙巳歲夏五月十一日隴西李莒

下缺

上缺 上西南 下缺

右怡亭銘在武昌江水中小島上武昌人謂其地為吳王散花灘亭裴鶠造李陽冰名而篆之裴虬銘李莒八分書刻于島石常為江水所沒故世亦罕傳鶠不知何人虬代宗時道州刺史韓愈為其子復墓志云虬為諫議大夫有寵代宗朝屢諫諍數命以官多辭不拜然唐史不見其事李莒華弟也集古錄

怡亭在殊亭東唐裴鶠作宋蔣之奇云怡亭銘刻于

江瀆巨石之上乃唐李陽冰篆李莒八分書裴虯為之銘世謂三絶明一統志

集古録云鷗不知何人按唐書宰相世系表鷗與虯並一格鷗容州長史虯諫議大夫虯又見昌黎集河南少尹裴君墓誌銘載其父虯為諫議大夫引正大疑有寵代宗朝樊氏注亦引歐公跋文并据昌黎此誌以虯為諫議大夫不云為道州刺史唐史亦不見其事歐陽豈得之怡亭銘耶愚謂杜工部湘江宴餞裴二端公赴道州朱氏注浯溪觀唐賢題名河東裴虯字深源大歷四年為著作郎兼侍御史道州刺史

是永叔當据此銘若怡亭銘無虬為道州事樊氏葢以意度之又云虬為道州刺史唐史亦不見案舊唐書代宗紀大歷五年四月庚子臧玠據潭州為亂澧州刺史楊子琳道州刺史裴虬衡州刺史楊濟各出軍討玠則固已見諸史而樊氏更失檢也據紀文三年十二月道州刺史崔渙卒虬于時當代崔渙任紀文脱書于前銘石在武昌縣江中小洲上水潦浸薄往往沈沒拓工不易為力授堂金石文字續跋

武昌縣觀音巖面臨大江為邑遊觀之地唐李陽冰篆書怡亭銘刻其上夏秋水漲則銘浸洪濤巨浪之

中拓本最為難得嚴子進湖北金石詩

裴虯代宗時道州刺史集古録謂唐史不見其事武虛谷引舊書代宗紀一條余按舊書張建封傳大歷初道州刺史裴虯薦建封於觀察使韋之晉則虛谷所未及引也銘文余遥击之上是顧字湖北通志釋作顧孫觀察亦謂當作顧非是四録堂類集

陽華巖銘永泰二年五月十一日

割裴本高廣行字俱不可紀今在湖南祁陽

陽華巖銘 有序

刺史元結

道州江華縣東南六七里有山南面峻秀下有大巖巖當陽端故以陽華命之吾遊處山幾三十年所見泉石如陽華殊異而可家者未也故作銘偁之縣大夫瞿令問藝兼篆籀俾依石經刻之巖下銘曰

九九九疑疑疑萬萬萬峯峯峯

不不不如如如陽陽陽華華華

陽陽陽華華華巉巉巉巉巉巉

其其其下下下可可可家家家

洞洞洞開開開爲爲爲巖巖巖

巖巖巖當當陽陽陽端端

巖巖巖高高高氣氣氣清清清

洞洞洞淩淩淩泉泉泉寒寒寒

陽陽陽華華華旋旋旋回回迴

岑岑岑頷頷頷冉如如闢闢闢

溝溝溝膝膝膝栗松松竹竹竹

暉暉暉映映映水水水石石石

尤尤尤宜宜宜逸逸逸民民民

亦亦亦空空空退退退士士士

吾吾吾欲欲欲投投投節節節

窮窮窮窮窮老老老於於於此此此

懼懼懼人人人譏譏譏我我我

以以以官官官矯矯矯時時時

名名名跡跡跡彰彰彰顯顯顯

醜醜醜如如如此此此為為為

於於於戲戲戲陽陽陽華華華

將將將去去去思思思徠徠徠

前前前步步步御御御望望望

踟踟踟躕躕躕徘徘徘徊徊徊

大書於[illegible]二年歲次丙午五月

唐四

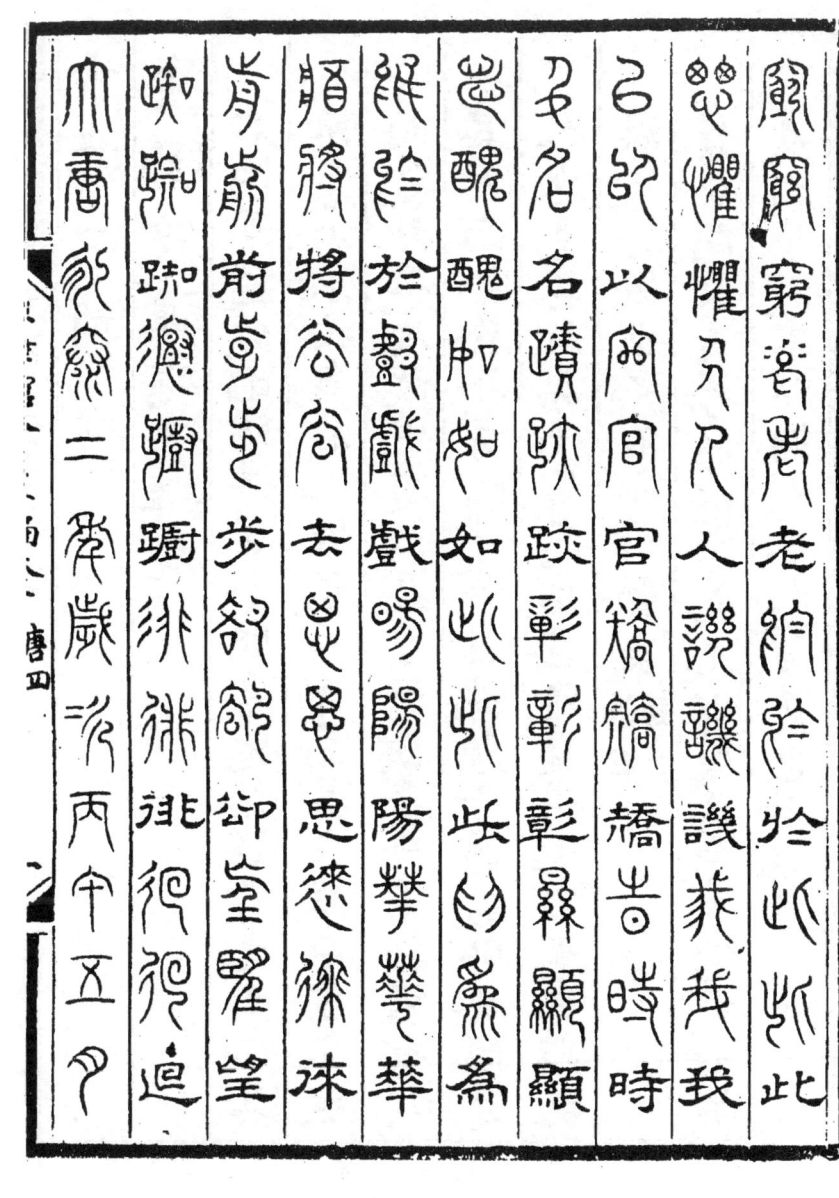

十弌日刓

廬陵龍潭趙子拜觀

右陽華巖銘元結撰瞿令問書元結好奇之士也其所居山水必自名之惟恐不奇而其文章用意亦然而氣力不足故少遺韵君子之欲著于不朽者有諸其內而見於外者必得於自然顏子蕭然卧於陋巷人莫見其所為而名高萬世所謂得之自然也結之汲汲於後世之名亦已勞矣集古錄

瞿令問篆迹謬惡以懸為尤以㯷衆為逸大錯歐公援及顏子擬不以倫則宋人習氣也四錄堂類集

成德軍節度使李寶臣紀功碑永泰二年七月一日
已見王氏萃編
唔臺銘大歷二年六月十五日
已見王氏萃編
嵩嶽會善寺戒壇勑牒大歷二年十一月□日
已見王氏萃編
李氏三墳記大歷二年
已見王氏萃編
李氏栖先塋記大歷二年有側
已見王氏萃編

謙卦碑

已見王氏萃編

李陽冰聽松二字

已見王氏萃編

唐廎銘大歷三年閏六月九日

摩崖高一尺五寸廣六尺三寸卅行行六字右行今在湖南祁陽

浯溪之口有異石焉高六十餘
丈周回四十餘步西面在江中
東望浯臺北臨大淵南枕浯
溪唐廎當乎石上異木夾戶疏

林甫檢瀛水音天韓此可伯故
木傾上目不易岑遠山漳水已
不易者水穀松餘霜類易者齋
日方暑易者漳風往學易不易
也易敬重也命自曆傾往趨之
也銘曰
吾名之文鑒易木土林楚之容
不能水石華酒五十名之曆傾
紙也直識從木人漳傾甫石上
篆刻此銘

有唐大曆弎年歲次戊午閏六
月九日　林雲翔

浯溪之口又借為有異石焉亭借為高尖借為六十餘尺周回
四十餘步西面在江中東望峿臺北面臨大淵南枕浯
溪居即說文寄字借為浯頋即頋說文以為或高字此借為亭漢楊湊石門頌頋寫輸淵謂渟寫也
當㢊石上異木夾床即户見說文踈竹菊檐瀛州言无謣即䛆
字借為由此可仰即信見說文𠯑即叒字借為若才借為在頋與上文頋同上目
𠩆即所字見碧落文冐即猒字飽也從甘猒省鐘鼎皆如此者遠即遠字從辵步見說文山
涔即清字川耳𠩆冐者水聲松歛霜朝冐者寒日方暑冐
者涔風於㢊冐不冐也冐猶㤅桑借為之愛也命曰唇頋旌

獨又借為有也銘曰

吾名之乂即五見說文結作浯溪浯臺東厓寒泉浯亭五銘舊皆未有名結始名之崟即寅字㝵木土林埜即壄字同野之客凡躭即耽字借為媿水石秊䣽即牆字借為將五十如借為始又借為有唐廎愜心百即自字適异即與字世忘悿即情字廎蔔石上篆刻此銘

大唐大歷弍秊歲次戊申閏六月九日　竹雲刻

唐廎銘元結撰瞿令問篆書刻於東崖石上隨石欹斜觧厚難搨而篆筆特佳視臺銘更勝金石文字記補遺

浯亭銘無書人名金石存引黃山谷云溪銘季康篆亭銘江華令瞿令問篆潘稼堂謂溪銘亭銘皆

瞿令問篆邢佺山訪碑録謂亭銘袁滋篆石本無明文無庸懸斷稼堂謂刻於東崖石上隨石欹斜今拓本實整齊唯溪銘稍欹斜也舊讀多誤次山集又無此銘因屬嚴孝廉别定釋文録之于右

浯溪銘

割裘本高廣行字俱不紀摩崖右行今在湖南祁陽

浯溪銘 有序

道州刺史河南元結字次山撰

浯溪在湘水之南北匯于湘愛

其勝異遂家溪畔溪世無名稱

者也爲自愛之故命曰浯溪銘
于溪口銘曰
湘水一曲淵洄傍山山開石門溪
流潺潺山開如何巉巉多石臨淵斷
崖隔溪絕壁山實殊怪石又尤
異吾欲求退得老泊谿溪古茂
溪轍沒盡人命曰浯溪旌吾獨
有人誰游之銘在溪口

釋文題名殘石

高一尺八寸廣一尺二寸釋文五行首行十八字二行十四字三四行十五字五行十字行書右行題名

四行亦右行

湘水一曲淵洄傍山〻開石門溪流潺五山開如何巉〻雙

石臨淵斷岑夾溪絕壁□實殊怪石又尤異吾欲求退

□□□□溪古荒溪蕪沒蓋久命曰浯溪□吾□有人

誰遊之銘在溪口

□水尹海　略陽權克謨　□□傑　杜例　成萬

王玓　□□　□□侁　丘存節　東□□　□□□

石山保

浯溪銘有序

道州刺史河南元結字次山撰

浯溪在湘水之南北匯于湘愛其勝異遂家溪畔溪世無名稱者也為自愛之故命曰浯溪銘于溪口銘曰

湘水一曲淵回傍山山開石門溪流潺潺山開如何嶢嶢多石臨淵斷崖隔溪絶壁山實殊怪石又尤異吾欲求退將老於茲溪古荒溪蕪沒蓋久命曰浯溪旌吾獨有人誰遊之銘在溪口

浯溪銘黃山谷以為季康篆瀋豫堂以為瞿令問篆山谷去唐近當有所據旁有釋文殘石不知何人所刻淵回作淵洄潺潺作潺五多石作雙石隔溪作夾溪顯與篆刻不合阮亭集載此銘亦多謬誤茲益篆學

久廢雖以此銘之易識猶皆劇目棘口也四錄堂類集

大證禪師碑大歷四年三月廿四日

已見王氏萃編

贈太常卿趙叡沖碑大歷四年五月十五日

已見王氏萃編

福興寺碑大歷五年六月一日

碑高一丈二尺廣五尺九寸卅一行行六十字至七十字不等今在江蘇上元銅井村

潤州上元縣福興寺碑并序

尚書金部郎中兼侍御史上柱國潁川許登撰　大

理評事張從申書并題額

維□□□□兩儀維生人首于萬物物本於道道行於人人資於教物本於道者姑肯務德乎人資於教者姑肯崇德乎夫教始於儒中於道終於釋釋之時義大矣哉空寂為體慈悲為用生死為苦涅槃為樂□□詢夫異地漢后夢夫真儀越自西天傳諸東夏所以九圍之內六服之外像法流衍方風振揚四千二百甲子於茲矣

我天寶之季乾柱寢折坤維寖裂有為兇渠奸亂河朔有生逆節秉釁江淮乾元中暴兵至于金陵蹂踏閭閻殘其寺觀鞠為瓦礫者福興首之福興寺梁大同二年之俶建也本於塘浦之東遷於銀湖之北中更

一徙以襲其初傳記歟遺莫詳歲月嗟夫昔穢國盡燒
我淨土弗毀惠眼之覩矣今精廬斯壞我法侶無歸凡
目之取矣有禪師德號道融本姓樓東陽義烏人也
肅宗皇帝龍飛翔方大赦天下改元為至德每寺度人
以蕃　王室時潤州刺史兼御史大夫江南東道
節度處置使京兆韋公陟俾屬城大德咸舉所知禪師
行業精修法門之中褒然為首遂正名僧籍而□於福
興焉初入牛頭山謁第六□忠大師遽受密印而為上
座大師三昧之主四支之尊攝心無涯定力無等首施
錢三十萬謂禪師曰可□□□□□其安樂禪師跪以

奉命乃初請之邑再請之州州伯邑長僉諧懇願以大唐上元二年龍集辛丑季秋月旬有九日遂移氒舊額肇氒新居於天竺之山為真寶地也天竺在故寺東南七里名符佛國山則我鄉此蓋有開必先陰隲靈鷲禪師嘗讀經典至千二百五十人俱因之而言曰豈直多徒亦堪集事遂據此數以褒其人人錢三緡共成法相行檀如水品物如山未盈旬時我望充塞□是邑也建業舊都有齊梁遺風乃聚沙為塔於然燈求記者家不無之易用受化是故棟梁之材□里而來如陵如堆班倕之伍千里而聚如雲如雨乩之以日懋之以功栞山

陊崖斂穽夷坎芟蒙蘢為顯地剗崱屵為康衢其平如
磨其細如砥禪師以心居中度殿以背居後度宇以首
居高度臺以足居下度室以臂居北度廊以手居南度
門戶揆□□□皆約我身規圓之矩方之縱廣之衡□
之上協于天下協于地明協於人幽協於神然後斯之
以斧斤督之以繩墨審之以面勢較之以方隅使人無
所惑也□之以□□□之以榱桷□之以軒牖墄之以
堦墀使人知大壯也先之以粉繪後之以丹艧雕之以
金璧鏤之以□□使人觀巨麗也春爍瀛海彎敫蓬萊
如鵬斯飛如虹斯飲空色相射晶光相厰煌煌炎炎□

□爛爛迴翔日月吐納陰陽弗可得而名也白蕩之山以屵其左滄江之水以潊其右斗辰之□以燭其上盤龍之鎮以扶其後望夫南上以啓行慈姥東向而奔走勝勢□□□□故紛蓄靈孕奇□嵐泄霧彩章屢變濃淡更鮮又弗可得而名也多羅之樹鬱以青葱功德之水湛而清淨涌塔浮於倒景香剎彗於行雲貴色有瞻葍之花穌鳴有迦陵之鳥大雄據師子之座賁然當陽太子垂瓔珞之衣嫣然列侍相好□□變化亡窮它得智而知它得億而測巍巍光大不可稱量四天赫臨八郡周護持叉秉稍一何稜□□□□□一何拗怒精靈

肹蠁如在虛空敀乎誘掖羣生虔修六度撞鍾鳴磬以破昬疑擊鼓吹螺以施號令聞者開般若之智見者發菩提之心或謂寶生之國極樂之土頗黎為地黃金為繩流泉浴池珠交露幰以此為念吾無覬焉惟禪師之經營茲寺也禎符景瑞匪朝伊夕五翬掊地神之定矣三虎禦寢神之命矣二木不奪神之正矣一泉忌蜀神之淨矣靈芝三秀遶谷遶山祥蓮合房于沼于沚造門之女呴而不宿遊方之人投而弗禁祆災起念而自弥危懼歸心而必釋禪師之道悪可俔也禪師之德悪可□也演慈悲之化降滛慝之神皆建廟立祠血食不絕

近云百祀逺謂千齡大則犧牛之薦小則特豚之禱以
月以日以時以節弗敢嬀誣不□□□墉屹然灌木
捎天但得而遵何繇而殛禪師以為修道之本在於利
人從人之欲可謂除患迺詣其□□□視諦觀以日繫
夕身心散一或呈醜相未覩晬容或□□□無何稽首
悉與受菩薩淨戒而度脫之斬陰斬陽以為梵宇取彼
居室寘之金仙寐寤而無事矣城聚落數百里閭巫風
遂消佛道增長□□主之敎歟緊禪師之力歟二相交
修一體互用不然者則何以兮通妙感而若是乎予耳
聆嘉聲目覽懿跡廼知引聖道者誰能慮始刱僧坊者

□□□□王公大人豪富長者國當全盛家有貲財然
以更□存亡積□年紀人則盡瘁事或蘇殘未有□□
立禪門獨行世界時遭多難道弗屢空□□而□福自
開晏坐而萬緣斯凑不七八稔指顧皆成輪才乎而奐
才乎而若夫經始之善人屋宇之□數紀於碑陰之上
庶千刼炳然而可□其辭曰
觀空匪易引相良難既觀又引楊波導瀾淵淵我師體
□行端經之精舍棼以林巒其宇伊何維栴與檀其飾
伊何維琅與玕燿燿華影峩峩鬱盤闕陰迪陽從暑閱
寒世界非廣渤澥非寬景於是萃思於是殫甘露之門

淨口以滄般若之□□心以安右挾大江左馳長干靄
如山青艳若霞丹碑矶巨名□□不刋追琢斯文億載
是觀
大唐大歷五年歲次庚戌六月一日壬辰建　城陽
炅光道鐫

唐福興寺碑許登撰張從申行書并篆額大歷五年六
月一日壬辰建在江寧縣復齋碑録

右碑正書在江寧銅井村戊戌仲秋登天竺山徘徊
碑下惜文之首尾為風雨剥落撰文姓氏及立碑年
月皆不可辨觀所藏舊拓亦損去撰碑人名證之以

復齋碑録始知為許登之作若非見賞于前人則許氏之名不彰於後世矣武德九年上元改屬潤州故碑題云潤州上元碑末署城陽炅光道鐫炅集韻音熲鄭樵通志載炅氏兄弟四人各分一姓曰炅守墳一避難徐州姓香一居幽州姓桂一居華陽姓炔四字皆古惠切九畫一音漢太尉陳球碑陰有城陽炅横光道蓋其裔也江寧金石記

龔丘令庾賁德政頌大歷五年九月三日

已見王氏萃編

贈工部尚書臧懷恪碑無年月金石録云大歷中立

已見王氏萃編

左金吾衛將軍臧希晏碑大歷五年十月十五日

已見王氏萃編

麻姑山仙壇記大歷六年四月

已見王氏萃編

中興頌大歷六年六月

已見王氏萃編

觀身經銘并永仙觀碑大歷六年十月

已見王氏萃編

贈太尉廣平文貞公宋璟碑大歷七年九月廿五日有側

已見王氏萃編

八關齋會報德記大歷七年　大中五年正月重刊

已見王氏萃編

般若臺題字大歷七年

已見王氏萃編

容州都督元結墓碑大歷七年十一月

已見王氏萃編

錢唐縣丞殷履直夫人顏氏碑無年月

碑高八尺五寸廣二尺四寸厚一尺五分四面周刻前後各九行左右側各四行行廿九卅字不等今在河南洛陽

唐錢唐丞殷君夫人顔君之碑 額兩面各一橫

有唐故杭州錢唐縣丞殷府君夫人下缺□□□□□并序

第十三姪男金紫光禄大夫行湖州刺史上柱國魯郡

公真卿撰并書

君号□定琅邪臨沂人□□黄門侍郎□□□□□□□

□空字皇朝秦王記室思魯府君之曾著作郎□□崇賢

□□□□□□□□□空字天皇曹王侍讀贈華州刺

史昭甫府君□□□□□□□□□□□聰慧明達

發乎天均孝仁敬讓迴出人表精究□□□□□□

□□□□□備其在家也九族仰其壺儀其移天也

六□□□□□□□□□□□□□□太夫人殷氏
以形管之才膺大家之選□□□□□□□□□□
祕書監元孫府君太子少保惟貞府君藐焉始□(孩)□
□□□□□□□□□□□□擅大名皆君□□□□
□部□(郎)□□□□□□□□□□□□□妹宜芳令裴
安期妻□□□□□割耳訢□□□□(滅)死及□男□□
而左耳缺焉君有三子長曰武康□□□□□□□
□□□曰□利絕倫□□□郎中柳芳今之□□□□
□□□□□□□□次曰處士齊望有成人之姿幼曰
晉州長史成己□□□□□□□□□□逞不登于

秩每與文士族祖濬武平一呂因李嘏陳□□□□□
朝内弟曜卿允南姨弟劉璀族弟□同賦詩多擅警絶
之句六女長適□□生安陸令銓孝養於君次適王元
□著漢春秋次適蔡九言生燕□□□□爲當代之
冠次適顔昭粹粹女適司勳郎□□□□才器爲海内
□□□楊欽生濯李淮幼適我兄闕疑仁望友□□
□□□度爲居感□□□□□□及女姱真卿童
穉時特蒙君教言辭意□□□□延壽王孫□□□飛
龍篇江淹造化篇五都賦不幸開元廿五年秋七月有
五日以隨□終于成□尉氏尉之公館享季八十四粤

以明季春正月合祔于東□□安山之王寶原禮也嗚
呼君全德内充慈仁外被才明可以升博士法□□□
□母□□□老邪俱無石窮奐軒□費□長筵肆慶多
鏘鳳乘龍之□□足云也眞卿不敢夙承訓誘追深仁
而莫□謀不朽其庶茲銘曰
於□峩姑□□□□愛深倫睿耶割寵蘇惠及疎賤仁
涵朽枯子孫宴喜龍鳳相趍教我音辭王孫五都期頤
未究□□□□□石墳阿聲流八區

右殷君夫人碑四面周刻泐缺甚多碑額横題唐鐵
唐丞殷君夫人顏君之碑令前面六字漸不可辨夫

人爲昭甫之女元孫惟貞之女凡元孫六子惟貞八
子魯公行七故家廟碑自稱第七子合元孫子爲次
故此碑及干祿字書稱第十三姪男祭姪文稱第十
三叔也家廟碑載元孫子僅五惟貞子僅七疑皆殤
其一故不列名碑額稱顏君序中亦屢稱君蓋君亦
女之尊稱可廣金石例碑云黄門侍郎即北齊黄門
侍郎待詔之推云崇賢即宏文崇賢學士勤禮竹汀
跋尾作集賢學士誤也云妹宜芳令裴安期云君有
三子幼曰晉州長史成已新書殷踐猷傳族子成已
晉州長史初毋顏叔父吏部郎中敬仲爲酷吏所陷

率二妹割耳訴冤敬仲得減死及成已生而左耳缺其二妹者一為宜芳令裴安期妻一泐缺莫辨尚有伯姊為御史大夫張知泰妻見家廟碑則昭甫有四女殷君夫人居其次武虚谷跋作昭甫府君季女誤也云太夫人殷氏即昭甫妻魯公祖母也家廟碑後額高祖妣殷夫人即思魯妻而魯公母亦殷氏見本傳及文集殷踐猷墓碣銘是殷與顔世為婚姻故殷君夫人六女次適顔昭粹次適魯公之伯兄闕疑而碑又云及女姱真卿則魯公亦殷君夫人之壻也碑無建立年月魯公年譜大歷七年九月除湖州刺史

舊書十二年四月召于湖州而宋璟碑書于七年九月廿五日稱行撫州刺史蓋除書尚未到十一月元結碑稱行湖州刺史九年正月干禄字書十二年五月李含光碑皆稱行湖州刺史此碑系銜正同而元結碑同在河南即附其後庶為得之四録堂類集

是碑四面周刻王氏萃編入録無兩側故復載全文其諸家跋語王氏已録不贅

黄石公祠記有陰有側大歷八年七月十五日

已見王氏萃編

文宣王廟新門記有側有陰大歷八年十二月一日

已見王氏萃編

干禄字書大歷九年正月七日

已見王氏萃編

盧朝徹謁華嶽文大歷九年三月　在述聖頌碑陰

已見王氏萃編

趙州刺史何公德政碑大歷九年七月廿七日

碑高四尺七寸四分廣六尺四寸
卅一行行廿字今在直隸趙州

惟六祀　大鴻臚何公再踐諸侯奉若　明
命尹茲趙人人賴惠浹聿興謌之頌之懿鑠布濩遡聽
洋益

恒之伯授　　鉞統收賓旌異政俾幕賔膳部貟外
郎兼侍御史王公載揚　休烈垂裕長廿刻貞石無
以節省順人欲也序婉辭無以勸思崇　茂德也
其文見乎意曰惟恪脩
連率之職擇茲令典明于東土敦叙邦教撫柔元元次
云咨　　我良二千石叶漢宣之議激流揚波
輝光奕葉式遵讜言用集器宇益稱慎行克和厥中服
勤於理簡易其俗君子曰王公之筆直而不汙夫采其
英聲覩其儀形聲乃頌而不腴其實形乃表而不忒其
素或曰理道之要襲黄未優成師之最衛崔猶劣吾儕

小人嘗與二三子稽覈今古否臧時政格於羣議莫出
公右由是訟庭肅肅無留事焉郡佐寮史
望　公高軌而已　公墻宇外嶷管庫內嚴
非禮不動唯義是訓見危受命全其節臨難抗志忘其
身所以馳騖喪亂之間　寵錫和平之際昔堯命四嶽
商朝諸侯周建牧伯作六瑞以等將勸親人涖事惟明
公其至矣州人屬薦飢之歲如享
公之膏粱寒露之時如服　公之衣裘存安
在危肅理在擾豪右姦宄伏其威繩摳寡弱懷其德而
使商農工賈朝夕從事不異視而遷焉　公

甞曰未戰修備兵之勢也未用資置物之理也推此例而理之萬貨之源可見矣故詢諸軆物較之成用徵於前古其誰儔之夫頌德紀功之事不書其細而煥然昭明大體也論等忝竊幕吏敢攄無窮魯史之未固亦有製豈直序述遺事益以廣揚不朽兼諸官屬具紀碑陰時大曆九年七月廿七日判官通直郎行昭慶縣丞齊論述并書

右何公德政碑齊論撰并行書諸家未著于録文云恆之伯受鉞統牧即成德軍節度李寶臣也時六州官屬寶臣自置而何公由大鴻臚為趙尹蓋鴻臚是

兼銜未必由京職謫放耳無何公名字亦不見于史
有碑陰失搨四録堂類集
贈太子太師清源公王忠嗣碑大歷十年四月三日
已見王氏萃編
真化寺尼如願墓誌大歷十年七月十八日
已見王氏萃編
右僕射裴遵慶碑大歷十一年二月
已見王氏萃編
慈州刺史王履清碑大歷十二年二月廿日
已見王氏萃編

内侍監高力士殘碑大歷十二年五月十一日

已見王氏萃編

元靖先生李含光碑大歷十二年五月

已見王氏萃編

妬神頌大歷十一年五月十六日

碑高七尺二寸廣四尺五寸卅二行行五十三字今在山西平定州

妬神頌并序

判官游擊將軍守左清道率府率賜紫金魚袋上柱國

李諲撰

粵若稽古徵諸陳迹雖年移代謝而損益昭然是以宋

玉高唐之辭盛傳於南國曹王洛神之賦永播於東周
莫不事載圖書名標史策河東之美者有妬水之祠焉
其神周代之女介推之妹初文公出國介推從行有割
股之恩無寸禄之惠誓将畢命肯顧微軀儀形飄殞於
□煙名跡庶幾於不朽後縱深悔前路難追因為滅焔
之辰更号清明之節妹以兄涉要主身非令終遂於冬
至之後日積一薪烈火焚之□其易俗諺云百日斫柴
一日燒此之謂也闔境之内疇敢不恭順之則風雨應
期違之則雷雹傷物兄則運心以求合我則處室以全
真兄則焚火以示誠我則焚柴以見志惟兄及妹與示

殊倫傳曰介之推終不言祿祿亦不及渾天記曰著寒食者為助陽氣用龡火星所説不同平有得失其來遠矣安可闕如縱因事之宜亦自我作古祭法曰其有廢之莫敢舉也其有舉之莫敢廢也東北至土門之口西南距盤石之山方圓百里別成一境天寶中以賊臣背化　國步猶艱塗炭生靈焚燒甲第伊我遺廟歸然獨存簷裾近叶於當時庭宇更新於往日性惟孤直虛見授於妬名行本堅貞實堪垂於企範今幸邊塵不動海水無波蕞尔小戎曷足為患昔虞舜至聖尚有苗人之誅殷湯至明豈無葛伯之伐蓋以　君為元首臣作股

肱飄飄轅門藩屏王國乃命　河東節度副大使兼工
部尚書太原尹北京留守薛公諱兼訓登此　禁闈
公掌握衡鏡心韞韜鈐勢若轉規謀如泉湧運籌帷幄
孫吳詎可比其能料敵戎旗衛霍不足方其妙浙江遺
愛但羨還珠汾浦來蘇惟欣去獸申命　我承天軍
使節度副使前永平軍節度右廂兵馬使銀青光祿大
夫試鴻臚卿同山南東道節度經略副使上柱國党公諱
昇鎮茲巨防公　天子忠臣　元戎外耳志惟清而惟
謹行不諂而不驕往任渭臺職居總統近歸本道位
處專城投醪之義遠聞挾纊之情久著爰自至止星管

再周路不拾遺人皆樂業長筵繼日士皷其勞細柳無
陰衆歌其美水碾成而永逸聚米難儔軍井達而嘗閑
伏波不竭　君依神以徼福神依君以庇躬事勢相因
理亦條貫固宜書其已往播於將來貞石既磨斯文可
作尔其泉湧祠下蓄為碧潭飛入大河噴成瀑布漰渚
泉濤雜雷霆之聲盪雲沃日類風水之會經冱寒而氣
蒸萬象霧炎燠而清潤一川灌木扶踈引柔條而接影
纖苗霏靡夾高岸而隨風自古及今非軍則縣未嘗不
揆月撰日備其享禮春祈秋賽庶乎年登埊覲進而神
之聽之官寮拜而或俯或仰既而坎坎伐鼓五音於是

克諧峩峩側弁三軍以之相悅　公之德也如此神之應也如彼且河北數州山西一道或衣以錦繡或奠以珎羞無晝夜而息焉豈翰墨之能諭咸以商者求之而獲利仕者禱之而累遷蠶之者請之而廣牧農者祈之而多稔不然則奚能遐迩奔湊奉其如在蓋聞有而不言謂之隱無而言之謂之詇又聞誇目者尚麗愜心者貴當承　命述事敢不勉旃謹因退食之餘竊比陳其梗槩也銘曰　凡有異行宗之曰神匪害於物寔利於人兄則禁火妹乃積薪共為佳節在乎芳春今古千齡方圓百里德音無斁蒸嘗不□祭具珎羞服先錦綺所求

必應高山仰止　將軍塞下細柳營邊晴開朝鏡霧雜鑪煙神理昭昭靈草芊芊紀諸令範光我承天井陘西南太原東北妬祠之水澹為黛色跳波噴浪如有可則古往今來源流不忒興雲致雨侔　造化力顒顒昂昂象　君之德或祈或禱永無休息神之歆之福善寧億

大唐大歷十一年歲次丙辰五月丁亥朔十六日壬寅巳時建

副使同經略副使特進試鴻臚卿上柱國康明遊奕副使□□將軍守左金吾衛大將軍試衛尉卿上柱國步光庭都虞候冠軍大將軍守左金吾衛大將軍試太常

卿上柱國王曇将太常卿揚進朝光祿卿張□太常卿
趙庭實散将衛尉卿劉浩太常卿馬崇俊太常卿崔令
英太常卿蔡希勝太常卿梁昱鴻臚□卿□超俊殿中
監葛日新判官節度□要官凉王府司馬許至左武衛
将軍郭崇雋右武衛翊府中郎将辟閭珣孔目官太常
卿張崇珎節度隨身官右翊府中郎将燕潤□副将太
常卿孟太冲太常卿曹德興太原府豊州府折衝郭季
膺□官代州别駕姚庭秀左清道□□廣威摠管太常
卿□□□左金吾衛大将軍竇□超左武衛翊府中郎
将陳合

右碑題云妬神頌并序判官游擊將軍守左清道率府率賜紫金魚袋上柱國李諲撰行書姓名殘缺大歷十三年五月十六日建按序神為介之推妹以其兄死禁火乃于冬至之後日積一薪烈火焚之其言曰兄則禁火以示誠吾則焚柴以見志殁而為患于一方鄉人立祠祈賽輒應天寶中遭祿山之亂遺廟巋然故山南東道節度經略副使党公昇修廟祈秋乃為此頌云云夫古之以死勤事以勞定國有功德于民者則祀之貞女義婦載在祀典未聞女以妬名而廟食者當在淫祠之列党公不為之去而頌之何

也祠在河干相傳武后幸此懼欲別開道避狄仁傑曰一人行幸雨師洒道風伯清塵何妬女之避哉遂止其役則唐之習俗蓋已久矣冊府元龜龍星木之精也春見東方心為火火盛故為之禁火俗傳介之推以此日被焚而禁也今之所謂寒食一百五日者熟食斷煙謂之龍忌本此予觀左傳史記並無子推被焚之事以琴操所記子推之死乃五月非三月三日也況清明寒食初無定日必指為上巳妄矣碑陰自同經略副使王暠而下二十一人其官有將太常卿及節度隨身官之名其姓有辟閭珣之異金石錄補

元和郡縣志妒女泉傍有祠土人祀之婦人袨服靚粧必興雨雹故老傳此泉中有神似鼈晝伏夜游據碑則神即介之推妹也葉九來言武后幸此懼欲別開道避一統志亦云然考舊新書乃高宗事四録堂類集

贈揚州大都督段行琛碑大歷十四年閏五月十三日

已見王氏萃編

茅山紫陽觀鐘銘大歷十四年九月十五日

已見王氏萃編作六月誤

大岯山銘建中元年四月廿六日

石高二尺五寸廣四尺四寸九行行七八九十字不等今在河南濬縣

登于大坯帝所經過頂凸坤儀根壓洪河天生忠良濟
物引多山靈河神俾環海戢戈
唐建中元年四月廿六日
勅魏博成德幽州等道黜陟使諫議大夫洪經綸題

洪經綸劉昫唐書有傳大伾山當在氾水此濬縣黎
山唐人誤指為之也攷水經注引鄭康成注尚書大
伾云地喉也沇出伾際矣然則大伾在河內修武武
德之界濟沇之水與滎澤出入自此書正義引張揖
云成臯縣山也水經注云河水東逕成臯大伾下
伾北即濟沇之故瀆矣成臯縣之故城在伾上縈帶

伾阜絕岸峻周高四十許丈据鄭張酈三君之說則大伾當在今汜水縣西北漢成皐故城之所在也山在河南鄭從河北言之則云在修武武德之界謂修武東武德西也武德即今武涉亦謂成皐之山是真古說而唐人多以為在濬縣者本于臣瓚書疏引漢書音義有臣瓚者以為修武武德無此山也成皐縣山又不一成今黎陽縣山臨河豈不是大伾乎瓚言為然括地志元和郡縣志亦從瓚說予原瓚意誤以大伾在河北而修武武德間無大山故以濬縣之山當之不知成皐自有大伾且山祇一成本非峻嶺水

經注引爾雅許叔重呂忱等並以為一成惟今本說文及偽孔書傳以為再成王光祿鳴盛以為李陽冰輩改從偽孔之謬正與予意合岯字甚俗正文當為坯尚書借伾史記借邳皆古人假音字耳此作岯从山釋文尚書音義亦云伾本作岯又云字作阫蓋唐人旣誤以濬縣大山當之乃造為从山从阜之字可笑也予嘗過古成皋登陟坡陀縣厓周阻特無石壁乃悟古人制字命名一成為坯坯字从土之義碑云[illegible]所經過當是禹字汗簡作[illegible]即禹字變文也凸字出葛洪字苑廣韻云凸出皃在㐬字下知即厷字之

誤說文𠫓不順忽出也下从倒子正凸出之義㐬籀
文𠫓字中州金石記
洪經綸舊書有傳又見田悦朱泚傳既昧時機又受
僞命其人不足齒此銘盖符罷魏兵之前所刻中州
金石記謂凸即𠫓字甚確凹凸本作窈突莊子坳堂
即窈之變一切經音義作容突突即突之訛突𠫓同
聲𠫓㐬同字故易突如京鄭作㐬如四録堂類集

贈太保顔惟貞家廟碑建中元年七月兩面兩側并碑後額題字
已見王氏萃編

景教流行中國碑建中二年正月七日

已見王氏萃編

不空和尚碑 建中二年十一月十五日

已見王氏萃編

吳嶽祠堂記 興元元年十月

已見王氏萃編

大伾山銘 貞元二年五月

已見王氏萃編

景昭法師碑 貞元三年正月

碑高九尺二寸廣四尺廿五行行五十六字今在江蘇句容茅山

華陽三洞景昭大法師碑 并序

朝議大夫檢校國子司業兼御史中丞吳縣開國男陸長源撰　朝議大夫撿挍尚書兵部郎中侍御史上柱國竇泉書并篆額

夫載宇宙懸日月提萬象而首出者其唯道乎夫通聖神該品彙冠百靈而獨立者其唯人乎道所以包渾元經始萬象者也人所以稟淳粹司會百靈者也故人因道而集祉道因人而垂休不宰之功施乎造物無言之德洽乎生民然後蕭散乎汗漫之間沖融乎希夷之表與天籟而吹萬並谷神而長存者矣紫陽真人大法師諱景昭字懷寶本丹楊延陵人也其先系自顓頊大彭

之後在虞為陶唐氏在夏為御龍氏在商為豕韋氏因
國命氏芬馥葛延以至于裔孫孟孟為楚太傅賢為漢
丞相昭入吳為侍中昭兄慎為司空法師即吳司空之
十六代孫也司空薨葬于延陵子孫因而家焉祖道會
父思葳皆丘園養素道高跡隱載于列仙之籍法師方
娠稟異自幼表奇孕元和之粹靈體太玄之妙質初以
素書發跡配度于延陵之尋仙觀後以丹臺著稱肄居
于長安之肅明觀屬　玄宗廣成問道姑射
頤神放心於凝寂之場每拱于寥清之上法師因得羽
儀金籙頻頒玉繩籍籍京師每廿載爰辭　上國

思還故鄉重隸茅山之太平觀天寶中與玄靜先生奉
詔修功德造紫陽觀因而居焉遂於鍊丹院傳黃素之
方修齋醮之法祥雲瑞鶴飛舞於壇場甘露神芝降生
於庭院初法師師事大法師包士榮榮師事崇玄觀道
士包法登登師事上士包方廣廣師事華陽觀道士王
軌軌師事昇玄先生王遠知知師事華陽隱居陶弘景
自道源錫派玄教傳宗玉堂銀闕之人羽蓋毛旌之客
府無虛籍代有其徒法師至行稽乎玄化通識合于靈
造與其有也萬物不得而不有與其無也萬物不得而
不無得官以春秋為死生盈虛以天地為旦暮雲外虎

頭之佩雪中鶴氅之裘孩季通而橅子方師仇公而祖
黃太教戒亦乎傳授服餌見乎延長侍杖屨者跡徧于
江湖傳經籙者事同乎洙泗一居山觀三紀于茲還神
契乎時來寐覭同乎物故以貞元元年十一月癸卯委
蛻于紫陽之道場顏色怡悅屈伸如常春秋九十有二
以其月己酉遷神于雷平山之西原方靜先生壽宮之
左傳授蘇州龍興觀道士皐洞虛得沖虛之妙用躡上
真之方蹤梁市之客負來華陽之人間出矣道士韋崇
珣主修齋醮祭俯仰節度道士朱惠明掌法籙經書修
真祕訣法師上編仙籙傍契道樞神含渾元德與淳粹

誘進羣動感通衆靈邈然非寰宇之間超然在風雲之表至如身纏世故跡混俗塵發忠孝以飾躬演信義而旌行蓋隨時而不器豈常道之可師歟浙江東西節度支度判官檢校尚書兵部郎中兼侍御史扶風竇公曰臬布武區中棲心象外與法師聲同道韻理契德源追往想琴高之祠傳神著務光之傳見徵副墨用琢他山

其詞曰

惟道之大提功混茫惟人殆庶與道迴翔素韻凝寂方功靈長肇形興跡啓迪逾光矯矯法師錫羨華陽本族命氏在虞系唐御龍事夏豕韋居商嶷然靈表自幼而

彰理冠容成質仵夏黃尋仙發跡肅明始揚宵禮金殿
晨朝　玉皇丹臺道侶白雲帝鄉楚山萬里故國
丹楊雕宮鳴磬齋室焚香芝生庭院鶴舞壇場茅君祕
洞葛氏真方來時去順齊彭洎殤化鱗風翥委蛻雲驤
峯巒邐迤松桂蒼蒼塵生杖屨苔染巾箱龍銜彩毦虎
綴盤囊閬風方圓瑤軒玉堂追存如在頌德不亡孤石
巋然萬古連岡
太平觀道士徐元沿道士許長久徐則內行克修外通
儒學許則宿推公幹虔奉真宗
貞元三年獻春正月上元之辰建造　清河張伯倫

刻字

唐華陽三洞景昭大法師韋公碑在茅山玉晨觀寳刻叢編引復齋碑録

右碑寳泉正書在玉晨觀泉字靈長著述書賦七千六百四十言精窮旨要故此碑書法端凝而有風骨洵藝林之墨寳也碑側有錢端英紹興壬午閏月及淳熙甲辰四月題名江寧金石記

姜嫄公劉廟碑貞元六年十一月

已見王氏萃編

重修東陵聖母宮碑貞元九年五月宋元祐三年重刻

石高二尺八寸五分廣五尺六寸五分艸書
二横共五十二行行字不等今在陝西長安

唐釋懷素書此宋人所題

上缺聖母心俞至言無下缺疾氷釋遂奉上清之教旋登
列聖之位仙階崇者靈感遠豐功邁者神應速乃有真
人劉君擁節乘麟降于庭內劉君名綱貴真妃以聖母
道應寶籙才合上仙授之祕符餌以琢藥遂神儀爽變
霄骼纖妍脫異俗流鄙遠塵愛杜顧初忿貴我婦禮聖
母儵然不經聽慮久之生訟至于幽圄拘同羑里倏下缺
霓裳仙駕降空卿云臨戶顧召二女躡虛同升旭日
初照聳身直上旌幢彩煥輝耀莫倫異樂殊香沒空方

息康帝以為中興之瑞詔於其所置仙宫觀慶殊祥妃因号曰東陵聖母家本廣陵仙于東土曰東陵馬二女俱升曰聖母馬遂宇既崇真儀麗設遠近歸赴傾帀江淮水旱扎瘥無不禱請神貺昭兹人用大康姦盜之徒或未引咎則有青禽翔其廬上靈徵既降罪必斯獲閭井之間無隱慝焉自晉暨隋年將三百都鄙精奉卑徒奔屬及煬帝東遷運終多忌苛禁道侣

方元　九聖丕承纂揚至道真宫秘府冈不推建况靈蹤可訊道化在人雖蕪翳荒郊而奠禱雲集棟宇未復耆艾銜悲誰其興之具因碩德從赤父淮南節度觀

察使禮部尚書下缺　監軍使太原郭公道冠方隅勳崇

南服淮河旣下缺

上缺蒸眠作而不朽存乎頌聲

貞元九年歲在癸酉五月下缺

元祠氏居仲奇模勒上石

碑後題名五行右行

左拾遺裴休　試大理評事柳秉　鄉貢進士柳槃

大和四年十月十二日同登

右聖母帖懷素書于貞元九年五月而左拾遺裴休

等則觀此帖者署名也董尚書謂孫過庭草書難讀

如食多骨魚得不償失因爲注釋予于此帖亦云金石錄補

聖母晉康帝時人其得建號爲東陵聖母者以其主食江淮故也禹貢導江過九江至于東陵漢書地里志廬江郡金蘭西北有東陵鄉者是也王松年仙苑編珠曰聖母杜氏妻也學劉綱術坐在立亡杜氏不信誣以姦淫告官付獄聖母入獄卽從囱中飛出入雲中而去與帖所云正合聖母自晉迄隨無不崇奉至唐尤甚此帖書于德宗時文稱皇從叔父淮南節度觀察使禮部尚書太原郡公而不署名蓋指建立

祠宇之人案其文義當在廣陵郡地帖蓋宋時以墨本摹刻者後有柳槃柳乘裴休同登題名關中金石記是刻俗稱聖母帖余讀其文知是重修東陵聖母宫碑前為序後為銘其碑久毁宋時得殘搨本摘其完字重勒横石取便臨倣俗因謂之帖也東陵在海陵今江都縣東關中金石記以禹貢東陵當之恐非續漢郡國志廣陵有東陵亭劉昭引博物記曰女子杜姜左道通神縣以為妖閉獄桎梏卒變形莫知所極以狀上聞因以其處為廟祠號曰東陵聖母一統志古東陵亭在江都縣東引舊志所載寰宇記云張綱

溝在廣陵縣東三十里綱於東陵村東開溝引水蓋即故亭之地寰宇記又云東陵聖母廟在江都縣南三十里南字蓋東之誤或縣南亦有廟矣葛宏神仙傳東陵聖母廣陵海陵人也適杜氏師劉綱學道能易形變化隱見無方杜不信道常怒之聖母理疾救人或有所詣杜恚之愈甚訟之官云聖母姦妖不理家務官收聖母付獄頃之已從獄窗中飛去衆望見之轉高入雲中留所著履一雙在窗下於是遠近立廟祠之民所奉事禱之立効常有一青鳥在祭所人有失物者乞問所在青鳥即飛集盜物人之上路不

拾遺歲月稍久亦不復介至今海陵縣中不得為姦盜之事大者即風波沒溺虎狼殺之小者即復病也碑敘聖母事皆取之傳海陵今泰州也其西鄙改屬廣陵縣宋熙寧五年省廣陵縣入江都其地當有大阜故云東陵據碑後大和四年裴休等題名云同登則祠不在平地今遺址不可見矣碑云從叔父淮南節度觀察使禮部尚書考是年淮南節度為杜佑則撰此碑文者杜佑從子也舊書本傳貞元三年徵為尚書左丞又出為陝州觀察使遷撿校禮部尚書揚州大都督府長史充淮南節度使十三年以淮南兼

徐泗節度使十九年入朝同平章事舊書德宗紀貞元六年七月淮南節度使竇覦卒今本作竇覬誤是佑之充淮南節度當在六年七月之後聖母宮即修于兩三年中故九年五月立碑也碑云監軍使太原郭公則宦官也其名莫考闕中金石記謂文稱皇從叔父淮南節度觀察使禮部尚書太原郡公合兩人為一又添皇字刪監軍使以郭為郡蓋州書難識故屬讀互異如此碑後半多缺文銘詞僅存十字其裴休等題名舊當在碑側或碑陰宋時得殘搨本有此故附刻于末金石錄補謂觀此帖者署名恐誤裴休等乃謁

廟觀碑故云同登也四錄堂類集

鴻臚少卿張敬詵墓誌貞元十年九月廿四日

已見王氏萃編

嵩山會善寺戒壇記貞元十一年七月　即大歷二年勅牒碑陰

已見王氏萃編

河東鹽池靈慶公神祠碑貞元十三年八月廿日有陰

已見王氏萃編

濟瀆廟北海壇祭器雜物銘貞元十三年有陰

已見王氏萃編

澄城令鄭楚相德政碑貞元十四年正月廿五日

已見王氏萃編

贈少師徐浩碑貞元十五年十一月廿四日

已見王氏萃編

軒轅黄帝鑄鼎原銘貞元十七年正月九日有陰

已見王氏萃編

追樹晉司空王卓碑貞元十七年

已見王氏萃編

楚金禪師碑貞元廿一年七月廿五日即多寶塔碑陰

已見王氏萃編

平津館金石萃編卷十一

唐五

雲麾將軍張誂夫人樊氏墓誌 永貞元年十月廿日

已見王氏萃編

讀書巖孟簡題名 元和元年二月

摩崖高一尺四寸廣六寸二行今在廣西臨桂獨秀山

元和元年二月三日

刑部員外郎孟簡

右刻在讀書巖簡新舊唐書皆有傳劉玉麐曰幾道

官刑部史傳失載而韓昌黎詩集有之此石刻足以証古按韓文集注云孟簡字幾道德州昌平人以新舊傳考之未嘗為刑部史豈逸之耶新傳言其為倉部以不附王叔文徙佗曹或者佗曹即刑部也考叔文用事在順宗時僅一年次年即元和元年與題名正合其來桂林不可考韓詩有云今君軺方馳或因使事至此耶王麐賓應人以拔貢生試用廣西州判卒粵西金石略

南康郡王韋臯紀功碑元和三年四月廿五日

已見王氏萃編

贈舒州刺史竇叔向碑元和三年十月五日

已見王氏萃編

蜀丞相諸葛武侯祠堂碑元和四年二月廿九日

已見王氏萃編

保唐寺天王燈幢贊元和七年五月十五日

已見王氏萃編

内侍李輔光墓誌元和九年四月廿五日

已見王氏萃編

心經幢元和十二年二月九日

已見王氏萃編卷六十六

柳宗元龍城石刻 元和十二年

已見王氏萃編

佛本行集經碑 元和十四年四月八日

碑斷為三高無可紀廣三尺額中刻觀音善才像額兩傍刻文殊普賢像額題九行行四字經文廿八行行字不可紀今在直隸□□

佛本行集經卷第三十一幽州盧龍兩節度使劉相公敬造元和十四年四月八日建

經文不錄

碑額題幽州盧龍兩節度使劉相公者劉總也總弑父兄晚年父兄為祟乃削髮為僧其刻本行集經當

有數十石今但存卷卅一之一石已斷為三

寶輦殘碑無年月何夢華攷為元和十四年

碑四周皆殘缺僅存高二尺四寸廣一尺六寸八行行十七字今在山東益都城東門壁

上缺裏行源方回

上缺儀郎薛華士

上缺上柱齊孝引

上缺裏行韋曾

上缺部員外郎兼侍御史内供奉賜緋魚袋寶輦

此行無字

上缺軍事兼青州刺史御史大夫上柱國韓國下缺

上缺州觀察處置押新置渤海兩蕃等使金紫光下缺

右碑在青州城東第二層門壁間四周皆殘缺祇存諸官姓氏七行字徑一寸實筆一行尚全因以為題案鞏見舊唐書列傳平盧薛平辟為副使入朝拜侍御史憲宗紀元和十四年三月己丑以義成軍節度使薛平為青州刺史充平盧軍節度淄青齊登萊等州觀察等使韓昌黎竇牟墓誌載鞏亦進士以御史佐淄青府注孫曰元和十四年三月以薛平為平盧淄青節度使表鞏自副與舊唐書傳合然則鞏以佐幕至青在元和十四年矣攷押新羅渤海兩蕃等使

名代宗紀大歷十年二月以平盧淄青節度觀察海運押新羅渤海兩蕃等使德宗紀興元元年淄青節度使承前帶陸海運押新羅渤海兩蕃等使宜令李納兼之据此題亦有押兩蕃之名當亦以淄青節度兼之則於時為節度使者薛平也前列銜缺名意即其人與山左金石志

忠武軍監軍使朱孝誠碑長慶元年二月五日

已見王氏萃編

盟吐番題柱文無年月當在長慶二年

石柱高一丈五尺廣一尺六寸六行行八十四字左右方署名失拓行字數不可紀今在喇薩

大唐文武孝德皇帝與　　大蕃聖神贊普
舅甥二主商議社稷如一結立大和盟約永無渝替神
人俱以證知世世代代使其稱讚是以盟文節目題之
於柱也
文武孝德皇帝與□□□□□□都贊陛下二
聖舅甥濬哲鴻被曉今永之屯亨矜愍之情　恩
覆其無內外商議叶同務令萬姓安泰所思如一成久
遠大善再續懃親之情重申隣好之義為此大和矣今
蕃漢二國所守見管都□□□□□□□□與實已
西盡是大蕃境土彼此不為寇敵不舉兵革不相侵謀

封境　或有猜阻捉生問事訖給以衣粮放歸　令社
稷叶同如一為此大和然　舅甥相好之義善理
每須通傳彼此馹騎一□□□□□□舊路蕃漢並
於將軍谷交馬其綏戎柵已東大唐祗應清水縣已西
大蕃供應須合　舅甥親近之禮使其兩界煙塵
不揚同聞寇盜之名復無驚恐之患封人撤險鄉土俱
安如斯樂業之□□□□□□美之□遍於日
月所照矣蕃於蕃國受安漢亦漢國受樂茲乃合其大
業耳依此盟誓永久不得移易然三寶及諸賢聖日月
星辰請為知證如此盟約各自契陳刑牲為盟設此大

約儻不依此誓蕃漢君臣□□□□□未□□禍也仍
須備守及為陰謀者不在破盟之限　蕃漢君臣
並稽告立誓周細為文　二君之合終以雍和登
壇之臣親署姓名于柱如斯誓文藏於王府屬

右喇薩石柱長慶二年就盟吐蕃所立中刻誓文六行行八十四字行書兩旁刻諸臣署名及蕃臣署名蕃字橫讀不可識此拓但有誓文無蕃漢諸臣署名非全本也舊書吐蕃傳長慶元年九月吐蕃遣使請盟乃命大理卿兼御史大夫劉元鼎充西蕃盟會使以兵部郎中兼御史中丞劉師老為副尚舍奉御兼

監察御史李武京兆府奉先縣丞兼監察御史李公度為判官十月十日與吐蕃使盟宰臣及右僕射六曹尚書中執法太常司農卿京兆尹金吾大將軍皆預焉其詞曰維唐承天云云越歲在癸丑冬十月癸酉文武孝德皇帝詔丞相臣植臣播臣元穎等與大將和蕃使禮部尚書論訥羅等會盟于京師壇于城之西郊坎于壇北云云大蕃贊普及宰相鉢闡布尚綺心兒等先寄盟文要節云蕃漢二邦各守見管本界彼此不得征不得討不得相為寇讎不得侵謀境土若有所疑或要捉生問事便給衣糧放還今並依

從並無添改預盟之官十七人皆列名馬其劉元鼎
等與論訥羅同赴吐蕃本國就盟仍勑元鼎到彼令
宰相已下各於盟文後自書名二年二月遣使來請
定界六月劉元鼎自吐蕃使迴奏云去四月二十四
日到吐蕃牙帳以五月六日會盟訖今此喇薩石柱
在吐蕃界當是二年五月六日盟後所立其文即舊
傳所載要節而演暢其詞惟定界係是年添入餘實
無添改其興實將軍谷綏戎柵清水縣等地名不見
于舊新志其諸臣姓名新書較詳吐蕃傳元年遣使
者尚騎力陀思來朝且乞盟詔許之崔植杜元穎王

播輔政大理卿劉元鼎為盟會使右師郎中劉師老
副之詔宰相與尚書右僕射韓皋御史中丞牛僧儒
吏部尚書李絳兵部尚書蕭俛户部尚書楊於陵禮
部尚書韋綬太常卿趙宗儒司農卿裴武京兆尹柳
公綽右金吾將軍郭鏦及吐蕃使者論訥羅盟京師
西郊賛普以盟言約二國無相寇讎有禽生問事給
服糧歸之詔可大臣預盟者悉載名於策明年請定
疆候元鼎與論訥羅就盟其國勑虜大臣亦列名于
策傳內所載劉元鼎劉師老及宰相崔植已下僅十
五人而舊傳言十七人殆判官李武李公度亦當列

名然二年五月已前崔植罷知政事王播出爲淮南節度韓臯李絳蕭俛柳公綽皆有遷升則柱後系銜又當與新傳不同俟更求全拓本攷之四録堂類集

喇薩即位撤在打箭爐西北三千四百八十里爲藏衛首地達賴喇嘛居此有大廟謂之大召土人共傳唐文成公主所建近人西藏記云大名名曰老木郎坐東向西樓高四層上有金殿五中殿左廊有唐公主暨吐蕃贊普像大殿內有明萬歷間太監楊英所立碑門外有唐蕃和盟碑高約一丈五尺寬約四尺厚約二尺兩面刊有大臣太宰尚書等字跡並牛僧

儒姓名模糊不能悉讀碑旁有唐植古柳二株老榦盤屈若龍虯然據此則喇薩乃唐時吐蕃故都舊唐書劉元鼎自吐蕃使迴奏云去四月二十四日到吐蕃牙帳以五月六日會盟訖即其地也西藏記載此碑無缺字而不載諸臣姓名今以拓本校之其泐缺處以臆補者四十字其碑字可識而顯與違戾者一百卅五字庸妄人涉筆動輒作僞如此然其言碑石形製或不誣也四錄堂類集

右盟吐蕃題柱文長慶二年所立在今喇薩以道遠故前代諸家未入録曽見石琢堂臬使有劄表

本泐缺頗多前爲誓文後爲蕃漢諸臣署名翁覃谿學士書跋册尾余未及録出此本乃言皋雲同年所寄贈未經割表凡六行僅泐卅六字視瑑堂本殊勝惟諸臣及蕃字署名失拓爲可惜

邠國公梁守謙功德銘長慶二年十二月一日

已見王氏萃編

中書令張九齡碑長慶三年九月十二日宋天聖八年重刻

碑連額高一丈二尺廣七尺四十行行六十字今在廣東曲江

唐尚書右丞相中書令張公碑額四行行三字

唐故金紫光禄大夫中書令集賢院學士知院事修國

史尚書右丞相荊州大都督府長史贈大都督上柱國始
興縣開國伯文獻公神道碑銘
銀青光祿大夫廣州刺史兼御史大夫持節充嶺南節
度支度營田五府經略觀察處置等使上柱國會稽縣
開國公徐浩撰
有唐既受命在 太宗時有若 梁公房鄭公魏衛公
李格于皇天在 高宗時有若梁公狄格于 上
帝在 中宗時有若漢陽王張扶陽王桓興復宗社
在 玄宗時有若梁公姚廣平公 宋燕公始興公二
張中興 王業夫以天柱將傾大盜方起一振綱目

再闢皇猷始興公爲之公諱九齡字子壽一名博物其
先范陽方城人軒轅建國弥弧受氏良位爲帝師華才
稱王佐或相韓五葉或佐漢七貂代有大賢時稱盛族
四代祖諱守禮隋鍾離郡塗山令曾祖諱君政　皇
朝韶州別駕終於官舍□□□□大父諱胄越州剡縣
令列考諱弘愈新州索盧縣丞贈太常卿廣州都督皆
蘊德葆光力行未舉地積高而成嶽雲久蓄而作霖是
生我公蔚爲人傑弱不好弄七歲能文丁太常府君憂
柴毀骨立家庭甘樹數株連理王公方慶出牧廣州時
年十三上書路左燕公過嶺一見文章並深提拂厚爲

禮敬弱冠鄉試進士考功郎沈佺期尤所激揚一舉高第時有下等謗議上聞中書令李公當代詞宗　詔令重試再拔其萃擢祕書省校書郎應道侔伊呂科對策第二等遷左拾遺封章直言不協時宰方□忤滿拂衣告歸太夫人在堂承順左右孝養之至閭里化焉始興北嶺峭險巉絶大庾南谷坦然平易公乃獻狀　詔委開通曾不浹時行可方軌特拜左補闕尋除禮部司勳二員外郎加朝散大夫超中書舍人封曲江縣男轉太常少卿出冀州刺史以庭闈在遠表請罷官改洪州都督徙桂州都督攝御史中丞嶺南按察兼選補使

黜免貪吏引伸正人任良登能亮賢勞事澤被膏雨令
行祥風屬燕公覺落斯文將喪擢祕書少監集賢院學
士副知院事時屬朋黨頗相排根窮栖歲餘深不得意
渤海國王武藝達我王命思絕其詞中書奏章不
愜 上意命公改作援筆立成 上甚嘉焉即拜
尚書工部侍郎兼知 制誥扈從北巡便祠 后
土命公撰赦對 御為文凡十三紙初無稾草
上曰比以卿為儒學之士不知有王佐之才今日得
卿當以經術濟朕累乞歸養 上深勉焉遷公弟九
皐九章官近州里伏臘賜告給驛歸寧遷中書侍郎丁

内憂中使慰問賜絹三百匹　奔喪南訃祔葬先塋毀無
圖生嗌不容粒白雀黄犬號噪庭塋素鳩紫芝巢植廬
隴孝之至者將有感乎既卒哭復遣中使起公本官同
中書門下平章事　□敕敦□□許爲辭聞　命
號咷使者逼迫及至闕下懇請終喪　手詔曰不有
至孝誰能盡忠墨縗之義不行蒼生之望安在朕以非
常用賢曷云常禮哀許即宜斷表賜甲第一區　御
馬一尋還中書令集賢學士知院事修國史　初公作相
也奏差擇元戎皆取良吏不許入請罷賞戰功減諸軍
兵省年支賜諛臣僥議事竟不行明季公奏藉田

躬耕禮節加金紫光祿大夫進封始興伯每天長節公
卿皆進寶鏡公上千秋錄三卷述帝王興衰以爲鑒戒
公直氣鯁詞有死無貳彰善癉惡見義不回范陽節度
潁王澐奏前太子索甲二千領上極震怒謂其不臣顧
問於公公曰子弄父兵罪當笞況元良國本豈可動□
上因涕泣遂寢其奏武貴妃離間儲君將立其子使
中謁者私於公曰若有廢也必將興焉公遂叱之曰宮
闈之言何得輒出御史大夫李公尚隱太府卿裴伷先
不禮中官皆忤上旨必在殊譴公全度焉幽州節
度張公守珪緣降兩番斬屈突干將拜侍中涼州節度

牛仙客以省軍用將拜尚書並觸鱗固爭竟不奉　詔
平盧將安祿山入朝奏事見於廟堂以為必亂中原固
請戮之上曰卿以王衍知石勒此何足言無何用兵為
虜所敗張守珪請按軍令中留不行公狀諫曰穰苴出
軍必誅莊賈孫子行令亦斬宮嬪守珪所奏非虛祿山
不當免死再三懇請　上竟不從邊將蓋嘉運等上
策密發將士襲平西戎公以為不可妄舉結後代讐非
皇王之化也　上又不納及羯胡亂常犬戎逆命
玄宗追嘆曰自公歿後不復聞忠讜言發中使至韶
州弔祭其先見之明有如此者學究精義文恭微旨或

有興託或存諷諫後之作者所宗仰焉上表論事事多
樞密入皆削藳人莫得知常以致 君堯舜齊衡管
樂行之在我何必古人由是去循資格置採訪使收拔
幽滯引進直言野無遺賢朝無闕政百揆時序庶工允
釐同儕見嫉内寵潛構罷公爲尚書右丞相初不介意
居之坦然執憲者素公所用劾奏權臣豸冠得罪借以
爲累貶荆州長史公三歲爲相萬邦底寧而善惡太分
背憎者衆虞機密發投杼生疑百犬吠聲衆狙皆怒每
讀韓非孤憤涕泣霑襟開元二十八年春請拜埽南歸
五月七日遘疾薨於韶州曲江之私第享年六十三

皇上震悼贈荆州大都督有司謚行曰文獻公粵來
歲孟冬葬於洪義里武臨原近於先塋禮也夫人桂陽
郡夫人譚氏循州司馬府君誨之子也淑慎宜家齋莊
形國珮環有節纂組皆工幼作女儀長爲内則太夫人
樂在南國不欲北轅克勤奉養深得婦禮至德二年十
月六日終于私第春秋七十七晝哭闈門日月緜遠同
塋異穴卜兆從宜公仲弟九皐宋襄廣三州刺史採訪
節度經略等使殿中監季弟九章温吉曹等州刺史鴻
臚卿腰金拖紫三虎爲榮立德行政二馮推美嗣子拯
居喪以孝聞立身以行著陷在寇逆不受僞官及收復

兩京特　制拜朝散大夫太子右贊善大夫孫藏器
河南府壽安尉永保先業克稟義方姪殿中侍御史抗
文史推才清公賢操以兄拯早世姪藏器幼孤未建豐
碑乃刻樂石用展猶子之慕庶揚世父之美浩義深知
已眷以文章禮接同人惠兼甥舅薄技効德無媿其詞
銘曰
鳳生丹穴鵬翥南溟天垂粹氣地發精靈傑出我公揚
於　王庭甫稱降神説表騎星學究經術文高宗匠
再掌司言爰立作相忠義柱石謀猷帷帳　王綱允
釐帝采惟亮退居右揆出守南荊方鶴緝翼青蠅營營

不瞑猶視雖歿如生昭昭令名千古作程
長慶三秊歲次癸卯九月癸丑朔十二日甲子曾孫□
□節度判官監察御史裏行仲舉建立　曾孫承奉郎
虔州下缺
墳塋在西北去祠□百四十有四步　曾姪孫鄉貢進
士可復同勾當立　玄孫鄉貢進士景新　玄孫鄉貢
進士景畫下缺
承務郎試祕書省校書郎行韶州曲江縣令□□□篆
額　韶州軍州判官將仕郎試祕書省校書郎林下缺
朝奉郎尚書屯田員外郎知韶州軍州兼管內勸農事

上騎都尉方湜重建　皇宋天聖八年十月重立

石於曲江張公祠下缺

右張九齡碑按唐書列傳所載大節多同而時時小異傳云壽六十八而碑云六十三傳自左補闕改司勳員外郎而碑云遷禮部傳言張説卒召為祕書少監集賢院學士知院事碑云副知至後作相遷中書令始云知院事其載張守珪請誅安祿山事傳云九齡判守珪狀碑云守珪所請留中不行而公以狀諫然其為語則略同碑長慶中立而公薨在開元二十八年至長慶三年實八十四年所傳或有同異而至

於年壽官爵其子孫宜不繆當以碑為是也集古錄[illegible]

中書令張曲江碑唐廣州刺史嶺南節度使徐浩撰并書曲江名九齡字子壽一字博物韶州曲江人開元中官至中書令罷為尚書右丞相貶荊州長史謚曰文獻碑大歷中書撰長慶三年刻石寶刻叢編引集古錄目

右唐張九齡碑徐浩撰并書考徐浩撰碑時為嶺南節度使在大歷間距曲江之卒未遠至長慶中其家始刻石爾劉禹錫讀曲江集詩序以謂曲江燕翼無似終為餒魂而碑載公嗣子拯孫藏器碑後又載曽孫敦慶元孫景新景重然則曲江為有後矣不知禹

錫何所據乎碑又云公一名博物而史不載金石錄碑重立於天聖八年在歐陽公集古錄之前不知歐趙二家所見者唐刻耶宋刻耶朱長文墨池編云中書令張九齡碑徐浩撰并書長慶三年立則固唐碑矣而此碑不著書人姓氏字雖出摹勒字法頗与徐似則亦粵東之古刻矣予訪求此碑歷七寒暑問之官吏問之土人問之張氏子姓皆云久亡前年謁公祠詩有徐會稽碑蹟竟湮之句蓋亦信以爲實亡矣今挍刻金石略至此卷適獲此碑於韶城曲江祠後出諸土中完然豐碑而剥泐已甚以志所載全文參

讀疑者□之增諸卷帙亦一快事也粤東金石略

是碑原石久佚今曲江祠新出土者宋天聖八年韶州判官林某重書其碑前第二行徐浩撰下删去并書二字與金石録墨池編寶刻叢編類編所載不同碑云公一名博物亦見舊書本傳趙德甫但據新傳故言史不載也碑云張守珪斬屈突干舊守珪傳作屈剌與可突干新傳同則為二人疑碑誤其叙張守珪請誅安禄山事與舊傳同新傳改為九齡署其狀歐跋亦但據新傳也碑云謚曰文獻新傳同舊傳作文憲轉寫誤碑云仲弟九臯宋襄廣三州刺史舊傳

作唐徐宋襄廣五州刺史以九臯碑考之則史得其實碑後載曾姪孫可復金石録作曾孫敦慶宰相世系表九齡曾孫敦慶袁州司倉參軍元孫景新景重九臯曾孫可復潮陽主簿蓋此碑重書時有刪改矣余以嘉慶壬戌過韶州獲見曲江畫像其絹如麻相傳是吳道子筆并拓得此碑以曲江集附録及韶州志粵東金石略所載校之知諸家皆多脱誤韶州尚有張九臯碑余靖碑惜未拓得四録堂類集

修浯溪記寶歷元年五月廿三日

已見王氏萃編

公孫超等造陁羅尼經幢寶曆二年三月十五日

（石高七尺六寸周廣五尺六寸六面周刻其第一面刻公孫超等題名一行經文五行二三四面皆經文末二面施主題名甚摩滅行字不可紀今在山東濟寧）

大唐寶曆二年歲在丙午三月戊辰十五日壬午發心

主□□□公孫超弟寬石於幢上鐫佛頂尊勝陁（下缺）

經文不録

施主題名甚摩滅不録

右幢在濟寧州城内普照寺州志所載六楞唐幢是

也（山左金石志）

西平郡王贈太師李晟碑大和三年四月六日

已見王氏萃編

狀嵩高靈勝詩大和三年六月十日

已見王氏萃編

東郡懷古詩大和四年六月一日

已見王氏萃編

洋王府長史吳達墓誌大和四年十月廿一日

已見王氏萃編

百塔寺陁羅尼經幢大和六年四月十日

已見王氏萃編卷六十六

甄叔大師塔銘大和六年四月卅日

已見王氏萃編

安國寺寂照和上碑 大和七年十二月

已見王氏萃編

平盧節度押衙劉公夫人辛氏墓誌 大和九年十月七日

石方廣二尺一寸十七行行廿字至廿六字不等今在山東益都

唐故平盧軍節度押衙兼左廂兵馬使銀青光祿大夫
雲麾將軍檢校國子祭酒兼御史中丞上柱國食邑二
千五百戶劉公夫人隴西辛氏墓誌銘并序 文林
郎試大理評事寇可長撰
夫人辛氏隴西郡人也 父諱行儉 夫人即府君長

女也姱于彭城劉公公不幸早薨　夫人稟山嶽之粹
靈受人倫之大福博行而多聞發言而合礼素德全備
淑慎威儀迨于姻親俯仰威若挺霜操而馳其聲寘女
功而發其譽　夫人六十有六以大和九年救七月廿
日而薨　夫人有子二人長子平盧節度衙前虞候雲
麾將軍試殿中監上柱國克勤次子節度散列將克恭
生女一人日引子等哀毀過礼杖而不起乃扶護靈柩
當年冬十月七日祔葬于青州益都縣永固鄉廣固之
里以先塋不利故別遷宅兆西據于麓倚山丘之崇秀
東極于荒南眺青山北臨于郡仍書銘于墓內

白玉無瑕　青松有節　德儀咸備　行偕先列　弃
塵廿而歸天　流芳華而不歇　蒼茫野色　雲悲鴻
咽　林撼撼兮悲風　光娟娟兮夜月

右刻在青州府城内鍾氏十七行字徑五分虚其左
幅内稱稟女功稟即稾字義取於集衆力耳女一人
日引日讀若粤古曰日二字不分長扁唐時猶然也
山左金石志

藩鎮屬官名目甚多此誌有散列將則僅見也生女
一人日引子當讀如字或讀若粤非　四録堂類集

贈吏部尚書馮宿碑　開成二年五月

已見王氏萃編

十二經并五經文字九經字樣 開成二年九月七日

已見王氏萃編

樊忠義功德碑 有陰 開成三年三月廿九日

碑連額高五尺三寸五分廣三尺二寸廿三行行四十字額篆題名十七行今在山東魚臺池頭集

功德之碑 額二行

建功德碑銘并序 清河沙門玲幽文并書兼篆額

恤夫造化厥初以渾元為首乾坤纔著二儀始分爰有

三皇降其間五帝居其次然乃麗連栗陸尊盧赫胥神

農伏羲禹湯堯舜周秦之後迄至隋唐開闢已來君王

宰輔不可繁載備如傳記者也唯有西域之教生於周
昭王甲寅之歲來自乎漢明帝永平之年摩騰竺法蘭
淑于此矣然則釋道儒門如鼎之三足若拯溺救難易
危成安莫過乎釋氏之教焉有志信上黨樊公先代楚
有將軍燕有列士公則是其緒裔也　曾祖及祖尊諱
不書並高尚不仕隱於里閭則榮宦貴禄勿干懷也
考諱元信曾任武寧軍討擊副使雄名振古英畧貫時
動日羽以猿驚彎月弓而雁落郡府揖其風軌棘門仰
其規儀藝絶奇能莫可儔也嗣子樊忠義家本上黨来
居魯邦巨産洪基里閈推最公量為河海氣納乾坤幼

而謙長而恭文武忠孝備于厥躬無虞丘三□有榮期
三樂不苟名宦遁跡丘數時人望之不及也有子長曰
德亮仲曰德安季曰德平並事父能竭力事君能盡忠
與朋友交言而有信公家務之暇暫尒靜思乃喟然長
嘆曰余覽維摩經見是身如芭蕉中無有堅又金剛經
云一切有為法如夢幻泡影吾今年侵蒲柳齒髮漸衰
若不預造梯航將何越於苦海遂乃捨縑帛割餘資轉
法華經一部七卷四十九遍已終持金剛一軸之經一
万之數云畢更以絹捨束素粟麥一車入修當村佛殿
工價又兩度施絹六疋臺山設三百僧齋大聖文殊邈加

家護更施絲二百一十八兩將充贖香四州供養僧伽三綱飛狀迴報若不標記胡表素誠爰訪他山之異石遂立豐碑召遠域之良工得班輸之奇士更造功德一鋪數有十軀家口部一十五人虔誠侍側且尊容相好並悉圓嚴菩薩神龍無不殊麗經文有璘環之字隨心識而鐫成佛前有宛卷之花從手下而鑿出建造在於私弟成就送至茄藍万代子孫永充供養此寺之勢也東接太公之遺跡西隣古戴之州南眺豐城北倚厥國且昔時堂殿尊像儼如今瓶瓔碑乞立于此所有功德先奉我 國家伏願

帝歷長明金輪永御　大吏常侍保佐　堯堦州縣采
寮鎮居祿位樊公先靈尊眷謫國受生現在一門保全
慶吉仍恐日月驟改桑田幾變將刊貞石以紀年工銘
曰　天地將分兮盤古生焉　濁氣為地兮清氣為天
三皇降德兮五帝具間　周秦相禪兮唐祚聯綿
釋道儒教兮齊致　如鼎三足兮無偏　□主不易兮
鄭重　樊公志信兮虔　轉金經兮數部　捨財物兮
無邊　立不朽兮貞石　石班尔兮彫鐫　建尊像兮
儼若　合家稽首兮佛前　獲福壽兮此廿他廿　立
碑記兮千年萬年

功德主樊忠義 男德亮 男德安 男德平 孫男

惟孝 孫男惟晟 孫男惟政 孫男惟義 已上題名八行在額

右右行

妻李氏十一娘 妻侯氏十七娘 新婦仇氏 新婦

張氏 新婦武氏 □女十娘 姪女〻吾因 子□十

二娘姪女七娘 孫女□娘孫女四娘 已上題名九行在額左

碑陰

經文不錄 有施主題名以列失拓

時大唐開成三年歲次戊午三月己未朔廿九日丁亥

建此碑工畢

樊忠義功德碑行書碑陰正書在濟寧州魚臺縣池頭集三官廟舊址文云西域之教生於周昭王甲寅之歲案釋典云周昭王二十四年天竺迦維衛國淨飯王妃摩耶氏夢天降金人遂有孕於四月八日太子生於右脇名悉達多年十九入檀特山修行證道至穆王三年明星出時成佛號世尊一卅蓋本此文中禹湯堯舜先後紊亂又以蟄溺為拯溺以緒裳為緒裔皆村俗不知文字體裁者所為殊可哂也山左金石志

大泉寺新三門記 開成三年十一月廿六日

已見王氏萃編

義陽郡王符璘妃無年月王氏 考為開成三年

已見王氏萃編

鄭引禮妻李氏夫人墓誌 開成四年四月十日

石高一尺四寸廣一尺五寸十六行行廿四字至廿八字不等今在河南孟縣

唐故李氏夫人墓誌并序 清河張元伯撰

河南府河陽太平鄉臨泉村鄭弘禮適妻以開成四年三月十四日昊天不祐終于長夜 夫人祖諱海尊諱士安以元和十五年二月十七日殯於河南府濟源縣清廉鄉官槁村平原禮也其先隴西郡人也嘗觀懷洛之士公門惟積善琴瑟和調天資柔順常能尅己以惠

於人性自沖和母儀親戚有兄弟兩人兄從簡大和七
年九月十日終于長夜弟道士方慶住奉仙觀　夫人
有四女幼小長女丞登三和娘子皆以刑毁絶漿不食
日月推移痛盡晝哭之深　夫人忽自寢疾而未經旬
遂終于開成四年歌變爲哭傷嘆不期享年卌至開成
四年己未歲四月壬子朔十日辛酉殯於河南府河陽
縣太平鄉西洛村北卅五步高崗之前、其地阜勢前引
後從中之如堂安殯必固誰言有尉猶恐桑田變改年
代不同若不標於貞石何可留於千載迺爲誌云　其
一日憶念平生日　曾爲濟上人　芳聲傳海内　誰

是不知聞　其二曰死隔恩憐女　悲□□□□　空
□何處去　聲聲堪斷腸　其三曰葉落終歸本　人
生□□然　泉臺空寂寞　來路永無還楊全慶鐫字
是刻諸家未著錄其撰書出傖父手廿有云河陽太
平鄉臨泉村及西洺村濟源縣清廉鄉官橋村足爲
方志之助　四録堂類集

大遍覺法師元奘塔銘　開成四年五月十六日
已見王氏萃編

慈恩寺基公塔銘　開成四年五月十六日
已見王氏萃編

馬恆郝氏二夫人墓誌 開成六年正月十三日

已見王氏萃編

重修大像寺記 會昌元年五月十日

已見王氏萃編

大達法師玄祕塔碑 會昌元年十二月廿八日

已見王氏萃編

戒珠寺陁羅尼經幢 嘉泰會稽志云會昌二年六月

已見王氏萃編

包山寺陁羅尼呪幢 會昌二年九月八日

已見王氏萃編

天寧寺陁羅尼經幢 會昌三年十月九日

石高七尺五寸周廣一丈五寸八面周刻
七十二行行五十八字今在浙江歸安

經文不録

唐會昌三年歲在癸亥十月丙辰朔九日甲子樹　建
幢功德主潁川陳榮　句當寧化寺僧入觀　寺主僧
令洪書　上座僧守賢　都維那乹立　大都料汝南
周儒并刻字
會昌三年十月九日樹至會昌五年六月十七日准
勅廢至大中元年十一月廿八日重建
中大夫使持節湖州諸軍事守湖州刺史上柱國彭陽

縣開國男食邑三百户令狐綯
專句當軍事押衙陳敬　衙前虞候吴允中　隨身沈
德師　功德主陳榮建　大都料陳德方重樹　李公
亮奉為亡　考妣永充供養　劉暹

湖州天寧寺建自陳永定三年武宣章皇后故宅也
曰龍興曰孝義曰萬壽曰報恩光孝寺額屢更其曰
天寧者仍吴越武肅王所更額也相傳寺有尊勝陁
羅尼石幢一十四座今其八尚存文可辨識者一建
于大中元年十一月後題刺史令狐綯姓名一建于
大中二年八月後題刺史蘇特姓名書者曹巨川也

一建于大中十二年四月書者凌渭也一建于會昌元年十一月書者胡季良也一建于咸通十一年三月又斷石一平望芮文琛立後題乾符六年四月蓋平望驛時屬烏程澄源鄉宜陽里故張承吉詩云一派吳興水西來此驛分斯其證矣臣按渭莫考季良見宣和書譜載其行草書各五種考諸家記録金石文字太和八年湖州德本寺碑陰係季良正書寶歷二年杭州天覺禪師碑元和二年平李錡紀功碑均係季良八分書元和四年國子司業辛璿碑九年永興寺僧伽和尚碑均係季良篆額是季良于書法諸

體精熟不獨行草見長矣惜也幢第稱曰處士而不
著其里貫疑即州人至繪畫人魚簡則畫譜未詳僅
見于此予友鄭元慶芷畦撰湖州府志手拓諸幢文
見示予嘉其見聞之周洽也書此尾歸之曝書亭集
吾郡天寧寺經幢十四可拓者十一此幢會昌三年
僧令洪書其題年月之前復刻差小字二行云會昌
三年十月九日樹至會昌五年六月七日准勅廢
至大中元年十一月廿八日重建有湖州刺史彭陽
縣開國男令狐綯等署名按舊書武宗會昌五年正
月道士趙歸真與鄧元起劉玄靖排毀釋氏而坼寺之

請行馬四〃棻〃祠〃部〃檢括天下寺及僧尼人數七月
勑併省天下佛寺中書又奏天下廢寺銅像鐘磬委
鹽鐵使鑄錢其鐵像委本州鑄為農器八月制天下
所壞寺四千六百餘所還俗僧尼二〃六萬五百人
拆招提蘭若四萬餘所此幢樹未二〃〃即准勑廢以
此也六年三月宣宗即位五月誅道士劉玄靖等十
二人大中元年閏三月勑所廢寺宇有宿舊名僧復
能修創一任住持所司不得禁止此幢於是年十一
月重建以此也蓋仆而復立未嘗重刻竹垞跋謂建
于是年十一月未免失實舊書令狐綯傳會昌五年

出為湖州刺史大中二年召拜考功郎中三年拜中書舍人襲封彭陽男食邑三百戶新傳襲彭陽男亦云進中書舍人後而舊書宣紀元年六月以中散大夫前湖州刺史彭陽縣開國男食邑三百戶令狐綯行尚書考功郎中知制誥與傳不符據此幢系銜則襲封食邑為刺湖所隨帶紀文不誤然何以召于六月而十一月尚未離任則傳以為召于二年恐是也舊書令狐楚傳大和九年十月進封彭陽郡開國公新傳亦作郡公而綯襲封縣男及為右僕射始封涼國公咸通八進封趙國公蓋唐制承襲多降階矣

堂類集

元晦疊綵山記會昌四年七月

摩崖高一尺六寸廣一尺八寸五分十行行十字右行今在廣西臨桂

按圖經山以石文横布彩翠相間若疊綵然故以爲名東亘二里許枕壓桂水貫西巖有石門中有石僞故曰福庭又門陰構齊雲亭迴在西北曠視天表想望歸途北人之心復多軫鄉思會昌三年六月藏功南自曲沼上極山椒四年七月功旣

四望山記

摩崖高一尺五寸廣一尺八寸七行行七字右行今在廣西臨桂

山名四望故亭為銷憂亭之背後綿絡山復自遊絕頂磴由西而北復東上疊綵右崖至福庭石門約三十餘步

右刻俱在臨桂疊綵山一刻疊綵洞巖右壁上方一刻四望山四望乃疊綵之支峰耳其上一峰為于越山晦亦有記見桂勝今不可得山為巴石取材疑災斧斤矣乾隆間巡撫李世傑補書三字於瞻鶴洞按唐書宰相世系晦為稹從子全唐詩傳云會昌初桂管觀察使入改奇嘗侍桂林風土記謂晦搜達金貂

翺翔翰林[illegible]性好巖沼時恣盤遊於時潞冠初平四郊無壘公私宴聚較勝爭先美節良辰尋芳選勝管紡車馬闐隘路隅今覽諸記略可想見焉粵西金石畧

尹府君朱夫人墓誌 會昌四年十一月 八日

已見王氏萃編

唐六

天寧寺七種呪幢大中二年八月廿一日

石高七尺五寸周廣九尺五寸八面面刻六十四行行四十七字今在浙江歸安

佛頂尊勝陁羅尼

千手千眼觀世音菩薩廣大圓滿無礙大悲心陁羅尼

千手千眼觀世音陁羅尼根本大身呪

大佛光放光悉怛多鉢怛羅大心真言

無量壽如來十甘露真言

如意輪根本真言

清淨法身毗盧遮那佛化身五部道場主大輪金剛三

昧耶真言　已上咒文俱不録

唐大中二年歳在戊辰八月戊子朔廿一日戊申建

功德主施安　費亮　徐瑗　沈思恬　都勾當軍事

押衙陳敬　衙前虞候吴允中　隨身[illegible]德師　曹巨

川書

太中大夫使持節湖州諸軍事守湖州刺史上柱國蘇

特

此幢楷法遒勁較會昌三年幢尤勝洵吾郡至寶也

蘇特即代宗孫紀仁者不見于史四録堂類集

周公祠靈泉碑大中二年十一月廿日

已見王氏萃編

贈工部尚書張仁憲碑寶刻類編云大中二年

碑連額高一丈五尺五寸廣六尺一寸廿九行行七十字今在直隸文安

大唐故贈工部尚書清河張公

神道之碑額四行行四字

唐故銀青光祿大夫撿校下缺

上缺十八字上柱國李倫撰

幽州節度隨軍□□□□□□□□□□

□□察御史蔡陵書羿篆額
天垂四序所以表成歲之功地別九州所
以分於天之治寒燠之運行叶序河岳之
感應有□□□□□□□□□□□□□
仁孝是故體五常而承五福資九德而敘
九功盛業克著於旂常佳名攸傳於竹帛
□□□□□□積慶必貽於後昆祿不逮
先孝恩式崇於追□□□□□□□□□
□□□□□□超越典謩焜燿今古傳曰
明德若不當代其後必有達人富哉言乎

有唐贈工部郎中諝張公孕靈□□□□□
□□□□□□□□□□□□才之略容
圖才於□□□□□□□□□□□□□
之互彎弧倍六鈞之力輕財扶義急□讓
吏然諾信於友朋賑給行於州里不以弋
隅自東不以□□□□□□□□常從結
駟之遊座列嘉賓遍受□□□□□□□
□□□□□浮雲顧金玉之藏比之於絲
□居如列土譽若置鄉語默順時浮沉樂
道偪俛從事逍遙不羈嘗任本州歷居右

職貞元初　敕授銀青光祿大夫太□
□□□□□□□□□□□□貞元四年薨
於昌平縣私官舍春秋七十五旋窆於文
安縣之西北安樂原夫人扶風郡太夫人
魯氏左廂兵馬使太子詹事福之女行符
箴頌禮具蘋□□□□□□□□□
□□孝孫□式追於石窌後　公廿二年
而沒坐是祔焉禮也
公諱仁憲字仁憲其先清河人五世相韓
文成見稱於漢代式台輔晉壯武克大於

當時昭□□□□□□　　　　□□□
諱翊□□爲□州刺史封清河伯遂家于
燕　皇父諱佐明皇宣威將軍　烈孝
行幽州游擊府右果毅都尉
諱元晈宣節校尉幽州□□□□□□□
□□□□□□□□□□□□千□弈竝
載德克廣前脩暉華閥閱之門鎔綜崆峒
之秀元子諱神寂無祿早竝　嗣子
諱光朝冠軍大將軍行左威衛大將軍□
□□□□□□□□□□□□□□□兵

部尚書訓稟義方寸推命出學談典禮識
洞機符倜儻不羣洞達無撓出則摧戎狄
居則究韜鈐珠履常館於三千鐵衣時駐
於十萬數□□□□□□□□□□□□
□□□□□□於許國銀黃坐數拯茲自
娛膺祿履儆樂天垣襟□□□箴積慶垂
範高朗令終誕生元臣為國巨防
兵部嗣子仲武令幽州盧龍□□□□□
□□□□□□□□□□□□兩蕃經略
盧龍軍兼充招撫迴鶻等使銀青光祿大

夫撿校司空同中書門下平章事兼幽州
大都督府長史蘭陵郡王食邑弎千戶望
□□□□□□□□□□□□□□□□
心而緝熙　　帝圖丕言而金玉　　王
度嚴干戈以衛社稷推彖象以究天文側
席求賢勞心數理歷階清敍夙奉　　鴻
私洎授鉞專征登壇□□□□□□□□
□□□□□□之先論道三台之對破獯
鬻之衆帳盈七千拓鮮卑之壇地開千里
七秋稽顙百蠻投誠張國四維承天八柱

實生靈之藻鏡為　明良□□
□□□　□□□□□□之尊譯被
睿宗並受專城之寄　伯氏諱仲斌
皇薊州刺史靜塞軍營田團練等使兼侍
御史　季諱仲堅令涿州刺史永泰軍營
田團練等使□□□□□□□□□□
紹續家寶蟬聯國楨黃霸為劉郡之雄爾
羽乃萬人之敵
相國有子曰直方國子祭酒兼御史中丞
薊州有子丞曰得輔國子祭酒兼侍

御史次曰□□□□□□□□□□□□
馬敬子幽都主薄敬穀幽州參軍洎長房
有子曰沛早上璓兼監察御史有孫曰惠
連兼殿中侍御史皆珪璋特達冠蓋相望
丹青克紹於彤容蘭菊聰□□□□□□
□□□□□□名家穆然清風高視羣品
相國以逮事逾遠聿修漸遙松楸既行琬
琰永歎景行安仰忠心罔窮是用伐石他
山建碑墳□□□□□□□□□□□曾
窺舊史竊熟　　　　華宗授簡勒銘

期於直筆　盛德難名扣多辭而常恩
墮淚誚聞强譯娩黃絹而徒媿受辛終惟
恐慚敢載銘曰
自洋多黃卽登□籍華宗上德奇謀異跡
問道赤松受兵黃石道著昭晰慶流煇赫
當塗代漢□□□□□□□□□□□
□□著莭化宰操刀國□□□代有英旄
降及元魏清河運偶為郡臨燕卜居戴升
公卿寵宅德義宗藪史不絕書士無虛口
惟　唐八葉誕生

□□□□□□□□揮金滿路載德盈車
清風穆若蘭價沽諸泳游道悳蘊蓄儒史
力□六鈞名馳萬里不享眉壽不登貴仕
道邁前脩慶流後嗣克生令子寔曰時英
□□□□□□□□□□□□□□襟靈
業惟匡國學表過庭廞有孝孫佌
唐丞相肅穆鳳池崢嶸玉帳持衡任重仗
節心壯龜鶴齊秊山河比量籍藉羣從愔
愔德音□□□□□□□□□□□□□
□□騰雪霽崐閬花繁鄧林舊□松檟時

追□□□□荒□□□□□晉勒景鐘衛
刊夷鼎金石既刻丹青重炳
大中二年歲在戊辰□□□□□□□□曰
癸酉建

唐張仁憲神道碑幽州節度掌書記李儉撰幽州節度參軍蔡陵八分書并篆額仁憲字仁憲官至太子中允其孫仲武為盧龍節度使追贈仁憲為工部尚書碑以大中二年立在文安縣寶刻叢編引集古錄目

張仁憲神道碑李儉撰幽州節度隨軍蔡陵八分書并篆額大中二年立在霸州寶刻類編

右張仁憲碑不知何年中斷石工鑿弃齾缺改短重樹因每行少十餘字仁憲以孫仲武貴贈工部尚書仲武本名絳會昌二年賜名舊書宣紀稱仲武撿挍司徒平章事碑亦言同中書門下平章事而宰相表及世系表無其名蓋使相不書然李懷光李克用等皆書不知何例也碑叙仲武破迴鶻七千帳威加北狄較舊書本傳稍略仲武父光朝弟仲至子直方舊傳皆與碑合碑立于大中二年其明年五月仲武卒子直方襲位十一月直方奔赴闕軍中推周綝為留後然則此碑稍遲即不克立矣人子孰不欲表揚其

祖父而往往有志未遂固有幸有不幸哉碑前題李儉撰蔡陵書并篆額寶刻類編有李儉所書三碑在綿州恐别是一人蔡陵無考其隸法絶似蔡有鄰篆亦可觀又舊傳云仲武少業左氏春秋兼曉儒書而碑言推象象以究天文則仲武又嘗學易可補傳所未備四錄堂類集

贈尚書右僕射高元裕碑大中六年十一月十日

已見王氏萃編

魏公先廟碑寶刻類編云大中六年十一月

已見王氏萃編

盧鄯幼女姚婆墓誌 大中七年七月十三日

已見王氏萃編

崇明寺陁羅尼經幢 大中七年十月七日重建

石高六尺九寸周廣八尺四寸八面共六十四行行五十字下方題字四行共廿字今在江蘇句容

經文不錄

重修建功德主姚氵徐弁陸則大中七年十月七日

右石幢二通在句容崇明寺大殿後東西相對一漶漫一立于中□□年十月後題重修建功德主姚□徐弁陸則顧茲唐物志乘未有及之者豈因在耳目之前而轉忽略邪 江寧金石記

崇明寺二幢一漫漶不可拓一泐建立年月姑據

下方有重修建題字系之大中年亦無關攷證也

圭峰定慧禪師碑大中九年十月十三日

已見王氏萃編

襄州別駕韓昶自為墓誌大中九年十二月十五日

已見王氏萃編

劉氏太原縣君霍夫人墓誌大中十年正月廿九日

已見王氏萃編

鄭恒夫人崔氏合祔墓誌大中十二年二月廿七日 又一碑作鄭遇

已見王氏萃編

郎官石柱題名大中十二年十一月十三日

已見王氏萃編

劉鏞書陀羅尼經幢咸通四年八月廿一日

高七尺九寸周廣九尺五寸八面周刻
面各八行行六十六字今在福建龍溪

經文不録

漳州椑〔二〕魚南界遊弈將王剬及母陳大娘妻林八娘

男薫發願造此寶幢　　宣義郎前建州司户叅軍

事劉鏞書已上在首行
經序標題下

朝議郎使持節漳州諸軍事守漳州刺史柱國崔衮

大德僧義中　文古　寺主貞素　上座行充　黄軒

陳充　勾當僧令如　司勾當都維那行
逢　居士鍾徵　工匠程曇　魏操　畫人邵琮　陳
詧　黃照　林造
陳大娘男文教　男劾　男坤　男軿　女三娘四娘
已上並奉爲先考入緣續造　新婦潘二娘陳四娘姜
五娘吳一娘入緣弟子　周迴及男女等　蔡望母賀
二娘　妻林四娘　王繼　沈遇及方一娘　盧濰及
男湘　軍事直典陳□吳顒及弟璨弟榮　陳賀　林
茸　黃審　張瀆　王用　周引　鄭儀及男瓌　黃
穗　王持　黃展　王賞　杜簡　曾□

發意大德僧藏轍
維唐咸通四年歲在癸未八月辛酉朔廿
一日辛巳建立　鐫字湯惟晟
幢後署名有漳州刺史崔衮新書宰相世系表清河
小房著子四次衮或即其人四録堂類集

李遇書陀羅尼呪并大悲咒幢咸通六年八月十五日
石高二尺二寸周廣四尺九寸五分共六面卅八行行十九字今在河南許州

咒文不録
施主曹彥詞於龍興寺西禪院内為自身清吉敬造僧
伽和尚靈塔一所并塑和尚真身儀一軀安在塔内及

造石香幢一永充供養[共]捨錢伍伯貫文永彰不朽時咸通六年八月十五日記

院主僧令深　李遇書　賈從政鐫

碑云造石香幢一永充供養書幢作憧當是古字說文新附始有幢字其實當為撞从心者古人假音猶勝作幢也西安經幢亦多用憧字中州金石記

幢六面周刻前十九行標題云佛頂尊勝陀羅尼以小字單行注其下云上都大興善寺三藏沙門大廣智不空奉詔譯後廿四行標題云觀自在菩薩廣大圓滿無礙大悲心陁羅尼其次行大字題云大興善

寺三藏沙門大廣智不空奉詔譯末五行題施主曹彦詞於龍興寺云云并年月書鐫人名按上都即唐京城地理志天寶元年曰西京至德二載曰中京上元二年復曰西京肅宗元年曰上都不空西域人有建中二年嚴郢撰徐浩書碑所譯經咒碑末及言唐刻陁羅尼幢皆佛陁波利所譯而不空譯者僅見此幢其譯大悲咒亦僅見此幢佛家持咒猶道家數息借此靜心調氣非以求福而大悲咒今世士大夫半能背誦然見此幢者百不一人余所收唐石刻此幢外尚有吾郡天寧寺之大中二年幢與咸寧縣卧龍

寺之咸通十二年碑及牛頭寺之乾符六年碑其大悲咒惟天寧幢卧龍碑爲伽梵達摩譯與今釋藏所載同餘皆絶異今録不空譯本而以三碑注其下云

曩謨囉怛曩怛囉夜野（牛頭同天寧卧龍作南無喝囉怛那哆囉夜哪）娜莫阿哩也（牛頭作曩莫阿哩也天寧卧龍作南無阿唎哪）嚩路枳帝濕嚩囉野（牛頭同天寧卧龍作婆盧羯帝爍鉢囉耶）冒地薩怛嚩野（牛頭同天寧卧龍作菩提薩哆婆耶）摩賀薩怛嚩野（牛頭同天寧卧龍作摩訶薩哆婆耶）摩賀迦嚕抳迦野（牛頭同天寧卧龍作摩訶迦盧尼迦耶）怛你也他（牛頭天寧卧龍皆無此句）唵（牛頭天寧卧龍同）薩嚩婆曳（牛頭作薩囉嚩婆曳天寧卧龍作數怛那怛寫）娜麼塞訖哩怛嚩伊貉阿哩也（牛頭作曩莫婆訖哩怛嚩伊貉阿哩也天寧卧龍作南無悉吉

（利埵伊阿唎耶）蒙嚩路枳帝濕嚩囉怛嚩須攞謇姹（牛頭作嚩路枳
帝濕嚩囉怛嚩顯攞建姹天寧卧龍作婆盧吉帝室佛囉楞馱婆）曩麼紇哩娜演摩
嚩嘌遰以灑弭（牛頭作曩摩紇哩娜野麼嚩嘌哆曳瑟也弭天寧卧龍作南無唧囉謹墀
醯利摩訶皤哆沙咩）薩嚩囉他婆馱喃秋畦（牛頭作薩囉嚩囉他婆馱喃秋婆咩
天寧卧龍作薩婆阿他豆輸朋）阿薜闍（牛頭作阿㖒琰天寧卧龍作阿逝孕）薩嚩麼哆
喃婆嚩沫囉誐（牛頭作薩囉嚩步哆喃婆嚩麼嘌誐天寧卧龍作薩婆薩哆那摩婆薩哆
那摩婆伽）摩弍馱釰（牛頭作尾戍達釰天寧卧龍作摩罰特豆）怛你也他（牛頭同天
寧卧龍作怛姪他）唵（牛頭天寧卧龍同）阿路計阿路迦麼底（牛頭同麼作摩
天寧卧龍作阿婆盧醯）路謇底（牛頭作路迦底天寧卧龍作盧迦帝）訖蘭帝（牛頭作羯
蘭帝天寧卧龍作迦盧帝）係係賀嚕（牛頭作醯醯賀喇天寧卧龍作曳醯利）摩賀冒

地薩怛嚩牛頭同天寧卧龍作摩訶菩提薩埵薩婆薩婆麽囉麽囉牛頭
作薩麽囉天寧卧龍與幢同麽作摩麽麽紇哩娜演牛頭作紇哩邪野天寧卧龍作摩醯
摩醯馱孚利矩嚕矩嚕羯鉿牛頭作俱嚕俱嚕羯囉麽婆達野婆達野天寧卧龍作俱
盧俱羯懞盧度嚕度嚕尾演底牛頭作度嚕度嚕尾演帝天寧卧龍作度盧度盧罰
閣耶帝摩賀尾演底牛頭作摩賀尾演帝天寧卧龍作摩訶罰閣耶帝馱囉馱
囉娜賀唆捺囉牛頭作馱囉馱囉達嚟印捺哩天寧卧龍作陀囉陀囉地利尼濕嚩
囉牛頭同天寧卧龍作室佛囉耶左攞左攞牛頭同天寧卧龍作遮囉遮囉尾麽攞
麽攞牛頭作尾麽攞阿麽攞天寧卧龍作摩摩罰摩囉没嘌帝牛頭作母嘌帝天寧卧龍
作穆帝麗噎四曳四牛頭作伊醯曳四天寧卧龍作伊醯伊醯室那室那牛頭作路
計濕嚩天寧卧龍與此幢同阿囉釤韈囉舍唎牛頭作囉囉譏尾灑尾曩捨野天寧

卧龍作阿囉參佛囉舍利蘖灑蘖釤牛頭作你未灑尾灑尾曩捨野天寧卧龍作罰沙罰參

蘖囉舍邪牛頭作慕賀左囉尾灑尾曩捨野天寧卧龍作佛囉舍耶護嚕護嚕麼

攞牛頭作虎嚕虎嚕麼攞天寧卧龍作呼盧呼盧摩囉護嚕賀嚓牛頭作虎嚕賀嚓天寧卧

龍作呼盧呼盧醯利薩囉薩囉牛頭作鉢娜麼曩婆婆囉婆囉天寧卧龍作娑囉娑囉悉

哩悉哩牛頭同天寧卧龍作悉利悉利素嚕素嚕牛頭作嗉嚕嗉嚕天寧卧龍作蘇盧

蘇盧没地也牛頭作没地野天寧卧龍作菩提夜没地也牛頭作没地野天寧卧龍作菩

提夜冐馱野牛頭同天寧卧龍作菩馱夜冐馱野牛頭同天寧卧龍作菩馱夜弭

帝唎夜牛頭作弭怛哩野天寧卧龍作彌帝利夜你攞謇姹牛頭作韇攞建姹天寧卧

龍作那囉謹墀娜哩捨娜牛頭作迦摩寫娜嘌舍喃天寧卧龍作地利瑟尼那播野麼

諾牛頭作鉢囉賀攞娜野摩諾天寧卧龍作波夜摩那娑嚩賀牛頭同天寧卧龍作娑婆訶

悉馱野（牛頭同天寧卧龍作悉陀夜）娑嚩賀（牛頭同天寧卧龍作娑婆訶）摩賀
悉馱野（牛頭同天寧卧龍作摩訶悉陀夜）娑嚩賀（牛頭同天寧卧龍作娑婆訶）悉
馱庾儗濕嚩囉野（牛頭作悉馱喻藝濕嚩囉野天寧卧龍作悉陀喻藝室皤囉耶）娑
嚩賀（牛頭同天寧卧龍作娑婆訶）你攞謇姹野（牛頭作嚩攞建姹野天寧卧龍作那
囉嫭）謹娑嚩賀（牛頭同天寧卧龍作娑婆訶）嚩囉賀私孕賀穆佉野（牛頭作嚩囉賀母佉僧賀母佉野
天寧卧龍作悉囉僧阿穆佉耶）娑嚩賀（牛頭同天寧卧龍作娑婆
訶）嚩囉鉢娜麼賀娑哆野（牛頭作鉢娜麼賀娑哆野天寧卧龍作娑婆摩訶阿
悉陀夜）娑嚩賀（牛頭同天寧卧龍作娑婆訶）作羯囉悉馱野（牛頭作左羯囉
欲馱野天寧卧龍作者吉囉阿悉陀夜）娑嚩賀（牛頭同天寧卧龍作娑婆訶）播麼賀
娑跢野（牛頭作商佉舍嚩娜甯冒達曩野天寧卧龍作波陁摩羯悉哆夜）娑嚩賀（牛頭

同天寧卧龍作娑婆訶你攞謇姹嚩賀譏囉野牛頭作摩賀攞俱吒馱囉野天寧卧龍作那囉謹墀皤伽囉耶娑嚩賀牛頭同天寧卧龍作娑婆訶麼婆唎餉羯囉野牛頭作嚩麼薩建馱你捨悉體哆訖哩瑟拏唸曩野天寧卧龍作摩娑利勝羯囉夜娑嚩賀牛頭同天寧卧龍作娑婆訶牛頭此下有嚩也伽囉左囉麼顩嚩薩曩野婆嚩賀凡二句十五字曩謨囉怛曩怛囉夜野牛頭同天寧卧龍作南無曷囉怛耶哆囉夜耶娜莫阿哩也牛頭作曩莫阿哩也天寧卧龍作南無阿唎哪嚩路枳帝牛頭同天寧卧龍作婆盧吉帝濕嚩囉野牛頭同天寧卧龍作爍皤囉哪娑嚩賀牛頭同天寧卧龍作娑婆訶此下今梵本有唵悉殿都漫哆囉跋陁耶婆婆訶凡五句十三字唐碑皆無或云永樂間僞增也按五藏地亙萬里方言不同繙譯又有二合三合四合之異故諸刻參差如此然對音仍近也四錄堂類集

王仲建墓誌咸通六年十月廿二日

石高二尺廣一尺九寸五分廿七行行廿七字至卅二字不等今在河南孟縣

唐故太原郡王處士墓誌銘并序　鄉貢進士張

魏賓撰隸書

太皞爰興木德啓姬周之運靈王少海緱嶺表登僊之

慶故王之命氏始乎太子晉晉亞生龜襲封于太原今

為郡人也廿四代祖褒仕晉為大將軍以孝敬動天絫兮

國史流祚萬世忠貞顯隆軒冕官常有國皆有不復備

列于斯誌　君諱仲建字彥初即將軍之遠派也　曾

祖濤追　皇考坤咸以博識著稱委簪紱有羈縻之患

故遁俗不仕　府君乃坤之次子矣幼而廉慎長而剛毅偉其貞而孝於家睦乎宗而潔諸己訥言敏行金穴山藏用捨無遺鶉駟一致誠明諒直清簡洽聞涵穎鋭於鋒鋩極逍遥於大道武齊樂伯劒敵莊周縱雄辯而嶰谷潛暄攄麗藻而綺霞爭秀志高氣遠禀象紫微當豹隱之餘芳應處士之嘉号非　公而孰能與於此哉識者以為懷寶不耀至信自彰探老氏之希夷固全真於物外者也方欲鍊形羽□漱液丹霄存神於罔象之中抱一於杳冥之內將宣平生之大節豈料尋師未遂涉水俄傾賈生之鵩鳥遽延排寢之摶膺斯及嗚呼春

秋六十以疾不間終于河梁之别業　公娶清河張氏
乃班孟之名家貽訓之清譽蘋蘩繼代中饋祖禰之母
儀耳故能有子一人焉曰知教實令嗣也自齠季卝歲
所好所慕已脱落常態及成童伯仲以孝經授見末章
有裂骨之痛親屬以爲曾閔之疋俾專就養克荷竭力
之仁捧藥問安式展曰心之孝銜酸茹恨泣血穹蒼擗
地捫心幾將滅性於廬次悲夫　繼夫人　安氏淋
順閨閫亦盡敬姜之禮知教乃抑情斂涕罄彼稱家尅
己勵精奠終大事以其年歲在乙酉十月己酉朔廿二
日庚午至孝由是哭踴無時徒跣備先王之制列儀旐

自三城護　府君之神座歸葬於河陽縣豊平鄉趙村之北原附　大塋啓　先夫人之舊窆合祔於斯禮也尚念鍾甾圮毀江甗榷頹歷數有期堙滅無紀請編是誄於泉壙魏賔嘗游館轂竊覿徽音直筆其辭用旌孝子之慕磚乃作銘云

王氏盛業姫周奕世降及仙才浮丘以濟元偉孝悌仕晉文帝義烈汪洋忠貞昭晰以至于公克揚嘉裔猗歟府君以大其先嗟嗟夫人柔順其賢孝子號天哀親弃捐感靈陶鸖相彼何阡峯巒嶪巋氣魄聯綿五黑之悲凉奚及陸機之雅賦依然檜栢秋月春松暮煙庶山川

之不易標誌誄於他年

右誌出自孟縣西河潭無年号〻呂通鑑唐代中折孝之知是咸通六年造也　乾隆己酉入志馮敏昌

太子晉廢為庶人其子〻宗敬為司徒宰相世系表太原王氏出自離次子威此碑云晉生離襲封于太原亦異聞也貞元十七年追樹晉司空王卓碑云周平王孫赤奔晉自赤至龜八代代牧并州與此亦異四録堂類集

蒲臺尉過訥墓誌咸通六年十一月八日

碑高一尺六寸五分廣一尺七寸五分十六行行廿六七八字不等近斷失上截僅高一尺今在山東益都滂埠莊劉巖家

大唐故過少府墓誌銘并序 鄉貢五經京兆杜去疾述

公諱訥字含章澤州高平人也

曾祖諱庭 大父諱遷 先考諱寘 公志堅松竹氣稟山河踐□□□蹤差顏閔之行十年閉户命果從人以大中十二年明經擢第當守選時潛修拔萃虛窓弄筆研機自媿於雕蟲與奪在心可否詎由乎甲乙於咸通四年授棣州蒲臺縣尉以博厚御物清白奉公執

友同寮罔不仰止仕優則學前緫尚堅秩滿辭
親方希再捷豈期神理何負殲我良人如可贖兮人百
其命以咸通六年夏四月廿六日寢疾終於蒲臺縣之
官舍 口子春秋卌有九 夫人清河張氏恨無男嗣幼
女三人苫廬不施苴杖序位噫蓼我永訣俱切痛天風
悲總帷月照空室煢煢在疚仰訴夯穹聲聚秋雲淚滴
成血乃議遷日龜筮告從即以其年冬十一月八日 奉
其裳帷歸窆於青州永固原就先塋禮也銘曰
惜乎勤懇兮罔不精研 名宦俱就兮壽胡不延
風悲雲黲兮星霣逝川 孀妻幼女兮號訴穹天

遺命薄葬兮窆節從古　勒石徵誌兮依土封
埏
永顧明虛兮保寧幽宅　不遐有害兮於萬
斯年

右刻文十六行字徑四分內言當守選時潛修拔萃唐書選舉志試判三條謂之拔萃中者即授官是訥習此而不獲故云與奪在心可否詎由乎甲乙正指當時不得志於有司也及後秩滿欲希再捷竟未終願而沒矣李南澗文藻云碑出土處近古廣固城宜稱廣固原而此與福勝院幢皆作永固者或隋煬帝時改之耳山左金石志

張珂造陁羅尼經幢咸通七年四月八日

石高四尺一寸五分周廣六尺一寸八面周刻五十三行上方泐缺每行僅存約五十字今在山東益都

經文不錄　　沙門繼遠書

上缺況迷勝利莫測求□者□□□□為上□者福利河沙況乃揀良工瑩南山之奇石選釋氏書西國之梵經上缺効無處酬恩今創造佛頂尊勝寶幢一所經教具明存殁獲益　張公乃俗務之下不倦修崇礼樂之餘無□上缺心香風佛躰□願無不稱遂南北無虞合家平安永增福慶詞曰　善住之後次至張公今時修福還與昔同寶幢嵯峨上缺寧□　功德主張珂妻龔氏

男鄭老　次男小鄭　外姑蘇氏　咸通七年歲次丙戌四月八日建　造幢人邵文口

女重陽

右幢在青州府司獄署外朱朗齋自他處借録幢記經序凡十五行每行之末尚有闕字其後經文三十六行不具録李南澗云自碑首爲建幢序其下儀鳳元年云云則尊勝經之序而經又刻其後顛末俱不完所存尚二千餘字錢辛楣少詹云唐刻尊勝陁羅尼經多不著年月及書者姓名是碑皆有之爲可珍也山左金石志

此幢八面周刻上方泐缺不完下方有線不缺前刻尊勝經序十行後空一行次刻經文卅七行其經末信受奉行下題佛頂尊勝陁羅尼經并序沙門繼遠書後刻張珂建幢記并題名共五行山左金石志未見拓本僅據朱朗齋及李南澗語故不免首尾倒置也

徐州功曹叅軍劉仕俌墓誌咸通八年正月廿五日

石方廣二尺廿行行十九字至廿一字不等今在陝西長安

唐故朝議郎守徐州功曹叅軍上柱國劉公墓誌銘

御食使登事郎上柱國賜緋魚袋張象撰并書

公諱仕俌字方同彭城人也　祖諱光奇開府知內侍省事父皇諱英闉特進　太夫人楊氏　妻張氏先終公有二女長適田氏次適張氏二男曰壽郎先逝次曰齊宴年十二公氣含清韻獨異貞姿業廣藝深事皆夭假孤摽狀高松之拔衆林朗質若秋蟾之懸碧落溫若克己節儉修身順協于家忠貞於國公寶曆二年六月五日奏授出身累叅選序數授令丞後任徐州功曹叅軍公紀綱一郡椽理六聯清貧而吏靡忍欺單步而人懷其惠操心政理美譽溢彰枳棘非鸞鳳之所栖百里豈大賢之所任公性親方與志慕雲霞朝披黃老之書

暮覽南華之要諠頣鄙每獻蟬蛻歸元身既離於俗塵名定著於紫府公咸通七年十二月一日終於輔興里春秋八十矣八年正月廿五日葬于長安縣龍首鄉 祁村嗚呼寒暑忽徦纒綿數載針藥無瘳百齡斯泯嗟夫盛衰生死實可痛哉乃為銘 波瀾不息 逝水潺潺 浩浩悲風 摧枝何遄 千年永訣 一往無還

咸通八年正月廿五日

唐書百官志無登事郎尚食局亦無御食使據此碑張象系銜則志文闕略也 四錄堂類集

新修曲阜縣文宣王廟記 咸通十一年三月十日 有側

已見王氏萃編

卧龍寺大悲咒并陀羅尼咒 咸通十二年正月廿七日

已見王氏萃編

孝子張常洧旌表碑 寶刻叢編云咸通十三年

碑石殘缺僅存十七行碑側二行可識者共一百九十字今在江蘇句容義臺

上缺□鄉下缺 上缺勸令飲下缺 上缺之憂匪唯一日下缺 上缺

元之賢□□□下缺 上缺雖庸愚備知戚美竊下缺 上缺我

唐以至張君令名是揚下缺 上缺志行不忒節彼高墳巍

然如崗下缺 上缺□州真寧縣主簿□掾舨立□□下缺

上缺墓三載人到於今稱之□吴郡張侯下缺 上缺里仰其

道狠戾者為之恭恪悖惕者為之（下缺）（上缺）時職□務於
金陵白之御史譚公為請時（下缺）（上缺）家雖四壁　大
君之□□文人之麗□（下缺）（上缺）□有□□之德事親愛
以順交朋友以信部帥知之（下缺）（上缺）伯□□□之夫
必喟然歎息霏然□□乃出琴書（下缺）（上缺）□□□□
□唯孝勸孝百□□□庶乎不朽君諱（下缺）（上缺）□□□
□□□□□□□□順之□□百□光□哲人（下缺）（上缺）□
用□□乃立貞石□□照□□□□遺碑□□
朝議郎行潤州句容縣令呂倕　奉義郎行丞
（下缺）

碑側

（上缺）句容領副使裴斌　錄（下缺）

咸通十（下缺）

唐貞元五年旌表張常洧門閭勑一道并紀孝行碑前許昌主簿高宇撰旌表碣贊句容主簿承瓌撰皆同刻不著書人名字常洧字巨川句容人居父喪廬墓過期有芳草生墳上故見旌表（集古錄目）

右唐孝子張常洧旌表碣文字摩滅僅可見其髣髴蓋孝悌之為名人之所甚慕而旌表非為一世勸也故特錄之者惜其將遂不見於後世也其文辭筆畫

亦自可佳然不專取乎此也集古錄

唐孝子張府君旌表碑王承福書雷珍題額咸通十三年寶刻叢編引諸道石刻錄

右碑正書石已殘缺在句容義臺孝子名常洧有廬墓之行集古錄有其碑目今已不存此碑殆建中時縣吕倕所立故中有其名碑側又有咸通時題名也江寧金石記

寶刻叢編張孝子旌表碑再見一為貞元五年一為咸通十三年今僅存片石其側有咸通十字葢後碑也然觀碑字較小而末行吕倕題名及碑側咸通時

題名字較大似官是土者陸續加刻則此即貞元碑

亦未可知四録堂類集

左拾遺孔紓墓誌咸通十五年

已見王氏萃編

劉幼昇等造陁羅尼經幢乾符二年十月十五日

石高七尺三寸周廣九尺八面周刻七十二行

行約六十三四字不等右行今在河南滎陽

經文不録

建尊勝幢記并讚

鄉貢進士鄭昌嗣撰并書

昭然　大唐明聖文物之代符堯舜垂衣之治者蓋

我后以天下為一家西涉流沙南盡北户東有東

海北過大夏人跡所至無不臣者行禹湯罪己之道苟
聲明之大業不拓土不開壃烽燧弭徹干戈載戢海外
有截中夏晏然無繁賦無勞人慰弱者刑鰥寡孤獨各
得其所生物遂其性者蓋　□□敷布德被遐迩所及
也然後顯佛理崇釋門無賢無愚咸知虔信遂使水不
爲沴旱不爲灾歲不至大侵殺不嘗小起我之　帝德
也我之佛力也時之感致也斯邑也有邑人劉幼昇等
敬善弥堅雖匹夫不可奪志私願首舉響應其言中無
難色者是向道不迴矣遂立佛頂尊勝陀羅尼經幢并
座高叁拾尺幢之建也力非富工非抑饋給者不以疲

為辟負販者不以利為怯大哉神通有是化也力既就矣功既成矣永願淨除忘想超越一切聲聞緣覺觀如來不可思議就精進及心惠智離陰界入解脱識相求漸淨非頓之門受安樂具足之福曉四禪逾九地得无生之妙法決大乘之深教禄壽霈霑精進不怠冀贍部之苦共登羅之因聊紀歲時用彰不朽　讚曰　有漢興教　有唐弥遵　厥典昭彰　化萬代人　惡不染著　善證果因　蠢蠢群生　同霑影壓其一　解脱煩惱　有陁羅尼　咸生淨上　受大慈悲　棄田可變　陵谷可移　唯茲立石　鎮古巍巍

大唐乾符二年歲在乙未十月十五日建計用功價見
錢捌拾貫文米麵共伍拾碩茶貳拾斤鹽貳拾斤　鐫
匠李約魯敬存
主掌功德價維那羅存　都勾當維那劉幼昇
大宋國乾德三年歲次乙丑三月庚辰朔二十五日丙
申比丘僧口兇發願重建立　督料張氏　鐫字人王
口此一條刻在鄭昌嗣撰并書之下

右幢字畫精整經後有乾德三年小字一行蓋此幢仆而重立也云庚辰朔則丙申為十七日而云二十五日必有一誤四録堂類集

瑯琊王夫人墓幢乾符三年二月廿四日

已見王氏萃編卷六十七

趙琮墓誌丙申年七月三日

石高一尺九寸廣二尺廿二行行廿三字至廿七字不等今在山東益都

唐故居士天水趙府君墓誌銘并序

將仕郎前試左武衛兵曹叅軍申盿述

府君姓趙氏裏天水人也別業易州來水縣墳因先父漂□□仕流浪海隅從軍地遠徙居青□□廿迄今凡二百年矣　先妣夫人太原王氏生公是季子也　府君生居於北海之郡志好雲林山水南北貿賈利有攸

往廣涉大川博學古墳與朋友交言行敦美信義彰聞
輕金玉立善外著孝行六親　府君諱琮字光婚夫人
太原王氏有男三人長曰審巖次曰審裕季曰審文女
一人初笄之年適夫陰氏孟男年居弱冠之秋居然老
成安詳大雅含國風之堅操行行古人立信温尚可謂
父詢有知流嗣千載矣　夫人王氏令淑賢□居喪淚
血在苫塊之内殞哽蘭干骨髓楚消□□礜閫三從之
□□導著　府君遇軍情變乱不以交道仇□生涯亦
不遭毀藝錢穀湛然上下無虞藜食安貼乙未歲季夏
月五日遇疾青州之私弟下於人廿丙申年七月三日

命知日卜得吉夕殯於益都縣南五里建德莊雲門山東豈原礼也慮山河更改松筠彫萃遂紀年代乃為銘説　銘曰

天水之君　蘊志難群　孝行雙美　立惟松筠　卓然孤立　在世推[□]　生好東皋之剩　滅亾迴返高墳　有子賢行　傳代光門　女從他氏　五德猶存

白楊千載　滋茂兒孫　落日烏啼　猿叫荒村

都□思遺念丨臨棺血淚□　其一　生涯終不改　兒女永無依其二□□生平事留縱万代存其三　嗣流孤壠下　恩愛向誰論　其四

右碑在益都縣李司馬文藻家朱朗齋從他處借錄文二十二行字徑五分文與書皆出傖父之手不載年號僅紀甲子攷丙申當是僖宗乾符三年豈值唐之末季此地為藩鎮所據人習于亂而不禀正朔至此歟廿字缺筆避太宗廟諱云殯於益都者殯與葬古皆通稱非自唐始山左金石志

碑云丙申年七月三日無年號疑是後唐清泰三年是時石敬瑭反至十一月即晉天福元年也據碑云府君遇軍情變亂亦是五代之證山左金石志及訪碑錄列于乾符三年今姑從之四錄堂類集

謁昇仙太子廟詩乾符四年閏二月三日

已見王氏萃編

陳宗可等造陁羅尼經幢乾符五年八月十五日

石高六尺周廣六尺三寸六十四行行約七十字今在河南許州

經文不錄

佛頂尊勝陁羅尼經幢讚并序　　進士邢筠撰

蓋聞佛力無邊教化各異静而思之同歸一躰至如尊勝陁羅尼經者應佛陁波利之願也原夫起自西天流于東土初從梵本後譯唐言是苦海之津梁寳人民之舟檝但有迴向無不蒙益爰有清信士陳宗可等並久

覩善道早悟佛乘知聚沫之無堅視芭蕉之速朽故孜
孜金地稽首高僧披露至城欲結尊勝寶幢之會僧□
□隨順轉□□□合結無上勝因□□當是妙乘諸公
意無先後遂令藏鐵金地買石他山召募良工精心礱
礪未渝數旬琢磨當就雕鐫既罷樹立俄成巍巍也勢
聳于青霄□□也形□於碧落莫不睹之罪戕頂□福
生七□□□角之身三塗息泥犂之苦然後願合會老
幼普獲休祥在軍者爵祿咸臻經求者資財驟集復願
人人增壽攸歸鶴□之□□□□形□□寒林之三
秀如斯功德浩汗無涯以百千舌歎不能盡筠之無德

謬忝諸生不揆荒虛略而為讚　讚曰　彼尊勝者
起自西天　教中之寶　法中之先　諷之誦之　永
離蓋纏　三塗永受　七□休□　結會歸敬　獲福
无邊　鐫□□□　永保貞堅　時乾符五年秋
八月十五日工畢應會人等具列如後　當寺都
維那僧方諗　寺主僧奉璘　上座僧巨崇　勾當僧
皓澄皓濟　清信士都維那陳宗可　謝約　李繁
蕭存武　殺承規　張盎　張彥符　揚應詞　張文
慶　王建　王少蕚　衡少直　張少真　羅顥夫
張建立　張文實　張從實　王岳　董郅　劉綬

揚佶　鄭從武　張周□　高思昱　□可宗　莫幼

王璲　李敬方　尹章　王章　韓□　郅武　郅仇

□　薛行存　戴武　苗厚　張重六　邢璠　唐稹

鐫字人莫政　賈敬文

成君信墓誌乾符五年十一月廿九日

石方廣一尺五寸五分十八行行廿四五字不等今在山東益都

唐故上谷成公墓誌銘并序

公諱君信字庄時其先本周成伯之後父惠通皇平盧

軍先鋒副馬軍兵馬使撿挍太子賓客兼御史大夫祖

瓌皇不仕公立性端良剛柔得中內藏方奥外示謙和

早為軍府爪牙之職後以年德將邁退居里中有識是
者知公懷大信大義為至英至仁皆暗慕相知公亦默
而見諾故得門多長者之車親皆禮樂之士何乃日月
有數疾瘵屢鍾以乾符五年八月八日終於私第享年
六十七公娶武陵嚴氏生一男行實婚武威段氏一女
適隴西牛從寔寔為節度要籍支計斛斗司公以孫建
立為之後婚清河張氏建弟小福公喜絳郎等年悉幼
稚心力未任姪行賓為右廂都虞候判官皆行賓及子
聟行寔感激嚴訓竭力祗承佐夫人同辦遷厝以當年
十一月廿九日葬於青州益都縣望沂鄉之原也旐幡

前去孤雲為之慘悽轜車後来流水豈任嗚咽慮江河
他去巖谷遷移聊録行藏以銘貞石銘曰
天際高標　藏諸道德　素月懸徽　白雲為則　卓
雅有稱　規章無忒　唯信唯義　心期本志　自悅
自悞　誰達兹事　青松白楊兮乃荆棘之固殊　千
秋万歲兮因積善之能量

右碑益都新出土兄弟字作苐獨見于此

牛頭寺陁羅尼并大悲等咒幢乾符六年二月十二日

已見王氏萃編卷六十七

北嶽廟李克用題名中和五年

已見王氏萃編

文（着）陁羅尼咒幢光啟四年四月十五日

石失下截僅高一尺八寸周廣四尺三寸卅二行行僅存八九字今在山東監都舊城城隍廟

咒文不錄

聞出三塗離諸苦惱下缺生□於□塵霑衣下缺文（着）

建幢於龍興寺下缺噫嘻寒松千尺澄泉下缺□

宣之偈如來秘密之音下缺

光啓四年四月十五下缺

右幢下截殘闕末面刻記文年月四行光啟為唐僖宗年號四年二月已改元文德而此稱光啟者于時

王敬武據淄青等處羣雄迭相呑噬兩河阻絶宜乎

新命未至鄉曲猶用舊號也山左金石志

萬壽寺記景福元年八月一日

已見王氏萃編

張夫人墓誌景福元年十二月廿日

石高一尺九寸廣一尺九寸五分十四行行十七字至廿一字不等今在山東益都

唐故清河郡張氏夫人墓誌銘

夫樂安郡孫珦述

噫夫人姓張氏其淑慎貞素禀自生知退讓儉遜不從

於訓袛奉晨夕終始若一吁言乎不禄弃我私室蘭摧

春霧蓮墜秋風隟影難迴逝波不返男一人高姐電影未分槿花已落女二人長曰奴哥穠花未開嚴霜暗墮次曰郭兒丱髮未揔繼我門嗣夫人年四十有三以景福元年冬十二月二十日卜垗於　府城之南雲門之下樹丘隴而銘　銘曰

日月有度兮生死無常　白晝其速兮夕夜何長　澠水為隣兮雲門是鄉　千年万祀兮春露秋霜

時景福元年歲次壬子十二月辛未朔二十日庚寅孫珣紀

右刻文十四行字徑六分夫為妻銘僅見於此內云

景福元年十二月二十日卜兆於府城之南雲門之下案武德四年於青州置總管府宜有府城之目矣

乾隆癸丑閒縣人段赤亭搜得之山左金石志

僧省傳書陁羅尼經幢景福二年八月八日

石高六尺周廣九尺六寸八面共七十六行行六十三四五字不等今在山東文登

經序不録

僧皈誠　皈忠　□機志廣　□引行遠　法堅

僧省傳書已上署名一行在經文標題罽賓沙門佛陁波利之下

經文不録

竊聞天不能並覆地不能俱載父母有生育之恩而不

免沉淪之患師資之道即不然訓我以法樂我以心悟
之於一言之下頓超生死之境得之於有無之際便登
常樂之門万路交馳而不能撓其道三界烔燃而不能
壞其性是知師資之礼孰能報哉　先師俗姓張氏法
諱昄敬當邑人也即靈塔大師上足也幼歸釋氏長參
方宗一言合道便契真理掛錫崑峯久歷星歲近厠茲
院未更歲餘疾恙漸縈即赴魔請付囑斯在遷神淨方
春秋卌有七去　景福之首五月九日巳歸大寐門人
全意等以絕粒齋心香花供養素服之載礼之如存遂
則捨茲所有建彼尊勝幢焉於是召良匠鑿嘉山穿厚

地而取奇石剪長林而出珎材役百千人功計半一之
歲莫不金槌連擊鋼鏨雙衝玉屑迸飛石火電耀吐蓮
華之仰覆垂瓔珞之蹤横瑞氣祥雲若盤龍之偃蹇懸
針垂露似返鵲之遨翔一軸真文横鋪八面以日計時
功圓既畢於是卜縣之良位置院之坤宮地連溟渤勢
接崑巖四山如□日之形万像帶含春之景坐中秀氣
視遠近之江山枕上泉聲聽曉夜之流水奇希無憂之
所髣髴極樂之場可安尊勝之文可置不朽之跡伏恐
堎遷谷變渤澥成塵若不鏤石於斯何表將來之紀
景福二年八月八日功德主僧全意全謹　僧道全

倉督王聽思王安都料孔約　男令詮鐫字
将仕郎守登州文登縣令徐肇　将仕郎守登州文登
縣主簿樊處厚　将仕郎守登州文登縣尉孔遐　登
州軍事押衙銀青光禄大夫撿挍太子施主宋裕　賔客
兼監察御史上柱國亐令誠　前登州通引官梁茂隆
鄉貢學究徐口 已上題名在幢末上截
押司録事官奭　録事史張令　鎬宣　勾司王偵
衙司姜璟　司功司張從劉舒　差科司于梅　司戶
司王貟　兩税劉琛馬岳　司倉李直　劉郮　于䂓
孔存　于回　丘暉　譚郮　于敂　孫從　畢洪

王君鄭　孫宏　常平倉司王君實　王周　司法
司林從本　司士司王處均　初採里正王顒　王供
綬　譚仙　于可迴　王翥　錄事司書手鞠幹　徐
幼從　姜賢　于珂　于儒　馬遵　楊珂　王標
佐史王摽周孟洪　于孝章　張公集男雲霄　楊思
明　朱鄙　樊存　臧伸　趙皋　林厚　孫貞　于
聽思聽言男吴老姪男吉大　劉師　施主張存　亡
孫男玉郎　敬璋　敬儒　敬德　施主姜勤　姜礼
姜本　施主于□　于德　林宗　林暕　林和
林從　曹周　曹初　林清　姜景　竇方　趙從趙

立　張存　張僚　張立徐氏二娘　□押司錄事姜
恕　□押司錄事□太賢　施主姜鐸男延項延玩孫
男希傑　希英　希□　懷信　懷慷　懷侶母劉氏
王氏新婦徐氏秦氏郭氏女大娘三姐　□人張□賞
周曾□　□宜　□□劉氏　錢氏　丘氏　徐氏
周氏　張氏　丘念德　□翁張廷□　□□仁
□□□□人重陽　尊婆王氏　阿婆王氏　家母
于氏　母令氏四娘已上題名在幢末下截
右幢署名有錄事史鎬宣又有畢洪皆希姓廣韻鎬
又姓引左傳晉大夫鎬文畢亦姓引蔡邕胡太傅碑

有太傅掾鴈門畢整四錄堂類集

威武軍節度王審知德政碑天祐三年閏十二月一日

已見王氏萃編

重修法門寺塔廟記天祐十九年二月廿六日按當梁龍德二年

已見王氏萃編卷一百十九

撿校太子賓客尒朱逵墓碣□□十四年十一月

已見王氏萃編

濟南郡林公碑額

石方廣二尺八寸三行行三字今在山東益都東關三義廟

大唐濟南郡林公誌銘

石蓋中題大唐濟南郡口公誌銘三行四周刻佛像十二亦僅見也山左金石志

右武衛大將軍李府君碑額

石高二尺三寸廣一尺七寸五分三行行四字

唐故右武衛大將軍李府君碑

右額題云唐故右武衛大將軍李府君碑字徑五寸篆法圓勁疑唐中葉已後碑也

陁羅尼經幢無年月

石四層上層高二尺八寸二三四層各高二尺五寸周廣一丈二尺三寸六十六行行約五十六字

經文不錄

七佛俱胝真言 在上層末
地藏菩薩真言 在二層末
密多心經真言 在三層末
觀音菩薩消災真言 在四層末 俱不録

石佛頂尊勝陁羅尼經日照三藏譯正書字徑寸六分後附四咒其石四層合文無年月書人名楷法酷類方祕塔疑此亦柳公權書在泰安縣冥福寺寺有五幢此幢最高大其三幢皆五代所刻一幢殘缺卧于殿東北小圃中余所親見 四録堂類集

造像九種 無年月

二種高四寸廣六寸
四行行五六字不等

阿弥陁佛主王太為亡母董

文殊師利并主甯守一母張

五種共横廣三尺高四寸五分一種五行一種
七行一種三行一種七行一種五行行字不等

藥師瑠璃光佛主姚進光母常合家一心供養

普賢菩薩主甯十住合家一心供養

像主懷州河内縣王三娘供養

文殊師利菩薩比丘僧元慶敬造

阿弥陁佛主口口口妻口氏合家一心供養時此下當有年月

失拓或
已泐

二種共横廣一尺四寸高三寸
一種四行一種五行行皆二字

佛弟子郭翹母秦

弟子宋欽順妻李氏口

右造像題字三紙共九種當是唐刻中有懷州河内
縣字葢即搨之河内者武德二年始置懷州知非六
朝刻也其書像主作荓主荓讀若萍與像聲近故得
借用四録堂類集

平津館金石萃編卷十三

後梁

匡國軍節度使馮行襲德政碑 無年月

已見王氏萃編

鎮東軍牆王廟記 開平二年

已見王氏萃編

贈太尉葛從周神道碑 貞明二年十一月

已見王氏萃編

後唐

振武節度使李存進碑 同光二年十一月

碑高一丈三尺五寸廣五尺二寸三十九行行九十字今在山西太原

□□□振武節度麟勝朔等州觀察處置營田押蕃落等使單于安北都護行營蕃漢馬步使天雄軍馬步軍都指揮使北面行營都招討使□□□□□□□□□□□□□□□□□□□□□神道碑并序

前幽州節度判官朝散大夫檢校尚書吏部郎中兼御史中丞柱國賜紫金魚袋呂夢奇撰上缺□□□□□□郎□□□□太原□□□參軍試太子校書梁邕書并篆額

原夫古先□□必有良輔時清則論至道以經邦和陰陽而均造化柱石王室使不顛不危世亂則□□□而□巖廊□壓□掃遖繖藩屏□□□□□□□可大故有書行事勒金石皆紀其功德及扵社稷生靈者也

公諱存進字光嗣本姓孫氏樂安人也武子之後歷世守職邊上因以家焉曾祖巖振武節度□□□都押衙銀青光祿大夫撿挍右散騎常侍兼□□□□□祖□金紫光祿大夫守滕州刺史撿挍刑部尚書兼御史大夫上柱國皇考佺振武節度押衙左教練使銀青光祿

大夫撿挍左散騎常侍兼御史大夫上柱國　公業紹
箕裘力便弓馬入□□而振響探虎穴以知名氣□□
□心堅比鐵
獻祖文皇帝龍潛朔野豹隱雲中常以鏖虜為心平戎
是務以　公早精劍術素熟兵機肘腋之間□□為任
時或□□雙戟胥屬兩鞬□□而□□風清戰羆而□
□□□
太祖武皇帝嗣承　丕構致力中原屬以天步多
艱王室如燬枕戈求敵奮劍遄征平大殺而復天皇戳
叛臣而清□□以　公生□武略早立戰功委以□鈐

頗著勤績□□□□□補□□□節度押衙左廂衙隊
威雄第一□副兵馬使奏授銀青光祿大夫撿挍太子
賓客兼監察御史上柱國大順元年遷殿中侍御史景
福二年五月　太祖武皇帝以　公性禀淳
和言無□飾勇能排難忠不避□□錫以姓名名同之
□□榮連戚屬光生將門永依盤石之安終賴維城之
固尋補充右廂義兒第一院軍使除授銀青光祿大夫
撿挍國子祭酒兼御史大夫乾寧二年十月除授撿挍
左散騎常侍光化二年二月除授右廂行營馬步都虞
候三年正月兼授鴈門已北都知兵馬使永安軍使兼

守禦都指揮使五月權知汾州軍州事兼守禦都指揮
使四年四月轉充右廂衙隊都知兵馬使　公以屢立
戰勳繼承　先澤勤王□念□主為心夙夜
在公風雨如晦至天復元年四月除授金紫光祿大夫
撿校刑部尚書兼御史大夫上柱國二年三月除授撿
校兵部尚書十月加授撿校尚書左僕射□年八月轉
左廂衙隊都知兵馬使兼左廂行營馬步都虞侯天祐
三年三月奉　命權知石州軍州事時以慈隰未
歸西南為患委之大郡志在安邊　公乃和以養兵仁
而撫俗輕其傜役勸以耕農惸嫠者由是遂生逋竄者

以之復業遠来近悅老安少懷三□有年一方無事百
姓以為□□復出□□再生洎
今昭文睿武光孝皇帝初承　顧命之年以公舊臣
元老委以腹心送往事居慎終如始尋以家讎未雪國
患必□四方□切於經營中土尚稽於平定知　公材
堪出將相可封侯必□多難之秋能立盡忠之節五年
正月制授檢校司空使持節石州諸軍事守石州刺史
七年十月轉充右廂步軍都指揮使八年十二月轉授
權行營蕃漢馬步都虞候尋以偽梁大舉兇鋒□據深
冀□□告□心之急并汾興仗順之□　主

上以　公久戰多謀雄名制敵俾之扈從同救阽危十
万免徒一陣席卷九年正月奉　命再知汾州軍
州事四月制加光禄大夫檢校司徒十二月授西南面
行營招討都指揮使十一年三月收下慈州秋毫不犯
百姓復業三農以時尋制授慈州刺史民歌其化如離
石焉十二月奉　命權知沁州軍州事五月正授
諸道行營蕃漢馬步使時以魏人久厭僞庭咸思
眞主烽煙相□星使交馳迎我　□□以救塗
炭洎　主上駐蹕在鄴以編部未肅都人乍
安每□親征常令預備將委權略罕得其人以　公夙

著廉勤素有威望九月補天雄軍都部署巡撿使行營
蕃漢馬步使仍舊　公稟命益恭守法弥[ ]嚴以理下
儉以[ ]身犯者必誅惡者自息強豪貴勢聞之凛然偽
将劉鄩在莘縣日與
主上對壘經年時　公在都城每切嚴備有日私謂人
曰此賊固險不戰必有多謀俾於南門多排弓弩以待
之其夜果有劉鄩賊黨忽攻都城之南門弓弩齊發死
傷者甚衆遂令單騎潜報
主上於東寨於是王師盡出及旦兩軍相遇於中途五
万兇ネ勦戮將盡唯劉鄩遁而獲免夫破大陣

主上之神功也守都城　公之長算也十四年正
月轉左廂步軍都指揮使二月奉　命權蕃漢馬
步副揔管
聖上初收陽留鎮以為將取中原先通古渡防邊固圉
非　公不才尋留公在鎮守禦　公以岸闊舟遲城孤
兵少強敵在近奔衝是虞乃浚彼壕隍增其樓櫓力役
未罷果有大寇攻城內備既堅群盜尋退十五年冬隨
駕至胡柳陂大破汴寇迴十六年三月制授單于安北
都護御史大夫充振武節度麟勝朔等州觀察處置營
田押蕃落等使時　駕在德勝寨　上以

大寇未平黃河是阻貔貅往復舟檝為勞一出義師數日方濟　公乃埋大木於兩岸貫輕舟於中河建作浮橋以過鈗棖力排巨浪勢截洪流扼彼咽喉壯我襟帶遂使六軍萬馬朝出暮還動若疾雷履如平地十七年二月　主上賞公之功就加特進檢挍太保仍賜御衣鞍馬金銀器物綾羅錦綵等三月授天雄軍馬步都指揮使行營蕃漢馬步使仍舊十九年正月　主上以契丹犯境　鑾駕親征以公計出百全謀深九椽留　公河外以禦姧宄果偽將段凝領兵攻打德勝寨　公乃夜警晨嚴出鬬内偹三軍勠力万

人一心泊　主上凱還祲孽夜遁二月以
公之功加特進撿校太傅隴西郡開國男食邑三百户
當年鎮州有不令之臣張文禮弒其主而據其位潛通
梁□密構契丹背
我聖恩恣彼凶德　主上以北門猶梗中國
未寧憤為患於腹心志先平其巢穴王師繼發廟算頻
施鍼戩雖多攻取未下以　公聞風料敵嗅土知兵□
付
眷謀俾就攻討四月授北面行營都招討使　公奉辭
伐罪固敵是求乃仗鉞而行鑿凶而出戈矛雪瑩甲騎

雲飛發殺地之威聲勁踰漳水作連天之殺氣直壓□
川增其巖營討彼孤壘料於不日必下□□無何伏鷄
搏狸乳犬噬虎我師未列彼陣先成　公乃獨領親軍
迎鋒力戰　王師大捷唯　公乘勝深入為流矢
所中身終於陣享年六十八於戲功已垂成命不相待
陳安既往長留壯士之名卞壼不迴永盡忠臣之節扶
傾柱折濟險舟沈
天子聞之輟朝百姓聞之罷市夫生受　國恩歿
於王事大丈夫之終也同光二年冬十月贈太尉則以
十一月八日葬于太原縣□夏鄉萁□東原禮也夫人

彭城劉氏聞詩立德約禮成規夫人渤海金氏素稟全儀生知懿範柔順同符乎坤道賢和幷出於家風有子七人長曰漢韶河東節度押衙都牢城使兼右廂五院指揮使金紫光祿大夫檢校兵部尚書兼御史大夫上柱國久讀兵書頗精師律謙恭接下廉謹立身戰勝而口不言功任重而心益為懼仁孝既聞於鄉里忠勤復表於旂常藴茲全才以固國邑次曰漢威河東節度押衙安國軍馬步軍副指揮使兼都牢城使銀青光祿大夫檢校工部尚書兼御史大夫上柱國玉堂演術金櫃傳符亟揚破敵之功深得將兵之妙次曰漢殷前振武

節度押衙㳂河五鎮都知兵馬使銀青光禄大夫撿挍左散騎常侍兼御史大夫素蘊直城早抱雄節致身以文武之道□人以忠信之心次曰漢郇河東節度□□兵馬使銀青光禄大夫撿挍左散騎常侍兼御史大夫孝敬因心忠直成性交遊不雜言行相符次曰漢筠前振武節度單于安北都護府司馬器度縱横識略孤遠躭書味道處約持謙樂勝□□先人後已次曰禄兒幸多穎悟似有神通甫當懷橘之年自立成人之智次曰歡兒神彩踈通骨氣清秀對日之年未始摩天之勢已高可謂荀氏八龍賈生三虎併生於德門者也夢奇舊

忝故惣管令公幕下十五餘年常在征行与　公同履營寨熟公之知眷見公之事業諸子弟不以虛薄請染柔毫敢竭荒蕪實叙銘勒庶比夫燕然立碣峴首豐碑復旌上將之勲再墮行人之淚其銘曰

五嶽降靈四瀆騰精雄才英傑為時而生舟以濟險柱以扶傾手撥禍亂力致昇平其一婉畫頻施嘉謨屢協德懋九歌寵深三接績泝天潢連芳玉葉出則奉辭入必献櫶其二量深口達才高氣孤張皇義勇倜儻雄圖臂上繁弱胷閑轆轤聲馳絶塞勢懾群胡其三經以斯文緯以我武柔亦不茹剛亦不吐名高差虒力大如虎鐵石一

心魚水三主其四離石作牧西南之戎威以風行
惠以雲布直者必舉枉者必措俗戴二天人歌五袴其五
化行四郡恩被百姓吏守公牘獄無冤擿氷畫之瑩水
鏡之淨善人為邦室家相慶其六得魏為大守之為難經
巡務重制斷事繁威而不猛嚴而不殘奸邪氣慑豪右
心寒其七楊留初下渡口是防高樓備險大□□長城高
如金壕浚如湯摧敵制寇拓土開疆其八
天子恩深將軍戰苦仗節擁麾分茅列土作鎮單于以
扼窮虜晝錦而行不獨前古其九九曲連天隅彼口黨白
浪崩騰洪流滉瀁造舟為梁誰謂河廣謀而後行利有

攸往其十趙有不廷于國之紀作孽一方構禍千里煙塵
未滅□□之□力戰酬恩歿而後已其十一桓桓上將弼
我元后馮虖大樹周居細柳忠不負名勇不期壽
天長地久勳庸不朽其十二
上缺當石作副都料楊□克鐫
右碑題上闕武節度麟勝朔等州觀察處置營田押蕃
落等使單于安北都護行營蕃漢馬步天雄軍馬步
軍都指揮使北面行營闕前幽州節度判官朝散大
夫撿校尚書吏部郎中兼御史中丞柱國賜紫金魚
袋呂夢奇撰上闕叅軍試大子校書梁邕書并篆額序

云公諱存進字光嗣本姓孫樂安人也按史存進在義兒傳振武人名重進失其字而非樂安碑云曾祖巖振武節度都押衙 闕 左教練使銀青光禄大夫左散騎常侍為史所遺史云太祖攻破朔州得之賜以姓名養為子而碑云太祖以公早立戰功補節度押衙左廂衙隊威雄第一 闕 副兵馬使奏授銀青光禄大夫撿校太子賓客兼監察御史奏授者朝廷之銜也歷大順至景福二年五月始榮連戚屬補充右廂義兒第一院軍使戚屬者即史所謂賜姓名而碑文其詞也義兒第一者即史所謂養為子而碑據其名

也然已歷試之而後充義兒非初得之而即養為子
也史云從太祖入關破黃巢從莊宗戰栢鄉為碑所
遺其在太祖時碑云乾寧二年十月除授散騎常侍
光化二年除授右廂馬步都虞侯三年正月除授鴈
門已北都知兵馬使五月權知汾州軍州事權者代
署之謂四年轉右廂衙隊都知兵馬使天復元年除
授金下失八行共一百六十八字　莊宗初得魏博以為天雄
軍都部署同碑云劉鄩在莘縣與主上對壘公于南
門多排弓弩待之鄩夜攻都城弓弩盡發鄩逃免為
史所遺碑云十五年冬大破汴寇十六年三月制授

單于安北都護御史充振武節度麟勝朔等州觀察處置營田押蕃落等使史止云節度其餘皆遺上以大兵渡河公埋大木于兩岸作浮橋盡渡十七年二月就加撿挍太保賜御衣鞍馬與史同而史云以葦筰維大艦又與埋木異十九年正月契丹犯境親征二月加檢校太傅封隴西郡開國男食邑三百戶四月授北面行營招討使為史所遺乘勝深入為流矢所中没于陣與史同史則詳言李嗣昭戰殁存進代之軍于東垣與張文禮子處球戰殺處球兵殆盡碑所失載年六十七子漢韶漢威漢殷漢闞漢筠祿兒

觀兒而止史漢詔一人同光二年贈太尉以十一月葬蓋太祖置義兒軍如李嗣昭等甚衆與存進異故史于李嗣源僅書其所賜之姓名不以子書也若存進爲太祖所親愛莊宗所信用其除授左右廂等職皆出于巳至云制授制加則承制而命之也史于義兒傳略故予全録碑文以記其異同云金石録補

李存進碑在太原縣鄭村僅露碑頂曹秋嶽發之樹大道上金石録補襍記

新史載存進事甚略以碑文與舊史本傳及莊紀校之舊史父佺世吏單于府而碑載曾祖巖祖某皇考

佺為府寮皆兼大銜蓋唐末官屬都假階也舊史有子四人而碑載有子七人為小異其叙存進戰功及死事舊史視碑較詳而年月官階亦無違異葉九來僅見新史又未合莊紀考之因多異同錢竹汀亦坐此病舊史存進初仕嵐州刺史湯羣為部校獻祖誅羣乃事武皇碑但言初事獻祖不及湯羣體例宜然新史言太祖攻破朔州得之頗失實又碑言享年六十八舊史作六十六轉寫誤也四録堂類集

增福寺僧令欽等佛柱記 天成元年九月

記高四寸五分横廣二尺九寸二十八行行字不等又記側四行今在河南孟縣

像柱主宋定方妻楊合家供養已上四行

天成元年九月十八日院僧令欽口口惠進記已上四行

後村維那立幢子已上二行

維那張厚　張君集　韓逵　甯用　梁道逢　甯達

韓口　劉玶　李万口已上共九行

本社甯章合家供養已上三行

當村西頭甯温合家供養已上三行

大宋宣和三年三月廿三日二人記已上三行疑後有姓名未拓

佛弟子已上二行

王口為母已上二行

重修定晋禪院千佛邑碑 天成四年九月

已見王氏萃編

石窟寺尊勝院羅尼經幢長興三年八月

高六尺六寸周廣五尺七寸五十五行行約七十餘字不等行書今在河南鞏縣

經文不録

維大唐國洛京河南府鞏縣淨土寺今於當寺建堅尊勝經石幢伏願　皇風永扇玉葉連芳内外群臣惟忠惟孝次願鎮縣官寮惟清惟政先亡父母師僧和尚及兄楊蕳姪楊璠當處土地護伽藍神前後亡歿師僧伏自所年兵革非理煞傷覩此勝因早證菩提之道

長興三年壬辰歲八月己酉朔十一日辛未建立鞏縣
淨土寺主僧恩槃師惠超
幢在鞏縣淨土寺按淨土寺即魏石窟寺王世充與
李密相持世充渡洛水過倉城爲營與密戰于石窟
寺東即此寺也中州金石志

龍潭寺經幢應順元年正月
高五尺七寸周廣五尺二寸五十二行行七十四五六字不等正書今在河南濟源
經文不録
我聞是法不可顯示妙用施為形可彰矣應時就物不
貿万機接化隨方圓通事理故有立幢為相撥大智於

目前用咒為文開法門於世界真言真語善聽者知音
勝地勝幢解相者不動故如是住寐照雙通一真之道
分明七達人天何有頂光三帀三世一如却人面門更
無餘事今有迎慶禪院檀越浩直懷其口信布地黃金
殿宇房屋儼然周帀崇之未已更立經幢削玉琱珉甃
口口口審觀無縫擁依匠者之功諦視通圓非寄鄉人
之手獨為尊勝將萬類以難齊隨處因緣滿塵沙而有
異徒此流布口會口情頻口法門一時成世伏願口口
遠代永出苦輪次保家眷尊卑口口貞吉　　祖克用
父玩　母凢氏　凢河陽節度押衙充濟源鎮遏使

從貴妻郭氏姪河陽節度押衙銀青光禄大夫撿校御
史大夫□□弟□□□使□騎尉從暉　弟從朗
幢主浩從直　妻□氏　亡妻張氏
應順元年歲次甲午正月壬申朔廿一日壬辰建
院主僧行岑　典座僧行嵩　燕州尚谷匠人侯晏
馮彥暉

龍潭寺經幢應順元年閏正月

高五尺七寸周廣五尺二寸五
十二行行約八十字不等正書

經文不録

陀羅尼者諸佛頂相万法正宗有無難到是非莫及力

大而千聖不立慈化而三界通收放一淨光照無量國
迴來三帀旋繞殷懃却入口中與問自説便將微笑造
一人天吾有密號陁羅能消惡道此則智鋒快利善惡
俱摧□□□然毗郍住世今有迎慶禪院邑衆十一人
並乃恬愉是性清白為心每引獻供之緣知道如來不
隻佛心潛會凡體自通而於善巧化門共主經幢於此
可謂造石疊玉鏤錦攢花真言字字無生實語行行見
道顧將此福廣若□□□□□□有情共入真常之道

院主僧行岑　典座行高　句當小師明朗

雲水寂閑書　邑人浩直

邑人張鐸張璠李遠脩　楊知遠　楊璠　鄭竟思

王釗遠　開文裕　楊知勇

應順元年歲次甲午閏正月壬寅朔四日乙巳建

石作侯晏　馮暉

尊勝經二幢在濟源龍潭寺一幢末書祖克用父玩兄河陽節度押衙充濟源鎮遏使下多摩滅亦不知為何人也幢中寫給孤獨園為薗字尤可怪一幢題雲水最閑書疑亦僧人法號而莫察其姓名也中州金石志

右二幢一為濟源人浩從直建一為浩從直邑衆十

一人共建廣韻浩姓引漢青州刺史浩賞從直昆弟皆仕後唐其祖克用犯武皇諱直書不避四錄堂類集

張行久石幢記清泰元年五月

石高二尺一寸廣一尺六寸十二行行約二十字不等正書今在山東益都大尹村三官廟

維大唐青州益都縣清泰元年歲次甲午伍月庚子朔□□□□□□□平盧軍節度同經略副使張行久□爲□□□□□□□□□生張先曾有願舍緣□物等修（阙）佛院壹所佛堂叁間伍□拾副前面門□座堂内裝塑釋迦牟尼佛壹尊并阿難迦葉及觀音世志[菩]薩及護法神王供養子等共計鉊土□□□斤申意者伏願

國泰人安四方無事五穀豐登次願合家清吉長幼無
灾此世來生常登佛會幷先亡父母早得生天然願鄉
隣姻眷並保安康三藏諸佛爲護一切有情同霑福利
故記
女張氏十一娘　次女張氏三十娘　外甥貴　次女
口　女聟前攝淄州長史兼侍御史劉恕書

右幢刻記共十二行略云大唐青州益都縣清泰元
年歲次甲午伍月平盧軍節度同經略副使張行久
云云段赤亭云五代房知温傳稱知温鎮平盧會廢
帝起兵鳳翔知温使司馬李沖覘之廢帝已入立沖

即奉表稱賀還覲知温入朝廢帝慰勞甚厚知温還鎮封東平王給鹵簿鼓吹輅車法物是清泰元年平盧節度使正房知温也又云知温在鎮常厚斂其民積貲鉅萬治第青州城南出入以聲妓游嬉不恤政事天福元年卒于官其子彥儒獻其父錢三萬緡絹布三萬匹金百兩銀千兩茶千五百斤絲十萬兩拜沂州刺史其將吏分其餘貲者皆爲富家云行久當時爲知温副使意必代爲掊克需其餘潤者而乃佞佛祈祐且及鄉黨姻眷然唐祚二年即亡不數年青州楊光遠叛符彥卿以兵討之自夏至冬城中人相

倉殆盡所謂福利者果安在哉山左金石志

華嶽廟張希崇題名清泰二年十月廿三日

已見王氏萃編

後晉

贈太傅羅周敬墓誌銘天福二年十月

已見王氏萃編

法行寺陀羅尼經幢天福三年四月

高三尺五寸周廣五尺五十一行行五十餘字又題名三行竝正書今在河南汝州

經文不錄

天福三年四月一日建立故記　　書字

施主女弟子郭氏

石作下缺

字甚摩滅楼方志汝州亦未載法行寺中州金石記

陳渥書呪幢天福六年七月

高三尺五寸周廣四尺五寸咒十四行記六行銜名年月十九行上下皆泐行字不可紀今在山東益都西門内閻王廟田間

呪文不錄

伏聞至聖至靈□其唯我

将軍□鎮三□□四□□□廟臨滬水威鎮海隅下缺

上缺大啓發生□□而匝年年□稔歲歲豐登莫下缺

掛　勅　將軍官□□額□□於東西兩廟相次八

載（下缺）

連正祠遂發□誠扱修廊宇□一□□□一二百之□

發普願（下缺）

廟主大王福位□□□壽（下缺）

馬步都虞候忠勇□衛功臣撿挍吏部尚□□□大夫

上柱國□□□郡公前□□□□□□□大夫（下缺）

（上缺）大使王知立　□兵馬□□□謙　討擊使充兩番

通事知廟王知岳　前亳州長史銀青光祿大夫撿挍

太子賓客兼（下缺）

（上缺）工部尚書兼御史大夫□□□□都尉張□□ □
□使功臣散都頭史重貴 □□□□務使銀青光祿
大夫撿挍右（下缺）
（上缺）兵馬使（下缺）（上缺）光祿大夫撿挍太子賔客兼御史大
夫郎漢崇 押衙充都□□使臧□□ 前押衙（下缺）
（上缺）淄州長史（下缺）（上缺）韓 吴越鎮海軍討擊使兼監察
御史顧承威 故隨使押衙副知客李光昆 故賀太
尉元從押衙史（下缺）
（上缺）隨使張（下缺） 隨使曹噴 衙前樂營使任偘 弓箭
第四都十將李□□ 前景州長史安承嗣 節度押

銜充客副皇甫譚下缺

上缺部尚書兼御史大夫王昭弼　平盧軍同押衙充都

壕寨使銀青光禄大夫檢校左散騎常侍兼御史大夫

上騎都尉劉□礼　維那隨使押衙牽攏軍使李□歆

隨使押衙知右葉□□□秦希福

上缺氏新婦魏氏　女弟子胡氏　張榮　杜仁美　劉

榮奇母李氏　吴知進　李唐暉　信景　女弟子□

氏　楊氏　男下缺

上缺遠修演□□修　孟元裔　穆下缺　上缺嗣　女弟子

輅氏　王氏魏氏下缺

上缺高知莱　梁讓　王守誨　于知紳　□廷溫　聶
誨　韓下缺
上缺張廷幹　劉漢賓　潘暉　□□□　井光泰　佘
仁美　張下缺　上缺皇延廣　潘延下缺
上缺女弟子馬仲師　弟仲貴　陳知蘊　上缺知嚴妻
李下缺
上缺嗣　母張氏　新孃張氏　孫誨　路唐殷　李宏
□逢處龍　朱處下缺
上缺劉氏　楊光允　劉重霸　妻苗氏　顧友彪　翟
遷　鄰令□　周下缺

上缺邢守謙　馮思誨　馮德遇　母張氏下缺

上缺氏　管氏　董氏　張氏　魏氏　周氏　馬氏下缺

上缺神女　法氏　蘇氏　□氏　蕭氏下缺

上缺副社□知壽　社副秦希□　社□史□　□擊使

史下缺

天福六年歲次辛丑七月己未朔十日戊辰建

右幢上下皆有殘闕銜名中有稱牽攏軍使者頗新异當時國事繁促職官多隨事命名非有定制吳越自天福元年奉晉正朔官屬皆其自署此稱吳越鎮海軍討擊使兼監察御史顧承威等想亦奉使之臣

與雲門口功德記所列彭湯李三人皆可補十國春秋之遺也段赤亭益都金石志云五代史楊光遠傳天福五年徙鎮平盧封東平王以其子承勳從此碑所稱廟主大王必光遠也其餘書銜姓名可辨者悉不見於史内云廟臨澠水似誤指南陽爲北陽矣此幢建于天福六年越三年光遠叛晉符彦卿東討光遠嬰城固守自夏至冬城中人相食幾盡其子承勳囚之以降帝使李守貞殺之光遠死後漢高祖稱帝又贈爲尚書令封齊王命中書舍人張正撰光遠碑銘即以其子承勳爲平盧節度使刻石于青州碑石

既立雷擊碎之而此碑光遠姓名亦残毀是天不欲
雷惡人之蹟歟山左金石志
此幢前十四行刻威神咒非即尊勝陁羅尼經咒也
幢内亦無書人名氏山左金石志及訪碑録皆題爲
陳渥書陁羅尼經幢恐非四録堂類集
吴越文穆王錢元瓘碑天福八年四月廿日
碑高一丈三尺廣八尺三寸五十一行行九十字有篆額未拓今在浙江錢唐墓所
大晉故天下兵馬都元帥守尚書令下缺
推忠興運致理功臣銀青光禄大夫守尚書右僕射兼
中書侍郎同中書門下平章事上柱國汝南縣開國子

食邑五百戶實封一百戶臣和凝奉　勑撰
上缺宣賜碑文兼書碑使朝請大夫守司農寺卿上柱國
臣權令詢奉　　勑書兼篆額
嘘唏化北溟而歸南溟者豈藩籬之羽翼行西海而遊
東海者非池沼之鬐鱗大鵬搏扶文鷁迅疾一息万里
壯哉偉哉所以二華截靈河不興擘者六鰲負仙島亦
有釣人豈殊乎傑出一時雄誇千古開桓文之列國襲
吳越之　　真王況牽牛婺女之奥區允常壽夢之
故地犀渠鶴膝俗尚雄豪煮海鎔山人多富庶有九谿
六谷之廣通三江四瀆之饒非閒世　英奇豈能

開創　丕構非承　家賢哲豈能光大
勳門尊長　累朝緜聯數世今見
吳越國矣　武肅王以雄傑之姿居衰
亂之代拂衣雲壑礪劔烟巖立　勤勞於六十年
間拓封疆於三千里外名光華夏　誓著山
河當四境多虞即主盟而稱霸及中原甫定即述職以
來　廷履行功庸富貴壽考已載於世家矣
王爰居長德早已嗣承益昌家　國之基復積
子孫之慶方緊　夾輔忽罹淪亡巨嶽其積上元
不憖　英靈謝世　德澤在人爰有

嗣王克光　前烈陳元方序先君之美胡伯始稱
乃父之清乞書無愧之碑願列不刋之史
皇帝孝治寰海　仁守寶圖終覽奏章備明
哀懇　恩殊常品　寵異羣藩爰
詔輔臣俾光先正叙曰
錢氏之糸□□□□按氏族廣類風俗通曰周禮有錢
府上士之官其後氏焉漢史有錢讓晉史有錢鳳宋史
有錢樂之陳史有錢導戢前朝有配饗功臣巢公錢九
隴近則有翰林學士右丞錢起光前映後皆見信書列
派分枝咸爲著姓　曾祖留累贈太尉尊道貴

德應運適時韞陸瑁之義風包王常之忠節德星聚處
早光陳寔之門仙鶴去時已云孫鍾之貴　祖寬累贈
太師澡身浴德著信立誠幼則比其雙珠長則方於三
虎簪纓劍佩生參臺省之資簠簋鉶登殁享公王之祭
考諱鏐天下兵馬都元帥□□□□尚父吳越
國王謚武肅七耀祥光五行秀氣躬嘗墮於九日夢
曾到於八天項藉喑嗚人皆披靡甘寧謦欬敵已悚惶
頃者土德崩離乾綱弛紊當戎馬生郊之後乃龍虵起
陸之時於是金璧延才英賢畢附豆觴撫士勇毅爭歸
纔思倚柱之謡尋應懸刀之夢苦身焦思沐雨櫛風戰

波浪以拓城隍滅烟塵而靜邊鄙神資福地民詠樂郊
所以翼子貽孫永使尊周佐漢　王即武肅之第
七子也諱元瓘字文寶杭州安國縣人也龍章鳳姿金
相玉振五色露迴稚溫潤九天霞別是輝鮮象弭弦開
射雲鴻而中鏑金壺墨湧書巖石以成文智自神傳才
由天縱馬鄭將□於學校早洞禮經孫吳未演於韜鈐
已明兵法薩孤延之沈勇電爇蚪鬚豆盧績之至誠泉
生馬足三時不害六府孔脩理民則簡靜居懷恤物則
仁慈在念銅斗鐵尺俾列肆以均平魚網兔罝試小民
之遊惰五稼則分岐合穗萬民則棄戟捐矛每行　阜

蓋之春復繼緇衣之美 王起家為鹽鐵發運巡官奏
授尚書金部郎中 賜紫金魚袋尋以偏裨□許再
思徐綰等狼心素野鼠首無恆忽構狂謀私邀外殺田
頵言惟樂禍志欲朋姦遽興烏合之徒將逞鷄連之勢
及聊加賞犒即請叙姻親荀家共譽於葱明郗氏果求
其逸少遂請行而赴選用繼好以恤人雖駐危卵益引
善道俟銷釁隙尋却歸 寧既自孝以移忠宜經
文而緯武承 制改其端揆以親軍左旋右抽每
加訓整先偏後伍益顯機謀旬摧貔虎之師遂展鷹
鸇之勢于是領吳郡組練破處郡妖狂牲牢纔禡於軍

牙露布已懸其賊首其後邊烽忽舉隣寇相侵六奇先
視於羸師三鼓俄觀於酣戰纔交鋒鏑大廓氛霾陸征
則活擒李濤水鬭則兼誅渦信係俘因而塞路牧器甲
以齊山邇後欲率隣藩同修職貢知不從於藥石遂再
動於征鼙　王船領舟師壓其口境威生霆霹光奪雪
霜熊羆盡布於江心雕鶚旌飛於天面火鎔鎖斷共仗
奇謀箭壓舟平咸推敏智鯨噴駭浪龍吼驚濤擒賊將
以尋誅獲戰舩而猶在因玆大捷永絶相侵備奏豐功
請　覃茂賞自此曾無虛歲繼受
明恩揔青旌元纛之權兼黃閤　紫垣之秩匡

時濟代福國庇民事　父事　君唯忠唯孝
尚父武肅王疾生六氣　奠應兩楹欲嘗藥以無
徵幾絕漿而過毀將資冥福爰構　嚴祠修道宮
於割錦之坊創佛寺於布金之地　紅樓紺殿豈殊七寶
之金玉磬瓊鍾不讓五雲之境尋以恭承
治命退國稱藩俯順羣情割　哀視事連營受
賜比屋知　恩給親族以優豐待友于而敦睦
拱極之誠益至　勤王之節不渝洎
大晉開基中原興事續璧梯航之　禮益傾鐵石
之心　推戴既堅　旌酬亦至封吳越

國王授天下兵馬都元帥又授尚書令金印玉册□散□裳竝復世官可明朝獎九重城内解寶帶以頒宣十二閑中選名駒而錫賚天福六年□□王以弟兄歸任絲竹張筵因抒嘉篇久吟警句別淚已多紅蠟淚離盃須滿綠荷盃詩罷酒闌情傷疾作其後融風忽扇烈焰俄烘駭愕既多虛羸遂甚上池之藥無効聚窟之香不神至八月二十有四日薨於瑶臺之正寢享年五十有五即以七年二月乙卯朔十九日癸酉備鹵薄葬於國城之南原禮也

先皇帝初　聞訃奏倍極　悲傷久輟
視朝厚　頒祭禮　王娶扶風馬氏
故雄武軍節度使同　平章事綽之女也賢明無對　令淑
罕儔翫圖史之華著組紃之妙如賓合禮逮下符詩方
繄內助之功忽動早凋之歎手拳魯字既叶嘉祥腸遶
吳門復彰吉夢先二年薨有　子十三人
嗣王弘佐粹和正　氣嚴重英姿鵷鷺著瑞世之文驥子
騁晚雲之步無益之事略不經心非法之言未嘗出口
咸推夙習共仰老成　服周孔之楷模繼曾顏之士行寔
興門之良肖乃　搆夏之全材自罹

憫兇共傷羸瘵楚弃疾正當拜處早顯神荷孫仲謀未是奚時須從衆議尋知國事經稟

朝恩行慶賜以洽人心省科徭而求民瘼而況郭汾陽之將佐皆是公侯蕭丞相之宗親咸從軍旅同心協力送往事居市無易肆之謳戶有不扃之詠

朝廷喜其嗣襲尋降

渥恩便封列土之王用獎克家之子

制授引佐起復鎮軍大將軍左金吾衛上將軍員外置同正員撿校太師兼中書令鎮海鎮東等軍節度浙江東西等道管內觀察處置兼兩浙鹽鐵制置發運營田

等使杭州越州大都督上柱國吴越國王食邑一万户
食寔封一千户仍賜保邦宣化忠正功臣次年又加食
邑七千户食寔封三千户仍改賜保邦宣化忠正翊戴
功臣長子弘僎温州静海軍使先一年卒次曰弘偁東
府安撫都指揮使次曰弘侑弓馬諸軍都指揮使次曰
弘僔先立爲吴越世子先一年薨次曰弘倧衙内諸軍
副都指揮使檢校司徒次曰弘偡衙内諸軍左都知兵
馬使檢校司空次曰弘俶衙内諸軍右都知兵馬使檢
校司空次曰弘億衙内諸軍左右馬步都虞候檢校左
僕射次曰弘僅弘儼弘仰並檢校禮部尚書瑶山並秀

珠樹相輝學禮言詩咸聞博贍彎弧擎劍盡富韜鈐姜
被同歡田荊永茂次曰引儒為國披緇法号方悟捨
王公之娛樂就法宇之清幽湯休尚著於文章支遁猶
憐於 駿逸有 女四人三人各有粉田一人早棲禪
宇 王惠洽三吴威加百越近則同趙佗士燮遠則
方句踐闔廬服太叔之九言師宣尼之四教 十
朝奬重三紀光華擇吉日以宣 恩選名臣
而將 命癸巳歲命將作監李鍇為起復使户部
侍郎張文寶吏部郎中張絢為守中書令使甲午歲命
給事中張延兵部員外郎馬義為册封吴王使乙未歲

命右常侍孔昭序駕部員外郎張璹爲册封越王使丙申歲命禮部尚書兼太常卿李懌戶部郎中姚邈致爲吳越王金印使戊戌歲命禮部尚書兼太常卿程遜兵部員外郎韋梲充吳越國王官告使己亥歲命尚書右丞王延司門郎中張守素充吳越國王册禮使庚子歲命刑部尚書李懌膳部郎中薛鈞充天下兵馬元帥官告使辛丑歲命右諫議大夫高延賞兵部郎中李元龜充天下兵馬都元帥幷尚書令官告使壬寅歲命太子賓客聶延祚吏部郎中盧撰爲尚書令册禮使議者以王三端迥著五福俱全且夫體物緣情才思逸於盧

駱象形會意筆法繼於歐虞補芸閣之舊編著錦樓之新集六角扇羲之讓美五朵雲韋陟慙工褒之者入雲霄挫之者墜泥滓孰不避王之筆端乎勇可抉門力能扛鼎燧象燧牛之智屢有成功添竈減竈之謀累聞破敵射穿蹲甲彈落翔禽著白袍黑矟之威受猨矢形弓之錫陸斷犀兕水斬蛟螭孰不避王之劍端乎智周物表言合機先能悅豫以使人善撫循而感物剛柔有節語默中規通白虎之羣書繼碧雞之秀辨孰不避王之舌端乎爰自妙齡至於壯齒聳風姿而岳立蘊器度以川渟凡有位以必昇至無官而可授天下之馨

香已播人間之榮樂寔多雖未及鮐背雞膚亦已有霜
鬚雪鬢豈不曰壽乎鎮千乘之邦食万鍾之禄明珠大
貝輜湊一方霧縠氷紈雲屯百帑龍猛之金山頗小齊
奴之錦帳未多採聲妓於娃宮合絲簧於綺閣豈不曰
富乎骨秀神清凝脂點漆飲五斗而未醉食方丈而無
餘鄙西蜀之相如常縈消渴笑南朝之沈約每苦清羸
朗韻如鐘豐肌若瓠豈不曰康寧乎於家孝弟事
國忠貞薄於己而厚於人訥於言而敏於行放
麑隱鹿每積陰功恤寡矜孤常施厚惠豈不曰攸好德
乎疾疢雖加襟懷不撓如浮雲之易散念急景

之難停啓手足而保全傳　其裴而得所豈不曰
考終命乎有是衆美天何恨焉臣素乏口才仍疎腹稿
方愧弼諧之續又虧紀述之能仰奉　絲綸俾銘琬琰
辭讓不獲漏略斯多雖文過江南不及韓陵之石而
恩深浙右必同峴嶺之碑仰副
聖慈謹爲銘曰
雲起龍驤　化爲侯王　鴻騫鳳翥　鶚立鷹揚　凜
然勁氣　卓爾雄銛　大名之後　五世其昌　武肅
開基　奄有吴越　恩洽百城　名馳雙闕　既委招
懷　復專征伐　纛土苴茅　秉旄仗鉞　尚父弃代

元帥承家　傳榮襲慶　奕葉重葩　有典有則
去甚去奢　威名烜赫　事望光華　譚藪縱横　詞
源浩渺　曹植思遲　崔儦書少　月夕花朝　猿巖
鴈沼　筆落緑牋　風清緑篠　神傳射訣　天富兵
鈐　竈文月角　燕頷虬鬚　威能伏獸　名可愈痁
撫衆以惠　待士持謙　事必有恆　政皆求理
扶弱過強　先人後己　但見偃風　莫聞狎水　阜
康烝黎　廊清邊鄙　量陂素廣　德岳弥高　禮延
耆舊　令肅權豪　庭趍忠烈　府集英髦　講論韜
略　奬勸勲勞　自再稱藩　益勤述職　虔布　詔

條　動遵楷式　每陳貢輸　常踰万億　表率方隅
匡扶　社稷　功庸罕對　渥澤無倫　禮優伯舅
位極人臣　鎔金鏤玉　龜紐龍綸　永言當代
莫繼芳塵　禁暴戢兵　取威定霸　方賴控臨　忽
聞　薨謝　雲慘長空　星沈永夜　號慟軍民　涕
泗　華夏　初聞訃奏　尋輟視朝　深嗟旦奭
不及松喬　倍加　贈襚　久罷簫韶　君臣分至
水陸程遥　間　傑淪亡　英賢繼襲　擗踊悲摧　無
所追及　益務撫循　加之周給　人情既安　兵威
自戢　一方肅靜　三世輝榮　朝宗事大　誓表傾

城欲光家世　上奏　聖明　願書貞石　用顯聲
名金玉令人　皷旗良師　德盛功崇　文經武緯
述之莫窮　言之無愧　庶幾乎万歲千秋　人見
之而墮淚
天福八年歲次癸卯四月戊申朔二十日丁卯建
碑高一丈八尺餘上有一穿趾趺螭首在錢唐縣龍
山墓道之前錢泳述德編
碑在杭州正陽門外十里玉皇山下有篆額有穿碑
文行書字徑寸二分首行標題字徑二寸漢宛令碑
標題大於碑文數倍此殆倣其式碑除首行標題泐

缺不計外共三千六百五十五字可識者二千一百七十餘字錢氏舊誌載有全文脫譌甚多而石本泐處尚賴誌以補之碑與舊新史互校亦多異同碑云王即武肅之第七子舊史作第五子碑云諱元璀字文寶新史作字明寶碑云癸巳歲命將作監李鍇為起復使舊史作李鏻碑云張文寶張絢為守中書令使舊史作授兼尚書令皆當以碑為正碑云王娶扶風馬氏故雄武軍節度同平章事綽之女新史繆將有馬綽不言故節度同平章事碑云破處郡妖狂舊新史此事失載皆漏略也四録堂類集

李彥賓石香鑪記 天福八年九月

記高一尺一寸五分廣一尺五分八行行八九字不等刻于石香鑪底今在山東益都玉皇廟

隨使押衙李彥賓　有願造石香鑪壹口者伏爲与父司徒離口有戲參勤遂啓丹誠口此功德願早父子相見事官清吉合家安樂永無哉苦

天福八年九月日記

右字刻於鑪底段赤亭云鑪不甚高可以覆而拓之哉苦即裁苦之異文山左金石志

後周

雲門山功德記 廣順三年十月

石高二尺二寸廣三尺二十七行行約二十三四字不等行書今在山東益都

雲門山大雲寺重粧修壁龕功德記

講經沙門賢口述并書

伏自玉毫掩相求瞻覩以無由金像遺蹤藉修崇之可託且我佛住世莫久像教是依了達者位證三乘漸涉者道隆五福伏以雲門山大雲寺者未可知其始建之時也因覽古碑云開皇年中曾有修建但以寺居峻嶺地枕長郊觀聖像之淩夷見精藍之荒廢近則雖興新搆必知未稱舊基唯有壁龕弥多石像依稀相好隱映儀形風雨交侵頗損雕鏤之質歲華綿邈全無彩繪之

蹤盡事有廢興理關舒慘豈期今日獲遇信心　清信
弟子彭仁福本貫浙江寓居海岱固安賜履未返三吳
唯以夙懷善因果敦至信知修崇之可託明幻惑之不
堅是以廣造良因於諸蘭若此則因參遠寺獲覩古容
遂乃慎選良工精求彩筆果得入神之妙再瞻如在之
儀重新兩龕立妙嚴飾雖遙柰苑何異靈峯一群蒸黎
盡起歎降之想四來上友頓生恭敬之心諒此淨因必
獲多福更有同會良友亦是□知各起齊心助成勝事
仍雕翠琰以紀芳猷庶使万古千秋不泯增修之狀陵
遷谷變常開化導之門如賢□者跡忝緇衣辭虧黃絹

常復斯言之戒敢述刋石之文盖猥付非才而堅令叙
録旣難退讓何免誚尤謹題
時大周廣順三年歲次癸丑十月戊申朔十八日乙丑
建
功德主吳越國前攝金吾衛引駕長史彭仁福
女弟子駱氏　長女大師姑　次女小師姑
同會弟子吳越國延恩院隊口銀青光禄大夫撿校國
子祭酒兼御史大夫上柱國湯仁厚
吳越國大程院隊口銀青光禄大夫撿校國子祭酒兼
御史大夫上柱國李口書

吳越國入五臺山送供吳澮

布衣習碁張遠進

五代史載吳越自唐末有國而楊行密李昪據有江淮吳越貢賦朝廷遣使皆由登萊泛海常有飄溺之患至顯德五年王師征淮克淨海軍始就陸路此碑在廣順三年貢賦尚須海運碑中彭湯李三人或即吳越使臣泛海至青州故有此功德也（山左金石志）

修武縣尊勝經幢 廣順三年十二月

已見王氏萃編

衛州刺史郭進屏盜碑 顯德二年五月

已見王氏萃編

濟州刺史任漢權屏盜碑顯德二年五月

碑高一丈六尺四寸廣六尺廿六行行七十五字行書今在山東鉅野

大周推誠奉義翊戴功臣特進檢挍太保使持節濟州諸軍事行濟州刺史兼御史大夫上柱國西河郡開國公食邑二千三百戶任公屏盜碑銘并序

朝議郎行左拾遺充集賢殿修撰臣李昉奉　勑撰

翰林待　詔朝議大夫行司農丞臣張光振奉　勑書

降婁魯之分濟河惟兗州大野既荒西狩獲麟之地崇

山作鎮東瞑見日之峯郡國已來土賦稱大舊制非便
必惟其新盖民衆吏少則姧易生治稱任平則時克乂
皇朝建濟州於鉅野縣猶魏室分猒次爲樂陵郡耶
我太祖聖神恭肅文武孝皇帝發天機張地紀皇建丕
祚
帝于萬邦不枉政以厚民生不尅法以重民
命以爲分是理頒是條施之一方而用寧通之四海而
不涅者其惟良二千石乎故所選牧守咸用賢能得人
者昌於斯爲盛
今皇帝嗣守洪業光揚 聖謨率勤儉爲天下先
惟幾微成天下務所謂 皇王綱統之道明矣邦

國紀律之務成矣而研覈精鍊日不暇給以戒弛墮之患所謂視聽聰明之德充矣内外上下之情通矣而啓迪開納國無留事以防壅塞之弊凡軍國機要刑政樞務事無巨細必詳於聽覽凡公侯卿士牧伯長史任無輕重必考其才器是以設爵愈重分職愈精人人自謂我民康家自謂我土樂粤嗣位元年冬十月一　詔以前趙州刺史任公檢校太保牧于濟濟新造之郡也麟州之名其廢已久歲月差遠土風寖醨民忘其歸或肆為梗重以控地既大苞荒用遐山幽藪深亡命攸萃灌莽悉伏戎之地萑蒲為聚盜之資妓以人興嘯召或成

於風雨法由貪獘蠹糜遂至於逋逃良田有蟊蝨實害嘉
穀惟夫年若豐稔時無札瘥滯穗餘糧栖偃于千畒京
倉坻庾阜衍于九年猶或脅遊墮之夫釋耒耜之用鉤
鋤矛木竊美於鄉閭之間矧飢沴之歲乎至乃野無戰
血天藏殺機鞏甲琱戈戢鋒鋩於武庫庸租井賦緩征
督於鄉胥尚或誘輕生之民聚無賴之族巢梟穴狡竊
發於晦暝之中矧兵革之際乎民既病而疇思其治醫
雖良而藥或未工蓋用有所長才難求備文吏束名教
之撿則必曰導之以德盜用悔而益㬥法家持剛猛之
折則必曰齊之以刑盜用駭而弥逸自非文武兼資之

用英雄斷制之才蒞是任而居是邦者厥惟艱哉　公天授將才生知理本以戰則勝元機出應變之先以化則孚心術洞希微之表抗一麾而戾止撫萬室以瞻言以爲川壅汚瀆利源泒而當宜濬畎田荒蕪薉樹嘉苗而必極芟夷於是令以先庚申之後甲介馬負先馳之勇陰門提夜出之兵獵叢社以平妭盡誅其類狩平林而得㺄悉伏其辜狂童震驚四野竦駭狼心盡革民患皆除乃峻以隄防斂其窖穽浚獄盡疎其留滯窮源用滌其瑕疵分命鄉民設其警候伏乙夜以嵬慝扼衝途而伺奸盗跡之来若罹惟量卑申命降寇招其叛徒恩信

署用以結其心攝伏羈留以杜其變盜意之改若愈膏肓非夫術以變通姦由惠照太阿所擊剃洪鍾而不留玉弩載張應靈機而自發其孰能如此耶甚矣哉除盜之難其來有素中古澆醨之後羣心變詐之興縱燎夷荒或敗蕭蘭之秀尋柯伐蠹因傷杞梓之材唯賢者之用心則是非而無混故　公嫉盜之意切而誅盜之令嚴去盜之術行而屏盜之譽顯夫盜既去矣民將息矣然後緩之以約束寬之以法令養之以惠愛勸之以禮讓化之無或戾信之無或欺則龔黃之風彼亦奚尚是以黃髮鮐背之叟農工商賈之類含哺而嬉既舞且詠

以爲康莊播頌雖昭盛德之容琬琰載碑宜耀披文之
質郡將官吏唱言僉同乃詣　闕上陳願塞羣望
帝用嘉許綸言式敷　詔左拾遺李昉碑文其事以述
濟民之請微臣不才孤奉　明旨揣闇祕思懼遺
休聲稽實課虛斯謂無愧而太史氏紀功臣之績云
公名漢權蜀國人也以武畧事　累朝以戰功登貴
仕亟握兵要連分使符初牧于丹有排乱折衝之績移
治于趙有安邊鎮靜之功所至皆有能名而濟之人獨
能宣其事業以示不朽亦可謂賢矣系曰事有該于謡
俗傳于耆舊者千載之下尚爲美譚刻文之以銘而勒

之於石乎他日知　使君之政者其將質於此故其詞
云

道失其要　滛刑而暴　人心用違　良民爲盜
令嚴而申　政肅而淳　人心用依　盜爲良民
民卽盜也　盜亦民也　善惡之化　實由乎人
猗歟使君　克善其治　始以嚴誅　去其奸宄
申以約束　靜其鄉里　里無墮農　鄉無狡童
曾未逾月　澄清四封　相彼林矣　豈無豺虎
暴心不生　與麟爲伍　循彼陔兮　亦有荆棘
惡蔓既除　與蘭同色　使君之賢　如山如淵

濟民之頌　聲聞于天　刻石播美　垂千万年
軍事判官朝議郎試大理司直兼殿中侍御史張穆篆
額
顯德二年歲次乙卯閏九月一日丙申朔建

右碑首標題一行次撰書銜名二行文廿二行末篆額銜名及年月一行篆額者不與撰書人竝列蓋以前二人皆奉敕故也撰文者李昉案宋史本傳昉在漢乾祐舉進士為祕書郎宰相馮道引之與呂端同直宏文館改右拾遺集賢殿修撰此碑列銜正同則任周太祖朝亦仍此官惟拾遺轉左耳周世宗覽昉

章奏詩文每稱賞之此碑辭句華贍洵爲稱旨之作書體蒼勁有法間有異文如遊惰作游隋埀耒耜作耒耟是也萑蒲卽萑苻案左昭公二十年傳取人於萑苻之澤萑字唐石經後改作雚苻字唐石經原刻作蒲皆與此合或以爲唐人别體者由未細撿耳鉅野諸生李伊晉云此碑有額題任公屏盜之碑六字碑陰題職官人名數列拓者皆遺之山左金石志

中書侍郎景範碑　顯德三年十二月

已見王氏萃編

大岯山寺準勑不停廢記　顯德六年七月

已見汪氏萃編

南唐

本業寺記乾德五年七月

已見王氏萃編

紫陽觀碑己未歲十二月

碑文從劉袠本錄入高廣行字數俱不可紀石今燬以駱氏所藏殘石計之每行六十八字

茅山紫陽觀碑銘并序

朝議郎守太子右諭德武騎尉賜紫金魚袋臣徐鉉奉

制撰

朝議郎守尚書虞部郎中武騎尉賜紫金魚袋臣楊元

鼎奉制書 并篆額

臣聞太初之氣其生也無始衆妙之門其本也無名積而成形散而為器乾坤運之而兩儀位王侯受之而天下貞是故斷鼇鍊石之功絶地通天之業衣裳軒冕之后干戈揖讓之君雖復遭罹異塗步驟殊致莫不協契於神明之域歛和於道德之原廣無為之為執無象之象万物恃生而不有百姓日用而不知其迹也則格天光表化人而成俗其本也則收視返聽全真而養身至其玉檢登封蘿圖啓後游神象外脱屣區中鑄金鼎而乗白雲登寒門而立玄極閟宮清廟式嚴觀律之場玉

原缺

原缺

洞金壇別啓下都之所由是靈符綜集真籙歧分三元八會之文潛通髣髴七暎九華之室密擬形容足以徵福應於含生致孝思於時事聖人繼作靈搆相望故茅山紫陽觀者今上敬爲烈祖孝高皇帝元敬皇后之所重修也尒乃星紀儲精下爲峻極河圖著錄懸示禎期自道氣融明真科流衍治化宏開於赤縣符圖廣祕於名山而華陽洞天實群仙之都會金陵地肺又三茅之福鄉左憑柳汧煙霞韜暎右帶陽谷川原隱轔伏龍靡迆鎮以雷平之嶺蔚崗迴合浸以護軍之潭郭真人叩舫之池不遷雷岸許長史鍊丹之井自洌寒泉白霧紫

烟照曜其上飆輪鶴馭往来其間高眞七人四處兹地
其後貞白先生以玄德應世肇開朱陽之館以玉書演
祕爰立昭真之臺堂靖疏基玄州之蹤可擬生徒廣業
白鹿之迹斯存金紐鳳羅代相傳授龍車虎駕世有飛
升及玄靜先生以沖氣含和體庚桑之歳計玄宗皇帝
以尊師重道屈軒后之順風由是天眷遐臨皇心密契
惟新舊館再易華題丹鼎洞經潔修無倦芝泥龍簡投
奉相望戸邑之民豈止奉明之縣樵蘇之禁寧唯柳下
之壙故得雲物告祥芝英表瑞小周王之瑶水徒詠空
歌異漢帝之猗蘭唯陳甲帳自兹厥後代有修崇上士

名人時時解蛻雲軿羽蓋往往降靈皆著之金石播於謠頌嗟乎四時代謝天道盈虛雖九氣長存歷劫以資其融結而三階有象隨時因表其晦明則斯觀也將世運以汙隆與皇圖而升降赤明未啓猶多閻戶之悲白水方興始漸高門之慶孝高皇帝猶龍孕德指樹垂陰應樞電之殊祥肖天中之奇表甘盤就學和光於百六之初庖正分官利見於九三之際賓門納揆有大造於當時彤矢盧弓允至公於四海鯀是法堯受命祀夏中興補西北之不周應東南之王氣御明堂而揖群后輯瑞玉而覲諸侯既治定而功成更憂深而思遠乘奔馭

朽不以黄屋為尊旰食宵衣唯以蒼生是念知无為之
无敗體上德之不德凝神姑射端拱穆清政舉其中事
至而應愛民重法敦本訓農偃革銷兵守好戰必危之
誡卑宮菲食懼以人從欲之譏故得百寶効靈三辰薦
祉遠無不屆迹無不安少康光武之功獨高帝籙貞觀
開元之業更啓孫謀令上承積德之基法自然之道變
化无方之謂聖神武不殺之謂仁學洞精微守謙光而
沖用明昭隱伏體大度以包荒動則庇民不矜功而尚
智靜惟脩政恒務畜而勸分聞善若驚每貴秋毫之細
容光必照寧遺行葦之微化浹風隨時和俗厚常以為

天下者烈祖之天下憲章者昇元之憲章垂裕無窮永
懷罔極衣冠原廟未足盡思聲樂娛神良非至敬緬慕
在天之駕因嚴訪道之宮尋屬長樂上仙澀龍興感載
詠生民之頌思弦十亂之功乃眷靈巖誕敷明詔發虞
衡之吏集般爾之工執藝駿奔飾材麕至果園之柰供
其磐斲北芒之土給其圬墁乃新祕殿祕殿孔碩黯其
靈霽屹其穹隆璇題平照以晶熒珠網交疏而窈窱震
殷雷於滴瀝拖宛虹於楯軒忽陰闔而陽開乍霞駮而
雲蔚儼若虛皇之御穆然太上之容疑馭氣以迴隮眇
陵雲而遐觀乃立高門高門有閌擬金闕之觚棱洞朱

扉而煥照龍章鳳篆以之題署霓旌絳節玆焉出入乃建兩序紛邐迆而重深乃起層樓遡苕亭而顯敞北弥郭千之路南亘姜巴之衢赫光影以燭坤麗丹青而藻野速如神運恍若化宮每至日薄星廻歲之云暮桐華萍合春聿載陽赤城旋軔之初白鶴會朝之際都人士女舉袂成帷襲靈風而共洽天和仰雲構而方知帝力豈止百年猶畏獨識軒轅之臺三壽作朋永閟姜嫄之廟大哉至矣無得稱焉夫妙本大无名垂不朽梃窮神知化之盛然後顯通幽洞靈之微立尊道貴德之教然後致還淳返朴之理漸於人為富壽被於樂為聲詩告

於太史爲典册著於豐碑爲銘篆耿光丕顯其在茲乎
爰命下臣敬書令德其詞曰
邈矣至道悠哉妙門黽黽無物緜緜若存是生淸濁爰
闢乾坤乃生之民乃作之君德盛惟皇功高曰帝訪道
峒山求珠赤水下或知有時稱 至理三正循環鴻圖資
始於惟基命赫矣皇唐運啓再造天垂百祥方德升聞
旣壽永昌時乘白雲至于帝鄉穆穆嗣君雄雄下武禮
極配天教先尊祖明發盡思優洽若覿敬佇仙游式嚴
靈宇靈宇何在句金之陵丹霞夕映白霧朝凝重屋四
注崇臺九層雲生窈窱日麗觚棱三秀交陰五便分徑

丹沙流液玄州立靖柳谷絙煙雷池寫鏡彷彿九華依
俙七暎至誠則感有應斯來含真上客蕭閑逸才飆輪
倏忽晨蓋徘徊浮黎認土方丈疑臺昔在聖人建言敷
教救物以慈奉先以孝敬佩真契恭聞大道顯妙用於
言象鼓淳風於億垗薦純蝦於無窮仰皇猷之克劭
己未歲十二月一日建
銀青光祿大夫行右千牛衛兵曹參軍兼監察御史上
柱國臣王文秉刻字

右碑南唐爲烈祖及元敬皇后重修紫陽觀而作徐
鉉撰楊元鼎書并篆額己未歲十二月一日建王文

秉刻字按是年為周顯德六年南唐初奉周之正朔而此不書顯德者碑在國中也然亦不敢冠以本國年號故直書干支也邪鈁騁其詞辯極為鋪揚若忘國步之蹙時政之非者何也金石録補

紫陽觀碑舊在句容縣茅山稱己未歲者時後周顯德六年南唐改元交泰後尋去帝號奉周正朔故但用甲子紀元也碑已毀止存片石四十餘字藏于句容駱氏此舊拓完本亦駱氏所藏家君官句容教諭時購得之中缺廿七字適得趙文敏手書元版茅山志補足志尚譌數字可以石刻是正

碑雖唐末時作文之佳妙不減四傑葉九來所見
本有并篆額三字則缺泐較少且有篆額今未審
所在恐世間亦無多拓本矣江寧金石志載駱氏
殘石列字多誤今從拓本附圖于左

名積所

亻明之域飲和於迖

羅圖啓後游神象外脫

[illegible]九華之室窔擬形容足

所重修也尒乃星紀

卯汧煙霞韜暎右

来其問高

厂乇乚

鄭仲賢詩碑　無年月武虛谷攷為南唐人

碑高八尺四寸廣三尺六寸四行行七字今在河南偃師

鄭仲賢詩并篆額三行行二字

秋風宋漠秋雲輕緱氏山頭月
正明帝子西飛僊馭遠不知何
處夜吹笙

秋風宋漠秋雲輕緱氏山頭月正明帝子西飛僊馭遠
不知何處夜吹笙

白傅謂劉賓客詩云在在處處常有靈物擁護今見滎陽之詩筆斯亦近之　杜正獻公題

熙寧九年七月十日永慶院主僧文敏立石　潁川張溫其摸刻

僧文遠

庫頭　文彭　□□　文□僧文遠以下十一字在斯亦近之行下

南唐鄭仲賢詩篆書在緱氏鎮永慶寺攷續湘山野錄鄭仲賢善詩可叅二杜之閒又云在江南師徐騎省鉉小篆是仲賢為南唐人而志舊列入唐詩內不亦失攷魏鶴山題跋云徐鼎臣楚金兄弟最有能稱

如鄭仲賢郭恕先皆號善書尤為可証偃師金石記

北漢

天龍寺千佛樓碑 廣運二年八月

已見王氏萃編

平津館金石萃編卷十四

宋一

濟州廳壁記建隆四年八月一日有陰

碑高八尺二寸廣三尺六寸廿一行行四十三字至五十一字不等行書今在山東鉅野

濟州重修廳壁記

將仕郎守任城縣主簿李頌撰

郡齋舊址乃鉅野縣之廨宇也頃自　周室肇興魯侯叛　命六飛薄伐孤壘盪平　天子乃廻法駕儼環衛考三壤之成賦欲萬邦之作乂以其大兵之後厥

俗未濟斯地扼數州之要害斯民據聚盜之泉藪化之則從風者少剢之則掛網者多縣是　宸襟屢謀　明詔乃下爰廢茲邑聿建是州冠攘竊寇良城壘方堵踢促有同於晋儉經營靡及於衛臧雖露冕褰帷興廢六條之政教而上棟下宇不揚　五馬之威風剖符載易於數朝視事繼仍於舊宇

我太守譙公之下車也一之歲視民之所疾怨苦者除之吏之不簿入錢穀者乂之奸之巨蠹者夷之猾之太暴者芟之一境於是乎以寧二之歲犯四律者正之冒時禁者縲之孝悌者奬之潔廉者用之黎人於是乎知

勸三之歲茂才者舉之異等者揚之墨綬之吏居官之治理者旌之隣邦於是乎仰化　公知化之克修事之既簡因追大壯之義欲興必葺之功且曰凡治一州或剌一郡者以化民唯先致理爲務豈特飾臺榭亭宇悦心意耳目哉然則舊政因循廳事湫隘廳者聽也將欲聽郡政而牧黎民事者功也將欲崇化功而敷六察若怠僝工之用良辜共理之心矧兹樂郊攸同浩壤土賦貞墳草木條繇鄉號獲麟傍接濰沮之會水隣浮磬遥分海岱之圻秦爭漢略獵其功晉伐楚侵漁其利驗九州之别濟河密唯兗之封稽廿數之名大野乃降婁之

分荀儉不中禮陋如之何則曷以壯我劇郡爲　王甸
服哉於是凡百官舍咸命隆修群司奔馳百工鳩僝準
繩圬墁者雷動剞劂板幹者風馳周廊廻合以虹申峻
宇⿰土关圮而煙聚層城之樓閣相望勝地之臺池聿興麟
趾應聖之鄉居然丕變馬頰名河之境煥若唯新郡容
既嚴公庭有翼命有司敬其事以落之燕僚屬修其禮
以臨之召樂工合其奏以娛之發侑幣厚其意以將之
若乃　鞅掌在公朝夕　聽政決盈庭之訟數求瘼之
言法令既明吏士咸肅入其門者莫不祗畏又若怡神
無事宣德以詩歌　有道之風湧如泉之思訓和無斁

賓僚汁協涉其級者莫不敦穆豈比夫崇飾峻宇輪奐
雕楹徒為燕息之所娛樂之地而已哉抑
公之為政也化暴戾之俗復禮義之風申刑制之嚴弭
萑蒲之盜有士民詣　闕之請有　朝廷借治之稱有
行路游揚之頌具美咸在此不能盡書下吏承
命為文不遑牢讓如紀貞珉請俟才之傑者時大宋建
隆四年八月一日建
金紫光祿大夫檢校司徒使持節濟州諸軍事濟州刺
史兼御史大夫上柱國彭城縣開國男食邑三百戶曹
翰

碑陰

凡三層上層蓮漏圖畫中層用箭式廿六行行廿字下層記文十四行行廿字

測景盤取周官法定南北中影　子　午

過水盆

合□□

四分涌

□□□

下金蓮椀

下渴烏涌

添水器

口口口

上金蓮椀

上渴烏涌

減水斛

口水口口

口水斛

添水斗

添水斛

歲統二十四氣用四十八箭每七日半午正時換一箭

已上第一層

用箭式

東方寅卯辰二十五刻自寅初與蓮心平八刻二十分甲時卯初又四刻一十分卯正又四刻一十分乙時辰初又八刻二十分巽時箭復下與蓮心平　南方巳午未二十五刻自巳初與蓮心平八刻二十分丙時午初又四刻一十分午正又四刻一十分丁時未初又八刻二十分坤時箭復[下]與蓮心平　西方申酉戌二十五刻自申初與蓮心平八刻二十分庚時酉初又四刻一十分酉正又四刻一十分辛時戌初又八刻二十分乾時箭復下與蓮心平　北方亥子丑二十五刻自

亥初與蓮心平八刻二十分壬時子初又四刻一十分子正又四刻一十分癸時丑初又八刻二十分艮時箭復下與蓮心平　渇烏漏下一刻箭上涌一刻漏下一分箭上涌一分其箭四面各二十五刻刻六十分通一千五百分晝夜揔六千分

用分水管式

燕公侍郎東川創造蓮華漏晝夜百刻内四刻以乾坤艮巽四維法準之蓋四分壺内箭浮而上其水近刻移而下其水遠遲疾上下當□□數後之人稽衆其法而製之者未易究量第昏曉之中差池四刻今準四維之

度消息盈縮者以分水管晝夜平之頗合昏曉午正之
驗每以測影盤上午字表影合箭上午正字行漏看箭
上日未出箭二刻半爲曉日入後二刻半爲昏字各平
蓮心以正之故無差忒爾已上第二層

濟州新蓮華漏記

朝奉郎尚書司封郎中知濟州軍州兼管内勸農事上
輕車都尉借紫田棐撰

濟州本無刻漏列卒直晝夜視早晚聲鼓以卜之絶無
謂也會稽徐綸寓於此考燕公舊法增以新意而
爲之置於州樓之上四時百刻約水準點從子至亥周

而復始不差毫釐今徐法既精可傳於濟人俾聞者取
信晷刻以定吉凶時而行婚姻喪葬事是亦有功於長
民者乎宜刻石以志嘉祐八年夏六月初四日記前進
士路遘書并篆額
將仕郎守司理參軍監造丁際
儒林郎試秘書省校書郎團練推官呂中奇
朝奉郎試大理司直權團練判官李周
東頭供奉官兵馬監押兼在城巡檢張諷
朝奉郎尚書都官員外郎通判軍州兼管内勸農事騎
都尉賜緋魚袋徐紘已上第三層

右碑元得明時拓本完善無缺凡二十一行字徑一寸二分案宋史曹翰傳於濟州事實未能詳及此記可補其闕碑陰刻嘉祐八年蓮華漏記及銜名凡十四行字徑八分山左金石志

右碑山左金石志及訪碑錄皆云已佚余屢見新拓本則碑尚在鉅野未嘗佚也碑陰刻蓮華漏記圖式具備與余所見廣州雙門底之南漢銅漏形製不同今鐘表盛行而刻漏希少此碑足為考古之助阮氏得明拓本其碑陰缺廿許字新拓卻完善可喜四錄堂類集

夢英篆書千字文乾德三年十二月

已見王氏萃編

郭忠恕三體陰符經乾德四年四月

已見王氏萃編

摩利支天等經乾德六年十月

已見王氏萃編

陰符經乾德六年十一月

已見王氏萃編

張仲荀抄高僧傳序無年月附乾德末

已見王氏萃編

白沙闕畫象題字開寶六年三月

摩崖高三尺二寸廣一尺八寸中刻一
人左右題字各一行今在河南光山

開寶六年三月十二日

省條開白沙關

光山白沙關古廟後磨厓刻一人形衣冠甚偉左旁
書開寶六年三月十二日右旁書省條開白沙關明
一統志云光山縣東南有五關一曰白沙宋紹興閒
江州都督趙廞建方志據關上有天福年字謂建關
又在紹興前攷水經注云淮水又東右合壑水水出
白沙山東北逕柴亭西則關以山名也地形志沙州
蕭衍置魏因之治白沙關城則自蕭梁前已有此關

矣云省條者蓋宋時中書省勑旨五代史職方考光州為南唐所有至周顯德五年取淮南等十四州而宋平江南在開寶八年大抵前塞此關以限南北至開寶六年將用師因開是關以通徑途也予屬今知縣楊君殷梓訪天福刻字及縣中烟水堂李陽冰篆不可復得幸獲此刻楊君竝能致其故實云 中州金石記

華嶽廟題名四十八種 起雍熙四年迄建炎初

小石襍嵌于壁或刻于華嶽頌述聖頌等碑高廣行字數分著各種前今在陝西華陰

周約等題名 雍熙四年八月

石裂為二高一尺三寸共廣一尺四寸五行在乾興元年周慎題名之左

雍熈四年八月十一日記

給事郎守大理寺□知華□□事周約

將仕郎守華□□□□王獻

登仕郎□□□□□□項儁

朝奉郎□□□□□厲□

朝散郎行□□□事徐廣主簿王□

按此記訪碑録作四年關中金石記作二年審觀

是四字

高紳韓見素劉繼元題名 咸平□年□月廿一日

已見王氏萃編卷一百廿六

劉繼元等題名無年月

二行在開元十三年述聖頌碑陰額題之在右

觀察推官劉繼元

節度推官韓翶

是刻無年月高紳題名有賓幕劉繼元同游即其人也因附其後

梁顥李易直題名咸平三年

高紳等題名咸平四年閏十二月

許孝恭等築靈寶三籙壇記景德二年十一月五日

□仲卿祭嶽廟記景德二年□月廿四日

已竝見王氏萃編卷一百廿六
李璿題名大中祥符三年二月二日
李懷祥題名大中祥符三年
王懷珪設醮記大中祥符九年六月
許文德題名天禧三年十月二日
段傚明設醮記乾興元年二月十五日
范雍題名乾興元年四月七日
上官沖周慎題名乾興元年五月六日
范雍再謁嶽祠題名天聖元年九月十四日
劉巨川題名天聖三年四月

陳執中題名景祐四年十月五日　在述聖頌碑陰

□仲孺鄭搏謁金天帝祠題名寶元二年三月

王堯臣藍元用題名慶歷二年十一月五日

張孔孫王榮題名慶歷七年八月十四日

田況題名慶歷七年十一月

工部郎中題名慶歷七年十一月

兵部郎中傅□題名皇祐三年七月廿九日

李杞題名皇祐三年十一月二日

程遵路題名嘉祐七年三月十四日

史炤題名治平三年十月廿三日

呂賁題名熙寧四年五月五日

張孝孫題名熙寧四年七月

林顔題名熙寧四年十一月八日

武子口等殘題名元豐元年三月廿七日

薛昌朝等題名元豐元年十一月廿九日

王希倩蔣之奇題名元豐二年六月四日

劉陶題名元豐五年正月十九日在精享昭應碑

趙諒題名元豐五年七月

薛紹彭題名元豐六年六月十六日

王顜等題名元豐六年九月十七日

陳康民等題名 元豐七年八月二日

薛俅題名 元祐元年十一月十日 在精享昭應碑

張舜民題名 元祐二年

游師雄題名 元祐三年正月九日

杜純題名 元祐三年閏十二月十日

陳知新題名 元祐六年七月十日

已竝見王氏萃編卷一百卅八

李深張重題名 紹聖二年八月

題名二行字徑一寸五分年月二行字徑七分在唐咸通元年李蠙題名之左

中丞李深 張重 紹聖二年八月七日

按訪碑録分此為二種

□擇仁題名崇寧四年五月廿八日

席旦題名政和二年二月廿三日　在精享昭應碑

已竝見王氏萃編卷一百廿八

龍圖閣殘題名宣和二年

石裂為二高一尺一寸共廣一尺四寸四行行存四字在大中祥符三年李懷祥題名之左

龍圖閣侍下缺　路馬步軍下缺　撫等使兼下缺　宣和二年下缺

按訪碑録作宣和三年誤

杜開題名宣和六年□月

高八寸廣五寸三行右行在元祐三年杜純題名右

□宣和六載歲下缺月三日男閈以下缺　□赴華倅冉

下缺

杜純宋史有傳純弟紘悉以奉錢給寡嫂推其子恩

官其子若孫一人宦京師是刻云赴華倅或即其事

也四録堂類集

潘浹題名建炎元年六月

高九寸廣二尺二寸前六行行存三字後三行行存四五字在祥符九年王懷珪設醮記之下

建炎初下缺　六月三下缺　潘浹謁　祠下時下缺　馬祐

昌下缺　俱□□下缺

祠下馬純缺下　朝廿七日己缺下　見罷□□缺下

是年五月朔高宗即位于應天府潘泱謁祠在六月

三日是時河北關陝地尚皆宋有至十二月廿五日

金人陷華州明日破潼關而嶽祠入金矣繼此題名

者有金左□遠田曦二石未見拓本四錄堂類集

右華嶽題名秋帆尚書撫陝時取殘石之字陷置

嶽祠廡壁凡數百枚王氏萃編收宋人題名其人

地官職稍可辨者凡八十六種余撿拓本僅得四

十八種就中六種王氏未及收也

重修北嶽安天王廟碑淳化二年八月九日

碑高一丈二尺四寸廣七尺卅四行行六十八字又小字一行有額失拓今在直隸曲陽嶽廟

大宋重修北嶽安天王廟碑銘并序

承奉郎守左司諫知　制誥柱國賜紫金魚袋臣王禹
偁奉　敕撰
翰林待　詔將仕郎守少府監主簿　御書院祗候賜
緋魚袋臣黃仲英奉　敕書
翰林書直將仕郎守高州樂原縣主簿　御書院祗候
臣葛端奉　敕題額

臣聞元氣胚渾結而為山嶽幽靈肸蠁降而為神祇剏
乎地屬陰方位居水德于八卦在坎于四時為冬固陰

冱寒萬物之所藏伏早生晚熟五穀之所蓄滋帝堯開唐國之封大禹奠冀州之域厥有巨鎮茲惟恒山却鴈塞以標雄壓龍荒而挺秀天官畫野勢當昴畢之星易象流形名叶雷風之兆下幹坤軸高摩斗魁土俗粹靈登神仙者七十戶歲時祈禱置侍祝者九十人藏簡子之寶符產昌容之蓬蘽足凍長城之窟影連大漠之墟積厚窮陰出雲見怪雪霜風雨潛施及物之功泰華嵩衡共揭叅天之勢豈是陰隲孰無主張洪惟　嶽神受

命　上帝代南趙北我實主之福善

禍淫人皆仰止名載乎祀典德加乎生民視秩于公遵

周制也列爵為王肇唐室也既奉時祀亦禳天灾凡水旱癘疫之祆舉玉帛牲牷之事必有昭報誕荐至誠歷代奉之其來尚矣

我法天崇道皇帝之撫運也天祚　明德民懷　有仁括禹畫於無垠　化堯封於比屋雕題儋耳駢羅入　正會之圖僸佅兜離沸渭雜宮懸之曲　文德麗星辰之象　武功彰雷電之威　宋文帝之讀書則七行俱下　周武王之振旅則一戎大定然猶　焦勞克己　宵旰臨民每戰々兢々念元々本々　師虞舜之無怠

一法文王之猶勤至若　掖廷椒房儉約中度
離宮別館行幸殊稀隆冬　御裘則念高年之無
褐于是乎有繒帛之賜當暑　操扇則歎下獄之
非辜于是乎有縲紲之恩非　蒐苗獮狩之時無
馳騁畋獵之事非　朝會讌饗之日無金石絲竹
之音　歲出御題親考貢藉拔造士之秀也日
坐便殿躬覽庶政達窮民之情也向者恒文告差
御端門而外各故一夕而孛彗沉　宋景
之退熒惑也大旱作沴貶常膳而責躬故崇朝而霖雨
降　湯王之禱桑林也　哲后之罪已也既

如彼　上玄之祐善也又如此易所謂聖人久于
其道而天下化成語所謂如有王者必世而後仁其是
之謂乎不然何　寅畏天命　艱難王業若
斯之甚耶于是庶政交修百神蠲潔　嚴祭祀而
為人祈福　行教令而先天弗違　菲飲食
而厚牲醪天神地祇享至誠之薦　卑宮室而崇
廟貌名山大川啓必葺之祠豈比夫禋于六宗未洽禮
神之義祀于五時但萌徼福之心墜典無文　我
能具舉矧茲陰嶽固有徽章華袞珠旒受王者之册禮
太牢秬鬯命守臣而行事下邇玄冥之宅旁隣黑帝之

居因道武之基扃舊推宏壯韞慕容之珪璧素彰神異
祠祀之盛莫之與京然而運有汙隆時有興廢雖无方
之體奚往不通而有象之軀未逃其數先是匈奴之犯
塞也來詣祠宇卜其吉凶不從猾夏之心遂縱燎原之
火殊不知天惟輔德神實依人乏祀虐民自作敗亡之
計彼曲我直坐觀盪覆之期
聖上猶示　含容更期　柔服戰　天
威而自守蓋民力之是寛單于之火照甘泉豈傷
文帝頡利之兵陳渭水未累　太宗亟命有司
推新大壯烏臺御史持節而庀徒黃門貴人鳩工而藏

事梗楠杞梓以雲集繩墨斧斤而子來五材寔繁百堵皆作乃復堂殿于以儼像設之晬容乃興廊廡于以列徒御之繪事門闕有翼階陛斯隆繡桷雲楣爭曜煌霞之色琁題藻井交含日月之光旌旗衣服昭其文篚簋豆籩陳其數能事畢矣神功煥然不愆揆日之期再聳凌雲之勢于是戒尸祝命使臣我將落之神用至止原享惟馨之奠永安不測之靈三獻具而禮成八音和而神降溪雲拂檻如絳節以翻空溜垂簷誤鳴珂之振響豕爾繁祉庇吾邊民況獷俗之未平與陰兵而助順或示之禍福革彼豺狼之心或鼓以雷霆勦其犬羊之類

然後雨我禾黍潔尔粢盛鑄農器而毀戈鋋荐興多
稼耕邊田而飽士卒永樂豐年況今將相叶謀人神共
怨豈使韓昌張猛刑白馬而登東山將令去病衛青取
金人而踰北海何往不利何謀不臧尚思魏絳之言更
鑒王悝之榮　安民和衆契天地以為心
含垢匿瑕諒神明之降鑒佇靈臺之偃栢備　法
駕以省方　千年南面之尊永知高枕十月北巡
之禮盡舉彝章輯五瑞於公侯問百年之耆艾燔柴奠
玉如西嶽之禮容陳詩觀風察北方之哀樂聲明文物
以咸備律度量衡而必同升中于絕巘之前肆覲于重

巒之下起白雲而表瑞何止岱宗呼萬歲以効
靈豈惟嵩嶽而已哉夫如是則封狼居而禪姑衍但恃
窮兵臨瀚海而勒燕然未爲神武者也臣沐浴
皇澤優遊紫垣請終軍之纓非無壯節投班超之筆尚
負明時慙非擲地之才有玷宅山之石謹爲銘
曰
節彼恒山　峻極于天　崛起萬仞　生乎一
拳　摩穹戞漢　控趙排燕　人皆仰止
神威憑焉　明〻嶽神　上帝所授　不騫不
崩　可大可久　其誰祭之

皇宗掊后　其誰尸之　中山郡守　秩視公
兮爵爲王　金其几兮玉其床　何以贈之兮赤
紼斯皇　何以處之兮峻宇雕牆　諒聰明兮無
得喪　維廟貌兮有興亡　嗟睟容兮盪毀
遇醜虜兮猖狂　物成敗兮有數　神杳冥兮無
方　雖像設兮云壞　于精靈兮靡傷　詔新
斯廟　表匈奴之不道　詔祠爾神　彰皇
家之至仁　天輔德兮我有慶　鬼害盈兮胡無
人　絶代馬之南牧　揚和鑾兮北巡　有効
靈之雲物　無出塞之祆氛　齊泰山兮尊梁甫

並亭亭兮接云云　飛英聲兮騰茂實　握
乾符兮闡坤珎　垂千齡兮萬祀　永昭德于
吾君
忠果雄勇宣力功臣定武軍節度定州管内觀察處置
北平軍等使金紫光禄大夫檢校太保使持節定州諸
軍事定州刺史兼御史大夫上柱國兼駐泊馬步軍都
部署清河郡開國公食邑四千二百户食實封陸百户
張訓

碑銘稱法天崇道皇帝宋史真宗紀端拱二月十二
月辛酉上法天崇道文武皇帝詔去文武二字餘許

之此碑所題與史合前列承奉郎守左司諫知制誥
柱國賜紫金魚袋王禹偁奉勅撰本傳拜禹偁左司
諫知制誥而階承奉郎勳為柱國未書也翰林待詔
將仕郎守少府監主簿御書院祗候賜緋魚袋黃仲
英奉勅書翰林書直將仕郎守高州樂原縣主簿御
書院祗候葛端奉勅題額端見吕文仲傳寓直御書
院與侍書王著更宿時書學葛湍亦直禁中太宗暇
日每從容問文仲以書史著以筆法湍以字學又見
進說文解字序稱翰林書學臣葛湍又見李燾說文
解字五百韻譜本朝雍熙三年鍇兄鉉初承詔與句

中正葛湍王惟恭等詳校說文是也後列銜正書字
獨小有云忠果雄勇宣力功臣定武軍節度定州管
内觀察處置北平軍等使金紫光禄大夫檢校太保
使持節定州諸軍事定州刺史兼御史大夫柱國兼
駐泊馬步軍都部署清河郡開國公食邑四千二百
戶食實封六百戶張訓職官志賜號有忠亮忠勇無
忠果雄勇攻却掃編中書樞密賜推忠協謀同德佐
理餘官則推誠保德奉義翊戴掌兵則忠果雄勇宣
力外臣則純臣順化張訓即因掌兵賜號而志未之
及非此則蔑由識遺典矣授堂金石文字續跋

碑立于淳化二年八月先是契丹入寇詣北嶽廟卜之不吉遂縱火焚廟至是節度都部署張訓始修葺之宋史太宗紀端拱元年九月以侍衛馬軍都指揮使李繼隆為定州都部署閱三年而是碑立則張訓即代其任者史不為立傳 四錄堂類集

說性亭銘 淳化二年十月廿日

碑連額高五尺四寸廣二尺九寸十行行十二字今在山東陽穀

說性亭銘 額一橫字徑五寸二分

盧縣說性亭銘并序韋彖幷書

表彖號 皇澤學者肯老發揚衍

名寧予河邊下車餘月曾不佀
覽茲其公舍名題非全儀巡際
陛構亭成閒芳覆其上茂植其
旁南瞻玉溪西福深宗水依綠
樹東對泰山南回顧望景色相
連自公之暇揚此幽閒命題說
性鞠題不然勒銘因事兼取緯
皇宋淳化二年十月廿日立

說性亭銘

盧縣說性亭銘申革文并書

我鑾　皇澤粤自蒞季罷秩浙右宰邑河邉下車餘月
曾不怡顏蓋其公舍畐陋非全俄選隙地構亭成閒茅
覆其上莎植其蒞南瞻亘浸西逼溪泉北依緑樹東對
青山周回顧望景色相連自公之暇據此幽閑命題說
性孰謂不然勒銘因事萬世緜緜
皇宋淳化二年十月廿日立

右碑淳化二年立申革撰并篆書在陽穀諸家未入
録嘉慶丙寅縣令臺君士佳始搜得之碑題盧縣說
性亭銘考盧縣本漢舊縣前志屬太山郡續志屬濟
北國宋隋志屬濟北郡唐志元和郡縣志太平寰宇

記屬鄆州東平郡而宋志無此縣徧稽史乘不知何年併省疑在真宗朝以河患徙州縣時也水經注河水又東北徑碻磝城元和郡縣志濟州理碻磝城州即盧縣寰宇記碻磝津在縣北一里又言盧城在長清縣南五十里其時長清尚未徙刺榆碑得于陽穀縣東北四十里正廢治也蓋陽穀長清與舊東阿分有其地一統志通志以盧縣專屬長清當據碑正之申華為盧縣令方志失載亦當據碑補之碑篆學李少温得其神似惟西逼深泉說文無逼字書家固不拘也四錄堂類集

昭應縣新修文宣王廟碑 咸平二年八月二日

已見王氏萃編

說文偏旁字原并自序及郭忠恕荅書 咸平二年十二月

篆書目錄偏旁字源五百四十部其建首立一為端畢終於亥 南嶽臥雲寥宣義大師賜紫夢英書兼自序

安文粲鐫字

一 一 丄 上 示 示 三 三 王 王 玉 玉 玨 玨

气 气 士 士 丨 丨 屮 屮 艸 艸 蓐 蓐 茻 茻

小 八 白莧 半 牛 陌包 告
口 口范 火元 哭 作苟 止 音撥
步 此 正 是 口口 丑亦 弋忍
延 行 齒 牙 足 山品 品
龠 冊 品 舌 干 巨灼 只
向 句 巴州 古 十 先合 言
競 音 辛 士角 方木 巨恭 浦班
共 異 口 臼 晨 七乱 革
力的 力狄 爪 居逆 丁候 又 祖可
史 支 女涉 以述 畫 大戴 臤

臣 示朱 所北 市于 寸 皮 人究

普卜 教 卜 用 爻 發 火岁

目 目 巳具 眉 上尹 自 蒲草 鼻

筆脩 習 羽 住 先佳 胡官 工瓦

芷鉢 羊 式延 巳具 上牛 才迎 鳥

烏 必干 古候 幺 丝 上綸 女

予 放 平表 在丹 五昌 死 工瓦

骨 肉 筋 力 刃 口八 革械

力外 角 竹 箕 居其 左 工

陟輦 巫 甘 曰 乃 枯葉 可

兮 号 于 旨 喜 竹句 鼓

豈 豆 豐 豊 火奇 火胡 火古

午閑 明丙 上於 去 血 丹 青

井 方木 丑向 食 會 倉 音集

入 缶 式旨 高 古熒 郭 京

許兩 乎口 弗六 力錦 山力 來 麻白

山危 舛 瑟順 韋 弟 竹几 父

巨列 木 東 林 才 而灼 之

巿 出 浦末 生 竹華 上唯 火于

華 工奚 稽 巢 音七 東 補么

于威 貞 貝 邑 下降 日 旦

工馬 於蹇 冥 晶 月 有 明

古永 夕 多 工九 下感 尹南 大幺

齊 千賜 片 鼎 克 力木 禾

力狄 式汝 香 米 米 大委 巨有 凶

匹刀 匹賣 買巴 式六 丁丸 音久 古華

戶故 彌先 宮 呂 穴 莫貢 女厄

彌狄 莫保 莫報 兩 亡往 火下 巾

匹曳 竹几 方勿 帛 白 人 火卦

畀里 自容 比 丘 北 牛今 他頂

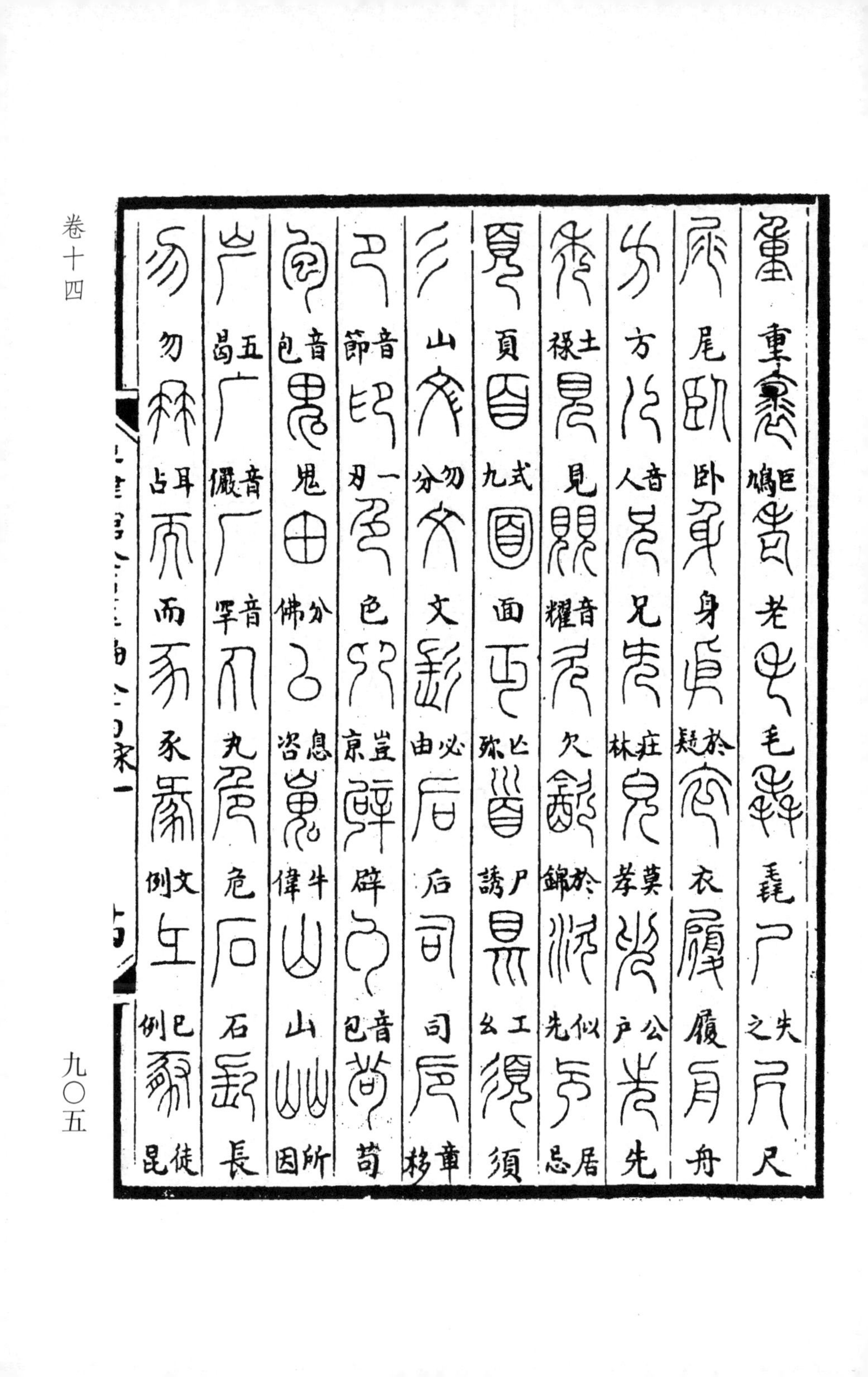

重 巨鳩 老 毛 毳 尸 失之 尺

尾 卧 身 於疑 衣 履 舟

方 音人 兄 莊林 莫孝 公户 先

土祿 見 音耀 欠 於錦 似先 居忌

頁 式九 面 匕弥 尸誘 工幺 須

山 勿分 文 必由 后 司 章移

音節 一刀 色 豈京 辟 音包 苟

音包 鬼 分佛 息咨 牛律 山 所因

五咼 音儼 音罕 丸 危 石 長

勿 耳占 而 豕 文例 巳例 徒昆

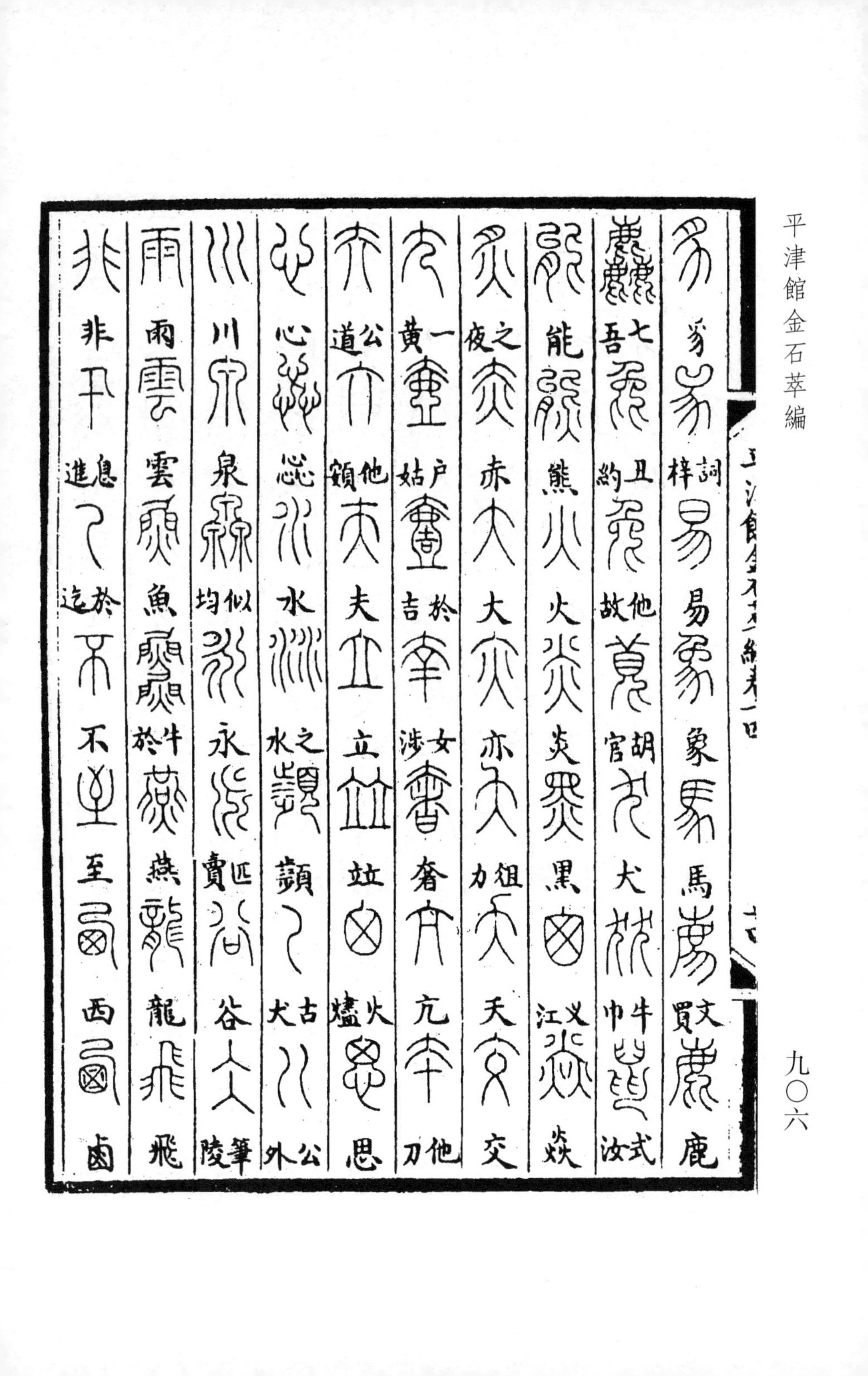

豸 詞梓 易 象 馬 文買 鹿

七吾 丑約 他故 胡官 犬 牛巾 式汝

能 熊 火 炎 黑 乂江 炏

之夜 赤 大 亦 徂力 夭 交

一黃 戶姑 於吉 女涉 奢 亢 他刀

公道 他頌 夫 立 竝 火爐 思

心 惢 水 之水 顛 古犬 公外

川 泉 似均 永 匹賣 谷 筆陵

雨 雲 魚 牛於 燕 龍 飛

非 息進 於迄 不 至 西 鹵

盟 以占 戶 門 耳 弋之 手 乖

女 毋 民 於小 以制 弋之 氏

氏 戈 戉 我 巨月 琴 乙 於謹

亡 匕槊 音方 曲 由 九 瓦 弓

巨文 弦 下計 莫狄 素 絲 率

虫 古門 直忠 風 託何 黽 莫杏

力管 二 土 圭 魚消 堇 里 田

居良 黃 男 力 胡頰 金 工研

几 勺 且 斤 斗 莫侯 車

丁雷 浮否 似醉 力志 四 文与 知劣

駕乙 五 六 七 九 九女 又火

甲 乙 丙 丁 戊 巳 巴

衡古 辛 兇皮 壬 癸 子 子

了 春莊 去 丑 寅 絞茅 辰

巳 午 未 申 酉 酉 戌

亥

咸平二年六月十五日建

昔秦相李斯變蒼頡史籀之文謂之小篆其摹勒方圓之狀則曲盡其妙然於點畫簡略爲之時以法令滋章簿書委積故程邈又省小篆爲隷蓋趨便捷之用也是

以籀篆之法鮮為世珍至炎漢中興復置小學許叔重乃集籀篆古文數家之學以隸書訓釋為說文三十卷學者從之自漢而下無稽之作迭相馳競故六書之法蕩而無守焉至唐則李監陽冰力扶壞本下筆反古有若神授時好事者獲其真蹟櫝器而藏之謂之墨寶則懸黎夜光比之瓴甋焉自陽冰之後篆書之法世絶人工唯汾陽郭忠恕共余繼李監之美於夏之日冬之夜未嘗不揮毫染素乃至千百幅反正無下筆之所方可捨諸及手肘胼胝了無倦色考三代之文窮六書之法俱落筆無滯從横得宜大者縮其勢而漏其白小者均

其勢而引其畫伸而無倚橈而無折其鳥獸草木之象山川蟲魚之形者如飛走動植於竹帛之上矣蓋言象形字也今依刊定說文重書偏旁字源目錄五百四十部貞石於長安故都文宣王廟使千載之後如余振古風明籀篆引工學者取法於茲也夢英自序

汾陽郭忠恕致書荅　英公大師　紫塞雲高　皇朝路遠每捧報瑤之翰如窺連璧之姿忠恕自落　朝班累丞　詔命已得林泉之味堅辭名利之場鶴髮半生獲心久死與師金蘭敦義香火修因飛杯容許於醉狂結社不嫌於心亂共得陽冰筆法同傳史籀書蹤常痛

屋壁遺文汲塚舊簡年代寖遠謬誤滋多賴與吾師同
心正古近覽眞翰轉見工夫蔵勢過鋒方上圓下可以
萬古教人也晋宋而下通篆籀者寡唯碑碣印記時用
數字傳授者未克研精何妨撿討盜聽者耻於好問加
之穿鑿齋中序云小篆徹而八分生八分破而隷書出
隷書悖而行書弊行書狂而草書聖自隷已下吾不欲
觀之矣見寄偏旁五百三十九字按說文字源唯有五
百四十部子字合收在子部今目錄妄有更改之又集
解中誤收去部在注中今點檢偏旁少晶惢至龜弦五
字故知林氏虛誕誤於後進者小說見冝焚之聊以覩

書達心倏以萬劫發願何人知之英公知之不宜遷客
郭忠恕書達　英公大師座前十二月二十五日
太原郡元守全立　瑯邪郡王審亮同
武威郡安懷玉句當建立
推忠宣力翊戴功臣建武軍節度觀察留後知永興軍
府事兼都提轄永興軍華耀乾商兵甲捉賊公事光祿
大夫撿校太傅兼御史大夫上柱國彭城郡開國公食
邑四千五百户食實封七百户劉知信
推誠宣力翊戴功臣鎮寧軍節度澶州管內觀察處置
河堤等使金紫光祿大夫撿校太傅使持節澶州諸軍

事行灃州刺史兼御史大夫知涇州軍州事兼管界都巡檢使上柱國平陽郡開國公食邑四千二百户食實封一千户柴禹錫

英公書多繆體如覺字作背叟字作叜叓字作叀蒿字作茍嘼字作嘼兆字作𢀖瓦字作瓦皆不合六書之正者也英公書法與郭恕先如出一手故每相標榜恕先荅英公書亦頗稱之而自序直云自李監之後惟汾陽郭忠恕共余深得其妙未免太自詡矣字原于每字下各著一音皆自為音切不本前人所製合之紐弄之例猶無所誤其最謬者有三如音邑為

方木及攷皀字古有兩音一音香一音皮及反從無
方木之音音犛為陌包反犛字從牛𠩺聲氂字從犛
省毛聲是誤以犛為氂字音甾為方九反說文曰楚
東名缶為甾本音側詞反又誤以甾為缶字是英公
非但不識字亦並不知音關中金石記
古夢英書說文部首五百四十字用李陽冰刋定本
與今所行徐鉉本不同陽冰本失傳羣書引見纔數
十百條賴夢英此碑尚得見其厓略皿下少丶部子
下多孑部細思無丶則主否二篆何所從蓋陽冰歸
入一部或亅部耳丄從一丨而偏旁丄作二是丶可

丨可一徐本、承皿皿中之一即、則陽冰少、部未可厚非其部次互異如倉會倉亼徐作倉亼會倉如㡀黹市帛白徐作市帛白㡀黹如北丠北徐作北丠如重裘老毛毳尸尺尾臥身㐆衣履徐作重臥身㐆衣裘老毛毳尸尺尾履如勹茍包徐作勹包茍平心而論實可兩通即如繫傳部敘亦與鈕異鈕卷首新目又與第十五篇原目異安知陽冰非仍許君之舊乎其篆體互異如豐作豊從丰在豆上九經字樣引說文如此㐬作𠫓㠯作巳巳作𢀳繫傳引陽冰本如此至畢氏關中金石記所識𦣻叀罾曑兜瓦等字用筆小變實皆六書之正至謂蒚作蔔驗碑本笱從竹不從艸夢英恐不受誣畢氏又詆犛音陌包反謂誤以犛為氂字按宋版徐本及毛刻初印犛莫交切氂里之切陌包即莫交是夢英與徐本同畢氏又詆畄音方九反謂誤以由為缶字按繫傳引陽冰言說文無由字缶即由字而陽冰篆碑偏旁由缶由為一字夢英千文碑宙亦作宙是方九之音為墨守陽冰之過若畢氏所未舉者乖為背呂而釋為乖㠯亦自字而音蒲革實皆差謬夢英自負小學而未溯造然不可謂非好古者且係陽冰本必可尚也四錄堂類集

平津館金石萃編十五目

千佛崖題名四段

王欽若咸平四年

鄧雅祥符八年

李允淵嘉祐二年

石輅治平四年

文憲王讚碑大中祥符元年

謁文宣王廟碑大中祥符元年

孔廟賜物敕牒大中祥符二年

承天觀碑大中祥符二年

先天太后贊大中祥符七年
重脩資州法華院記大中祥符九年
白水縣齋十詠天聖六年
孔勗祖廟祝文天聖八年
奉聖寺齋廳記景祐三年
十六卷目
云亭里石氏墓表康定二年
封洪聖廣利王牒康定二年
遊運山周湛等題名慶歷二年
重刻扶風夫子廟碑慶歷二年

保寧寺牒并帖慶歷三年
桃源洞韋諧等題名慶歷四年
法門寺修九子母記慶歷五年
道遥山趙立題名慶歷六年
十七卷目
韶州永通監記慶歷八年
南海廟韓碑題名四段
　祖無擇皇祐二年
　榮諲嘉祐庚子
　彭鉉端平丙申

程師孟禱雨記 熙寧六年

孟廟傳冢等題名 皇祐二年

平蠻三將題名 皇祐四年

嵩臺石室記 皇祐五年

惠州野吏亭詩刻 至和元年

加號文宣王詔贊 至和元年

靈巖寺杜充呂詩碣 至和□年

封濟民侯牒 嘉祐二年

劉爽墓碣 嘉祐六年

李師中宋頌 嘉祐七年

東千佛崖題名四種

高二尺七寸廣一尺四寸三行行八字字徑三寸正書

翰林學士西川安撫

使王欽若咸平辛丑

四月二日記　呂大防記隨州黃文

高二尺二寸廣六寸三行十六七字字徑寸正書左行

同接坱路鈐轄太史保至此祥符乙卯年八月十一日

右侍禁閤門祇候利州兵馬都監鄜守元東頭供奉

官閤門祇候知利州軍州事鄧雅

高二尺二寸廣一尺五寸六行行十一字字徑二寸正書左行

祐庚子三月二十三日題
都觀察判官杜師益從行嘉
登佛龕通判傅亶子諒成提
刑史炤中煇馮惲公謹同繼
能千之因錢
轉運使李先淵宗知州元

高四尺廣二尺七寸七行
行八字字高五寸篆書

本路轉運使蔡祿衡
楊[illegible][illegible]轉運判官

安常平鄉石轄君樂
提點刑獄尚書祠部
員中往經開太治平
四年丁未四月十九
日會別於此大雲寺

□□□□□□□書□□綿谷縣令事　篆石

右題名在廣元縣北十里嘉陵江東岸即古石
匱閣第一種王欽若字定國臨江軍新喻人擢
進士甲科召試學士院拜右正言知制誥召爲

翰林學士蜀寇王均始平為西川安撫使呂大
防字微仲京兆藍田人進士及第遷著作佐郎
知青城縣鎮蜀韓絳稱其有王佐才進直學士
知成都府宋史皆有傳題名正王呂官蜀時也
第三種宋史李先傳先字淵宗兄之從弟許州
臨潁人起進士為虔州觀察推官石輅字君桀
晁无咎雞肋集輅濮州范縣人以詞藝中進士
乙科調青州判官改知萊陽縣著作郎

宋文憲王讚碑

碑高六尺四寸廣三尺二寸七分十行行二十字正書在曲阜縣周公廟額題文憲王讚四字二行行二字篆書

文憲王讚并序

御製御書并篆額

若夫夾輔文武垂範成康措刑辟而惠民制禮樂而正俗宜乎大公劉之業克致於隆周啓伯禽之封遂

成於東魯者也朕以載新　盛典肇建明祠既峻極於徽章復揄揚於懿美讚曰

偉哉公旦隆彼宗周刑罰以息王澤斯流政成洛宅

慶錫魯侯式增顯爵用燬佳猷

大中祥符元年十一月二日

御書院奉　勑摸勑刻石

按宋史真宗紀大中祥符元年十一月幸曲阜縣追謚周文公曰文憲王則加謚並加爵也故讚中有式增顯爵之語

家謁文宣王廟記大中祥符元年十一月四日

碑高四尺一寸廣二尺十行行三十字行書在曲阜縣孔廟同文門

皇宋膺

天命之三葉大中祥符紀號之元年奠玉泥金封于

岱嶽　慶成　迴蹕錫宴兖州十有一月

朔

皇帝躬謁

玄聖文宣王廟將以太牢致祭　詔舊相吏部尚書張齊賢攝太尉行禮以元老而奉　聖師式彰　國家崇儒術而厚羣生矣復命中貴人内殿崇班李廷訓監肅祀事蓋示蠲潔而嚴典禮也自太尉而下太常少卿陳象輿侍御史李虛己兵部外郎直史館張復秘書丞初暐涂餗蘇國華張撖殿中丞張延溯趙遂良陳延賞太祝蔡文徽奉禮王克正李惟溯康希齡咸祗祀事謹刻貞珉歲

次戊申仲冬四日辛酉記

右碑文刻於景德三年修文宣王廟勑牒碑陰無標題及書人姓氏縣志云勑牒碑陰有大中祥符元年代祀闕里記孔勖撰按真宗以大中祥符元年十一月初一日幸曲阜謁文宣王廟特以太牢致祭則張齊賢奉命行禮即在真宗謁廟三日越四日孔勖乃作此記也（山左金石志）

碑中諸人除張齊賢外俱無攷惟李虛已有傳

字公受官至尚書工部侍郎喜為詩數與同年進士曹致堯及其壻晏殊唱和云　按今正定府學有大中祥符五年御製文宣王贊並加號諸碑末記云大中祥符元年十一月一日車駕幸曲阜縣謁葉先聖文宣王命刑部尚書温仲舒等分奠七十二弟子先儒詔吏部尚書張齊賢等次日以太牢致祭據此則張齊賢等致祭在真宗謁廟之次日阮氏未見此碑故云然爾

宋孔廟藏（賜御勑）書牒文碑 大中祥符二年四月

碑高二尺九寸五分廣二尺七寸三分十五行行十八字行書在曲阜縣孔廟同文門

牒奉

勑國家尊崇師道啓迪化源眷惟鄒魯之邦是曰詩書之國尼山在望靈宇增嚴朕以登岱告成迴鑾款謁期清風之益振舉縟禮以有加式資誨誘之方更盡闡揚之旨宜以所賜

太宗皇帝御製御書

與九經書并正義釋文及器用等並置於廟中書樓
上收掌委本州長吏職官與本縣令佐等同共撿校
在廟如有講説釋奠並須以時出納勿令損汚此勑
文仍仰刊之於石昭示無窮牒至准
勑故牒
大中祥符二年四月　　日牒
工部侍郎叅知政事趙
尚書左丞叅知政事馮

中書侍郎兼刑部尚書平章事王

按縣志載大中祥符元年賜孔子廟經史太宗御製御書藏于廟中此碑牒書二年四月蓋降勅也在上年十二月而賜物在此年四月也

山左金石志

牒後列銜孜之宋史工部侍郎參知政事趙即趙安仁也尚書左丞參知政事馮即馮極也平章事王即王旦也

承天觀碑

高五尺七寸廣二尺三寸三十行行七十二字行書額失搨在甘肅正甯縣

大宋寧州真寧縣承天觀碑銘并序

朝散大夫行尚書兵部員外郎知制誥上護軍

賜紫金魚袋臣李維奉敕撰

翰林待詔朝奉郎守秘書丞同正騎都尉賜緋

魚袋臣尹熙古奉敕書并篆額

臣聞無象之象生乎二儀之先強名之名居乎四大

之一杳冥忽恍固不見而不聞陶甄孕育遂成形而

成器三才以之資始萬物由其糺紛王者得之而垂

拱之化光百姓用之而序生之理遂尋之無際其體也孰揆其高深感而必通其用也曷窮其神變非夫聖人之至賾一切之極尊其孰能與於此乎及夫醇醨朴散失德後仁户有孝慈家興禮讓真風蕩而不返至治缺而莫救玄珠既遺非象罔而孰得混沌始鑿諟倏忽之可尤然而文籍本結繩而生大輅由椎輪而作無欲之源既窒有為之迹漸萌於是軒轅師廣成於前夏禹尊于高於後尹喜望氣伯陽演非常之言會系相齊蓋公著清淨之說述宣教父聿假於言詮啓迪真宗漸崇於象物若夫稽玉晨之秘纂考

玄圃之隱書絳闕琳房虛皇之攸館蓬萊方丈列真之窟都盖陰隲於含生實顧懷於明德故歷代而下繼天之君莫不結念於沖虛宅心於汗漫或陳甲乙之帳望絳節之來或崇文罽之壇俟霊符之應自茲厥後祠宇相望室州真室縣承天觀者本唐開元中所建也按輿地之圖究經始之自盖玄宗嘗於中夕夢彼羣仙儼冰雪之容疑來於姑射馭飆欵之駕若會於武夷惟至誠之所通非有適而不至且指樂土是為珠涯既寤而命使訪之遂於其地得石象二十七軀乃夢中之所覩也即命營搆真宇仍以通聖為

名兹縣據羅川之上游實彭原之屬邑氣象葱蔚原
隰隱轔人敦忠義之風俗勤稼穡之事軒丘在望乃
有熊得道之鄉豳土畫疆本公劉積德之地真靈之
所翔集禎祺之所保綏洎世道屯夷年祀寫遠蕭條
檜井但渫於寒泉瀰迤芝田僅成於茂草諒隨時而
升降爰與道而汚隆將復靈基允屬休運崇文廣武
聖明仁孝皇帝之御大寶也膺千年之嘉會嗣
二聖之丕其宅純粹之精執神明之度端委
嚴廊之上游心象繫之心表惟神不測用其道而設教
惟天爲大體其仁而育物三升泰時鑿昭事之誠再

駕寅車揚不殺之武舉按麻上 陵之典以慰時思
遵省方展義之文載均慶賜屢下 寬大之詔聿開
疏闊之網德洋恩溥仁洽道豊遠無不懷邇無不肅
動植咸遂神人以和故得協氣旁達以氤氳靈心昭
荅於肸蠁乾符荐委地寶畢臻巍乎治平諒不可得
而名也方且棲心妙鍵玩志玄津守慈儉之格言味
希夷之奧旨永惟民極斯實教先眷是靈摥獨存遺
址修弊起廢深軫於 天心即舊謀新冀崇其雲構
即日降綸綍之命遣軒墀之臣授以成謀彼蕆庀事
其始也觀乎天象當定星之中察彼民時乃農務之

隙既灼龜以練日復置臬而度地規易之大壯取詩之勿亟子来之民斯集藝成之匠畢臻採隴坂之材是樸是斷輦他山之石以磨以礱或施王爾之鉤繩或用傅巖之版築竟致功而程巧畢獻力以忘勞尓其繚以周垣樹之峣闕秘殿翬飛而中起脩廊繩直而四注雕欒縷楶燦文緑以交煇曼宇踈楹畜雲霞而乎暎桂柱曄其雹櫳梅梁亘以虹申藻井揚芳紛敷乎菡萏銀釭絢彩照耀乎列錢鈿砌坦其砥平瑤壇瑩其氷浄清虚肅穆杳隔於氛昏窣窱重深殆殊其氣候若乃金牀玉几儼若三尊之御匡冠翠綏穆

然衆聖之容既從以靈官復位其列宿等威斯辨若
朝元之會仗衛載列疑馭氣之游真玄聖之下都而
坤靈之絕境也逮茲集事亟用上言錄是錫以華題
俾輝於棟宇延諸上士式謹其修崇徼三元八會之
文探十善四極之旨椒漿蘭藉嚴其奠饋之儀空歌
洞章閒以虛徐之韻乎宜雲軿羽蓋俳佪而下臨紫
氣素煙紛郁而相屬既而覿藹鮐背戴白之叟相与
嘆曰至哉哉
吾君之德俟其禕而作為靈宮焜燿乎百里延集丕
祉保祐乎羣黎誕揚玄默之風坐躋仁壽之域何力

藝芬齋寫本

於我允叶堯民之歌惟幾成務更苻羲易之象是宜
求典故來時龍　升中于天追九八之迹無為而治
茂三五之規福祿萬年子孫百世如斯而已矣恭維
帝皇之作所以揚鴻輝金石之刻所以傳不
朽茲事體大屬乎英才而臣識昧研幾學非足用掌
仙曹之辭令莫著發揮述大道之指歸尤慙闊略祗
膺詔旨避讓靡遑拜手齋心謹為銘曰
懿矣至道包乎混元惟恍惟惚匪亡匪存尋之無迹
用之不煩萬物之母衆妙之一生乎二權輿天地
惟民㝡靈惟君司契塞兊閉聰抱樸弃智神而化之

事乎無事上德既衰醇源益醨步驟殊致質文異宜
遺珠赤水訪道具茨玄言著矣青牛遠而清微之天
虛皇攸治珠闕重深紫房豐麗財成元化陰隲羣類
在感斯通無遠不至後聖緬慕發乎清衷帳開蘭殿
蓋設濯龍以像繁祉以暢玄風踵事增華壇館斯崇
惟唐之興仙李鍾慶惟教之設開元尤盛精意潛感
殊休屢應懿哉列真聿彰元聖集靈之地實曰羅川
風俗淳厚原隰連延靈事斯啓彤彩相鮮年祀寖遠
餘基歸然帝宋膺期惟天所授瑞叶赤書功凝紫宙
鬼神致恭蒸黎在宥薰然大和洽於仁壽穆穆我皇

三葉重光席圖握紀御辟當陽凝神妙健精思靈場
修弊起廢爰申舊章翹翹使車言董其役民以子來
時惟農隙定星方中靈臺勿亟林麓効材閈閎獻力
彤彤邃宇藹藹殊庭穹崇窈窱黼黻丹青商雲垂蔭
瑞日揚明始疑神運終謂天成旌蓋紛披壇場負寂
雲璈發音飆駕來格福被蒼黔慶流宗祐翠殿垂芳
永永無極　　時大中祥符二年歲次己
酉二月十五日建　　御書院沈慶并侯令欽趙謙
刻石
右班殿直兵馬監押兼在城巡檢臣元守英

朝請大夫尚書虞部郎中知寧州軍州兼管内勸
農事護軍賜紫金魚袋臣淳于廣
按碑在甘肅慶陽府正寧縣羅水在縣南西南由
寧州界入涇水隋曰羅川縣屬北地郡唐屬寧州
天寶初獲玉真人像改曰真寧縣見地理志西魏
廢帝二年改豳州曰寧州隋大業初復曰豳州尋
改爲北帝（地）郡唐武德初復曰寧州天寶初改彭原
郡乾元初復曰寧州元豐九域志寧州彭原郡軍
事治定安縣真寧縣州東南七十里有子午山羅
川水碑所謂羅川上游彭原屬邑是也董史皇宋

書録尹熙古工篆學類苑云古撥鐙法待詔尹熙
古得之所書爲一時之絶

宋先天太后賛

碑高一丈三寸五分廣五尺四寸二十一行行四十一字正書訪碑録云在河南鹿邑（安徽亳州）

先天太后賛并序

御製御書并篆額

若夫元氣本先尚存其祖高旻至大亦有其先斯盖本於自然生乎太極　靈期所始雖表異而靡詳人理攸同諒顯親而斯尚洪惟

教父首此　聖階降迹於　清都炳靈於歷代
時隱時見如彼應龍或闇或彰同茲杲日爰自大皞
汔于宗周或居世而含真或賓天而戢影仰觀神化
雖則无方俯協彝倫故將有自所以感流星而受氣
指仙李而誕生居楚國之靈封宅厲鄉之名壤七十
二載乃剖腋而見形三百餘年常守藏而混俗及夫
指流沙而高蹈悟可化者胡人度崤函而逆知得先
覺者關令七百篇之法所以役使鬼神五千言之經

所以適宣道德百世膺其祐萬靈歸其尊由是淵曲
神區寶存於蒜館星曆令典緬想於邃源懷顧復於
厥初追劬勞於罔極大明
聖善之德别建容
清之涟奉元天之名所以崇徽俾葺洞霄之宇所以
法元都工以顯天經下以揚孝道至于體凝寂之氣
分柔順之精飛翔以彰神靜嘿以凝性豈止姜嫄履
武紀彼周篇含始吞珠存乎漢籙者哉國家介祉
穹昊協德　神明政本於希夷治歸於清淨

經天緯地
太祖撝金鉞而靖八紘返朴還淳　　太宗
調玉燭而齊七政俾中區之大定由至道之臻康阜
○彤沖膺斯　命歷　元符申錫大禮紹成接
　飈欵於禁闈○○福於○○眷惟景亳之耆舊
○○象魏之搢紳述歎謌之令儀舉省方之舊典羽
旄協吉遵夷路而屆殊庭○藻致虔奉精心而脩嘉
薦瞻淑靈於別宇想茂躅於前聞升彼帝車既傅於

家記闕茲　遺服尚覩於　高工勵乾羣之至
誠益混茫之鴻應金石之刻昭述於凝禎億萬之祥
永期於濬發贊曰
老氏之德　協符昊穹　李母之跡　章顯靈通
　仰居霄極　俯運玉切　權輿至道　資始真
風　式揚神化　用致時雍　眈眈秘館　穆穆
睟容　和鑾順轍　圭璧致恭　允祈多福　大庇
區中　儲靈不測　昭感有融　一刊樂石　永耀

三

琳宫

大中祥符七年正月二十二日

御（八二恭）書院奉　勑模勒刻石

此下贊老子之母也追尊老子母為先天太后

武后光宅元年事　安徽金石略

宋重修資州法華院記

石高六尺一寸廣三尺四寸二十七行行五十字
第二十行多一字字徑六七八九分不等行書

重修資州法華院記　將仕郎守本州助教謝用撰

若夫圓寂理證乃超無學之真方便教門可度有漏之苦斯則　我古佛能仁之道也　虛無致用盡通　隨　立感自天之祐斯則我老子溥濟之道也　移忠獨國爰彰繼世之功行孝處家可著揚名之德斯則我之道也是故迷為愚瞶達是賢良識　三教之可宗千　之一也有本郡裴氏之子曰愈徵其始系出

于顓頊之後　河東聞喜人貞元五年進
士擢第宏詞科應制舉賢良方正有唐德宗朝開府
儀同三司守司徒兼中書令上柱國晉國公食
戶實封三百戶度之遠裔也晉公生五男皆因官
分寓他郡長曰議通議大夫御史中丞撫校戶部尚
書忠武軍節度使諫　等使上柱國襲晉國公
食邑三千戶實封一百五十戶賜紫金魚袋寓昭應
兄弟並列方鎮次曰譔寓西京次曰讓寓鄭州次曰
諗寓寶雞少曰識子孫分寓襄閬也閬之所出有見
任　皇朝大鴻臚卿守西京留臺莊其人也莊生

奐進士及第直館閣識生吉任資州資陽縣令因家于當州吉生載任當州銀山縣令載生居仁不仕居仁生二男長曰良次曰弁皆不仕良生二男長曰廣亦不仕次曰贍遇孟氏覇蜀以武功靜列之冠至昌州刺史檢校司徒而麄虎韜入智蝟蠙呈祥寍唯射戟之能況負止戈之術異閑閫而責過可播通明笑露冕以宣威誠非人怨贍生四子長曰審遇任彭門軍倅學以潤己文能發身陟郭隗麗水之臺輔孟嘗還珠之化仍傳孝悌詠白華以融融别着風流折紅蓮而灼灼次曰審述歸 皇朝補内員密直檢校

國子祭酒力能扛鼎箭可穿楊既霑公祿之勞兼頒
庭臣之列次曰審建充殿直因患退閑方榮束
帶俄屬掩紳慮成曳杖虞龝有歸田之興少曰審通
惟散逸心不回邪惡事人以折骨乃曲臂審遇生二
子長曰恕 皇朝三班奉職累監權而卒本修儒
道將欲雄飛蓋逢亂寇之時遂展見之作策勳有典
身已被於 天光制分無期命難 於國爵次曰
愈字損之今之重修斯院之士也執謙是德視領有
程但脩恬惔之澂深得幽閑之趣因其舊址別構新
規奧捨萬緡式資三寶昔者彭門倅以先考昌牧有

功及人慮名績久而不彰乃於承慶寺門興一院題曰法華之兮建堂塑　三教之像僧廊房室具焉至　皇宋大中祥符六年攢之曰　今上方恢張　三教斯院湫隘不足稱乎　聖化信奉之道尋聚材命匠営基度摸别建大殿三間行廊客廳僧房厨屋都共三十餘間及創砌堦基石約三千餘

昔為濫觴今成宏壯住持有僧二房長曰志能道分二諦術究二醫廣度迷徒皆成釋子次曰志昇慈悲是行崇識為心効一力於善因運羣材於他郡登山臨水冐辭辛苦之勞以月繫時尋極始終之事其

院也高淩碧漢旁引清風登來而一道崎嶇觀去而萬山重疊下觀飛鴻之背平流遄鬼之輪可豁勞生宜澄世慮下臨廣壑東注長江客帆之片片朝飛漁火之星星夜鬪賢不在野莫觀垂釣之人運偶昌時寧有濯纓之士於是高築臺座聳起三聖之像益尊其儀也鏝飾四壁許人繪諸功德延衆善也夫事不可旌而旌者僭也物不可紀而紀者昧也如用者恥聞錢癖勤入書　耕耘則冒雨破雲謌詠則挨松坐在豈虞　皇澤來燭幽深執簡而螢竹俄捐政服而村童共駭今也或承　同命許讚異功雖

人有庶幾之言處石出狂鍔之惡時皇宋大中祥符
九年歲在丙辰十月十二日記
審述生忠早亡 審建生懲不仕 審通
唯女 恕生頑不仕
愈生五男長曰慎修見充使院開折官
次曰慎言 慎交慎行慎終
三班奉職兵馬監押兼在城巡撫寇亮
將仕郎守遂州司戶叅軍權推□□
朝散大夫行尚書 田員外郎知資州兼管内
勸農事輕車都尉借紫陳延賞 徵事郎

業芬齋寫本

試秘書省校書郎守梓州[illegible]判官宋益

姪頎書并篆額　　刻字揚海

右碑在資州敘裴晉公五子次序與本傳合与世系表異當是表誤碑當据碑改正碑敘晉公諸孫名可補世系表之缺記中所云永慶寺在資州城內東北隅重龍山上

寗參白水縣齋十詠

行書篆額在陝西白水縣

同州白水縣齋十詠并序

同州白水縣齋十詠并序　括蒼鄉貢進士吳卽書

并篆額

邑大夫揔理之庭民版圖系瞻之地苟壯麗弗取則威儀匪脩況乎宅天井之上朕據坤罔之水勢左右官署傳尉廳悉在縣倨內前後閈閎足崇佗〻之墉昌際航〻之宇然渾模之夙備亦雅制之未臻是以遵陸抗之繕完祛晏嬰之湫隘或因其爽塏或即其便宜率循

去故之規爰成永逸之度徙龜趺於外堞慕彼前脩
聳蜃氣於重闉昭其懿範兼濟擬東門之作徇公侔
上館之稱至於晚藹青箱密藏於層構崔嵬畫堋峻
列於前亭當具體而或微且非禮而勿動斤斵惟約
縣形靡加而又猗樹交陰藂石絢彩茂軨軒之逸趣
數階阤之素輝我諸不轉之姿爰呈可卷之狀豐爲
玲社載於宄蔡故其覽景無遺懷賢有緒將恪居而
未墜誠退食之多同導乎惟樂之□玩以至幽之勝
王仲宣之暇日孰紹能聲庾元規之秋宵豈忘覃思
姑自強而不息惟靡常於厥居曹無繫擊鉢之音但愧

燃萁之敏得非踑踔演韻□濈成文因摭實於縣齋式緣情於十詠隨題注釋与物繽紛俾原始而要終庶采葑而采菲然而非公家之能事抑亦思作者之彝章冀惟瑕瑕在我同志附于翠刻庶幾末光云爾

時天聖六年仲冬十有二日邑佐權民長寡叅自序

思齊樓宰署之門也上聳四楹將闢圯毁因之輪奐亟成小樓俄而廢城之南旁獲翠琬苔封雨駁究具妙辞乃太極中張子奇莅於是邑德政之債也既置其下故以目之

高閈曾層構翬飛勢自伸己聞能賦客空憶帶星人影檻凭秋迥朱扉敞漢新龜趺清刻在誰共繼芳塵

永益池縣閫之西俯臨紺宇古淤瀦之所也二亭中圯傳名吏隱乃元和中白行簡刻石在焉遺

藥券高寫本

珉湮泐寖而靡興況絕逕往來艱於汲引民患于人亦為政之闕也參因闢頽岸是命其題天澤既瀦一邑斯濟

唐賢遺勝地天澤引初深未起朝宗勢先資濟衆心淨惟涵寶刹微或鄣蹄涔無氣何偏旱羣蛙一夜

況

惟勤闕尉廳來陽廣褎尋聽政之所也倍

自責思前古徒名是永懷黃霸為頴川守百姓有過閑闕閤自責然小大不善偁參權莅銅章亟追其倫邑民好訟得無思之

聲慙偃室幽興類蕭齋未報投虛及空防肆毒材恪

居之知有地偪俛競相諳

藏書閣尉居南屋中嘗起二滕中書羣籍也

洞闢前軒峻危梯趣若

何緣茁生未遍縹帙聚還多曉幌吞清旭秋櫩拂靜
柯猶憐松筆在公外獨頻過

習射亭宰署東西隅尉同校閱之地也
危亭當旅進飛鏑共星鳴
才奏蘋蘩節空聞霹靂聲澤宮期竝勝相圃憶偕行
敏手無虛發發由來已鵠乎

古植槐尉廳西南宰署墻垣之內
誰知深固久根恠蟄龍形自
著三冬市空懷八命庭餘清蟬□□茂綠雨初經未
便慙羣木猶憐桂有馨

□榮桐尉署小廳前也
幾年惟悴質一日類生稊玉甃青
□滿銀床□□□雅□□□□高稱□□□□有□

□□□□副剪圭

小庭松居之桐次　挺質依雕檻盤根似蒨峯美材高並接强幹直相容度夕寒細凌秋翠影重當軒可□□應只待春封

波紋石尉□□□之中　何必觀春渚他山質自奇危層分蕩漾峭碧認逶迤禁陛宜相接星機好共支高空如有間一補未為遲

石席置之於惟勤閣　結粹從天匠周方出翠巒寧知磨琢易須信卷舒難角枕清同置藜床稚並觀公餘聊偃息空覺病膚寒

廣平焦有成鐫字

宋孔勗祖廟祝文碑

碑高二尺五寸六分廣二尺五寸二十四行行二十四字正書在(山東)曲阜縣孔廟

祖廟祝文

維天聖八年歲次庚午三月甲寅朔七日庚申四十四代孫太　中大夫行尚書司封郎中新授知單州軍州兼管内勸農及管勾開治溝洫河道事工柱國賜紫金魚袋勗謹率次代孫朝奉郎行左司諫充龍

圖閣待　制新授知鄆州軍州事兼管內河隄勸
農同群牧使輕車都尉賜紫金魚袋道輔等以清酌
庶羞之奠敢致祭于
祖聖至聖文宣王惟　王體膺上聖道尊緜古歷
帝師資群倫宗主兩曜麗天四瀆横寓爰念裒軀叨
承世譜刻意蒻齡伏膺遺矩筮仕　聖朝策名藝圃
無德以居惟　聖是怙昔莅縣封躬持脩脯自解銅
章建麾金組涉歲滋深之官旁午雖有子孫嗣守邦

土恨遠衮華徒瞻　首瞓既陟郎臺更直　帝宇醜
荷　隆構少寧丹府紹慶門閎授之道輔
主上續臨官崇遺補言路是開德音思普　召備諫
垣日親　殿廡操履且嚴裝揮有覩工贊　皇猷下
幹父蠱忠孝克孚鄉校不侮　内閣進班　端闈布
武得請　天宸試才汶澥惟矗抗章再臨單父同别
縣墀俱分銅虎輝耀鴻都歸還故會林近五衛春融
九鳳景物濈濈原田膴膴式仰　威靈奚勝鼓舞集

是慶榮蓋承訓詁乃竭精誠用潔豐甒虔恭告辰丕

二

昭　多祐勉惕之心弗窮覶縷以兗公顔子七十二

賢二十一先儒配

尚饗

將仕郎守兗州仙源縣主簿主管　廟事良輔

太廟齋郎彦輔　太廟齋郎宗愿　將仕郎守將

作監主簿宗亮　宗翰　已上並陪位

門人張宗益辭　彦輔書　沈陛刻

宋奉聖寺齋廳記

石連額高七尺八寸廣三尺五寸二十四行行五十二字第六行多二字第七行少二字字徑七八分不等行書額四行行二字字徑三寸餘篆書石中折

簡州奉聖寺齋廳記

簡州奉聖寺新建齋廳記

將仕郎試國子四門助教蘭融

鄉貢進士劉誼篆額

州院右押司官李容

書文余崇信鐫字

昭王之御西周也佛隆中天道成無上明之嗣東漢

也法被諸夏□在□□故證聖者默識一乘悟空者
靜超三界剏兹像教允屬住持精益苟獲於增修梵
福遂資於邁種　簡池奉聖寺曰乾德三年
王師□蜀攻□□之盜□燎原之火故菡萏宮□□
□池□□必□之功猶未盡善迄景祐二祀
聖君懷遠命　□良之臣布　恤民之政□甘棠□
□□□火□□集福之業於是日新者也
□□□□□公有　代天之□力結因地之□緣□
法□一門佛□二道湛其正性則虛室生白通於妙
用則大車以載固不泥於聲聞又焉　於色相而已

且謂□寺尚闕齋廳庶鳩良材速成不□□僧副僧
正處□臨事無怠僝功有聲信士濯令堅劉省賢知
公之至誠善　公之大願遂各布四禮副
經始之謨共勞□□□輪象之制　役夫於山麓
取大木於江端蒙暑雨之霧露冒夏日之赫烈冈辭
勞瘁允協精進歷朱明之三月□□□之五宀足以
語人天之供　龍象之□讚佛乘而祝
聖壽者也在□□心曰齋謂聖人有□□之正性四
照之大勞□□用此易道洗濯其心俾其心寂然不
動吉凶俱泯然後謂之齋也◯佛弟子以食為齋夫

齋者清潔之名汕氵之義故西方僧將食必須人人
淨洗手足别踞小床坐□一□□子□□□□□時
或躬自持盂或令□□水□灌□泉□□淨木疏牙
刮舌務要清□亻□□在則不成齋然佛弟子之齋
也豈止潔淨其身乎亦可潔淨其心如身之□□也
故齋有科等僧□曰香者□□□□□□□□□□
□教經之比丘欲食則先燒香故安法師作赴請儀
式第一是行香此乃中夏行香之始也□□□三藏
奏□□□太宗七□□□□□行香勅自宜依宣宗
大中五年再興佛道勅京城及外州府國忌行香並

汀清潔淨天福五年□正同奏國忌宰臣跪爐百官
列坐今欲宰臣跪爐百官立班行香後飾僧百人永
為常式　聖宋　太宗皇帝淳化中虞
部員外郎李納奏　國忌宰臣已下行香□禁酒肉
表其清潔　勑下御史臺依行
真宗皇帝景德中　勑天下州府每　國忌行香禮
儀者□□一百僧其錢各隨各等級大如是則齋與行
香之義咸取清潔剃染之流誠宜戒慎一失□道罪
莫大焉凡齋必有布施名之曰嚫亦曰折□財施之
謂也未曾有經云說法教化名為法施大丈夫論云

財施者為作無盡福法施施者為作無盡智是財施種
福法施證聖有以見□而能散財施也誨人不倦法
施也不其然哉不其然哉則瀆貨無厭未嘗知仁惠
者獨善其身不能存博約者豈止素王之罪人乎亦
□仙之罪人也融聞善耳順見賢心伏企　覺皇之
大教在　良牧之下風親　仁願侍於　龍章頌
德固慙於鳳藻幸因從衆是用□□時
鉅宋景祐三年六月二十八日記
朝散大夫行尚書□部員外郎知軍州兼管
內橋道勸農事上護軍借紫孫　閑　建立

右碑在簡州曰奉聖寺曰齋廳乃忌日脩齋所也按宋史禮志忌日唐初始著罷樂廢務及行香脩齋之文宋忌日佛廟行香循唐制也碑尾書鉅宋猶之唐大歷中段行琛碑稱巨唐也劉誼長寧人崇寧二年霍端友榜進士東坡集有劉誼知韶州制

石亭里石氏墓表

碑去額高五尺廣二尺五寸三十五行行十六字至七十二字不等正書篆額失撰人名在山東臨朐

石氏墓志

石氏之先出於衛康叔之後康叔文王之子周公之母弟然則石姬姓矣按本記云衛靜伯生公叔公叔生顯伯顯伯孫摯生何為石氏春秋左氏傳隱三年有石碏碏子厚莊十三年石祁子成四年有石稷襄十七年十九年有石買二十七年二十八年有石惡襄二十八年哀十七年有石圃哀十三年有石曼姑哀十五年有石乞十七年有石魋禮記檀弓注有石

駘仲莊八年又有齊小臣石之紛如十九年又有周士石速傳三十年又有鄭大夫石甲父文十七年有石楚成十年有石首襄十一年十三年有太宰石㚟昭三十二年周又有石張定十四年又有天子之士石尚定十年又有宋卿石彄六國時有石奢嘗相楚國漢有萬石君父子晉有石苞石統石喬石崇石樸又有石鑒唐有石抱忠則天朝爲天官侍郎石雄爲將石殯芳著忠義」六世祖自滄州樂陵縣遷焉今爲兖州八也　吾祖初還而南得邑曰乾封（後改奉符）鄉曰梁甫里曰云亭村曰商王負泰山挾徂來有二大

山之鎮且汶水注其後經其西遂築居焉仁者樂山智者樂水　吾祖其近仁智者歟　吾祖之初來歙祖遷焉鮮兄弟亦無族姻有田百畝專以農爲業久之始生高祖逵　高祖乃生　曾祖七人石氏於是遂蕃長曾祖性嚴毅善治家□□晨起令諸子弟畢先趨田畝郡子弟無敢後者故石氏富於衆且當五代兵寇之時中原用武諸祖又皆敏有材力習戰尚勇騎射格鬬豪於鄉里趙將軍者鉅盜也衆數十人張旗鳴鼓攻掠郡縣其鋒甚盛嘗過吾里中不敢爲力遣使乞具一餉諸祖諾之行人更其辭賊憤乃來戰

藥芬齋寫本

遂陣於南門之外我不素備猶殺賊數百人方戰時
遇力疲則憩於門内蘇而復戰賊勢已抑□□者未
得尚酣戰　□曾祖鞋係斷投門門内有姦閉門不
納遂敗是以　長曾祖　七曾祖　大祖父　二祖
父　四祖父　七祖父皆没於陣　三曾祖善戰既
敗賊入門升堂階又斬賊□賊□□□□□頭乃攀堂檐□□
出里餘息於栗林西數十步渴就溝水飲眼皆血出
滴水上苦戰如此竟免嗚呼石氏之遼其當唐季乎
戰之歲在晋開運三年也後五年慕容氏反兖州即
周太祖廣順四年也賊後□□年石氏乃分曾祖第

一房無嗣與第五房合為一院凡六院後第四房嗣亦絶為五院今第一院分六院第二院分三院第五院分四院第七院分二院合十五院然皆出於七曾祖□叙其略

第一院曾祖諱路堅娶顔張簞氏生大祖父二祖父大祖父娶秦氏無子女二人長適西王張氏次適南顔張丁讓二祖父娶侯村鄭氏生長伯父明二伯父靜長伯父娶陽關朱氏無嗣一女適劉氏湘筠其甥也（伯父□畫術鄉里名通傳）二伯父娶潘于桑氏生六男曰用曰誠曰元吉曰政曰峯曰宣三女長適舊縣陳隱次適下村張氏次適下村趙氏 用

二男曰巒曰福一女適聶氏福生□巒生先得哥先
生大眼誠一男曰澡三女適寇郝氏韓氏澡生翁
兒元吉一男曰澗一女適夏氏澗生王兒政一
男曰簡二女適同氏□氏簡生□峯三男曰友諒曰
友直曰友□二女皆適張氏　宣三男曰全曰師恭
曰師讓二女長適冨氏次在室　第二院曽祖諱路
釗娶劉氏生四祖父洪十一祖父瑔一女適李□
□□□□□□□伯父□□伯父娶李氏二男曰
坦曰榮一女適□氏埂坦生師睦師和師厚一女適
要氏師睦生課兒　榮生師哲師敏四祖父嘗爲桑令公廳□故鄉

人呼□龍

十一祖父娶□張戴氏生四伯父匀二女適劉氏張氏四伯父娶神氏生寬寬生修己黑牛一女適成氏修己生揚氏世

第三院曾祖諱路賓娶乾封黃氏生九祖父文杲十四祖父九祖父娶屈溝□氏生八叔父謙二女適耿氏葛氏八叔父娶下村馬氏一男曰亨二女適丁氏劉九皐十四祖父無子

第四院曾祖諱路巖娶趙氏事安太□師趙侍中慕容相公索太保天福七年補衙前子弟九年補獵務□□三年補中府獵射務都頭乾祐三年廣順三年爲討擊副使無嗣一女適戚澄

第五院曾祖諱

具娶栢子趙氏生十二祖父欽一女適太子中舍劉
閔　十二祖父娶西王王氏生我　烈考及　仲父
踦　仲父辰　季父居化二女適西朱劉氏百子趙
氏我　曾祖篤勤農樂田野終身不游市郭煞喜衣
冠嘗囑我　烈考於鄉先生願授以經因語人曰吾
不取□吾□金紫□鄉黨以儒名吾家吾老死足矣
烈考果登第列東宫官如其志先是鄉人以曾祖行呼吾家
祖父鄉里稱長者鄉人乏必貸之果知其不能償
即取券焚之善勵鄉黨恂恂□□競令吾院視他院
稍益二祖之德也我　烈考諱丙娶郭夫人馬夫

人　劉夫人楊夫人後劉夫人專三家春秋學大中
祥符五年
真宗章聖皇帝御前擢第仕至太子中舍生我　兄
慎齊及介企會合　與吾姊吾姊適舉子孫周吾兄
生師愚師通師勗師晦師默生女三人長適進士姜
潛次適進士高□□在室介生彭哥川哥徠哥女二
人俱幼企生師廉女三人俱未嫁會與合未娶師愚
生鼎孫女一人方四歲　二仲父娶□謝段氏生
□懷玉懷德女一人適舉子郭師顏出三女懷玉生
師恪賢一女懷德生師果師毅師□伯惜二女　三

叔父娶陽關薛氏女二人長適申村姜文次適進士
盧淑姜錫銘鐸錫社哥女二人一適進士孫廓一在
室二婿擅文辭錫皆學不爲無後　四叔父娶申
村姜氏　高唐氏生僉女二人長適王氏次適任氏
　第六院曾祖諱□娶楊氏無嗣女二人長適西
張鞠父次適大吳劉父　第七院曾祖諱□娶戚
氏生　八祖父文容　十祖父文秀　十三祖父女
二人長適石固王氏次適顏謝商氏八祖父娶□氏
生五伯父遂九叔父慶十二叔父十三叔父十四叔
父五　父娶乾封寇氏□□□□□四女適王氏楊

氏馮氏杜氏氏九叔父娶大吴吴氏生士元十二叔父
娶劉氏二女適張氏王氏　高祖之五女長適
顏張許氏次適乾封□張氏次適上高郭氏次適侯
村□氏次適臨□翁氏石氏　始祖一人祖高一
人　曾祖七人　王父十人　諸考十四人吾輩二
十一人自我而下詵詵未見其止也若作厥室　始
祖基之　高祖堂之　曾祖構之　王父□丹之
諸考落成之吾輩歌於下飲食於下于于如也然不
敢怠逸謹保　堂構而已吾諸子若孫既材而孝其
必能大石氏基斯厚矣堂斯峻矣構斯崇矣石氏斯

傳矣世矣嗚呼石氏食此田百有五十年矣葬此地
九十有年矣自始祖至圭八世能不失故田能奉祭
祀　今舉　曾王父而降爲三十二墳用康定二年
辛巳八月丁丑八日甲申歸于大塋以附
□祖　高祖□□歲時則與十六院大合祭焉詩曰
孝子不匱又曰無忝爾祖語曰死葬之以禮祭之以
禮石氏子孫其庶幾矣乎塋域南北長四百八尺東
西廣三百六十尺合合一十七　畝大　□□□□
□株　樹一千七百五十株合一千八百八十株石
氏子孫賢也塋關固焉宅兆安焉祭祀時焉苟不肖

也何所不至戒哉
□□□□□□□德郎守大理寺丞新授通判通
州軍州兼管内勸農事借緋士建仲書　　承
奉郎待制作監主簿□顏輔篆額　　孫
湛刻
右石氏世表石介譔士建仲書歐陽公撰介墓表
稱父丙官太常博士而此表云仕至太子中舍與
歐表異歐表介有子師訥此云介生彭哥川哥倈
哥蓋各舉其小字未審誰為師訥也孫明復寄范
天章書曰今大名府魏縣校書郎士建中南京留

守推官石介二人者其能知舜禹文武周公孔子之道者也非止知之又能揭而行之者也執事若上言於天子次言於執政必能恢張舜禹文武周公孔子之道以左右執事教育國子丕變於今之世矣建中學行與介齊名當亦奇士而學於明復者仕至兵部員外郎史不為立傳後世無述焉驗其書法亦自不俗潛研堂金石文跋尾

石介字守道天聖八年進士及第初授嘉州判官後以直集賢院出通判濮州事具宋史本傳介嘗躬耕徂徠山下人以徂徠先生稱之有徂徠集二

十卷宋孔平仲談苑稱石介文章學術天下宗師著宋頌十篇猗那清廟無以加也慶曆三年天下所謂賢士大夫必用於兩府侍從臺諫之官宋之用人於兹為盛介作慶曆聖德詩

四庫全書徂徠集提要王偁東都事略記仁宗時罷呂夷簡夏竦而進章得象晏殊賈昌朝杜衍范仲淹韓琦富弼王素歐陽修余靖諸人介時為國子直講因作慶曆聖德詩以褒貶忠佞其詩今載集中仿唐愈元和聖德詩體唐憲宗削平淮蔡愈仿雅頌以紀功是其職也至賢姦黜陟權在朝廷非儒官所應

議雖當時以此詩得名而實不可以訓誡也至論也
談苑之說猶近標榜歟明一統志濟南府人物名石
介兖州奉符人師事孫復固窮苦學進士及第歷
鄆州推官嘉州判官居憂躬耕徂徠山下葬五世
之未葬者七十喪以易教授魯人號徂徠先生服
除爲國子監直講進慶曆聖德頌出判濮州葬族
喪立墓表疑在一時皆篤行也

封洪聖廣利王牒

高七尺六寸廣二尺六寸篆額題勅南海洪聖廣利王八字下分二層上層牒十三行行十八字下層廣州官屬七行年月一行字數不計正書在廣東廣州府南海廟

中書門下牒　廣州

南海廣利王

牒奉

勅四瀆淵流歷代常祀物均蒙於善利禮未峻於徽

稱載考圖章式崇王爵四瀆並褒封為王其四海仍

增崇懿號宜封為洪聖廣利王及令本處限勅命到

差官精虔致祭牒至准

敕故牒

康定二年十一月　日牒

右諫議大夫參知政事王

右諫議大夫參知政事晁

戶部侍郎平章事章　以上刻上層

右僕射兼門下侍郎平章事　以上刻上層

承奉郎權知觀察　下缺

節度推官承奉郎　下缺

宣德郎試秘書省校書郎權節度掌書記

章朝奉郎尚書都官員外郎通判軍州兼句

當市舶司及管內勸農事上騎都尉借緋謝

朝奉郎尚書都官員外郎通判軍州兼勾當

市舶司及管內勸農事輕車都尉賜緋魚袋

□

廣南東路諸州水陸計度轉運使提點市舶司

木路勸農使朝奉郎守尚書主客郎中兼發遣

軍州事護軍賜紫金魚袋馬

慶〔曆〕二年二月十七日上石

承務郎守錄事參軍陸貴書并篆額　僧

義榮鐫　以上刻下層

按宋史禮志康定元年詔封南海爲洪聖廣利王與碑稱康定二年十一月不合攷皇祐五年牒稱康定二年並不云元年則史誤也史康定僅一年而碑稱康定二年十一月者蓋是時仍未改元爾宋史仁宗紀慶曆元年十一月丙寅祀天地于圜丘大赦改元慶曆牒末署銜據仁宗紀參知政事晁宗慤康定元年任戶部侍郎平章事章得象寶元元年任門外侍郎平章事呂夷簡亦康定元年任至參知政事王舉正則康定二年始任如增封洪聖王在元年則牒末何得署據此亦足證碑之是而史之非矣碑下方題銜諸人

名莫可考惟宋史陳太素附傳及肇慶石刻有轉運使馬尋慶曆年任當即此碑所題轉運使之人呂夷簡不著姓者老學庵筆記云舊制丞相署勅皆著姓官至僕射則去姓是也廣東通志金石略

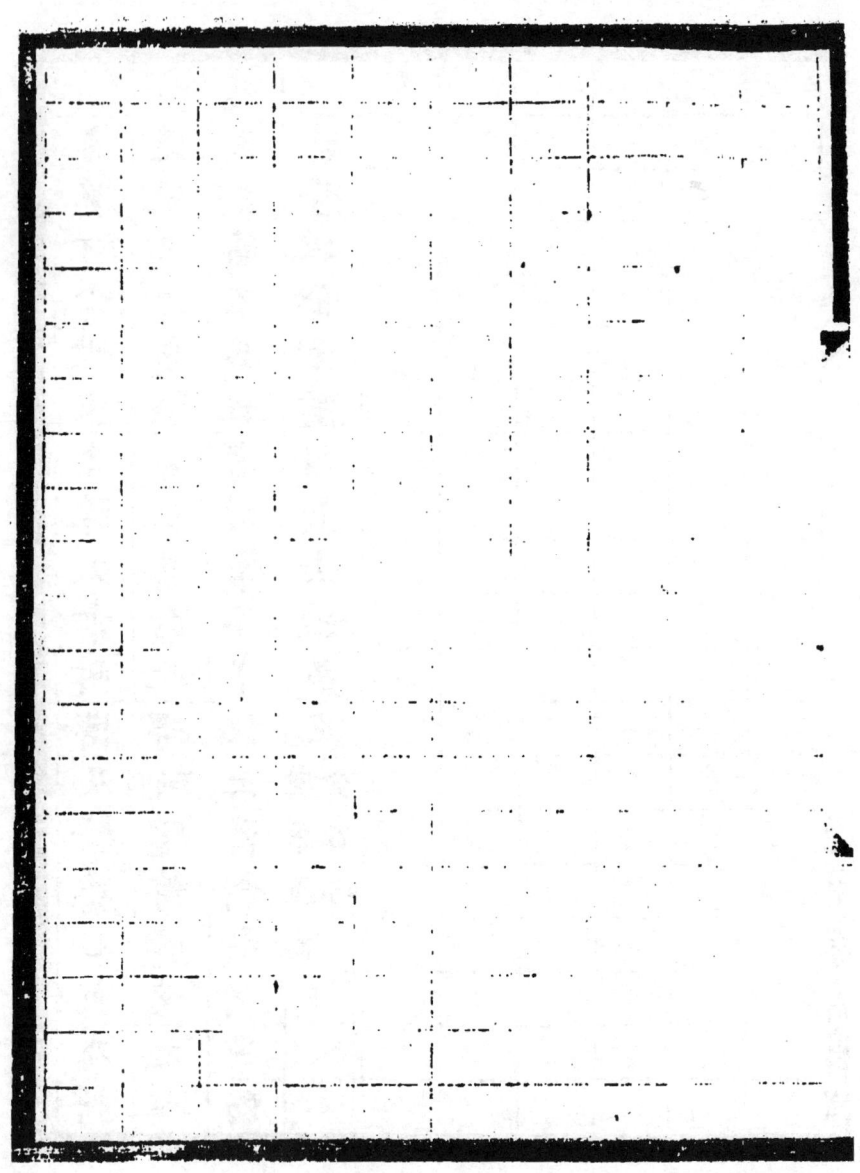

周湛等題名 三行行十字字 徑寸半正書

提點刑獄周湛同提點刑獄錢聿知郡事包拯同至

慶曆二年三月初九日題

按宋史職官志提點刑獄公事淳化二年置以朝臣充後罷歸轉運司景德中復置增武臣為副以閤門祗候以上充是刻稱同提點刑獄豈即史所謂副耶周湛字文淵登州穰人宋史有傳不載提點刑獄包拯字希仁廬州合肥人天聖五年進士知天長縣徙知端州還殿中丞端土產硯前守緣貢悉取數十倍以遺權貴拯命製者才足貢數不

持一硯歸事具宋史本傳通志職官表康定元年
拯知端州軍州事合朱顯之題名考之其遷殿中
丞即在慶曆二年也

重刻扶風夫子廟記

高三尺八寸廣二尺二寸二十二行行三十字正書在陝西扶風縣學

鳳翔府扶風縣夫子廟記唐文粹作扶風縣文宣王廟記

唐尚書駕部郎中程浩譔

天地吾知至廣也以其無所不覆載日月無知偽本有其字至明也以其毋所不照臨江海吾知至大也以其無所不容納料廣以寸管測景以尺圭航大以一葦廣不能逃其數朙不能私其質大不能匹其險偉哉夫學後眩地而生知先地之始先天墜而沒知天地終非日非月光之所及者遠不江不海潤之所潑

者傳式代禮樂吾知其損益百王憲章吾知其消息
君臣以位父子以親家國以偽本作用肥鬼神以享衢未
可詮亦文粹作亦亦字誤其有物釋未可證於無生弋以貫之
我先師夫斷夫子聖人也帝之聖者曰堯王之聖
者曰禹師之聖者曰　夫子堯之德有時而息禹之
功有時而窮　夫子之道久而弥芳遺而弥光用之
者昌捨之者亡笞否於周令泰於漢不然者何被衮
而裳垂旒而王者我扶風古縣也在京之西環渭之
北望標關輔之首雄壓劇秦之大有尉曰袁弁者學
吞漢臺賢負伊鼎文則變雅行乃矩物其爲政也剛

以斷其理身也柔而立迴大君之清問動賢相之清文粹作精選寅文粹作實奉詔亘鄘新祠宇廟閣岑立宮牆爲趾睟

先師於兩楹羅亞聖於十哲砌蘭有主院栢分行但庭自肅入室加敬陳牲牢而如在間籩豆而无筭无下大軍之後也時獘而沒禮域中小康之前也俗婾而迷歸尚儒以戰兵設義而銷戰使人從義遠懸而不自知大哉袁氏之子其用心也至矣邑宰李公才思練達政心和理風聲樹於丕變毗頌樂而不知文粹作支縣丞主簿尉等瑯瑯王鐵黍稷公器覽容色窺相公之明鏡鑒鬢髮趨相公之龍門雲霄坐馳

鳴躍可俟浩自帝鄉薄送鳳翔入境而醉聞佳政告
歸而湌（文粹作飡）味尤續前尉許贄起予能事春秋之徒
如何勿書時大曆二年丁未歲記　張遵刻丹
文戚逸二百二十二季實　炎宋慶曆戊子歲琅耶
王宗元自衛尉丞知縣事駭民廬之踰　廟也甚矣
迺新　廟刻文牖民為學副　本朝右文之意謹題

按唐大曆二年程浩撰扶風夫子廟記載唐文粹當時碑刻既佚不知書者何人至俗傳顏魯公書刻湖州復刻華州者乃後人集顏書贗刻殘字無多錯誤淺陋作偽之拙粹編姑錄無足辨也是碑

為宋慶曆二年知縣事王宗元所立觀後題識蓋即其書丹而刻丹者為張遵宗元書法道逸在褚遂良殷元祚之間合觀法門寺修塔廟碑陰慶曆戊子皇祐己丑行書詩刻題名及後唯識解院記雖與此碑書體不同而筆蹟實出一手唯識記或正或草或蒸篆籀分隸有隋曹永恪修陳思王廟碑之遺此以正書而參嶧山碧落諸體用意相類為宗元自書無疑唯識記後有皇祐三年琅邪口口元書以此碑證之泐處為王宗又無疑也張遵精於勒石此碑及唯識記而外加普通塔記法門

寺九子母記封太白山神濟民侯勑皆其鐵筆極
一時之能事獲斯石墨足洗假殘碑之機矣自宋
仁宗慶曆八年戊子上溯唐代宗大曆二年丁未
實二百八十二年自大曆丁未越文宗大和元年
僖宗光啓三年五代漢高祖天福十二年宋真宗
景德四年凡五丁未宗元所記誤短甲子一周故
祇云二百二十二年耳記中道未可詮其有物其
作亦動賢相之精選精作清毗頌樂而不支支作
知皆誤筆宜從文粹

筠清館跋尾附錄於左以備參攷 陸增祥志

此碑共有四本一在華州題爲員外郎顏真卿書都官郎中徐浩題額今存殘石一段計八行七十一字旁刻少華探花王氏家藏八字一在西安碑林宋僧夢英書題曰駕部郎中程浩撰夢英跋云此記元刻在湖州臨安縣（臨安宋屬在杭州不屬湖州夢英誤記）一在扶風縣大麻二年駕部郎中程浩撰慶麻戊子歲縣令王宗元書刻較夢英本多扶風古縣也以下半篇即此本也一在當塗縣元至正元年太平路總管賈度重刻亦題駕部郎中程浩撰武部員外郎顏真卿書都官郎中徐浩篆後題天寶十一

載建度跋云得之冀寧廟學其文亦無扶風古縣也以下半篇夢英所云臨安縣即今杭州府屬貫度所云冀甯路今為山西太原府治此二本今皆未見以顧徐二公官履證之其為武部員外郎及都官郎中正在天寶十一年金石粹編跋華州本云徐浩未嘗為都官郎中豈未見多寶塔題銜邪又偃師學有貞元廿貞元十五年張式撰浩神道碑云遷金部員外郎轉都官郎中在天寶時貫刻本載書碑時為四月廿二日與魯公所書徐浩題額之多寶塔碑同日魯公書法各碑不同惟華州殘本與多寶塔碑字體相類其為同時書可信時書可信而扶風此碑題為大厤二年記其時去天寶十一載凡十有五年

之久魯公已由硤州別駕改吉州司馬（年譜云大麻二年十月事）徐浩亦由廬州長史入為中書舍人矣（張式撰浩神道碑謂代宗踐祚公論勃興故浩得復用正此時也）程浩官履雖無明證亦不應尚為駕部郎中是碑若為扶風而作不應顏徐二公書篆於前竊疑此文前半篇係程浩所撰不知為何處廟學而作（賈云得之冀寧廟學其說近是）魯公為之書丹徐浩為之篆額至大麻五年扶風建碑遂襲用原文添入扶風古縣也以下二百九十六字仍託名于浩而書其舊銜故扶風古縣也以下文氣與前半篇不類而官階年月亦復差謬若是姚鉉

輯唐文粹載扶風夫子廟記亦題為大曆二年程浩撰蓋據扶風石本採入也賈度所刻即華州本之未斷者故二本行格悉合夢英本則據臨安重刻書之故其文微有異同扶風本則託名者所為故其文多異今以扶風本與諸本合校摘其互異處另錄於後

天地吾知夢英本賈本多其字度至廣也夢賈無字也以其無所夢賈無所字不覆載日月吾知華州本及夢賈多其字至明也夢賈無也字以其毋夢賈作無所夢賈無所字不照臨河夢賈作□夢賈作海吾知夢賈多其字至大也夢賈無也字以其無所夢賈無所字不容納

測景夢賈作明以尺圭

廣

不□〔夢賈作能〕逃數偉哉〔失仁字夢作夫賈作偉夫〕夫學〔夢賈作子〕後蒐

〔夢賈作天〕地而生知先〔夢賈作天〕地之□〔華州賈作〕〔華州夢賈作始〕先生墜〔華州〕

〔夢賈作地〕而沒潤之所浸〔英同華州賈本作浸〕者博弍〔華州夢賈〕

〔作也〕代禮樂吾知〔夢賈知字〕無其損益吾知〔夢賈知字〕無其

消息父子以窺〔華州夢賈作親〕家國以〔華州夢賈作用〕肥〔夢賈作和〕

鬼神以饗〔夢賈作享〕衢〔夢賈作道〕未〔夢賈作不〕詮〔夢賈作筌〕亦〔夢賈作其〕有

物弌〔夢賈作一〕以貫之先師夫嵩〔夢賈作子楊慎升庵外集摘〕

〔栽扶風此碑古文凡十字其云子作墑今碎内子或作学或斷無作墑者又云曹作喜今碑内並無〕

〔曹字皆係升庵誤記〕夫子〔夢賈無此二字〕聖人也帝之聖者〔夢賈作古之帝〕

〔聖者〕曰堯王之聖者〔夢賈作古之明君者〕曰禹師之聖者曰夫

棻務齋寫本

子夢賈無此二字禹之功有昔夢賈作時而窮遠而弥充夢賈作光用之者夢賈作而昌捨之者夢賈作而亡皆夢賈作昔否於夢賈多宋字周今泰於夢賈多皇字歇夢賈作唐不然者夢賈無者字何被夢賈作耀袞而裳埀夢賈作垂旒夢賈作珠而王者哉夢賈作矣□夢賈本皆止此扶風唐文粹作風占縣也動賢相之清文粹作精選寅文粹作夤奉詔旨死文粹作天下大軍之後也使人從譱文粹作善遠惡風文粹作風聲樹於丕變毗頌樂而不知文粹作支薄遻文粹作遊鳳翔

右金石萃編祇錄華州本於唐夢英本於宋今以此碑錄宋而辨正之如此筠清館金石記

近見湖北通志嘉慶年修亦載有此本題云襄州孔子廟學記注云皮日休撰在襄陽今已佚後云右碑文見皮子文藪案碑無年月通志亦不言次唐咸通四年後文即此文無扶風古縣也以下半篇與西安本同而字句有異錄以備攷至廣 至明 至大三至字上均有其字 潤之所浸者博作浸之所及者廣 詮亦有物亦作其 證於無生於作其 用之者 舍之者兩者字均作則 餘與此本悉同惟睭䟤旡隊弍窺衢弌巤笞騃十一字不作古文體為小異耳據此知吳氏謂後半篇像扶風

添入文粹即據扶風本採録者似屬可信顧趙氏金石録所載襄州孔子廟當碑係垂拱元年立于敬之撰咸通間並無此碑湖北志殊不足據至以為皮日休撰者楊升庵已言其誤來氏觀妙齋金石攷略亦謂文藪無此文也再萃編所載係西安本而以為在扶風縣殊誤并識之

保寧寺牒并帖

正書在陝西興平縣

中書門下牒京兆府

京兆府奏准勅分析所管存留有無名額僧尼寺院共陸拾壹所伍拾柒所並合勝任額數内興平縣肆所並無額

一清梵寺

宜賜保寧之寺爲額

一誌公塔院

宜賜多寶之院爲額

一法花院
宜賜惠安之院爲額
牒奉　勑據分析到先存留無名額寺院等宜令本
府係未勝任得額外其諸寺院各依前項名額勒懸
掛牒到准☐
勑故牒
太平興國三年四月三十日牒
中書侍郎平章事盧
右僕射兼門下侍郎平章事
左僕射兼門下侍郎平章事

使帖卩興平縣　右准
勑命如前捻會昨准　轉運衙牒奉
勑命指揮仰子細分析逐寺院現在殿宇房廊功德
佛像僧尼人數仰逐處官員等相度内有合勝任得
勑額寺院定奪別坐聞奏者　使司尋備録帖司録
司仰一依　勑命指揮遍下管内廂界諸縣仰子細
分析無名額存留寺院見在殿宇房廊功德佛像僧
尼人數仰攢蔟都大文帳申上續據司録司狀申據
長安等一十三縣及左右廂司供申到准　勑命存
留無名額僧尼寺院殿宇房廊屋舍佛像及畫壁功

德僧尼人數文帳使司尋具此繳連申奏使堂牒轉
運衙及申大王訖令奉 勅命宜令本府除未勝任
得額外其餘寺院各依降到 勅命指揮管界諸寺
院逐使各勒逐寺製造額牌依降到名額書勒大字
了將赴衙呈過各赴本寺懸掛兼具知委結罪文狀
供申者
太平興國三年六月五日帖
觀察推官范 節度推官閻 右贊善大夫通判
軍府事楊 水部員外郎知軍府事奚
使武功郡王在京

縣帖保寧之寺

清梵寺准　使帖奉．

勅宜賜保寧之寺爲額者今帖縣仰一依降到勅

命指揮勒本寺製造額牌依降到名額書勒大字了

便於本寺懸掛仍具知委懸掛月日結罪文狀申上

以憑申使不得有違者太平興國三年六月二十日

帖

守主簿權知縣事彭

大宋天聖四年歲次丙寅五月一日丙子建　當

寺賜紫沙門□□共浴室院主僧善海同建　宮

表白僧潛用寺主僧時□尚座僧守勤維那僧楚

玉

東京大相國寺僧惠詮書

安文晟刻字

沓大宋慶麻三年歲次癸未五月戊午朔王日己巳

閣寺衆僧同立

寺主僧寶全尚座僧志堅維那僧務

安元吉立石

此太平興國三年勅賜保寧寺牒刻於天聖四年

立於慶麻三年慶麻三年五月為戊午朔則己巳

當是十二日碑作王者誤
鈞清館金石記

塞桃源洞韋諳等題名

高一尺四寸五分廣二尺二寸
十行行八字字徑寸六分正書

寓樂山面僧藍叢叢
密緻中有道觀甚虛
寂若方外趣鄰磎俯
崖呀然竅石洞泠泠
瑟瑟如珮環聲時陪
監郡章君陳次公巴
西長舒舜臣仲才游
遂墨其處慶歷甲申

上元前一日佐幞吏

章詰仲謨誌

右題名在縣綿州城東七里許富樂寺之右嶺下桃源洞按章君陳志引王立憲職官考存作陳君陳誤當以碑爲正

法門寺修九子母記

高二尺三寸廣二尺五寸二十三行行二十二字行書在陝西扶風縣本寺

法門寺重修九子母記

儒林郎守乾州司理參軍張爽撰

夫九子母學浮圖氏者言之在異趣矣始則憑負恠力突戾慈忍洎大雄氏示現威德攝以正道故力殫氣沮神弗克競而旋能服義畏威降志下體慄然歸順遠夫能仁之教流被震旦嚴祠善刹充滿天下故存其像貌儼列左右盖錄其背邪鄉正之道亦足尊尚矣法門寺東廊下有故像一堂以其子孫衆多者

舊傳云家續之後者荀蠲禋精禱則身枝蕃茂而席其福然年禩滯久堂宇傾圮雖有陳形塑質亦不克副瞻仰者之恭畏也景祐丙子歲里人試匠薄鉅鹿魏德宣與同閈人清河房君有鄰武威奉職安君名相與建畐再議裒緝時屬西夏跋扈邊鄙興師供億頗勞故不果蚤就其志迨今年五月中方畢其事續塑一新其母則慈柔婉約且麗且淑端然處中視諸子如有撫育之態其子則有裸而攜者有襁而負者有因戲而欲啼者有被責而含怒者有迷藏而相失者有羈午牽衣而爭恩者二人焉有勝冠服膺而夾

侍者二人焉擁戀庭闈天姿嶷治不可得而談悉非
施者之心專勤匠氏之工精妙亦不能允臻其極口
口君子之肇意也以家鐘餘慶業茂素封惟茲有後
未口姺姺因相為祝寅豁迺衷功未及終咸遂其應
噫神道冥昧昭感之績信未可誣爽不佞辱見請文
其事讓不獲已因敢聊序其大略云爾時慶曆五年
閏五月一日記　進士魏戩書　塑人王澤畫人任
文德
真身塔主兼都修造主正辯大師賜紫法能立石
院主僧廣隨　勾管本殿僧廣巖　張遵刻字

藝芬齋寫本

按法門寺重修九子母記張爽筆甚雅潔魏戡書仿右軍張遵刻石尤為北宋能手如記所狀即王塑任畫亦各精妙惜東廊故像無復舊觀矣記稱儀修於景祐丙子三年畢事於慶厤五年乙酉相距十稔仁宗景祐初西夏元昊繼立取瓜沙肅州有地萬里僭號入寇故云西夏跋扈邊鄙興師迨慶厤中韓范宣撫陝西元昊上表內附泰鳳無事像教觀成即一隅修廢之端可知世故與政治之得失

馬魏戡訪碑錄誤作戩

趙立題名

石下缺高存一尺四寸廣一尺九寸五分九行行存八字字徑七八分至寸餘不等正書

國子博士趙　立　奉

帝命是郡行香

資陽知縣殿丞竇公

護戎殿直　全則

蓮幕判官郭　友益

馬鋪奉職王　詢

駐泊天使王遲同

時慶曆六年歲在丙

本寺　左街

右題名在簡州趙立重慶人淳祐十年庚戌方逢辰榜進士

韶州永通監記

高六尺廣四尺二寸二十六行行三十六字正書篆額失搨在廣東曲江縣光孝寺

韶州新置永通監記

古□建國者義以制事財以聚人八政之先曰食與貨即山鼓鑄三代而然禹鑄歷山之金以禦水禍湯造莊山之幣以拯旱虐周以金錫之利分隸虞衡唐以郴桂之郡並建爐冶貨之所產本無定處興造之謀期於便事而已　國家平一諸夏統綏四海開寶興國之際收復江閩因其故區作為泉布時移歲積地產靡常比年以来冶氏幾廢也

今天子嗣位之二十七年特詔翰林學士葉公清臣宋公祁經度山澤之禁以資國用乃僉作奏曰謹校郡國產銅和市之數惟韶爲多而貿處嶺阨由江淮資李錢以酬其直寶爲迴遠謂宜即韶置監分遣金工以往模之歲用銅百萬金可得成幣三巨萬三分其一以上供餘復市銅幾得二百萬如是則其息無窮矣　詔下其議於廣東于時轉運使直太史傅公惟糸（通志作錢）知韶州比曾副郎樂公溫故協恭承詔以經厥始郡有故堞號爲西州遺址高平宛出郛外乃相厥土墨則食焉凡棟宇之制管庫之嚴

詢于故實斷以心匠模沙冶金分作有八刀錯水瑩離局為二並立門鑰于有堤防當其中局控以廳事誰何警察目無逃形其鉛錫之備用薪炭之兼蓄別藏異室布于兩序出內謹密前為大閣冶官別署于閣之南羣工屯營于垣之外市材于山市鐵于陶雇工於巧凡手指之動筋力之用率評價而與之金不叢帑費不徭民籍而功用成為屋八百楹最材木鐵石陶瓴之用凡一百四十萬惟材木六千資于連山釘十萬出自真陽餘悉材辦于韶之境而民不知役乃知循良之政識自有體哉以皇祐封年龍集己丑

三月甲午始築其基而飭其材八月辛酉棟宇完範
鎔備物有區工有居九月己亥大合樂以落之董舊
巧募新習勗怠勵勤授以程準日課千緡不愆于素
初郡之銅山五歲共市七百萬前太守潘公一歲市
百萬及　樂公繼之乃市三百萬明年八倍之
歲運蔑銅三百萬以贍嶺北諸冶苟非主計者適其
財提綱者揚其職守土者宣其力則何以協規創模
成效之速如是哉且韶被山帶海雜產五金四方之
人弃農畝持兵器慕利而至者不下十萬窮則公剽
怒則私鬬輕生抵禁亡所忌憚緩其羈紲則鷹摯而

陸梁急其衝勒則歎駭而踶齧故境壞雖狹而獄犴
冠抄常倍他境必資威肅惠和薰被于物乃成善政
觀此圖功賦事精至詳敏則民之受賜其可知矣初
以遠方置監議者不一故
朝廷有以待之明年四月乃下　勅賜名永通
時天子親享明堂之歲十月初以主遠日耄光祿少卿分司
南京余靖記　江夏黃昌齡書
并篆額
按碑在廣東曲江與樂昌之游溪石室記並余
靖譔黃昌齡正書後題天子親享明堂之歲蓋皇

祐二年仁宗即位之二十八年韶之置監成於皇
祐元年八月二年四月賜名永通十月撰記立石
其以元年為冠年他碑所未見也玉海慶曆八年
九月韶州置鑄錢監皇祐元年二月以韶州新置
監為永通監紹興二十七年七月戸部侍郎林覺
奏永通監選通判主之宋史食貨志慶曆末韶州
天興銅大發歲采銅二十五萬斤詔即其州置永
通監今以碑記攷之韶州置監之議始於三司使
葉清臣宋祁而轉運使傅惟□知韶州欒温故成
之清臣祁本傳皆未及記又云初郡之銅山五歲

共市七萬前太守潘君一歲市百萬欒君繼之市三百萬明年又差倍之歲運羨銅三百萬以贍廣北諸冶則歲采之數亦不止二十五萬斤矣王象之輿地碑目載余襄公所撰碑在韶州者凡五今惟涵溪石室記猶存則未見此碑也廣東通志歐陽修余襄公神道碑云祀明堂覃恩遷衛尉卿據通鑑覃恩在九月此記十月猶稱光祿少卿者詒未至耳

南海廟韓碑陰題名[illegible][illegible]

碑前已見粹編此分刻碑陰碑額之陰兩旁及兩側是皇[illegible][illegible][illegible][illegible]在廣東廣州府

祖無擇等題名

皇祐二年孟秋庚寅偕陸仲息子強丁寶臣元珎李徽之休甫王逢會之劉竦子上謁廣利王夕宿廟下祖無擇擇之記

彈琴道士何可從鐫字僧宗淨同行

右祖無擇等題名七行行七字何可從宗淨題名三行行五字在碑陰上層字徑四寸按皇祐二年閏十一月惠州羅浮山長壽澗題名稱題點諸州

藥券齋寫本

刑獄太常博士范陽祖無擇四年九月連州大雲洞題名結銜稱廣南東路轉運使則無擇謫南海廟方任提點刑獄後遷轉運使丁寶臣常州晉陵人景祐元年進士見歐陽修所撰墓志銘王逢列宋史文苑傳李徽之見青箱襍記云李給事徽之丁未九月生蓋徽之終給事官也陸仲息劉諫無攷

榮諲等題名六行行五字字徑三寸隸書

轉運使祠部郎中榮諲知州事太常博士翁彥升游此嘉祐庚子正月五日題

按宋史榮諲本傳諲字仲思濟州任城人舉進士為廣東轉運使廣有板步古河路絕險林箐瘴毒諲開眞陽峽至洸口古徑作棧道七十間抵清遠趍廣州遂為夷塗後以集賢殿修撰知洪州廣東通志職官表榮諲嘉祐四年任轉運使翁升彥（彥升）莆田人進士嘉祐庚子年知端州軍州事庚子嘉祐五年也

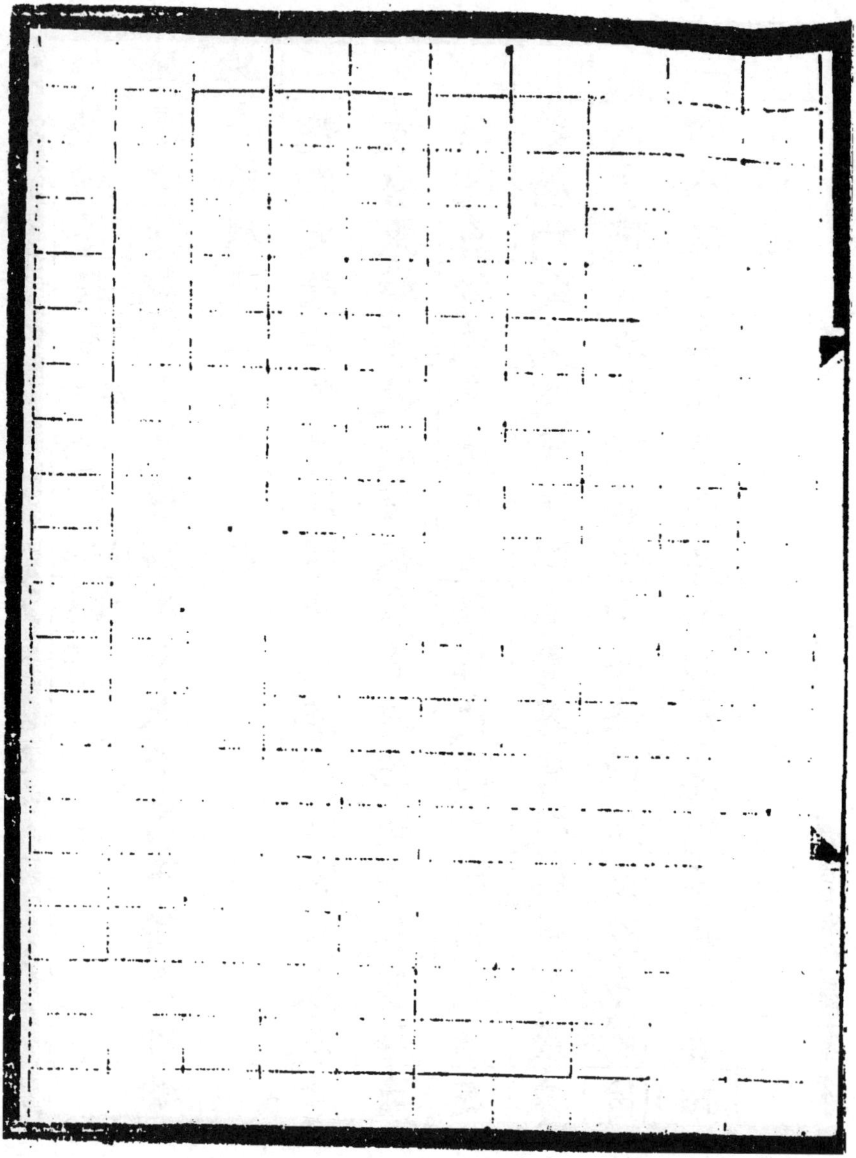

彭鉉等題名

端平丙申三月清江彭鉉詣　祠蔵祀事登浴日亭訪　韓碑誦　坡句摹本而歸刻石碑陰時廬山胡泳與其季泐偕行（曲江王叔仁刊）

右彭鉉題記八行行六字字徑三寸五分行書刻碑陰末時理宗端平三年歲次丙申是年彭鉉知廣州軍州事見廣東通志

程師孟禱雨記

熙寧歲次癸丑十二月丙申距甲寅六月辛未

府帥諫議程公凡四謁

南海廣利昭順王益將

天子之命求雨於神而雨禱謝之獲應頗異前太守

有一至廟下已二十餘年而後寂寥無傳今

公戾止何其偉歟亦足為靈宮一時之盛事資邦人

百年之美談也時獻官黄積趙光弼攝奉禮黎獻臣

攝太守祝富臨輙記於退之之碑陰云公之子德叟

義叟陪位

右府帥程公禱雨記十六行行九字字徑寸二分正書刻於碑額之陰程公即師孟時以右諫議大夫知廣州軍州事充廣南東路經略安撫使故稱府帥師孟及趙光弼黎獻臣富臨官位並見於是年正月陳之方勅祠南海神記黄積又見是年八月蘇咸南海廟謝雨記亦為獻官而不詳何職蓋熙寧七年甲寅正月六月十月師孟凡三祀於南海廟也

孟商
宋傅彖等題名皇祐二年

石高五尺九寸廣一尺五寸四行字數不等隸書

陝府西諸州水陸計度轉運使兼本路營田勸農使朝奉郎守尚書刑部郎中權知軍府事護軍賜紫金魚袋傅彖

太常博士通判石瑀　殿中丞知司録司事吴天常

大理寺丞知萬年縣孟乘之　大理評事知長安縣鄭琡　殿中丞通判劉晃　節度掌書記陳東琪

節度推官宋達　觀察推官○庶

皇祐二年春十日釋奠題

管勾本廟許道寧奉命書

按傳冢不見宋史無可考蓋幸僚友釋奠後遂刻此題名耳許道寧善畫郭若虚圖畫見聞志言道寧學李光丞推尚矜慎老年以筆畫簡快爲己任故峰巒峭拔林木勁硬别成一家

平蠻三將題名

高一丈三尺廣八尺二十六行行三十六字字徑二寸五分正書篆額題平蠻三將題名六字横列徑尺許在廣西桂林府龍隱岩潛真洞

大宋皇祐四年夏蠻賊儂智高冦廣南陷十二郡據邕州其年九月

詔以樞密副使狄公統兵南征號二十萬明年正月己未與賊戰於邕之歸仁大破之翼日復邕州賊之餘黨遁於銅柱之外二月丁亥班師至桂林

詔換河中旌節名還樞密凡從行將佐文武官二百三十一員今記將官已下姓名於左

宣徽南院使彰化軍節度使荆湖南北路宣撫使都
大
提舉廣南經制賊盜事狄青第一將下
左衛將軍荆湖北路兵馬鈐轄王遂　西京左
藏庫副使孫節戰没於陣贈忠武軍節度觀察留後　如京副使
貴邊時明　西京左藏庫副使竹扃　文思副使時
明　管勾機宜太子贊善大夫馮炳　權石州
軍事推官武緯　管勾種草殿中丞霍建中
走馬承受公事入內內事侍省內西頭供奉官張
若水李若訥
樞密直學士右諫議大夫充荆湖南路江南西路安

撫使廣南經制賊盜孫沔

内閣使陵州團練使入内内侍省押班充荆湖南路

江南西路安撫副使廣南經制賊盜石全彬第

二將下

莊宅使荆湖南路兵馬鈐轄劉几　文思副使

張憲　六宅副使孫昂　供備庫副使鄧守恭

夏元崇　内承殿制閣門祗候孫宗旦　管勾

機宜都官員外郎鄭紓　勾當公事殿中丞王

綱　管勾糧草効用侍其濬

秘書監知桂州充廣南西路都鈐轄蕭經略安撫使

廣南東西路經制賊盜余靖第三將下
皇城使廣南西路兵馬鈐轄李定　供備庫副
使史青　内殿崇班武防　虎翼都虞候呂斌
張遠　管勾糧草大理寺丞章詢　經制賊盜
司走馬承受公事入内内侍省内西頭供奉官
李宗道　西頭供奉官李逵　管勾機宜守將
作監主簿余仲荀　勾當公事權邕州節度使
推官黄汾
轉運使管勾隨軍糧草都官員外郎孫抗　轉運判
官都官員外郎宋咸

提點刑獄司計置糧草司門員外郎朱壽隆 文思

副使高惟和

其年二月曲赦廣南東西路甄勞能減租賦其

死事者給棺斂録子孫溪峒首領不從賊者悉

加恩賚又宣德音荆湖江南詢疾苦蠲賦役雜

犯死罪已下並從慮減四月又

詔以青爲樞密使孫沔授給事中樞密副使余

靖遷工部侍郎石全彬授宫苑使利州觀察使

孫抗授司封員外郎宋咸職方員外郎朱壽隆

考功員外郎高惟和左藏庫副使王遂而下定

功為五等第一等者轉官五資餘增秩有差

僧寶珍篆額　　區華區誠鐫

石平蠻三將題名石刻云皇祐四年儂智高寇廣南陷十二郡據邕州即東都事略余靖傳稱智高陷邕州乘勝連破嶺南州縣圍廣州還據邕是也云詔以樞密副使狄公統兵南征又書銜云宣徽南院使彰化軍節度使荆湖南北路宣撫使都大提舉廣南經制盜賊事即宋史狄青傳稱青領彰化軍節度使擢副樞密使儂智高反除宣徽南院使宣撫荆湖南北路提舉廣南經制盜賊事是也

云明年正月與賊戰於邕之歸仁大破之復邕州賊遁於銅柱之外即宋史紀事本末稱五年正月狄青夜度崑崙關大敗儂智高於邕州智高走大理及東都事略稱狄青敗賊於歸仁邕州平是也云班師至桂林詔換河中旌節召還樞密（密末云）副使詔青爲樞密使即宋史本傳稱捷聞遷護國節度使河中尹及東都事略云青還朝復爲樞密副使遂拜樞密使是也石刻所載與史傳並合又余靖平蠻京觀志云先是命樞密直學士孫沔入内押班石全彬同本路經略使余靖經制盜賊命青以宣

粵東[illegible]寫本

徽使大提舉總其節制明年正月己未青帥三將兵至邕州其詞似以沔全彬靖為三將而青為總帥者此碑青為第一將以全彬為第二將靖為第三將蓋朝命以全彬副沔故共為一將也廣西通志金石略

嵩臺石室記

高三尺八寸廣二尺八寸十六行行二十一字正書在廣東肇慶府七星巖

書端州嵩臺石室

混元喪精天地均氣融川結山曷嘗私於一物哉而韜奇毓怪絶與類殊疑得造化之偏者其崧臺石室嶻崖斷穴露呀然而闢闢嵌崆剝巀嶭掀層巔劃巨石頑青老碧將墜復屹交撐互搘如疎如立龍蛇盤蟄煙雲出入中敞平地廣畝側環翠壁踰仞滴乳成柱凝嵐作蓋若非神驅鬼役鑿空架虛不棟不桭疇克其壯又不知列仙移來真宰匠出吁其偉乎圖經

謂
帝觴百神之所亦九九小洞天之一也谿泉清泠林
鳥嘲哳猿跳獸擾藤嬰薜纏春葩夏颿秋菊冬桂皆
常常景物奚足詫尚去夏五月儂寇軼境二廣騷動
朝廷命翼參掌漕計助餉軍實明年春賊平每按部
西江停舟下瀨輿前郡守曲臺丁寶臣元珍今郡守
殿省江東之唐公來公之休縱遊爲樂窮幽抉勝飫
心飽目困狀厥實用示其来
炎宋皇祐五年癸巳仲夏首吉潯陽陶翼商老文
按太平寰宇記萬臺在高要縣北五里南越志高

要有石室自生風煙南北二門狀如人巧意者以為神仙之下都因名嵩臺北海李邕有記鎸石存馬蓋商老所由遊之嵩臺即北海所記之石室也廣東通志職官表陶翼皇祐四年任轉運副使江東之皇祐五年知端州軍州事而不載前守丁寶臣何也咸淳毘陵志寶臣字元珍晉陵人與兄宗臣同登景祐元年第歷官秘閣校理同知太常禮院守端州時適儂智高入寇以南方備寡被罪尋復台用此云前郡守曲臺丁寶臣曲臺之稱謂知太常禮院也夏五月儂寇軼境二廣騷動以宋史續

通鑑參攷之皇祐四年五月儂智高陷邕州乘勝掠九郡沿江而下以兵圍廣州自邕寇廣正軼端州之境二廣騷動即謂此時時楊畋曹修經制蠻事師久無功改命孫沔余靖等帝猶以為憂樞密副使狄青請行以青為宣徽南院使宣撫荊湖南北路提舉廣南經制盜賊事五年正月狄青敗儂智高於歸仁鋪績紀三將平蠻碑即此所云明年春賊平是也又高要副墨巖下潭深處有皇祐庚寅九月丁珤臣題名是皇祐二年寶臣已守端州當在朱顯之之後

惠州野吏亭詩刻

高六尺二寸廣三尺八寸二十行行二十七字正書篆額題惠州野吏亭詩六字在廣東惠州府

惠州野吏亭詩并序

尚書屯田郎中知軍州事黄仲通

述故相國潁川公咸平二年以太常丞典惠陽郡酷愛其四顧谿山景物尤勝創亭于城之上目曰野吏作五言十韻律詩一章天聖十載以給事中入叅大政復作五言小詩二章寄題是亭未幾寵加聖注位正台席時或接賓翹館論及奇勝必以惠州野吏亭為稱足見相國眷眷介懷於兹矣與夫管賢

樂務齋寫本

剌宣城郡架層構於百雉覩疊嶂於四垂其尚奇之
心一也皇祐五年季仲通假守茲郡治亭舊基以前之
口章第刋于石庶乎来者知亭之興自　陳相國始

野吏亭新成作五言十韻律詩一章

太常丞知軍州事陳堯佐

野吏厭公堂閑軒出郡墻殘花炎帝國斜日尉他鄉
疊巘分諸粵重江截大荒耕桑巒聚落煙火漢封疆
雲勢飄蓬島天形墜夜郎扁舟閑得侶嘉樹遠成行
海雨千林暮春風百草香人家浮浩淼鳥道没青蒼
爽塏吟魂健虛明夏景涼他年重迴首寧落愧甘棠

寄題惠州野史亭五言小詩二章

金紫光祿大夫行給事中參知政事柱國陳堯佐

羅浮山下郡，樓閣枕滄溟。誰得閑中意，清風野史亭。

山好曾留句，城高復創亭。登臨千萬景，誰與畫為屏。

仲通載葺是亭，脩紀遵烈，因成蕪綴，附于末焉。

危亭治舊基，登覽一何奇。萬態羅浮景，三章宰輔詩。

嵐光如畫處，霽色乍開時。味此休閑趣，惟予野史知。

至和元年十月三日立　進士黃岳書　僧宗□刊字

詩刻在惠州府城北堞上。序云：故相國潁川公咸平二年以太常丞典惠陽郡，而宋史王偁東都事略柯維騏宋史新編皆不載攷廣輿記稱其以潮倅權惠州豈諸史因其權守故略之耶惠州本名禎州九域志云因仁宗廟諱天禧五年改名惠州郡志云四年誤不見惠陽郡之名宋史志寰宇記同惟藝文志稱有黃以圜惠陽志十卷蓋文人之詞非典也野史亭詩見宋詩紀事爻帝國作爻帝國重江作重城又寄題野史亭五言小詩二章紀事亦未載蓋第據圖經所錄而未見石刻也惟石刻云天聖十載以給事中入參大政考宋史東都事略宋史新編六一集文惠神道碑皆作七年此云十年蓋摸勒誤爾黃仲通韶州

人見武溪集所作墓志此刻題銜知軍州事而序又云假守者四朝聞見録云太祖罷節度立權發遣與權知之類故士大夫作郡皆自稱假守謂非真節度也廣東通志

宋立唐宋加號文宣王詔贊碑

石連額高四尺五寸五分廣二尺八寸二十八行行五十餘至六十五字不等字徑六七分正書額九字字徑二寸六分篆書

唐宋加號文宣王詔贊

唐明皇帝加號先聖文宣王詔

邑人楊遵甫書　懷安軍向

可賢刊

門下洪我王化在乎儒術孰能發揮此道啓迪含靈則生人已來未有如　夫子者也所謂固天攸縱將聖多能德配乾坤身揭日月故能立天下之大本

成天下之大經美政教移風俗君君臣臣父父子子
人到于今受其賜不其猗歟嗚呼楚王莫封魯王不
用俾夫　大聖纔列陪臣棲遲旅人固可知矣年
祀浸遠先靈益彰雖大有襃稱而未為崇峻不副於
實人其謂何朕以薄德祗膺天命思闡文明廣被華
夏時則異於今古情每重於師資既行其教合旌厥
德爰申盛禮載表徽猷　夫子既稱先聖可追謚
為　文宣王宜令三公持節冊命應緣冊及祭禮
所司速擇日并撰儀注進其　文宣王陵并舊宅
之廟量加灑掃用展誠敬後嗣可為文宣公至如辨

方正位著自禮經苟非得所何以示則昔緣周公南
面　夫子西面今位既有殊坐豈仍舊宜補其墜
典永作成式自今已後兩京國子監　夫子南面
而坐十哲等東西列侍天下諸州亦宜准此且門人
三千見稱十哲包夫衆美實越等夷暢至聖之風規
發人倫之耳目並宜褒贈以寵賢明顔子淵既云亞
聖須優其秩可贈兗公閔子騫冉伯牛可贈鄆侯冉
仲弓可贈薛侯冉子可贈徐侯仲子路可贈衛侯宰
子我可贈齊侯端木子貢可贈黎侯言子游可贈吳
侯卜子夏可贈魏侯又　夫子格言參也稱魯雖

居七十之數不載四科之目頃雖未祭於十哲終式
宜殊於等倫允稽先旨俾循舊位可贈成侯庶乎禮
德其序人焉式瞻宗洙泗之丕列重膠庠之雅範布
告中外咸使聞之知主者施行開元二十七年八月二
十四日

先聖文宣王贊

猗歟夫子　寔有聖德　其道可尊　其儀
不忒　○○○○　百王取則　吾豈匏瓜
東西南北

顏回贊

杏壇槐市　儒術三千　回也亞聖　丘也
稱賢　四科之首　百行之先　秀而不實
得無慟焉
曾參贊
百行之。　三才以教　聖人敘經　曾氏
知孝　全為乎。　動稱容皃　事親事君
是則是効
皇宋加號至聖文宣王詔
王者順考古道懋建大猷崇四術以化民昭宣教本
總百王而致理丕變人文。啓迪於素風思闡揚於

鴻烈 先聖文宣王道膺上聖體自生知以天縱之
多能實人倫之先覺元功侔於簡易景鑠配乎貞明
惟列辟以尊崇乃億載之師表肆朕寡昧欽承命歷
曷嘗不遵守彝訓保乂中區屬以祇若元符告成喬
嶽觀風廣魯之地飾駕數仞之墻躬謁遺祠緬○邈
躅仰明靈之如在肅奠獻以惟寅是用徵簡策之文
昭聰叡之德第舉追崇之禮庶伸嚴奉之心備物典
章垂之不朽誕告多士昭示朕懷宜追謚曰 至
聖文宣王祝文特進署仍令所司擇日備禮冊命并
修飾祠廟祭器其廟內制度或未合典禮並令改正

給近便五戶以奉塋域仍差官以太牢致祭故茲詔
示想宜知悉大中祥符元年十一月日

至聖文宣王贊并序　御製

若夫檢玉介邱迴輿闕里緬懷於　先聖躬謁於嚴
祠以為易俗化民既仰師於彝訓宗儒尊道宜益峻
於徽章增薦崇名聿陳明祀思刑容於盛德爰刻鏤
於斯文贊曰
立言不朽　垂教無疆　昭然令德　偉哉
素王　人倫之表　帝道之綱　厥功實茂
其用允臧　升中既舉　盛典載揚

洪名有赫　懿範彌彰

中丞知遂州蓬溪縣事騎都尉王　荀

龍篆　將仕郎守中江縣尉王　奉先

知中江縣事兼兵馬監押張　寅

將仕郎守中江縣主簿竇　淵

至和元年甲午歲十二月望日益州進士楊

天成　立石

右碑在中江縣文宣王唐開元十二年加號也至

聖文宣王大中祥符元年加號也宋贊詔並見前

綿州刻王荀龍金石萃編有草堂寺題名未詳其

里貫按荀龍字仲賢大名人馮澥安岳集有寄王仲賢朝議詩劉摯忠肅集有知恩州事尚書兵部郎中王君荀龍夫人仁壽縣君趙氏墓誌銘韓琦安陽集有和前水監王荀龍郎中重九感懷詩即其人也竇淵字深甫亦見草堂寺題名立石者爲益州進士楊天成殆與天隱天惠昆弟行也

杜堯臣靈巖寺詩碣

詩五行行十字跋八行行十五字至十八字不等後另行刻書刊人名在花邊上高一尺六寸四分廣一尺八寸正書在山東長清縣

留題靈巖寺

知鄆州軍州事杜堯臣

四口積藍冠古今千山影裏寺難尋年來蹤跡如萍梗不得登臨恨更深

先祖侍郎天聖六年中被詔自齊移鄆口過靈巖川時以赴上有期不暇登寺遊覽乃留題於寺莊彭壽此者獲領是邑因按民田抵下院恭觀

□□□□歲久文字晦缺遂命工刊石至和□年九

月□□孫通直□守太子中舍知齊州長清縣事兼

兵馬都監彭壽再拜立石

孫純書吳吉刊

山左金石志載此刻而缺書刊人姓名杜堯臣及其孫彭壽史俱無傳

封濟民侯牒

高七尺八寸廣三尺九寸二十三行前奏每行四十九字後勅每行三十九字正書隸額封濟民侯之勅六字在陝西郿縣清湫鎮廟内

中書門下　牒鳳翔府

工部郎中直龍圖閣知鳳翔府李昭遘奏臣聞祭法曰山林川谷能出雲雨見怪物皆曰神有天下者祭百神諸侯在其地則祭之亡其地則不祭又漢郊祀志湫淵陳祠天下山川隈曲往往有之臣本府管縣有九郿縣即其一也縣有太白山山在縣南四十里謹按圖經所載辛氏三秦記云太白

山在武功縣南去長安三百里不知高幾許俗云
武功太白去天三百山下軍行不鳴鼓角鳴則疾
風暴雨立至周地圖記云太白山上常積雪無草
木半山有橫雲如瀑布則澍雨常以為候故語云
南山瀑布非朝即暮乃知茲山候雨自古而然神
靈尸之宜有禱應也山有祠廟不知建置之始唐
世祀之正元中詔京兆尹韓皐重修據柳宗元集
中有碑具載靈應今錄柳碑於前後唐清泰中復
加繕葺國朝祥符三季專遣使修完春秋邑令致
祭列在祀典山巔有湫每遇歲旱府累及他境必

必取水禱雨無不即驗朝廷近年累遣内臣投寘
龍簡臣到任以來詢訪前後之異其事既出傳傳
聞不敢寫錄今止具今年春夏已來雨次得雨親
驗事實所陳二事非臣獨視道路之人不可誣也
伏見朝廷恤民之意甚厚崇祀之志甚恭前件太
白山本前世欽奉之地靈既昭晰今古所信靈湫
在上顧應如此其太白湫水欲望聖慈特加封爵
臣兼聞慶曆七年五月河南府王屋縣析城山聖
水泉特封為淵德侯其例未遠可舉而行或蒙報
寳慰羣願伏候

勑旨

牒奉

勑禮云五嶽視三公四瀆視諸侯非有豐功爲曆上

爵太白山湫名山之下神龍所潛每遇旱暘必伸禱

請能爲霖雨以澤民田守臣有言蒙福甚遠宜降十

行之詔用疏五等之封以荅神休以從人欲宜特封

濟民侯仍令本府差官祭告牒至准

勑故牒

至和二年七月十三日牒

給事中叅知政事程

户部侍郎平章事富
兵部侍郎平章事劉
吏部尚書平章事文
嘉祐二年季三月一日將仕郎守鳳翔府郿縣
令賈蕃立石　張遵鐫字
按此封太白湫神爲濟民侯昭遵舉慶曆七年聖
水泉封潤德侯爲例然真宗時已封通泉廟爲靈
派侯昭遵祇就仁宗時言之爾皇祐元年五月遣
官祈雨三年三月分遣朝臣詣天下名山大川祠
廟祈雨至和二年四月遣官祈雨故云朝廷近年

累遺內臣投實龍簡碑列給事中參知政事程者程戩也戶部侍郎平章事富者富弼也兵部侍郎平章事劉者劉沆也吏部尚書平章事文者文彥博也是年六月陳執中罷彥博再相弼亦同入此為七年月十三日牒正與史合通典天寶八載封太白山為神應公故嘉祐六年旱發書鳳翔府判官蘇軾禱神得雨軾代守臣宋選請于朝有云昔公而今侯是為自我而左降乃敕封明應公熙寧八年封福應王奏稱唐世正元中即貞元年禎為上名故兼避貞

宋劉奕墓碣文~~嘉祐六年四月十五日~~

碑連額高五尺六寸五分廣二尺五寸二十一行行五十二三四字不等正書額題劉蒙伯墓碣文六字分三行行二字陽文隸書在福建古田縣

宋故朝奉郎尚書屯田員外郎通判潤州軍州兼管内隄堰橋道勸農事上騎都尉借緋劉君墓碣文

君諱奕字蒙伯其先漢唐以來世有顯人至祖考皆仕　國朝　考諱若虛尚書屯田員

外郎贈光祿卿光祿之碑襄嘗銘之系次詳焉
君天聖八年進士及第授惠州推官疾不果行次調
南康軍判官移知洪州武寧縣事改大理寺丞累遷
尚書屯田員外郎歷知鄭之滎陽鳳翔府判官通判
吳本郎下有官字
漳州潤州事以皇祐三年五月二十三日終潤州年
五十三明年正月廿四日葬福州懷安縣靈山鄉越
城里夫人陳氏封寶應縣君子康夫寧夫岐夫女長
適薛昌國次明州慈溪令陳章其季進士林回君於

文章要以理道（集本作論理）為得不苟聲律其論性情推明孔子之法尤非浮屠所得力較於人開曉其路從之學者咸以吾道自勉久之貧無以生就舉進士中乙科喜曰吾不能為時之文章恐不復得仕進今幸中第吾志得矣其在武寧民憙訟而易○刑為令者多嚴法以止之猶不能勝君雖細事為之盡心有兄弟訟者辭之親愛之理以感動之輒泣謝自咎引去刑省而民猶（集本作格）慶曆中元昊叛陝西用兵韓丞相為經略使辟君

鳳翔一道兵民劇事多倚君辦集連年兵敗民窮乃
上書　朝廷言其兵所以敗民所以窮之
狀其略曰陜西之要練兵運糧㝡爲首務其策皆未
爲得都部署者上將軍之任也而無專制之權其偏
裨才否不敢黜○去留之軍無行陳之法見利輕進畏
敵還退所以每戰必敗偏裨不死上將之令士卒不
知什伍之制其理豈有勝哉邊戍益多稟粟益廣轉
運使職其事也今之轉運使皆以序進不計其能未

吏年歲屢遷易之文書凡目曾未能知其暇以民爲意乎一方之惡內靡度支外竭兩川之賦調及天下關陝之民流離窮困而邊儲日窘不幸天下之患有大於此何以支乎蓋由轉運使不擇其才不久其任無所歸責也又言被邊宜募土人給其閑田使之自衛其境可以省費言數十條率多此類事格不報潼州潼浦有虔州民四百人入縣買官所賣鹽令捕之民因鬬拒遂鞫其私販而強捍（集本作坐）其法應死囚多繫久

三

疲殍相屬君爲直（集本作辯）其非私販而出其不鬬拒者坐法數十八而已君初仕頗（集本作厭當誤）天下事若無所爲而可辯歷官二十年所至施爲謀議多不能如其意然後知不可以力爲也於是補吏南歸展省墳域緬然有退耕之志而未果也其終之歲予適過（集本作寓）潤州君病遺以手書謂予曰吾止於此矣唯稺子是託（是託集本作遞託當誤）既終斂無新衣橐（集本作素）無餘貲郡吏（吏集本作使當誤）民集錢二百千以賻夫人辭焉歸葬於閩居無室廬產無田園勤勞其家積節不踰夫人

之力焉嗚呼十年之間康夫以學行自立又（集本作而）能請文
永其先烈予既悲之而又慶其有後也銘曰
文弊於詞在天聖初牽拘媿偶華瀾（集本作調）剽竇君於斯文
本末扶疎世言性情淪于浮屠君爲中庸聖經之樞
經營萬務於時有需既官于陝晝思夕圖篠兵轉餉
實究民痛上書于朝事顧之殊濆有冤獄十百其嗟
辯（集本作辨爲見）覈平治脫釋不辜寂（集本作最爲是）後丹楊聲問益數彌終克明
歸宅海隅父子兄弟次序不踰既順○（以）安斯其已乎

嘉祐六年歲次辛丑四月十九日樞密直學士尚
書禮部郎中莆陽蔡襄撰并書

陶翼模刻

按訪碑錄作趙爽志當因拓本不精遂
致誤釋也又云仁和趙氏拓本不知原
石今在福建也文爲蔡忠惠撰然以文
集校之不同處甚多可以訂正文集之
誤

李師中宋頌

高一丈廣六尺十七行行十九字字徑二寸五分第二行二十三字末行二十八字字皆二寸夾註字寸許額題宋頌二大字字徑尺正書在廣西臨桂縣龍隱岩迴穴

宋頌　　廣南西路轉運使兼勸農使尚書度支員外郎臣李師中上

神武頌　太祖也以天下授　太宗永有休

功其古之聰明睿智神武而不殺者夫有天下不興子推大公永

天命遂定四方其功冠萬世獨出史臣不究其極未足以明　盛德大業故作頌焉

於赫神武不顯其功　天命在躬圖惟厥終不卜

不諜付命　太宗惟　帝之心天地之公

文明頌　太宗也煥乎其有典常始作樂告其
成功焉本朝承五代之敝稽古典常之事至是備焉故頌以美之
於昭文明繼序其皇既其典常底定四方清廟用
章德音不忌

仁功頌　眞宗也能申　上帝之祐以和戎狄
安萬民尊用德化致百餘年大定自成康已來未有如此者也仁恩厚矣生息極矣繼之以禮樂則萬物其終乎王道其成乎頌之作也蓋有待焉
於穆仁功已任天覆萬民靡不壽懷爾戎狄以及
鳥獸于嗟仁功草木漬茂如文王之囿
嘉祐七年六月一日勒于桂州之龍隱巖　前知

廉州合浦縣事臣陳惝書

按宋史李師中傳師中字誠之楚邱人提點廣西刑獄攝帥事邊人化其德多畫像立祠以祀稱桂州李大夫不敢名證以留題風洞詩序云師中嘉祐三年九月受命來嶺外七年十一月得請知濟州留詩以志歲月則知師中在桂五年是刻宋頌即去桂之年所撰

金石文獻叢刊

平津館金石萃編

三

【清】孫星衍 嚴可均 撰

上海古籍出版社

平津館金石萃編卷十八

宋五

醉翁亭記 嘉祐七年十月

碑高一丈廣四尺六寸十六行行廿七字今在山東費縣

滁州瑯琊山醉翁亭記 額三行行三字

環滁皆山也其西南諸峰林壑

尤美望之蔚然而深秀者瑯琊

也山行六七里漸聞水聲潺潺

而瀉出於兩峰之間者釀泉也

峯回路轉有亭翼然臨乎泉上
者醉翁亭也作亭者誰山之僧
智僊也名之者誰太守自謂
也太守與客來飲於此飲少輒
醉而年又最高故自號曰醉翁
也醉翁之意不在酒在乎山水
之間也山水之樂得之心而寓之
酒也若夫日出而林霏開雲歸
而巖穴暝晦明變化者山間之
朝暮也野芳發而幽香佳木秀

而繁陰風霜高潔水落而石出
者山間之四時也朝而往暮而
歸四時之景不同而樂亦無窮
也至於負者歌於塗行者休於
樹前者呼後者應傴僂提攜往
來而不絕者滁人遊也臨谿而
漁谿深而魚肥釀泉為酒泉香
而酒洌山肴野蔌雜然而前陳
者太守宴也宴酣之樂非絲非
竹射者中弈者勝觥籌交錯起

坐起而諠譁者眾賓懽也蒼顏白
髮頹然乎其間者太守醉也已
而夕陽在山人景散亂太守歸
而賓客從也樹林陰翳鳴聲上
下遊人去而禽鳥樂也然而禽
鳥知山林之樂而不知人之樂
人知從太守遊而樂而不知太守
之樂其樂也醉能同其樂醒能
述以文者太守也太守謂誰廬
陵歐陽修也

大宋嘉祐七年歲十月庚寅蘇

唐衡上石於費之縣齋　鐫

皆□□

滁州琅琊山醉翁亭記

環滁皆山也其西南諸峰林壑尤美望之蔚然而深秀者琅琊也山行六七里漸聞水聲潺潺而瀉出於兩峰之間者讓泉也峰回路轉有亭翼然臨乎泉上者醉翁亭也作亭者誰山之僧曰智僊也名之者誰太守自謂也太守與客來飲於此飲少輒醉而年又最高故自号醉翁也醉翁之意不在酒在乎山水之間山水之樂得

之心而寓之酒也若夫日出而林霏開雲歸而巖穴暝晦明變化者山閒之朝莫也野芳發而幽香佳木秀而繁陰風霜高潔山清而石出者山間之四時也朝而往莫而歸四旹之景不同而樂亦無窮也至於負者歌於涂行者休於樹歬者呼後者應傴僂提攜往來而不窮者滁人游也臨谿而漁谿深而魚肥釀泉為酒泉香而酒冽山肴野蔌雜然而歬陳者太守宴也宴酣之樂非絲非竹射者中弈者勝觥籌交錯起坐而諠譁者衆賓歡也蒼顏白髮頹然乎其間者太守醉也已而夕陽在山人景散亂太守歸而賓客从也樹林陰翳鳴聲上下

游人去而禽鳥樂也然而禽鳥知山林之樂而不知人之樂人知從太守遊而樂不知太守之樂其樂也醉能同其樂醒能述以文者太守也太守謂誰廬陵歐陽修也

大宋嘉祐七年冬十月庚寅蘇唐卿上石於費之縣齋

鐫者口口

蘇唐卿歐公故人也知費時公已去滁而位相以書請公所作醉翁亭記而篆之立石於費宋嘉祐七年也予以弘治十年春來篆刻土覆微露其末啟之磨洗乃知顧謂僚吏曰歐名相也蘇名宰也佳章善篆沈二百年

而金元人未知是可慨也已遂命衆扛豎於縣儀門之下庶風雨日之不剥落云伊洛楊惠識此跋刻於額左方六行行廿字

右碑在費縣署儀門下額題滁州琅琊山醉翁亭記三行字徑三寸餘記及年月凡十六行字徑二寸額左有明楊惠正書題跋六行蘇唐卿不見史傳據跋稱其知費時歐公已去滁而位相以此記請于歐公篆而立石者山左金石志

右碑蘇唐卿篆書以歐集校之鬱然而深秀集作蔚然琅琊集作琅邪讓泉也集誤作釀泉臨乎泉上者集作臨于在乎山水之閒集之閒下有也字而寓之

原缺

原缺

已見王氏萃編

贈太師韓國華碑嘉祐八年十一月十四日

已見王氏萃編

□抗讀中興頌詩熙寧二年七月

已見王氏萃編

重刻瓦城王朱軫廟碑熙寧四年十一月十二日

碑連額高六尺八寸廣三尺三寸廿四行行四十二字篆額不成字不録今在山東昌邑

重修瓦城王廟碣銘記序　鄉貢五經寇道寧撰

侃嗣人咎德采臯書造人劉忠斐

爰古伏　瓦城王大漢與龍元禩樂安郡仁也自斯宇

肇開基崇信德立名誼宇宙睿播寰區才智超凡□□
出異趣規陳於規矩舉措合於剛柔辯乾坤之嘉祥度
天地之瑞象變四叙之應順理陰陽之□□石架松雲
受辛勤於久夏巖溪斆學胃苦考於三冬況近□正之
摽將誰過此若整十修之本比類□□志哲推賢情田
素雅與日月合節育萬物生榮獵儒墨之遺文明禮義
之統紀廣紹僻集博習幽章藴抱□□之倫隱藏三才
之識智策通妙訔利含真引鑒方奥之微大扶鈐韜之
要興原未告佐國存忠鴻業方成□□可就披干楯勦
於狂之黨負戈矛捍於邊陲平暴秦川偏解擒生□法

口康齊譽誰猜滅竈之謀帝奬無口　皇垂慈念須列侯伯之勳德厚者位尊祿重重榮寵攝洽萬庶積善芳濃變現無窮顯化不歇蹤由運轉豈口靈口繼後彙封得為王作土地鈐黎之主安歸陂迴住鎮海隅城方八卦之圖居占九宮之位堰鯨波而不汎拒潮濤而非傾右附白虎之崗左引青龍之勢前排朱雀之舞後列玄武之威自古到今暑寒倏倐真容改色象貌蒙虧常是者維那趙贇李贇至結社主之署共就拂拭之緣殿宇光輝亭廊照耀門閒暎珊瑚之景簾褰出翡翠之華瑞氣盤空璨爛奪斗牛之朗祥煙冲漢霞艷傲日月之明

德譽稱神明聰□□人倫立廟後代傳久本邑厚□鄉閭仰□四方報賽俱承雨露之滋八節勤祈得垂滂澤之潤村衢社陌祭臻有萬倍之恩市肆營商永敬獲千騰之利聲振塵世大動人心郡邑特施於資金里豎虔捨於珍寶纔詔鉢斤良匠縹畫高人繪飾周圓故鐫碣記銘曰　德應天命道合穹蒼幼洽義孝少務忠良巖栖斅業志穩黌堂討尋墳典變正陰陽六韜皆備三畧深藏策名委質官設居方華攢繡幰碧油旌幢命伐秦境職授齊鄉乾坤致定土地為王靈象巍巍廟貌昂昂縹畫亭閣繪飾彫梁花紋砌綴壁塑非常龍降虎伏鳳

舞鸞翔郡郭愬祭宰芗焚香求恩得益告吉無殃維郍
道首福壽延長施主衆旺禄利財昌人安道泰繼世平
康慈聖永存萬載餘强瓊琳布錦華碣成行摽題靈閣
闔國民康　大宋熙寧四年歲次辛亥十一月十二
日癸巳直建立石碑記
承務郎行縣尉戚
將仕郎守主簿張
登仕郎守縣令劉
右班殿直監鹽酒稅聶
右侍禁監濰州固庢都稅鹽務謝

碑在昌邑縣西北卅里瓦城邨古廟中以碑有滅竈之語故方志誤稱孫子廟元于欽齊乘昌邑縣西北海濱訾城俗呼為瓦城半為水漸城南有孫武廟一統志云内有古槐甚奇廟祀孫臏又謂臏食邑都昌是舊為孫武廟後又祀孫臏則沿譌已久攷昌邑即漢都昌漢初功臣侯表高帝六年封朱軫為都昌侯與孫大參星衍據朱軫以隊帥先降翟王鬺章𨚗侯與碑所云大漢興龍元祀及平暴秦川等語合證此為朱軫廟確不可易余驗碑文似元是六朝唐碑熙寧間重刻復加改補故多脱誤不可通然賴此碑尚存

而千年遺廟始能致出亦快事也四録堂類集

昌邑西北三十里瓦城郃有古廟每歲上元香火湊集于欽齊乘以為孫武廟一統志以為廟祀孫臏自明永樂嘉靖立碑記其祈雨靈應稱為升平郡王羅列孫子事迹著于碣時人無能辨其是非者嘉慶十二年屬邑令沈士煌按訪古迹得宋熙寧四年碑為鄉貢五經寇道寧撰書其文云瓦城王大漢興龍元禩樂安郡仁也又云石架松雲受辛勤於久夏巖溪斅學曾苦考於三冬又云平暴秦川偏解擒生口口口康齊魯誰猜減竈之謀又

云頌列矦伯之勲德厚者位尊祿重重榮寵銘云巖栖斅業志穩黌堂又云命伐秦境職授齊鄉如碑文言瓦城王是漢元年人巖栖苦學有伐秦封矦之功俱非孫臏事迹考昌邑地爲漢都昌漢書功臣矦表有都昌嚴矦朱軫即其廟食之神也軫以舍人前元年從起沛以隊帥先降翟王虜章邯矦三月庚子封十四年薨子剛矦率嗣子夷矦詘詘子共矦偃偃子辟彊凡傳四世亡後俱見功臣矦表碑稱興龍元禩即所謂漢高元年云巖栖斅學認舍人爲黌舍之舍云平暴秦川謂降翟王虜

章邯之事云頒列侯伯之勳則謂其封侯全廟有太子堂孫臏雖有子亦不甚著當即是朱軫之後辟疆也後人誤以為孫子廟以碑文有大抶鈐韜之要及滅竈等詞定人碑又未出朱軫姓名論以傳論遂不可辨朱軫既封都昌傳數世始絶當時或有德斯地後人為之立廟世人知孫子之功甚顯不甚知朱軫遂以孫子奉之祀典有其舉之莫敢廢神不歆非類之祀傳之既久應以廟祀立衆主稱漢都昌嚴侯朱軫而以孫子臏配享慰安神人亦從宜從俗之合于禮經者也越歲權藩歷下

因昌邑令呈圖版為考定刊石于廟以示後之知
者

賜廣濟寺僧文海紫衣牒熙寧八年閏四月

碑斷失上截僅高二尺七寸廣三尺一寸上方刻元豐二年勅多缺下方大小十四行行字不等今在陝西寶雞

中書門下牒

景靈宮使昭德軍節度使撿校太尉兼侍中曹佾奏
遇
同天節乞鳳翔府寶雞縣廣濟寺僧文海
牒奉

敕宜賜紫衣牒至准
敕故牒
熙寧八年閏四月　日牒
右諫議大夫叅知政事呂　押
禮部侍郎叅知政事王　押
吏部侍郎平章事韓　押
吏部尚書平章事王　押　岐下郭曦書閻式刋
碑上截
上缺賜□□□□□元豐二
上缺□□□別無公私過犯本

上缺口奏聞候勑旨奉

上缺宜賜號慧照大師

準

上缺當官許押給

上缺事宋押

上缺郎闕

上缺司押

上缺口押

右碑關中金石記所未載文海亦非名僧牒後署名

右諫議大夫參知政事呂郎呂惠卿也禮部侍郎參

知政事王即王韶也吏部侍郎平章事韓即韓絳也吏部尚書平章事王即王安石也以宰輔年表及紀傳校之年月皆合則宋史精審當在新唐新五代之上竹垞等輕詆之殆非定評碑上方刻元豐二年賜慧照大師勑多缺文四錄堂類集

伏犧廟三門記熙寧十年三月廿五日

碑高八尺廣二尺四寸十八行行五十八字今在山東魚臺

重建伏犧皇帝廟三門記　　大宋熙寧十季歲次丁巳三月辛亥朔二十五日乙亥立碑　莆陽貢吏陳翁撰并書

蓋聞聖人不世出出必有功于時也鴻荒之世朴略尤甚雖人倫之化既有而貴德之風方扇天下以大道之為公未有以仁義之為用大道判則為仁義仁義用則為法制法制立則聲華文物興焉仁義出乎道非道出於仁義也仁義法制皆道之迹聖人之功也夫道立本於無為用於有蓋可見者存乎用用可見者存乎迹迹者道之濟也非道之本也惟其以本求之則至寂而無體以用求之則至虛而善應以迹求之則至利而無窮所謂形而上下者是也老子曰無名天地之始元胎未形杳杳冥冥遠之不可以名尋近之不可以形詔非探

象先之原則求知之難矣絶於形器梏於無為造之非我理自冥化此至寂而無體其可見也經為陰陽合為至精欝為元氣發為造化而萬物制命受形以生死代謝其所以鼓舞運動雷風雪霜之威日月水火之變付有為於六子收無為於功成此至虛而善應又可見也聖人既得至寂之本以誠己復達至虛之用以濟物擴而充之發越揮散與至利於百千萬世而無窮泯者蒙考之於　伏犧皇帝用大道以王天下而不見其本末體用之遂焉恭以　伏犧皇帝挺生上古之初　德冠三皇之首畫八卦而備萬物之象與文籍而書百事之名

以結繩爲弊政而代之以書契以神化爲宜民而爲之
以善法首正人倫復爲器用通其變使之無倦百姓日
用而不知故君臣由之則肅而莊父子由之則和而恭
夫婦由之則愿而雍兄弟由之則友而悌天下陶成於
大順蓋人倫正之始也爲網罟以畋以漁爲棟宇以寧
其居爲耒耜以濟其飢爲舟楫以便其涉爲弧矢以威
其亂服牛馬以致其遠至乎揉木陶火鑠金凝土一制
一法莫不由乎仰觀俯察而始立之法又有數聖繼作
沿襲至堯而成及周乃備故曰法始伏而成堯又曰匪
伏匪堯禮義哨哨旣歷漢唐之久下逮　國家之盛

一祖四宗六葉承天執是法以御大有通變以盡天下之利福周四海生民享之而無窮者亦以此也於　伏犧皇帝之廟嘗遣使致祠焉令人於春秋之間無遠近無貴賤不辭跋涉之勞或負戴其親以至于此禱祠進獻無祈而不應也是知　伏犧皇帝體魄雖降而其神未嘗死也說者曰聖人之死曰神未嘗死未嘗生者也秦漢以來分邦國為郡縣今　伏犧皇帝之故壤莫知其所在按圖經云單州魚臺縣之東北七十里曰新興村其間有　伏犧皇帝之陵陵上有廟古老謂曰廟舍之東有畫卦之山南有古銘城北有群仙洞中有七龍

潭其古木勝槩依稀存焉居民嚴温者世蒙其福遂罄
丹衷自備已緡燕化信士重建三門一座三間　玉皇
堂并神像　炳靈公堂并神像砌道幡竿等上以酬
聖造之恩下以求舉家之慶既畢功命翁為之記翁謏
聞之學不能盡萬一聊書歲月而已魯橋鎮郭下嚴温
妻王氏男老兒彭壽女二娘子外甥李中舍孫天保天
錫天壽女三娘子外甥黄國愽孫小三娘子壽奴
右碑在魚臺縣東北七十里凫山南伏羲廟廟後即
伏羲陵其東為畫卦臺山亘魚臺鄒縣界即魯頌凫
繹二山之一孫伯淵大叅謂凫伏聲之轉疑凫山本

以伏羲陵得名或有然也碑引圖經云單州魚臺縣之東北七十里曰新興村其間有伏犧皇帝之陵陵上有廟古老謂曰廟舍之東有畫卦之山南有古銘城北有群仙洞中有九龍潭其古木勝概依稀存焉所稱經圖當本隋唐舊志而皇甫謐乃云伏羲葬南郡或曰冢在山陽高平之西也通考又載政和三年享太昊於陳州於是伏犧有三陵雖古帝神靈無乎不在然左氏傳任宿須句顓臾風姓實司太皞之祀則陵當在鄒魯間碑云既歷漢唐之久下逮國家之盛一祖四宗嘗遣使致祠焉是熙寧前祀陵不在陳

州後有議禮者此碑即是憑據關係非淺而山左金
石志寰宇訪碑錄皆遺此碑何也四録堂類集
右碑熙寧十年立一統志伏羲陵在魚臺縣東北
七十里凫山南其前有廟兗州志山南有昌公洞
洞有丹井其上有伏羲廟廟前有雙栢可數千年
物碑即在廟中其文云一祖四宗六葉承天嘗遣
使致祠且引經圖云云是熙寧已前祀陵皆于魚
臺至政和三年定禮享太昊於陳州前明沿之未
經釐政予頃備兵兗沂曹移浴河南布政查陳州
太昊陵是否有古書傳碑碣可據其咨覆稿本及

伏羲陵考見岱南閣集今仍録伏羲陵考附此碑
末俾後之議禮者有取焉

魚臺陵

皇甫謐云伏羲葬南郡或曰冢在山陽高平之西
也史記正義　按山陽郡高平侯國漢晉治昌邑即今
金鄉縣地與魚臺接境此晉時郡縣故知爲謐言
非張守節語也又按晉書地理志高平國晉初分
山陽置縣有方與湖陸高平元和郡縣志魚臺縣
本漢方與縣太平寰宇記魚臺縣屬山陽郡縣理
城即漢方與城也湖陵故城秦漢爲縣今廢城在

今縣南一里據此則方輿湖陵即今魚臺縣境高平國治在金鄉元和郡縣志金鄉縣昌邑故城在縣西北四十二里寰宇記作縣北是也今伏羲陵在魚臺縣東北七十里鳧山則當是古山陽郡高平國之東誤作西字羅苹云帝冢在山陽高平西北蓋謐語增多北字或當作北耳南郡辨見後文又按魚臺伏羲陵出皇甫謐帝王世紀其言必有所本是其迹在晉時已甚顯也

李吉甫十道圖云兖州之境伏羲陵金田戣肇鳧山人祖廟碑

按魚臺縣屬兗州元和郡縣志方輿縣貞觀十七

年廢戴州屬兖州寶應元年改爲魚臺縣是也李
吉甫作元和郡縣圖志于魚臺不載伏羲陵者志
本有圖今亡因其陵別見十道圖歟金田肇碑今
在鄒縣鳧山爺嬢廟殿東壁
圖經云單州魚臺縣之東北七十里曰新興村其
間有伏羲皇帝之陵陵上有廟（宋熙寧十年陳翁碑）按隋
經籍志有隋諸州圖經集一百卷郎蔚之撰則此
碑所稱圖經即隋圖經也其書在五代時矣按碑
今存鳧山
羅泌路史太昊紀葬山陽羅華注按帝冢今在山

陽高平西北高平襄陽之境然九域志兗單皆有
伏羲陵羅苹又注太昊之國有庖國姒姓今庖水
在山陽平樂而帝墓又在山陽則其故迹無疑也
按羅泌云伏羲葬山陽用皇甫謐說而不用南郡
亦知南郡之不可信也苹則云高平襄陽之境或
以襄州有平皐關而誤其關見太平寰宇記然苹
下又引九域志兗單皆有伏羲陵按之寰宇記稱
魚臺縣隸兗州今隸單州是兗單皆指魚臺之陵
矣所引九域志非今元豐九域志又按庖水即泡
水在今沛縣西平樂城在今單縣東四十里漢地

理志山陽郡平樂有泡水東北至沛入泗亦在豐單之閒故羅苹附會庖字言之

元中統二年孟祺撰碑魚臺縣東北七十里而近曰鳧山山南麓曰辛興里周匝伏羲遺迹甚衆土人云死葬于山麓之半其東一峯鬱然者今以畫卦山目之質之地圖北直古任東接顓臾皆諸風故封之地所以奉太皥之世祀者也　按碑今存鳧山文多不具載

元至治二年呂惟恕撰碑魚臺治東北七十里有鳧山山南麓曰新興里有伏羲廟在焉其遺迹于

里之周匝甚多其東峯巒嶙峍目之曰畫卦山其西水聲潺湲目之曰聖水河故以是爲伏羲葬瘞之地宋熙寧十年石刻有云按圖經魚臺新興里有伏羲陵陵上有廟以是考之其土人所傳亦有自來矣　按碑今存凫山文多不具載又按宋元史地理志不載伏羲陵而見于碑碣可據者如此南宋地入金遂不知其迹矣故于欽齊乘亦云有墓非也

明嘉靖四十一年竺該撰碑魚也東境鳳凰山舊有太昊氏伏羲廟離縣治七十里廟制極其雄偉

又考河南陳州有羲皇墓匃生靈蓍而此地亦建廟祀何也先王封羲皇于顓臾以主祭故建廟于魚之東者就其後裔追祀地也　按宋碑明言陵上有廟而明人不信之止言有廟又不察皇甫謐山陽高平之言徒以其時傳譌太昊陵在陳州遂為調停之說明人之無識大都類此若云生蓍即以為聖陵蓍者封殖之處即生非因地靈令咸陽秦文王武王陵亦復生蓍是其証也

康熙五十二年修兗州府志魚臺縣伏羲陵在縣東北七十里鳧山其前有廟　按志為張鵬翮所

修是時魚臺屬兖今屬濟寧州矣至乾隆元年修
山東通志魚臺縣陵墓無伏羲陵蓋後人因有陳
州廟祀而妄删其迹也

南郡陵

皇甫謐伏羲葬南郡羅苹注路史世紀云葬南郡
在襄陽　按襄陽並無伏羲陵而皇甫謐云然者
考元和郡縣志竟陵縣秦屬南郡五華山在縣東
北七十里縣城本古風城也古之風國即伏羲風
姓也南臨汉水謐之致誤蓋因其地有古風城歟
然古今書傳無以伏羲陵爲在是者

陳州府陵

路史乾德四年詔置守陵五戶春秋少牢羅苹注上歷太昊宛邱在陳文獻通考乾德四年詔曰歷代帝王或廟貌攸設牲牷罔薦或陵寢雖存樵蘇靡禁茲用惕然其太昊女媧炎帝黃帝顓頊高辛唐堯虞舜夏禹成湯周文王武王漢高祖後漢世祖唐高祖太宗十六帝各給守陵五戶蠲其他役長吏春秋奉祀他處有廟祀者亦如祭享馬端臨注葵宛邱在陳州又徽宗政和三年禮儀局上五禮新儀仲春仲秋享歷代帝王帝太昊氏于陳州

以金提勾芒配 按乾德詔為歷代帝王置守陵戶其時並未言明陵廟所在其在兖邱陳州之注蓋羅華馬端臨之言也據宋熙寧陳翁凫山廟碑文云既歷漢唐之久下逮國家之盛一祖四宗六葉承天于伏羲皇帝之廟嘗遣使致祠焉則北宋祀典及守陵戶安知不即在魚臺之凫山耶又按今陳州傳有伏羲陵其誤始自政和定禮又因國蹙而後僅守偏隅不能遠祀魚臺之陵遂移其祠于兖邱之八卦壇其初必以地入于金為恥而諱言之羅華馬端臨不能遠考俗傳朱文公題石壇

前竟至傳譌數代觀羅華之注乾德詔則云女媧
在華州界馬端臨之注乾德詔云女媧葬趙城縣
東南在晉州即女媧一陵二說參差知兩君以意
附會詔書本無定見亦可見乾德時詔無各陵處
所也又按元和郡縣志陳州本太昊之墟周武王
封媯滿于陳宛邱縣八卦臺及壇縣北一里古伏
義氏始畫八卦于此太平寰宇記陳州庖犧氏所
都曰太昊之墟宛邱縣八卦壇在縣北一里即伏
義于蔡水得龜因畫八卦之壇舊有長史張齊賢
舊文後刺史李邕撰新文刋之據此則唐人北宋

人説陳州有伏羲八卦壇不云有陵也既有張齊賢李邕新舊文樂史時尚見之所紀即蔡水得龜之事必不言陵故李吉甫諸人作地志不言伏羲陵在此也且禮言墟墓墟則國基墓則葬地何可合為一義陳州即太昊之墟亦為故國空城安得指為葬處又考水經注云陳倉縣有陳倉山榮氏開山圖注曰伏羲生成紀徙治陳倉非陳國所建也則古時並無都陳之説況伏羲生于成紀見路史開山圖而太平御覽引詩含神霧曰大跡出雷澤華胥履之生宓犧並以為生于曹濮之間更于

葬在魚臺之説近矣

卧龍寺梵書唵字贊熙寧十年八月廿六日

已見王氏萃編

惠明寺舍利塔碑元豐八年八月一日

已見王氏萃編

宋六

左山興化禪院高永亨等題名元祐元年三月十三日

碑高六尺四寸廣三尺四寸五行小字年月一行行字不等行書右行今在山東荷澤

皇城使曹州鈐轄高永亨簽判張孝友濟陰縣宰徐興宗尉曹溉兗州奉符令宣德郎林會壽春令州教授周諝送餞劉宜甫詛於興化禪院留題

元祐丙寅上巳後二日

右刻題元祐丙寅上巳後二日葢元年三月十三日

也左山亙荷澤曹縣界興化禪院為荷澤地其寺尚

有至和二年寶乘塔碑四録堂類集

李英公碑陰記元祐四年二月六日

已見王氏萃編卷五十九

昭陵六駿碑元祐四年五月五日

已見王氏萃編

顏文忠公新廟記元祐七年四月廿七日有陰

碑連額高九尺二寸廣四尺四寸卅行行五十三字今在山東費縣

唐魯郡顏文忠公新廟記額五行行二字

唐魯郡顏文忠公新廟記

左承議郎尚書職方員外郎雲騎尉賜緋魚袋曹輔撰
明州定海縣主簿祕書省校對黃本書籍秦觀書
左宣德郎知開封府雍丘縣同簽書兵馬司公事鄧礿
篆額
唐魯郡顔文忠公有廟在琅邪之費距縣治東北五十
里曰諸滿村室宇庳陋歲月將圮祀典勿著神不顧享
元祐六年洪農楊君元永爲邑之二年也建言于州曰
案祭法能禦大菑能捍大患則祀之以勞定國以死勤
事則祀之方魯公守平原時祿山逆狀未萌公能賾其
端及反河朔盡陷獨平原城守具備與其從兄常山太

守界鄉首倡大順河北諸郡倚之以為金城可謂能捍
大患矣其後為姦臣所擠臨大節挺然不屈竟殞賊手
可謂以死勤事矣今廟宇不能芘風雨願聞諸
朝少加崇葺俾有司得歲時奉祠知軍州事安定梁侯
彥深下車未久起廢更弊州既以治睹是舉也而樂之
即具以聞太常議典禮以上春官氏曰宜如請公之遠
祖青徐二州刺史盛始自魯居于琅邪之臨沂孝悌里
故今子孫之在琅邪者衆其十一世孫安土者言縣謂
廟地僻左荒棘跨嶺谷絶河澗者六七而後至祈自出
緡錢買地枋河之東以徙置之庶幾子子孫孫與其邦

人奔走承祀弗懈是年十二月二十四日廟成楊君以書抵京師曰史氏稱顏公英烈言言如嚴霜烈日可畏而仰其信然今廟碑將立無文以刻之懼不足以表忠義勸來世夫子其毋辭焉余考顏氏葢出於邾武公之後武公字顏其子友別封郳為小邾子遂以顏為氏孔子之門人達者七十有二而顏氏有其八回以殆庶幾得復之初九不遠復無祇悔之義以為門人之冠其後衣冠不絕間出閒人然則公之知義明信道篤其淵源有自來矣夫人之於死生之變亦大矣而君子處之裕然得其所者葢有以權其義之輕重而已若夫義有重

於生則不必幸其生生有重於義則不必致其死故曰非死之難處死之難若魯公者學行內外充衍闓肆以發見於事業非獨一時奮不顧死以取名故前抗祿山之師後拒希烈之命不惑於死生之際而以明君臣之大義可謂眞知輕重大丈夫者哉百世之下聞其風者雖亂臣逆夫將消縮摧沮不復牙孽於其心矣楊君欲發明公之義烈以詒後世不諉於文學之士而猥以見屬豈以余為知言哉乃為志其事而系之以銘銘曰

屹屹魯公　剛實積中　學奧問慱　涵演擴充　孝友施家　發為公忠　直道以行　孰顧我躬　讒口

猰貐，往齧其鋒。禄山一呼，逆焰熾天。炎于崑岡，沸于百川。柸水輿薪，勢且莫抗。屹屹魯公，忠誠是仗。大義凛然，奮袺首倡。一清土門，數斬僞將。十有七州，同風順嚮。力竆功寡，英聲獨暢。屹屹魯公，不戒于剛。婉孌媚嫉，假手虎狼。公在虓虓，得困之義。有嚴分守，卒遂吾志。屹屹魯公，風于百世。太山之祊，魯廟翼翼。孰作新之，守令其職。禋祀苾芬，子孫是食。惟廟暨孫，有圮有息。屹屹魯公，與山無極。

九世孫溫

潛研堂金石文跋尾

右通直郎知沂州費縣事楊元永立石
右承議郎通判沂州軍州兼管内勸農事雲騎尉賜緋
魚袋常士温
右朝散郎知沂州軍州兼管内勸農事上輕車都尉賜
緋魚袋借紫梁彦深
元祐七年四月二十七日建
碑陰
魯公仙蹟記已見王氏萃編
右碑文凡三十行字徑八分撰文者爲曹輔案輔字
子方華州人登嘉祐八年乙科歷官至朝奉郎守司

勳郎中常與蘇黃遊號靜常先生見厲樊榭鶚宋史紀事書碑者為秦觀史稱其始登第調定海主簿蔡州教授元祐初除太學博士校正祕書省書籍此碑系銜不列蔡州教授太學博士畧之也淮海書世所罕見今玩其筆意瘦勁深得二王遺法碑陰刻米襄陽記文十八行字徑一寸三分山左金石志

右碑在費縣東北五十里朱滿村魯公廟中即碑所言諸滿村也碑陰為米黻書魯公仙蹟記拓本極多而正面秦觀書置不拓至阮撫部始入錄據語溪小摩崖云惜秦少游已下世不得此妙墨劖之崖石則

淮海書法久為山谷心折而弇州跋彼言少游當亦善書是元美等未見此碑也碑陰云元祐三年余游吳興適觀郡人新公之廟因得謁拜公像公之大節紀紀載甚多而論次于林公之文為備至仙真事吾又以刻于碑陰是仙蹟記在湖州林某撰碑之陰今湖州碑已佚而費縣有之殆後人摹刻矣四録堂類集

昭陵圖記紹聖元年五月五日

已見王氏萃編

重書李白半月臺詩紹聖二年正月十八日

碑連額高三尺九寸廣二尺九行行十六字今在山東單縣

李翰林詩 額二行行二字

登單父陶少府半月臺

翰林學士李白

陶公有逸興不與常人俱築臺像半月迴向高城隈置酒望白雲商颷落寒梧秋山入遠海桑柘羅平蕪水色淥且明令人思鏡湖終當過江去愛此暫踟躕

紹聖二年正月十八日立石

朝散郎通判軍州事鄭億

朝請郎知軍州事梁彥深

碑在單縣各家未入錄以太白集校之同 四錄堂類集

濟州重修玉皇廟像記紹聖三年正月

碑高五尺六寸廣二尺八寸十八行行四十字今在山東鉅野

濟州天慶觀重修玉皇廟像記

進士張寅書丹　道士任道冲篆額　東海徐欽男壽刻

道爲萬物之奧善人之寶不善人之所保歟謂乎其有視之不見謂乎其無感之則通由斯不可識聖人强名之爰有違之者恒存於槖籥虎兕不違昧之者徒守於筌蹄疢疾未脫世得預於至靈者宜乎傾心歸慕焉故我

皇宋紹聖元祀有郡倅齊公事簡折獄軒庭息訟優游
之際酷好眞風存仁義於德之流施禮敬於無私之像
一日過觀爐香仰餅禮畢徘廡傍睨壞屋
玉帝在中公惻然自謂曰古之神聖所居莫不堂高數
仞榱題數尺鴟嵴獸角山楶藻棁赭堊墻墉使人望而
畏之感動而生恪仰哉今其堂既隘且弊人將安仰公
翌月使法掾孫公宣經營遷構埽故求新不假雕鏤丹
雘務在朴素牢實於古壇東北隅竦跨廊廡甍櫓肆山
役官匠勞兵力破省錢匠力懽呼罔知疲倦若父使子
不日而就公具香酒告成由是官屬展獻士庶嚮方熾

於舊矣迄次年秋有市人張景貧而樂道蒙昌宗富而
好禮然而接利生家心且惡辱知足遂結金蘭之友鴈
肩錯踵屢陟星壇鍊氣澡身頻恭仙府　玉皇像
貌年深綵縹渝昧金童墮壁玉女隤緣噫上傳
玉清符命下據三究校錄人間罪福者其惟　玉皇
大天帝胡為乎不修飾而新之二子競捨已財遠招良
匠兼議繪壁領地可費百有餘千二子自揆不足命觀
主李居淵旁求哲又轉告吉人人聞之者欣諧資助不
逾半載
玉帝金童俱備焉抑　上聖張瀴教於降代生齒自孩

提閒皆有秉彝之性其猶乃王藉礲錯而後中所用二子無乃為州人之礲錯乎蓋知福善禍淫之說不誣故能植餘慶於先日矣海山乘風□於明年春正月甲辰日見託勉道數百字聊記歲月而已

右碑山左金石志未入錄訪碑錄列于紹聖元年按碑云紹聖元祀又云迄次年又云於明年春正月甲辰日蓋三年正月十三日也碑書䴴究二字難識孫大祭言郎穽字借為冬有篆額未拓四錄堂類集

重立天寶井銘記 紹聖四年二月一日

石高一尺六寸廣一尺二寸一額橫三字銘文五行行十字後小字記五行行十一字今在山東費縣

古井記 額一 横

天寶九載冬十月尉趙光乘撿校造因勒銘云費城之井昭然道周土年舊得石幹令修徵大易之不改垂一善於千秋已上五行在右方

井面圓甃盈畝深湛莫見其底臨視皜戰唐賢趙公之銘土昧已久今洗而扶之以旌其美紹聖四年丁丑二月丙辰朔朝奉郎知縣事逄完記已上五行在左方

右古井銘各家未入録嘉慶戊辰九月孫大恭星衍見之費縣聽治之儀門外拓得見詔石方尺餘一面刻字額有古井記三篆字額下右方為天寶九載趙

光乘銘左方為紹聖四年逄完記據逄完言唐賢趙公之銘土昧已久令洗而扶之是銘為唐刻然何以以銘居額下之右預虛其左為記地疑此銘紹聖重刻否即額篆為補題矣銘云土缶舊得石幹令修國語季桓子穿井得土缶其中有羊以問仲尼銘即指此太平寰宇記季桓子井深八十八尺在曲阜縣東法集寺引史記季桓子穿井得土缶一統志在曲阜縣東北三里周公廟北皆不言在費縣惟山東通志古鄭城內有季桓子井相傳桓子穿井得羵羊即此則與銘合銘據天寶已前圖經當可據信寰宇記故

費縣在縣西北二十里古費伯國也後為季氏邑蓋井在故費城不知何時此銘乃在今縣治片石易于轉徙未足怪矣 四錄堂類集

刻高適琴臺詩 崇寧二年四月一日

石橫廣三尺七寸高一尺八寸廿八行行十六字今在山東單縣

宓公琴臺三首并序

甲申歲適過宓子賤琴臺賦詩三章首章懷宓公之德千祀不朽次章美太守李公能嗣宓子之政再造琴堂末章美邑宰崔公能繼子賤之理

宓子昔為政鳴琴登此臺琴和人亦閑千祀稱其才臨

眺忽悽愴人琴安在哉悠悠此天壤空有頌聲來
邦伯感遺事慨然建琴堂乃知靜者心千載猶相望入
室想其人出門何茫茫唯見白雲合東臨鄒魯鄉
皤皤邑中老自言邑中理何必升君堂然後知君美開
門無犬吠早卧常晏起昔人不忍欺我今還復尔
琴臺最為單父舊跡昔人形於詩詠間有刻石者唐高
適三章尤為奇古因命刊刻龕置臺上按唐新書適字
達大滄州渤海人少落魄不治生事客梁宋閒宋州刺
史張九臯奇之舉有道科中第調封丘尉不得志去客
河西後為拾遺御史蜀彭二州刺史肅宗朝代崔光遠

為西川節度使召還為刑部侍郎左散騎常侍永泰元年卒適年五十始為詩即工以氣質自尚每一篇成好事者竟傳布有集十卷此三章迺客梁宋時至單父所作也崇寧癸未孟夏吉朔單父郡守常山宋正功題

右刻山左金石志未入錄以高達夫集校之適過宓子賤琴臺集作適登無宓字賦詩三章集作三首能嗣宓子之政集作子賤再造琴堂集作琴臺美邑宰集作多邑宰千祀稱其才集作千載空有頌聲來集作唯有自言邑中理集作自誇我今還復尔集作今我當以石刻為正詩後刻宋正功跋引唐新書達夫

滄州渤海人與今本同又引每一篇成好事者竟傳布今本作每一篇已好事者輒傳布竟與競通校者不得其解改為輒字耳滄州本渤海郡而渤海縣屬棣州舊書高適渤海蓨人而蓨縣屬德州二書地理志各與本傳不合與元和志亦不合當有改屬沿革志家疎漏難復攷稽宋正功為單州郡守方志失載可據石刻補之四錄堂類集

黃庭堅讀中興頌詩崇寧三年三月　俗稱小摩崖

已見王氏萃編卷九十六

濟州學記崇寧四年三月十五日

碑高一丈二尺五寸廣四尺六寸廿九行行七十八字行書今在山東鉅野

濟州學記

崇寧元年秋八月輔臣有言以謂教化者治亂之原風俗之本士失所養因無常守則奔競繁人不知教好利忘義則廉恥喪且述三代教養之盛及秦漢而後所以泯泯棼棼迄今幾世幾年而未□□缶於是上稱

神宗皇帝欲開明堂辟廱以發政施仁其有為未就之功仰惟

皇帝深念風化之微思善天下之俗紹述

神考美意良法以彰盛德鴻烈于億萬年之意析為條

目以請乙亥

詔曰學校崇則德義著德義著則風俗醇故育材為治世之急務可所奏下其法有司頒焉

德音流行達于中外莫不寅畏奉承喜樂奔走大興泮宮各以圖上三年十有一月甲戌

車駕臨幸太學閱三舍生行藝乃大慶賜咸有等差移仗辟廱按視規摹以待歲考行藝而興勸之者越十有四日丁亥　詔罷州郡科舉之令俾取士悉繇於學繇是天下之士益知

天子參稽治古祈進士心之識雖庶頑讒說亦皆鼓舞

感幸願精白以承　　休德嗚呼韙哉甚盛舉也
臣嘗考三代學校之制莫如成周之詳文王宅豐實作
辟廱以善養士武王居鎬述文王之道以服四方遠成
王之時周室之興垂七十年矣迺命大司徒以鄉三物
教萬民而賓興之謂德之不能皆至於聖也故德則離
之以智仁聖義忠和謂行則同出於中庸而已故行則
合之以孝友睦婣任恤謂夫人而能學者度數之末也
故藝則盡之以禮樂射御書數當是時也非唯邪說詖
行不可出長入治者不容於時而賈於市者至於不粥
奇淫非禮義廉恥之風盛於朝廷而耕於野者至於不

不爭壟敵蓋自可欲之善等而上之至於不可知之神人人安習以為固有則曲學順非之士雖欲誣民亦如雪見晛而消矣夫周之君臣相與從容揖遜於一堂之上而侯甸采衛不聞有異政之國比閭族黨不聞有殊俗之家方行天下至于海表罔不承德原所繇來以學校素明也臣竊惟

宋興德茂

五世重熙累洽萬邦嘉靖

神宗皇帝躳文王以善養人之道始于京師

哲宗皇帝以下武繼文之德行之於紹聖元符之際

天子以聖學獨智享成周隆盛之時修禮定樂釐正百
度丕承
二帝之志此所以盡復成周賓興之法掃數千百載積
習之區區曾不聞淹歲月之久也成功至此則多士字
文王之効豈特如昔時之所賦詠者乎雖然臣竊疑周
南之時武夫鄙人婦人女子其有被文王之化者詩人
為之各見於詩如兎罝漢廣汝墳小星之什是也至成
王之世賦行葦者則槩言忠厚賦既醉者則槩言太平
其賦鳧鷖者則亦止言守成而已此何故哉蓋周南之
時舊染之俗猶在故作詩者于以見文王之道若夫成

王之世其被禮義之教為已久女也士也至於孫子莫不循理則上下內外皆有士君子之行教化成而風俗厚矣　今日之効行有見於此歟噫學校之興其所以惠遺天下者如此惟濟陽郡異時不能撥明詔規遠圖三年夏六月通判軍州臣令郯實攝郡政夙夜鳩工度材始革而大之秋九月臣九臯既領州事迺協力以成凡齋祠講說游射之所罔不如式庶幾上稱

天子所以幸惠學者之萬一焉臣愚不肖猥以儒學掌教法學既成執筆為金石刻以垂示不朽者臣之職也

謹拜手稽首以書四年三月十五日文林郎充濟州州
學教授臣陸藻謹記
承奉郎守太常寺太祝臣蔡脩書并題額
將仕郎充濟州州學教授臣趙霄
從事郎權濟州防禦判官臣李端彥
朝散郎權通判濟州軍州管勾學事兼管內勸農事上
柱國賜緋魚袋臣趙令郯
左中散大夫知濟州軍州事管勾學事兼管內勸農使
輕車都尉賜紫金魚袋臣黃九皐立石

右碑在鉅野即宋濟州治宋朝事實蔡京乞隨所在

諸官置學添教授立法教養故崇寧大觀間學碑甚多陸藻此文氣息醖厚似曾南豐書者蔡脩即京次子筆法麗逸頗似徽宗四録堂類集

賜辟廱詔并後序大觀元年二月

碑高九尺五寸廣四尺六寸上截詔文十五行行廿一字下截後序廿八行行五十字今在山東鉅野

朕嘉在昔善天下之俗勸功樂事尊君親上莫不受成於學命鄉論秀比其德行而與其賢能崇德黜惡人有成材逮至後世士失所養家殊俗異未之有革惟我

神考若稽先王建置校學罷黜詩賦訓釋六藝首善於

京師矣朕追述

先志夙興夜寐罔敢墜失思與有德有造之士共承之
遂詔所司推原
熙豐三舍之令播告之修誕彌率土即國之郊作辟廱
廢科舉以復里選之制非聖賢之書與元祐術學悉禁
毋習乃涓日之良臨廱視學延見多士麇以好爵朕心
庶幾焉傳不云乎以善養人者服天下朕之迪士至矣
其丕應徯志以從上之欲則將一道德同風俗追成周
之隆以駿惠我
神考豈不韙歟付辟廱
崇寧三年十一月十四日 右在碑上截

皇帝賜辟廱詔後序

承議郎試大司成兼　侍講武騎尉保寧縣開國男食

邑三百户賜紫金魚袋臣薛昂奉

聖旨撰并書

崇寧元年

上總覽庶政慨然欲大有為將躋斯民咸底于道迺下

詔曰學校崇則德義著德義著則風俗醇其大興

黌舍于天下又　詔即國近郊建置辟廱匠匠杭圖

上曰古者學必祭先師茲聚四方士多且數千宜增殿

像于前徙經閣于後布講席于四隅餘若爾規廞既得

旨則經營越三年工告成

車駕幸焉祗見　夫子于大成　又　詔國子司業

臣細臣靜曰朕攄至懷親箸翰墨賜之璧水申勸無窮

小大之臣下逮韋布鼓舞頌咏咸以覩所未嘗為幸藏

之層構勒之翠琰明年臣靜又請序其後

上命臣昂曰汝其為之臣不獲辭乃拜手稽首言曰唐

虞三代尚矣歷世既遠教法不存然上下之庠東西之

序左右之學與夫東膠虞庠或在國或在郊又曰成均

曰米廩曰瞽宗曰辟廱蓋皆設於王都者如此至於鄉

遂則又各為庠序學校嗚呼何其詳且至也秦漢而降

治失本原禮樂化微師友道喪人才卑陋有媿成周蓋無足怪

於皇神考稽古御時闢太學建三舍論選有法士變宿學而新美矣

皇帝陛下祖述憲章咸在

先帝收科舉於學校推三舍於四方肇立司成專遣虜使　燕見訓諭　載色載笑

叡意所屬可謂至矣於是時也士患不學不患無所於學人患不才不患無以成其才方策所傳歎不可得於

令親見如出其時豈不盛歟然昔備成於積世

今掩迹于一時昔大比于王畿　今賓興乎海寓
非　天錫
聖上勇智照於理而不惑斷以義而必行則希世隆典
豈易悉舉哉臣待罪從官以總領師儒為職誠不自揆
仰
聖政之至成慶多士之幸會忘其淺陋昧冒稱述姑以
塞　明詔焉若夫
雲漢之章　河洛之畫頗豈筆舌所能形容彼目擊
心諭得　法象焉則　無為而成其猶天地歟臣
謹序

奉議郎試辟廱司業武騎尉臣何昌言　承議
郎守國子司業兼同編修國朝會要武騎尉賜緋魚袋
臣强淵明
朝請郎守國子司業雲騎尉臣汪澥　奉議
郎試辟廱司業臣余深
朝散郎賜中書舍人雲騎尉賜紫金魚袋臣蔣静　朝
散郎賜中書舍人飛騎尉賜紫金魚袋臣吳絪
司空尚書左僕射兼門下侍郎上柱國衛國公食邑六
千八百戶食實封二千戶臣蔡京奉
勅題額　大觀元年二月　日將仕郎充濟州

州學教授臣趙霄　將仕郎充濟州州學教授臣葉行
中
朝奉郎通判濟州軍州管句學事兼管內勸農事飛騎尉
賜緋魚袋臣郭安仁
承議郎權知濟州軍州管句學事兼管內勸農事雲騎
尉借紫臣魏柄臣　　謹摸上石

右碑在鉅野大觀元年二月立額題皇帝賜辟廱詔六字二行字徑六寸餘碑上截刻崇寧三年十一月十四日廢科舉以復里選詔書下截刻四年薛昂後序陵縣學亦有是碑高廣字式全同惟下截末無大

觀年月及趙霄等四人署別有葛長卿牛公達賀宗賢孫延太耿著五人署名為異爾時單州益皆摹刻今但見此二碑矣山左金石志無鉅野碑而有陵縣碑跋云宋史徽紀崇寧三年十一月甲戌幸太學遂幸辟廱無賜詔明文得此可補其闕又云詔内建置校學應是學校之誤播告之條條誤作脩余謂校學字未誤修字亦未誤甲戌為十一月朔詔下于十四日丁亥鉅野別有陸藻撰濟州學碑所載甚詳與此碑詔末十一月十四日正合宋史選舉志徽宗設辟廱於國郊然州郡猶以科舉取士不專學校崇寧

三年遂詔天下取士悉由學校升貢其州郡發解及試禮部並罷則紀與志詳畧互見為史家恒例非紀有闕也四錄堂類集

大觀聖作碑 大觀二年八月廿九日

已見王氏萃編

曾公讀書巖楊書思題名 政和二年九月

摩崖高一尺二寸廣五寸三行行六七八字不等右行今在廣西臨桂唐元和元年孟簡題名之右

朝奉郎通判桂州軍州事楊書思

政和二季九月晦來

右刻在臨桂冷水巖以曾布嘗修治故後人呼為曾

公巖楊書思淮海人雖山疊絲山皆有題名而未見于史四錄堂類集

北海相孔融祠堂記政和四年三月十五日

碑高五尺八寸廣二尺九寸十八行行卅七字今在山東濰縣治內孔相祠

孔相祠堂記

東漢自建武永平後干戈既寢郡國無事二千石多以闓畧寬大遂稱顯績列循吏傳至孔文舉為北海相適在初平間時黃巾方盛寇掠東州嘯聚長驅血刃相枕而北海最為賊衝分符當一面之責正難其人豈前日比我文舉到郡起兵講武馳檄飛翰鄰境響應群盜竄

伏瘡殘赤子脫身虎口煙火墳墓藉以保完砦砦流亡
悉還故里膏腴沃壤盡為耕桑然後廣城邑興學校表
儒術舉賢良而鄭康成輩首被薦墨縣是文物益富氣
俗寖厚衣冠如林異人繼踵皆文舉賜也流風遺德銘
在邦人愈久愈新不可磨滅故自漢以來承宣北海不
知凡幾人其間卓有功名騰芳竹帛為搢紳所稱詠者
獨文舉尤著昔使宇之北倚城構堂為觀覽燕集之地
正以文舉榜之不忍忘其姓字也令
太守韓公
通判慕容公來是邦既久政事閒暇論文考古謂州有

文舉堂舊矣固可列壺觴醉賓客追曩時尊酒不空之歡曾無一祠以陳貌位殊未厭邦人傾慕之心發揚盛美揭示来者正在今日迺即堂東立祠嚴像受祀茲土從士民之願也竊觀自昔賢者往往屈辱於當時光榮於後世文舉高志直情足以動義槩而忤雄心憂在社稷氣節凜凜視鼎鑊無悔色曹氏忌憚逆黨望風輙枉狀以聞至今忠臣烈士讀漢史而悲歎然是祠之設迺在千百餘年後屈辱光榮果如何哉北海父老相率子弟拭目祠下如見其人灑埽拜叩自今以始文舉復何憾信乎可比琨玉秋霜云宣義郎充濰州州學教授郤

昂記將仕郎濰州司刑曹事馮若德書登仕郎濰州司工曹事宋材篆

政和四年三月十五日建

碑在濰州署後孔北海祠所稱今太守韓公通判慕容公府志謂即韓浩慕容若禔是也宋史忠義傳韓浩丞相琦孫以奉直大夫守濰州建炎二年金人攻城浩率衆死守城陷力戰死據碑政和四年浩為濰州太守下距建炎二年凡十五年久而不遷卒乃殉國魏公有賢後矣碑額失拓四錄堂類集

論古堂記政和四年四月十五日

碑高五尺七寸廣二尺九寸廿二行行四十四字今在山東濰縣

論古堂記

羿之於射造父之於御伶倫之於律秋之於弈各名一藝卓立前古後世有作者必來取法斯可以盡藝之善古之君子高名不磨昭如日月直節不回堅如金石出而輔世則堯舜其君退而窮處則巢許其身表表乎百世之上聞者莫不興起豈特羿之射造父之御伶倫之律秋之弈卓立於前古哉業其藝者猶知有所取法士大夫脩身見於世一出一處一默一語曷嘗不以往哲爲龜鑑然則古人之所行後人之所師安可一日廢自

譬也北海爲郡尚矣自漢迄于五季搢紳先生世不乏
賢天下之士聞其風而悅之讀其書撫其實資之以立
身揚名推之以致君澤民斟酌飽滿皆足所欲況鄉里
之所嚮慕耆舊之所誦道情親而意密人人所自私洙
耶惜乎去古遼邈欲親炙其人而不可得獨可考其衣
冠想其風采於繪畫間以慰輿衡之思而有所未能也
惟　太守安陽韓公　通守汶陽慕容公博學好
古器識宏遠思北海之多賢□斯人之慕義於是披閱
載籍揚其□□學術如逢紛廣譚郎宗鄭康成甄宇徐
房徐幹孝友如淳于恭王褒王閭呂元簡節義如禽慶

王脩杜松贇正直如年融周澤王儀是儀韓熙載操尚如公沙穆邴原王昕隱德如逢萌管寧知人如郎顗高構高義如孫嵩劉敏元政事如滕撫張允濟皆足以振揚英聲扶持風教接邦人於道裒其像而繪之名其堂曰論古孟子曰一鄉之善士斯友一鄉之善士一鄉為未足則及一國一國為未足則及天下天下為未足則又論古之人堂之所繪者不出乎一鄉一國景行其賢德則進乎論古之人登其堂儼然而望之其嚴如秋霜烈日其高如泰山北斗可以興好義之心可以消鄙吝之情如芝蘭之薰染與俱化而罔覺於此見二公

之意所以待北海者為不薄矣愚請迹古之循吏有以
惠愛元元稱者不過出入阡陌勸課農桑有以獎厲風
化稱者不過口口學校延請諸生未嘗有叅訂圖史馳
騁上下千餘載索先賢而繪像示一郡之儀形如我
二公者風義凛然度越古之循吏遠甚此邦之人從
公之化莫不父令其子兄誡其弟在　朝廷則
厲臣節在閨門則竭子職居鄉黨則以仁待交友則以
信毋俾先賢專美於前毋俾　二公有憾於後戒之戒
之毋怠於斯言異時才傑間出焜耀青史猶今之視昔
無乏才之歎葢有椎輪於始者云杲鄉郡人也獲觀盛

事豈可喑無揄揚之辭顧惟才力卑弱不足以起其文茲以為愧登仕郎前萊州掖縣簿劉杲卿記將仕郎濰州司刑曹事馮若德書將仕郎濰州司工曹事宋材篆

政和四年四月十五日建　劉彭年刊

右碑文及題銜年月凡二十二行字徑七分府志載政和四年太守安陽韓浩通判汶陽慕容若禔建北海祠祀北海相孔融又西建堂五間祀鄉賢逢紛龐等三十人皆繪像標其門曰北海祠榜其堂曰論古堂主簿劉杲卿為記即此碑也山左金石志

碑在濰縣治東齋乘論古堂碑與祠堂碑金人修城

記三碑竝立于城上州署扁曰靖恭亦有政和石記存焉于欽所見四碑今失其二此碑稱繪像卅人庸譚見後漢歐陽歙傳即前書膠東庸生郎宗見郎顗傳即顗父鄭康成甄宇自有傳徐房見逢萌傳淳于恭自有傳翕慶見鮑宣傳牟融周澤公沙穆進萌郎顗滕撫自有傳孫嵩見趙岐傳皆漢人徐幹見王粲傳王脩自有傳王儀見其子王裒傳邴原管寧自有傳是儀吴書有傳皆三國人王裒劉敏元晉書有傳王昕北齊書有傳南史王裕之傳亦有王昕于碑無施杜松贇隋人見北史堯君素傳高構隋書北史皆

有傳呂元簡見舊唐書梁文貞傳新唐書作光簡自有傳張允濟舊新唐書皆有傳韓熙載宋史南唐世家有附傳唯逄紛王閭二人似未見于史當考四錄堂類集

平津館金石萃編卷廿

宋七

新修南池二亭記 政和四年七月七日

碑高三尺九寸右邊似石拓一二行僅廣三尺六寸五分存廿二行行廿字今在山西吉州

已上疑少一二行

陵水之曉淺可以濯衣服也

滿水四圻可以流觴泛酒含滔傳咏

向其亭東面以水西面盡之卽亭也

古碩植於舟塌所向北偏動之寘也

而又不減末若人方普之處矣歟逸

金罍歷歷罍前景物之聚於堂之所
從之罍時然相爲而配醋發其上者
欒尚欒斯意鄉穴而而休息發其間者
增健羨生欒威乘之日從遲未治蔭者
屈諸其谷學影白今而遙員周斯堂
然知還是宋遷之要轂飲哉吾寧斯
氣甚廿其小人影白今而遙楚直之
常吾客而從用老哉吾官之氣樂也
生從鄉之其不達繼飲同兪歟白南流
者從閒天地斯乙於天今獲游時進

疑不可近。蓋曰從而新之，庶乎可觀。
參空殷久之，之為澤而不以詒，從焉也。
庸可已，無紀案內，四文繪樹大數公
之宋森縣治前，亞固不設，以學系繼而
外，避西路之北，盡宗殺之日，日而見
義其乃折如此。時政和四年歲次甲
午七月乙亥朔七日甲辰，林人汪錫
書并篆。
吉鄉縣令楊𡚱　主簿李景慶　尉
李偉　駐泊醫官俞昉　押軍隊

戴宣指使李永老　司士曹朱文中
司兵曹椎華　訓撿逕宗袖
永新縣令高永堅　劉操　鄉學教
搨王玥
老時與權發遣東川轉運判官內勸農事
搨操

口水月眺漾可以櫂而既之浦〻曲折可以流觴汎酒
沱洛倚相向二亭東曰曲水西曰弄月以亭之古額揭
於射堋所向徙舊刻以寘之而乃不泯夫昔人方春之
處夫然後沱譜廣屋譜麗景物之成於堂之外𡰣古旅字借

為者弇與同借為舉譖气粘讀為氣䶥把酒而酡醋奐碧落碑以為於字其上者譖留戀之意鄭口而休息𢦏碧落碑亦以為於字其間者增健羨之歎成之日遠遷禾借為和佮迨同說文以為會字舊者如堵其君子則曰令而後賓客之至者如歸是秉𨇾政字碧落碑以為正之𣪠碧落碑以為先字敄借為務臤哉吾守之有豐也其小人則曰令而後農工之嵲吾𡬶而游安讀為宴佳借為佳哉吾守之有惠也坐者觀之莫不動色斂容僉曰南沱自啺借為唐開元州荆以迄于今賛𢕟疑磨即略畫凝不可乍壹且起而新之若甚易然是空邦人之允懌而不以為過弇借為舉也庸可以無紀厥因內文於粢夫智公之審無

棨為宜固不敢以皐為嫌而多避也既為必畢借為書成
毀之月日而又羨其曲折如此時政和四年龍集甲午
七月甲戌朔七日庚辰楚人江棨記并篆
吉鄉縣令楊夫　主簿李嗣慶　尉李惇
駐泊醫官俞昕　押軍隊戴宜指使李永志
司士曹朱文中　司兵曹程華　巡檢路宗迪
兵馬都監高永堅　劉操　州學教授王琱
武略郎權發遣軍州兼管內勸農事張楀
右碑在吉州諸家未入錄撰書者楚人江棨不見于
史碑前似少拓一二行繹其文義蓋慈州守張楀新

修南池二亭而住持智公句棨文以記之也碑末有吉鄉縣令楊夫等十二人署名唐治慈州治吉昌寰宇記後唐避國諱改吉鄉宋志熙寧五年廢州以吉鄉隸隰州即縣治置吉鄉軍元祐元年復吉鄉軍為慈州領縣一吉鄉元省縣入州碑云權發遣軍州即慈州今吉州治所也江棨篆體襍用碧落等碑覆審多誤然不可謂非好古者四錄堂類集

三殿廟幡竿石座題字宣和二年十月

石高二尺二寸廣一尺六行行十五字今在山東泗水縣城內

本縣郭下承信郎杜

母李氏辛卯十月望日降誕之辰謹發虔誠獨献
三殿廟前幡竿一條并龍頭挾石等全永充供養者
宣和二年十月十五日
右題字六行字徑八分碑記承信郎杜某爲其母七
十壽辰因獻幡竿以申祝延之意山左金石志
增福寺李邦彥書陁羅尼幢宣和六年四月七日
幢八面周廣五尺三寸高五尺一寸卅二行行卅二字今在河南孟縣
佛頂尊勝陁羅尼幢幢額每面一字字徑五字
啟咒不録凡卅行
宣和六年歲次甲辰四月戊申朔七日甲寅建

孫子李邦彥泣血書丹

□□會首

佛　正月□□□□會首施　已上三行在

增福寺□□□遇山主□□□會首　咒末下方

此宋宣和六年石幢下截

乾隆五十四年二月三日記　已上二行刻于第五面之下方

右幢在盂縣久斷為二乾隆已酉搜得下截接樹

故中州金石志未及載李邦彥宋史有傳

姚禹錫刻孔子遺像記宣和六年八月十五日

碑高七尺廣三尺三寸上截刻贊十三行行十字中截刻像下截刻記廿四行行十二字今在浙江山陰

偉哉魏〻堂〻人中之龍蓋千萬世凜然如生夫豈劒
佩之飾丹青之容唯其變化亡窮在九天之上九地之
下將欲搏之又超忽立乎其中雖顔氏之子力窮於步
武矧微生毋叔孫武叔彼么童於戲天不得不高地不
得不厚父子不得不親君臣不得不尊人物鬼神各由
其道旡是焉將化爲禽狄賊亂者非夫人之功也耶毛
友右在碑上截

昔鍾離意爲魯相出私錢修夫子車身入廟拭劒履復
發懸甕丹書行其文曰後世護吾車拭吾履發吾笥會
稽鍾離意夫圖讖之語未必聖人所作姑置不問至其

修崇闡發以文聖人所以望於後世也禹錫嘗憤儒家者流反不若道釋之徒知奉其宗士大夫畏既福報應之說亦或誦其書與呪厭之語且繪像嚴事旦日瞻禮至吾　夫子往往恬不加意甚哉人之好異倒行逆施一至於此禹錫獨恨一介寒素未能如子阿護車栻履之事幸得　夫子影堂遺像謹刻於石用廣流布俾學者家置一本庶幾仰　珠庭河目之表永永誠肅以盡崇奉之萬一竊惟　夫子之道大而能博與天地相為悠久不必託諸翰墨而傳至若當世鉅公讚揚稱述似不為無補故以

內相毛公讚併刻之石云宣和甲辰中秋日山陰姚禹錫謹書右在碑下截

右碑各家未入錄中層刻夫子像上層刻毛友贊下層刻姚禹錫跋予所得石刻夫子像自漢至元凡五六種繪畫之精以此為最贊內有微生母即微生畝也

高宗御書石經紹興十三年九月

已見王氏萃編

高座寺新公塔銘紹興十九年九月八日

石連額高二尺五寸廣一尺六寸廿三行行卅六字今在江蘇江寧永寧寺

宋故新公塔銘 横額一

宋故建康府高座寺東講院主新公塔銘并序

住京口甘露道場傳燈正祖大師法永撰

開封李布書并篆額

師諱慧新姓曹氏南京楚丘人也年廿四歲依本府名街顯慈寺卧佛院僧明德為師建炎改元授具足戒四季發志荷負慈母劉氏往南海禮補陁 觀音一夕至海濱遇一老翁為師曰汝何往也師曰欲禮補陁 觀音老翁曰觀音不在南方汝途中蹉過爾可速歸老翁言訖遂失所在師恍然如夢醒知是異人方悟 觀音

隨心即現尒既迴臨安紹興二季結菴龍山發心齋僧
供贍長講五年之建康之普光菴接待往來雲侶次遷
高座寺東借隅隙地築基架屋西北諸師輻輳茲地師
不倦供給香火益嚴六軍將帥四方信人聞之送供略
無虛日十五年雕造　慈氏聖像帶座連光高一丈八
尺金碧莊嚴爛然奪目落成之日作會激揚觀者如市
十六年冬　行朝諸將帥堅招師往以砌　御路為請
師不得辭緣事方畢十七年二月十二日示微疾告終
師世壽四十八僧臘廿一齋僧廿萬計妙嚴勝會修崇
不可殫紀嗚呼我　佛之徒後五百歲像法之末罕得

其人而師之稟性淳古出言誠諦以苦節爲務以利物爲心賢穩聖師莫不供承勝地名山莫不瞻仰心田德密行業孤標以有爲身易無漏智能事斯辦鏡像儼然決取涅盤現寂滅相薪盡火滅收骨舍利復還建康卜地宋興建兹靈塔四碑衆有所皈嚮焉其徒義從持師之狀來京口楞伽頂丐余爲銘將刻諸石余與師有契義不可辭謹以師行業次第之乃爲銘曰

脫世塵勞　念求出離　著壞色衣　勤恪不替　以如幻心　興如幻智　誘彼信人　作利益事　補陁觀音　蹟混塵市　不在南方　斯言有味　齋僧福

田　講演奧義　彫刻中天　内宮慈氏　天街御路

廣平心地　能事告終　二月十二　收設利羅

歸金陵寺　巍巍浮圖　永為津濟

住持建康府興教院賜紫僧中彦東京太平興國寺主

賜紫普照大師德明同造塔

紹興十九年歲次己巳九月甲戌朔八日辛巳　立石

右碑書法文章皆非絶品在江寧雨花岡永寧寺周

吉甫謂在高座寺者誤江寧金石記

鍾離松等題名紹興廿三年四月廿五日

石高一尺六寸廣一尺三寸六行行六字今在安徽盱眙

鍾離松少公陶定仲應之紹興

癸酉孟夏十五日同游松山

主張一正定從子遷從行

右題名篆書鍾離松陶定仲皆不見于史仁宗朝有

鍾離瑾廬州合肥人官龍圖閣侍制權知開封府松

豈其族裔耶四錄堂類集

四十二章經紹興廿九年十一月

已見王氏萃編

衛棋寄題中興頌詩紹定六年正月

已見王氏萃編

黃裳繪進嘉邸帝王紹運等圖淳祐七年十一月

圖凡四石今存三石各高八尺廣四尺四寸上方繪圖下方圖說今在蘇州府學

帝王紹運圖額一橫

圖不錄起黃帝迄宋理宗稱理宗爲今上皇帝

圖說卅七行行十六字

帝王紹運圖

帝王紹運圖自五帝以降迄于

國朝凡一百九十五君歷三千五百餘年世道之理亂

王統之離合於斯可睹矣昔温國司馬光之言曰周室

東遷以來王政不行諸侯並僭分崩離析不可勝紀凡

五百有五十年而合於秦秦虐用其民十有一年而天下亂又八年而合於漢漢為天子二百有六年而失其柄王莽盜之十有七年而復為漢更始不能自保光武誅僭偽凡十有四年然後能一之又一百五十有三年董卓擅朝州郡瓦解更相吞噬至于魏氏海内三分凡九十有一年而合於晉晉得天下纔二十年惠帝昏愚宗室造難羣胡乘釁濁亂中原散為六七聚為二三凡二百八十有八年而合於隋隋得天下纔二十有八年煬帝無道九州幅裂八年而天下合於唐唐得天下一百有三十年明皇恃其承平荒于酒色養其疽囊以為子

孫不治之疾於是漁陽竊發而四海橫流矣肅宗以降
方鎮跋扈號令不從朝貢不至名為君臣實為讎敵陵
夷衰微至于五代三綱頹絕五常殄滅懷璽未暖處宮
未安朝成夕敗有如逆旅禍亂相尋戰爭不息流血成
川澤聚骸成丘陵生民之類其不盡者無幾矣於是
太祖皇帝受命于上帝起而拯之躬擐甲冑櫛風沐雨
東征西伐掃除海內當是之時食不暇飽寢不遑安以
為子孫建太平之基大勳未集
太宗皇帝嗣而成之凡二百二十有五年然後大禹之
迹復混而為一黎民遺種始有所息肩矣由是觀之上

下一千七百餘年天下一統者五百餘年而已嗚呼以圖之所載與光之所言合而觀之則知自古及今治不能十一而亂常八九為君者亦可以知所戒矣

天文圖 橫額一

圖不錄

圖說四十二行行五十一字

天文圖

太極未判天地人三才函於其中謂之混沌云者言天地人渾然而未分也太極既判輕清者為天重濁者為地清濁混者為人輕清者氣也重濁者形也形氣合者

人也故凡氣之發見於天者皆太極中自然之理運而為日月分而為五星列而為二十八舍會而為斗極莫不皆有常理與人道相應可以理而知也今略舉其梗槩列之于下天體圓地體方圓者動方者靜天包地地依天

天體

周圍皆三百六十五度四分度之一徑一百二十一度四分度之三凡一度為百分四分度之一即百分中二十五分也四分度之三即百分中七十五分也天左旋東出地上西入地下動而不息一晝一夜行三百六十六度四分度之一（緣日東行一度故天左旋三百六十六度然後日復出於東方）

地體

徑二十四度其厚半之勢傾東南其西北之

高不過一度邵雍謂水火土石合而為地今所謂徑二十四度者乃土石之體爾土石之外水接於天皆為地體地之徑亦得一百二十一度四分度之三也兩極南北上下樞是也北高而南下自地上觀之北極出地上三十五度有餘南極入地下亦三十五度有餘兩極之中皆去九十一度三分度之一謂之赤道橫絡天腹以紀二十八宿相距之度大抵兩極正居南北之中是為天心中氣存焉其動有常不疾不徐晝夜循環斡旋天運自東而西分為四時寒暑所以平陰陽所以和此後天之太極也先天之太極造天地於無形後天之太極

運天地於有形三才妙用盡在是矣曰太陽之精主生養恩德人君之象也人君有道則日五色失道則日露其慝譴告人主而儆戒之如史志所載日有食之日中烏見日中黑子日色赤日無光或變為孛星夜見中天光芒四溢之類是也日體徑一度半自西而東一日行一度一歲一周天所行之路謂之黃道與赤道相交半出赤道外半入赤道內冬至之日黃道出赤道外二十四度去北極最遠日出辰日入申故時寒晝短而夜長夏至之日黃道入赤道內二十四度去北極最近日出寅日入戌故時暑晝長而夜短春分秋分黃道與赤道

相交當兩極之中日出卯日入酉故時和而晝夜均焉

【圓】太陰之精主刑罰威權大臣之象大臣有德能盡輔相之道則月行合度或大臣擅權貴威宦官用事則月露其慝而變異生焉如史志所載月有食之月掩五星五星入月月光晝見或變為孛星陵犯紫宮侵掃列舍之類是也月體徑一度半一日行十三度百分度之三十七二十七日有餘一周天所行之路謂之【白道】與黃道相交半出黃道外半入黃道內出入不過六度如黃道出入赤道二十四也陽精猶火陰精猶水火則有光水則會影故月光生於日之所照魄生於日之所不照

當日則光明就日則光盡與日同度謂之朔月行滑於日下與日會也遡一遐三謂之弦分天體為四分謂初八日及二十三日月行近日一分謂之遡一遠日三分謂之遐三遡日一分受日光之半故半明半魄如弓張弦上弦昏見故光在西下弦旦見故光在東也衡分天中謂之望謂十五日之昏日入西月出東東西相望光滿而魄死也光盡體伏謂之晦謂三十日月行近於日光體皆不見也月行於白道與黃道正交之處在朔則日食在望則月食日食者月體掩日光也月食者月入暗虛不受日光也暗虛者日正對照處闕三垣二十八舍中外官星是也計二百八十三官一千五百六十五星其星不動三垣紫微太微天市垣也二十八舍東方七宿角亢氐房心尾箕為蒼龍之體北方七宿

斗牛女虛危室壁為靈龜之體西方七宿奎婁胃昴畢觜參為白虎之體南方七宿井鬼柳星張翼軫為朱雀之體中外官星在朝象官如三台諸侯九卿騎官羽林之類是也在野象物如雞狗狼魚龜鼈之類是也在人象事如離宮閣道華蓋五車之類是也其餘因義制名觀其名則可知其義也經星皆守常位隨天運轉譬如百官萬民各守其職業而聽命於七政七政之行至其所居之次或有進退不常變異失序則災祥之應如影響然可占而知也

緯星 五行之精木曰歲星火曰熒惑土曰填星金曰太白水曰辰星併日月而言謂之七政

皆麗于天天行速七政行遲遲為速所帶故與天俱東出西入也五星輔佐日月斡旋五氣如六官分職而治號令天下利害安危由斯而出至治之世人事有常則各守其常度而行其或君侵臣職臣專君權政令錯繆風教陵遲乖氣所感則變化多端非復常理如史志所載熒惑入於匏瓜一夕不見匏瓜在黃道北三十餘度或勾已而行光芒震曜如五斗器太白忽犯狼星狼星在黃道南四十餘度或晝見經天與日爭明甚者變為妖星歲星之精變為攙搶熒惑之精變為蚩尤之旗填星之精變為天賊太白之精變為天狗辰星之精變為

枉矢之類如日之精變為孛月之精變為彗政教失於此變異見於彼故為政者尤謹候焉

【天漢】四瀆之精也起於鶉火經西方之宿而過北方至於箕尾而入地下

二十四氣本一氣也以一歲言之則一氣耳以四時言之則一氣分為四氣以十二月言之則一氣分而為六氣故六陰六陽為十二氣又於六陰六陽之中每一氣分為初終則又裂而為二十四氣二十四氣之中每一氣有三應故又分而為三候是為七十二候原其本始實一氣耳自一而為四自四而為十二自十二而為二十四自二十四而為七十二皆一氣之節也

【十二辰】乃

十二月斗綱所指之地也斗綱所指之辰即一月元氣所在正月指寅二月指卯三月指辰四月指巳五月指午六月指未七月指申八月指酉九月指戌十月指亥十一月指子十二月指丑謂之月建天之元氣無形可見觀斗綱所建之辰即可知矣斗有七星第一星曰魁第五星曰衡第七星曰杓此三星謂之斗綱假如建寅之月昏則杓指寅夜半衡指寅平旦魁指寅他月倣此

十二次乃日月所會之處凡日月一歲十二會故有十二次建子之月次名元枵建丑之月次名星紀建寅之月次名析木建卯之月次名大火建辰之月次名壽星

建巳之月次名鶉尾建午之月次名鶉火建未之月次名鶉首建申之月次名實沈建酉之月次名大梁建戌之月次名降婁建亥之月次名陬訾【十二分野】即辰次所臨之地也在天爲十二辰十二次在地爲十二國十二州凡日月之交食星辰之變異以所臨分野占之或吉或凶各有當之者矣

墬理圖 額一橫

圖不錄 圖說卅三行行廿二字

地理圖

地理圖□□□□□郡邑亦詳且明矣則又取契丹女真之地合□□□□□南北形勢使之觀之可以感可以憤然亦可以作興也九服之地自開闢以來未之有改而乍離乍合□然不同周秦之世分而為六漢魏以後裂而為三典午渡江而南北之勢成祿山叛唐而五季之亂起回視三代兩漢能以天下為一統者僅十一耳將天時有否泰歟抑君德有厚薄歟奚其治少而亂多若此哉此可以感也中原土壤北屬幽燕以長城為境舊矣至五代時石敬塘棄十六州之地以賂契丹而幽薊朔易之境不復為吾有者三百餘年　國朝至

藝祖皇帝櫛風沐雨平定海内取蜀取江南取吴越取廣東又取河北獨河東數州之地與幽薊相接堅壁不下王師再駕訖無成功群臣欲上一統尊號藝祖曰河東未下幽薊未復何一統之有終讓遜不敢當也蓋至

太宗之世王師三駕河東始平而幽薊之地卒為契丹所有不能復也則

祖宗之所以創造王業混一區宇者其難如此乃今自關以東河以南綿亘萬里盡為賊區追思

祖宗開創之勞可不為之流涕太息哉此可以憤也雖

然天地之數離必合合必離非有一定不易之理顧君德何如耳湯以七十里文王以百里有天下豈以地大民衆之謂哉以往事觀之則吾今日所以爲資者視湯文何啻百倍誠能修德行政上感天心下悅人意則機會之來并吞□□追復故疆盡歸之版籍亦豈難哉故曰亦可以作興也漢光武披輿地圖指示鄧禹曰天下郡縣如此其多今始得其一君前言以公而慮天下不足定何也禹對曰古之興者在德厚薄不在大小善哉禹之言也光武起田間□□□□盡能克復舊物如取之囊中抑禹之言有以感發之耶孟子曰以力假仁

者伯伯必有大國以德行仁者王王不待大自今觀之禹之言與孟軻此言如出一口眞可爲中興之龜鑑也故併書之圖末庶幾觀者亦所感發焉

跋四行行十四字在地理圖說後

右四圖　兼山黃公爲嘉邸翊善日所進也致遠舊得此本於蜀司臬右浙因摹刻以永其傳淳祐丁未仲冬東嘉王致遠書

右帝王紹運圖天文圖地理圖淳祐七年刻竝在蘇州府學俗稱天地人三圖據地理圖末王致遠跋知淳祐刻石原有四圖不知佚失者何圖也宋史本傳

黄裳隆慶府普城人乾道五年進士光宗登極遷嘉王府翊善作八圖以獻曰太極曰三才本性曰皇帝王伯學術曰九流學術曰天文曰地理曰帝王紹運以百官終焉各述大旨陳之初裳製渾天儀與地圖侑以詩章欲王觀象則知進學如天運之不息披圖則思祖宗境土半陷於異域而未歸是此圖之進在光宗初年下距淳祐七年凡五十七八年其時寧宗未立理宗未生今此紹運圖已稱理宗為今上皇帝當由致遠刻石復加增補非黄裳原本矣天文摹繪微誤地理略于西南時滇中未入版圖也四錄堂類集

太白脫韡圖山谷反棹圖 寶祐四年

二石並高六尺二寸廣四尺六寸下方繪圖上方刻贊各十二行行十字今在安徽當塗

錦袍兮烏幘神清兮氣逸凌轢兮萬象麾斥兮八極我思古人伊李太白孰為使之朝禁林而暮采石也其天寶之變倖歟疏擿詞篇浸潤宮掖吾觀脫韡之圖未嘗不嫉小人之情狀而傷君子之踈直惟公之高躅兮霍神龍之不可以羈紲刓冨貴如敝屣兮其得失又何所欣戚也陵陽年子才贊

幅巾兮野服貌朕兮神肅孤騫兮風雅唾視兮爵祿我思古人伊黃山谷昌為使之六年僰道而九日姑孰也

其　符　紹之朋黨斂組織寺記指摘實錄吾觀反植之圖未嘗不感君子之流落而痛小人之報復惟公之高風兮渺驚鴻之不可以信宿翔吾道猶虛舟兮其去來又何所榮辱也陵陽牟子才贊

先祖存齋先生立朝劉正忤閹宦董宋臣以集英殿修撰出守姑孰作脫鞾返棹二圖以寓意宋臣益怒乃罷郡去理宗悟召入真拜翰林學士有奏疏十卷後以資政殿大學士致仕贈光祿大夫謚清忠公于今八十三矣不肖孫承

行省命監督海漕敬奠祠下摹涬石刻瞻拜而去至元

戊寅五月孫承務郎湖州路歸安縣尹兼勸農事弇應復謹識

右太白脱韡山谷返棹二圖石刻宋郡守牟子才所立舊在學宫牆傍歲久苔蘚剥蝕往来者漫不加視予守姑孰四載因公芻午未遑易置他所乃者成化紀元之六年夏四月監察御史臨江張公敷按臨三日視學徧閲諸舊石刻俾見是碑遂命舁置集賢門内亭以覆之予承命值舊積有材木鳩工惟嚴不日亭告成噫李黄諸公邈不可作矣而我侍御公乃能景行高躅惓惓於是碑其可尚矣夫因拜手識于左方　嘉善施奇識

余承乏姑溪半載鹿鹿簿書不暇蒐訪前哲碑蹟幾令寒石笑人俗吏矣近偶與郡學博士宋君釀談及云學宮集賢門内地有宋年存齋先生脱韓返棹二圖石刻久蝕土花因命工蒐滌仍立舊處先生立朝梗槩甞從史書尚友得之今視此二刻圖贊其剛風正氣彷彿當年撫擕奮筆時也爰勒數語以志景慕康熙癸丑如月上澣前一日古丹陽尹楚蒲駱寇明允識

年存叟端明守當塗日郡圃有脱韓亭以謫仙釆石得名存叟繪以為圖又以山谷崇寧初守當塗方九日而罷蓋坐嘗作荆州承天院塔記轉運判官陳舉承

執政趙揆之風旨摘其間數語以為幸災謗國除名謫宜州遂作迂棹一圖以為對各係以贊未幾流傳中都時相丁大全内使董宋臣聞而惡之遂捃摭其在都日餽遺過客錢酒等物竝指為贓下其所居郡監逮甚嚴自此朝紳結舌馴致開慶之禍焉二贊削稾久矣余偶得之脱韡云云迂棹云云予嘗謂山谷初以言語掇禍公又以山谷得罪是殆有數然清名照映於二百年間士之生世亦何憚而不為君子哉

周密齊東野語

右脱韡迂棹二圖并贊在安徽當塗據迂櫂圖後有

至元戊寅牟應復跋云于今八十三年則刻石當在寶祐四年訪碑録列于五年非也牟子才井研人遷居吳興宋史本傳不載返棹圖惟稱子才在太平建李白祠自爲記云云又寫力士脱韡之狀爲之贊而刻諸石今祠記碑佚而圖贊多出一碑則史文有詳略子才子巘有陵陽集廿四卷今僅見寫本孫應龍元史有傳與歸安尹應復爲昆弟行明史忠義傳有牟魯烏程人是牟氏爲吾鄉舊家然余與同縣居而親故中無牟氏未識今尚有後人否也四録堂類集

遼

涿州雲居寺四大部經記清寧四年三月一日

已見王氏萃編

金

永慶寺鐵鐘款識貞元二年四月廿九日

鐘高八尺二寸周圍二丈一尺七寸鈕高二尺款識上下各八段正書今在山東德州署後永慶寺

大金國景州將陵縣延壽三門院功德主講經論傳大沙門定善僧智通定悟門資陶雲廷雲超雲顯雲義雲信雲祖右上層第一段七行

維那頭口口同妻栢氏男三兒女三大娘維那頭王友同妻刘氏男當兒宋俊魏清王進張信李賀趙迪李瑋

張明房順政蘇勍孫進各人合家增善右上層第二段九行
囗囗囗刘存郭政囗昌囗囗李進賈全囗進囗囗囗望
元周囗囗陳民蘇刘氏囗宣囗囗囗成囗囗刘瑯囗
囗囗相各人合家右上層第三段八行
施主徙囗囗囗刘囗囗修武校尉郭大珪合家囗囗
同妻趙氏女徐氏張琳同妻皇氏步誠同母朱氏妻張
氏王嗣賈存王京同女王氏各人合家右上層第四段九行
施主梅洵同妻吳氏韓義同宋氏高氏崔囗崔圭李保
之王囗王理王平王囗囗囗則馬宏王囗囗本囗囗刘
祜王相王佺囗囗薛諫闔囗珉右上層第五段七行

副維那趙賓□□維那頭匡誠孫□□□趙義李皐□
□王煕曹全宋太□□楊奎張德王□□□□□忠
刘文□□鄧存王明□□□□吕曰政各人合家右上層第六段九行
□□□氏公明氏皇氏□氏周氏張氏賈氏刘氏□氏
邢氏張氏魏氏李氏地主魏辛王受各人合家右上層第七段五行
忠武校尉務李平同母張氏妻申氏□□校尉縣尉崇
進同妻王氏兒承事郎主簿鄒彤同妻歐陽氏安遠大
將軍知縣加古阿里韓同妻師石氏兒各官家眷平安

善利 右上層第八段十行

本縣裏外居民蘸春村各發虔心普為一切衆生共成佛道若亡過父母早離三塗見在父母家眷各得平安增延善利鑄鐘一顆貞元二年四月二十九日記 右下層第一段八行

鑄鐘大鑑焦義同兄焦信兒副大鑑陳進同男小兒匠人李貴夅全郭温維鄉頭焦元焦貴 右下層第二段六行

施主安遠大將軍知千戶所沙剌同母郡鄉馬并第三百戶晋喝施沙百戶哩荅剌弟捕速同母老娘子耶律威同母乙韓 右下層第三段六行

宝樓閣真言曰唵嚤呢達哩吽發吒右下層第四段三行

消災真言曰唵筏折囉喻莎嚩訶右下層第五段三行

延壽真言曰唵嚩曩囉喻莎婆嚩賀右下層第六段三行

滅罪真言曰唵年尼年尼年尼莎嚩訶右下層第七段四行

景州將陵縣鑄大鐘一顆右下層第八段三行

右鐘高四尺餘圍一丈二尺上下銘文十六段正書上第一段文七行多漫漶可辨者大金國景州將陵縣延壽□□院并講經僧大沙門定善等九人名按景州乃宋永靜軍同下州治東光金初升為景州貞元二年改屬河間府領縣六四曰將陵即今之德州

也延壽二字似是寺院之名内有門資集某門資二
字見王沈釋時論薛登論選舉疏俱作門閥講未有
作弟子稱者惟此鐘與益都宋石佛院碑乃爾第二
段文九行多漫漶可辨者有怕斤馬等男女十六人
末又有各人各家增善六字怕斤馬似女真人第三
段文八行多漫漶可辨者有劉存等十人末有各人
各家四字第四段文八行多漫漶可辨者有修武校
尉郭大珪等男女十二人末同前第五段文七行多
漫漶可辨者有施主梅詢等男女七人第六段文八
行更漫漶可辨者僅有周氏張氏二人名餘一州字

一頭字第七段文五行亦頗漫漶可辨者有周氏等男女六人末有各人各户四字第八段文十行亦漫漶可辨者有忠武校尉監務李平同母張氏妻申氏縣尉崇進同妻王氏兒承事郎主簿鄒彤同妻歐陽氏安遠大将軍知縣加古阿里口同妻師石氏兒末有各官宫吉平安六字按安遠大将軍從四品将陵不過中縣令不過七品而以四品武階為令蓋朝廷重親民之官也加古乃女真甲族金史有傳者七人有加古阿里補而此阿里下一字糢糊遂不可辨下第一段文三行曰景州将陵縣鑄大鐘一顆第二段

文八行曰本縣裏外口口蘇春廿名發虔意爲一切衆生造成佛道若亡過父母早離三塗見在父母家眷各得平安增延善道鑄鐘一顆貞元二年四月二十九日記第三段文六行多漫漶有鑄鐘大鑑焦義鑄鐘副大鑑陳進等九人鑑似監字之譌第四段文六行曰施主安遠大將軍知千户所沙剌同母郡那馬并弟三百户晋喝施沙百户亞谷剌弟捕速同母老娘子耶律威同母乙輦金史譯國語沙剌衣襟也而取以作名第五段文三行曰安樓閣真言第六段文四行曰消災真言第七段文三行曰延壽真言第

八段文四行曰滅罪真言按永慶寺在州治衙後明永樂十年修州人張惠記曰永慶寺舊在衛河之西乃唐臥雲禪師所創元季燬于兵火然則此鐘非永慶寺舊物明矣山左金石志

右鐘金貞元二年四月鑄連鈕高丈餘圍二丈餘在德州永慶寺寺有景泰七年重建永慶禪寺碑銘禮部尚書張惠撰文云永慶寺舊在衛河之西元季鞠于兵燹古峯禪師既獲署任或謂城內州治後有地若干畝足以相當古峯是之作意與復余親至碑下節錄如此州人吳楚椿桑梓圖考作永樂十年誤碑

不言州治後地是何廢址據鐘文知為金時延壽三門院可補方志之缺鐘在大悲閣東平地景泰建寺或因重不可遷故未起鐘樓土人乃言此鐘因大水從他縣浮來吴楚椿又引鐘文云唐貞元元年建因傅會永慶慈氏二寺為王武俊造鐘文顯有大金國字且多女真姓而指為唐豈非瞽説鐘文景州將陵縣考金之將陵即今德州舊德州治安德即今陵縣唐志太平寰宇記將陵屬德州宋志屬景州金志景州將陵置河倉有永濟渠鉤盤河按永濟渠隋所作即古清河元明以來曰御河沿河置屯衛故又曰衛

河以通漕運亦曰運河金之河倉即今北倉金鉤盤河經今德平縣南一經西北蓋將陵舊界贏東北矣乃將陵治所隋唐宋初又與金異寰宇記將陵縣髙津枯河在縣北二十里王莽枯河在縣東十里漳河水西去縣二十五里永濟渠在縣西十里是將陵舊治在今州治東十里今州治本長河廢縣舊唐志隋于舊廣川東八十里置長河縣為水壞唐元和四年移就白橋于永濟河西岸置縣東去故城十三里十年又移置于河東岸小胡城即今州治也舊五代志德州晉天福五年移就長河縣為治所一統志五代

周時省長河為鎮入將陵宋志將陵縣景祐元年移于長河鎮金因之元為陵州治屬河間路明洪武初復為縣屬濟南府永樂七年改德州為陵縣以故陵城為德州則今州治即小胡城從唐元和十年以來皆在永濟河東岸近修德州志為吳楚椿等所蒇乃不復覈實何也山左金石志節錄鐘文多誤四錄堂類集

重立泰寧宮碑 正隆四年十月 元至正十三年重刻

十六行行四十二字刻于祥符四年牒下右方其左方刻至正十三年記今在陝西渭南

重立泰寧宮碑記

昔宋祥符四年春真宗皇帝駕幸汾陰泰寧宮祠后土

求嗣而因幸華山游歷雲臺觀悵望而觀東亦有汾陰后土廟一所因賜題曰秦寧宫命雲臺觀道士武元亨董以住持無幾而相視宫地與岳廟甚不利也元亨告申上司回降許移徙地利處脩建元亨乃敬卜得渭城之南平原地最也斯地東逼同関西闞潼河面對商顏背臨渭水真勝槩之地也經營殿宇完緝廊舍創爲一新既成之後元亨命弟子真教大師楊宗誨住持後越太觀宣和年間宗誨命弟子妙應大師楊繼原住持逮靖康年間適遇

聖朝開托邊疆兵踐秦隴武揚蜀漢其秦寧宫殿宇因

斯為灰燼而不存其後度越廢齊阜昌逮皇統年間渭
城洎鄉村父老張成等復修后土廟小殿一所及廊廡
三二間以為春秋祭祀至正隆元季間華州差雲臺觀
賜紫道士吳昌周王繼興前來渭南縣復業秦寧宫住
持因斯繼興等屬予為記遂撿討古迹以為之記文云
銘曰 天長地久 陰去陽生 堅若金石 永傳號
名
正隆四年十月 日 賜紫道士充副宫事吳昌周賜
紫道士充知宫事王繼興立石
知華州雲臺觀主賜紫道士嚴繼玘 尊宿大

師賜紫藥繼才
沖和大師華州管内都道正賜紫蘇昌澤
從仕郎可渭南縣主簿兼縣尉王仲成書
儒林郎蒲城縣丞權渭南縣事喬逢辰撰
朝列大夫行渭南縣令賜緋銀魚袋劉　差出

右碑在渭南南門外土地廟其上方刻祥符四年牒左方刻至正十三年記而此記刻於右方據至正記云古泰寧宮碑記歷金宋遠今苔侵蘚翳文為之晦剏高二尺有咫厚九分之一易為湮毀欲琢琬琰丈許以刻舊文可乎則宋金二碑舊各為小石至正間

乃彙刻之内隱隱有文云渭南令李君金石録有聖歷元年渭南令李君清德頌此蓋磨去唐碑而重刻者四録堂類集

譚長真白骨圖詩 大定廿三年十一月

碑高三尺九寸廣二尺五寸上方刻二人并白骨像下方詩十行行七八字又小字二行今在河南洛陽

崑崙山長真譚先生題白骨詩　河南府官門程發書

我今傷感嘆枯髏艷女嬌兒戀不休留意懃懃貪賄賂

無心損損做持修生前造下無邊罪死後交誰替孽因

精血盡隨情慾去空遺骸骨臥荒丘

大金大定歲次癸卯甲子月望日雲溪庵建

全真弟子皇甫道淵衆立石　洛京孫口刋

碑上圖譚道士隨一童及枯髏委地形下為題白骨七言詩詞甚淺俗後有雲溪菴建皇甫道淵衆立石譚先生見元史邱處機傳云處機年十九為全真學於寧海之崑崙山與馬鈺譚處端劉處元王處一郝大通孫不二同師重陽王真人金宋之季俱遣使來召不赴此即譚處端也道藏中有譚先生水雲集三卷亦載骷髏落魄歌中州金石記

党懷英書王荊公詩　明昌六年四月

四石各高五尺八寸廣二尺八寸篆文石各四行行七字前後款題二行今在山東濟寧

竹溪党懷英書

霞亭圍邊綠纖山新荊細徑示

乃閒拈華嚬榮賞深淺三兮奇

鳳從纖閑

經綵夭樂花華身庚蘇以春勸

後膚戢晚茗官十吝矛圍章本

內谷橫陀

繇麥從從乙香拄張纘泠夜轅

恩綏徙林櫻宂鹵鳳集卧翰錯

珠紒网絲

采堇亓遷癸昧爨亘多徽蕭卯

林紀坩上衍及炎暗郎稯鋗高

扒多淋鬱

明昌六年四月旦日濟州普照禪寺住持傳法嗣祖沙

門智照立石　　古任李紳刊

於(即烏)石岡邊繚繞山柴荆細迻(即路)泶(即沝借為水)云(即雲)閒拈

華嚼蘂(即蘂俗作蕊)裳(即常)徠往只有春風似(俗字)侶遊(即衙借為我)借

閑(即閒借為閑)

紅棃無業(借為葉)芘華身黃鞠分香骫(借為委)迻(即路)塵歲晚

蒼官才自保日亭(借為高)青女尚橫陳

萬事悠悠心自知强顔於世轉（即轉）參差逆牀獨向西風
裏臥看蜘蛛紒（借為結）网絲
松篁不𨗴（衝借為𨗴𨗴即動）翠相童（借為重）日射流塵四撇紅地
上行仌（从借為人）愁暍奴那知高處有清飌（即風）

右詩刻四石在濟寧州學每石四行字徑三寸第一石首行之右小八分書題竹溪党懷英書六字極清勁竹溪當是承旨自號中州集及金史本傳皆不及之第四石末行之左題小楷書明昌六年四月旦日濟州普照禪寺住持傳法嗣祖沙門智照立石古任李紳刊一行錢辛楣少詹云懷英以篆隸擅名一代

此詩用古文篆尤精妙可愛其云黃麴分香歕路塵蓋借歕為委字漢書淮南王傳皇帝歕天下正法揚雄長楊賦歕屬而還師古曰歕古委字張表碑旌命歕任亦以歕為委也云臥看蜘蛛紒網絲借紒為結儀禮士冠禮將冠者采衣紒注紒結髮古文紒為結詩毛氏傳象弭所以解紒疏云紒與結義同碑後有智照立石題字照卒于明昌六年八月其塔銘亦懷英八分書山左金石志

德淵刻唐明皇御製老子讚并書唵字讚正大元年七月

二石各高二尺一寸五分廣一尺三寸六寸老子讚下刻畫像上刻讚八行唵字讚上刻梵文左右刻番

書下刻讚十四行兩石合
嵌于壁今在河南登封

大唐明皇御製

大哉至道無爲自然不終不始先天
含光默默永劫綿綿東訓尼父西化金僊
百王取則累聖流傳萬教之祖玄之又玄

武洞清畫 已上老子讚

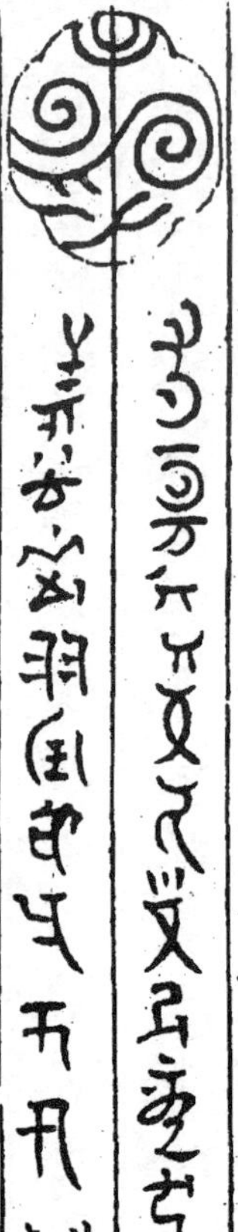

此一行在梵文唵字右方

此一行在梵文唵字左方

佛勅梵文唵字唐玄宗書并讚

鵲五蛇形勢未休五天文字鬼神愁能盤

梵質層峰峭屬展翔儀之卷杈正覺印同真聖道邪魔交祕絕蹤由儒門弟子應難識碧眼胡僧笑點頭正大元年申元國洽三洒掃太原祖昭立石德淵刊已上喚字讚

右老子像讚梵文喚字讚並稱唐明皇製在河南登封余所見咸寧縣臥龍寺有熙寧十年石刻喚字贊僅有首尾四句題為太宗皇帝贊蓋宋太宗也此多中二聯以為唐元宗贊金去熙寧未遠或各有所承虵形被作虵行應難識作無人識碧眼作穿耳似熙寧本為短四錄堂類集

齊

禹蹟圖阜昌七年四月

已見王氏萃編

華夷圖阜昌七年十月

已見王氏萃編

成陽靈臺碑　建寧五年五月

從雙鉤大卷錄　商廣行
字數以不可紀　石以殘

惟帝堯母昔者慶都兆舍穹精氏姓曰伊
體蘭石之操履規柜之度則乾川之象通
三光之曜游觀河濱感赤龍交如生堯厥
後堯來祖統慶都告以河龍堯歷三河有
龍授圖躬行聖政以育苗萌火陽之盛先
闕後明遂以庚伯迹踐帝宮慶都僊沒蓋
葬于茲欲人莫知名曰靈臺上立黃屋堯
所奉祠下營以水神龍所熹靈軀隱刑汾

踊波深比目鮀魚濯鱗通泉玄礫菟藿生
莛臺涯貫長歷久崇如不積三代改易荒
廢不循五運精還漢受濡期興威繼絕如
堯為之承祠基韋鮀魚復生故有靈臺啚
夫魚陟衛仕驛憲鮀魚那之莛壽哀平之
際道小衰沮遂遭亾新禮祠絕矣於是故
廷尉仲定深惟大漢隆盛德彼四表大平
末至靈瑞未卜四夷數侵軍甲數擾匪皇
啓居曰禝不夏茱經考典河洛秘薁漢感
赤龍堯之苗胄當循堯祠追遠復舊復沼

黄屋推原聖意灾生變見天以譴告前後
奏上陳叙大義招祥塞咎為漢来祉朝廷
克省帝納其謀歲以春秋奉大牢祠時廷
尉选位連白表奏詔英嘉命遂見聽[ ][ ]
為大中大夫歸沼黄壓令月吉日圖立規
營興業會工厥霎夷平上合天意下應[ ]
刑[ ][ ]茲餝五色鮮精立闕通天戶嚮少
陽前設大壓侯神之堂地致石墠其下清
涼可舞八訓以奏大華時濟陰大守魏郡
審晃成陽令博陵管遵各遣大掾輔助伸

君經之營之不日成之神靈精爽依怙於
人廢之則亡存之則神復帥羣宗資富相
均共薦市碑著立功訓□勒石銘中門之
表卜擇元日齋革精誠先慶毛血謹慎犧
牲祈祠獲福神享其靈甘雨時降百穀孰
成幽荒率服徐方來庭萬國蒙祉黎元賴
榮莫不被德咸歌頌聲其辭曰
於赫慶都德彌大兮承神精燿統赤裔兮
爰生聖堯名蓋世兮其受符命述帝制兮
廣被之恩深荒外兮歷紀盈千垂遺愛兮

陵廟復崇享大祭兮上来多怙降福沛兮
萬國禧寧孰不賴兮光宣美勛永未幣兮
垂視罔極億萬歲兮
濟陰大守魏郡陰安審君諱晃字元讓從
公車令来成陽令博陵蠡吾管君諱遵字
君臺從東明門司馬来丞潁川新汲尹茂
字伯舉遷下邳尉尉潁川襄城楊調字君
舉仲訢伯海從右中郎將遷鉅鹿大守仲
球伯儀從大尉掾遷呂長仲選孟高辟司
徒府遷從不絕皆興沼大聖黃屋之力

建寧五年——五月造

右漢堯母碑漢建寧五年造按皇覽云堯冢在濟陰城陽呂氏春秋云堯葬穀林皇甫謐云穀林即城陽然自史記地志及水經諸書無堯母葬處惟見於此碑蓋亦葬成陽也而諸書俗本多為城陽獨此碑為成陽當以碑為正碑後列當時人名氏又云審晃字元讓管遵字君臺又云漢受濡期莫曉其義也集古録

右隸書不著書撰人名氏堯母慶都葬於成陽立黃屋其上謂之靈臺歷代常奉祠之至王莽而絕後漢故廷尉碑鈌姓名請於朝復立其廟及濟陰太守審晃修

營之以建寧五年立此碑在曹州濟陰集古錄目

右漢成陽靈臺碑成陽屬今雷澤碑略云堯母慶都仙歿葢葬於茲欲人不知名曰靈臺歐陽公集古錄以謂自史記地志及水經諸書皆無堯母葬處余按班固西漢劉昭東漢地理志皆云成陽有堯冢靈臺而東漢志章帝元和二年東巡狩將至泰山道使使者奉一太牢祠帝堯於濟陰成陽靈臺與章帝紀所載正同帝紀章懷太子注引郭緣生述征記云成陽縣東南有堯母慶都墓上有祠廟堯母陵俗亦名靈臺文母水經注今成陽城西二里有堯陵陵南一里

有堯母慶都陵於城爲西南稱曰靈臺蓋兩漢史所載似以靈臺爲堯冢惟此碑與述征記水經乃直指爲堯母冢爾然水經云在成陽西南而述征記云在東南未知孰是又集古録云諸書俗本多作城陽獨此碑爲成陽當以碑爲正余嘗考之成陽縣名屬濟陰郡城陽乃王國名漢文帝二年以封齊悼惠王子章者漢志所載各異未嘗差誤也碑有廷尉某歐陽公以爲姓名摩滅不可讀今驗其缺處姓下隱隱有定字知其名定而其後云濟陰太守審晃成陽令管遵各遣大掾輔助仲君知其姓仲仲氏世爲成陽人

定有墓在雷澤碑尚存其額題漢故廷尉仲君碑有云表祠唐堯為漢祈福又云為廷尉卿託病乞歸修堯靈臺黄屋三十餘上聽拜太中大夫云余為淄州同官李蕘雷澤人云冢正在城西南葢述征記誤也

金石録

右成陽靈臺碑篆額靈帝建寧五年立與堯廟二碑在成陽皆有陰堯葬慶都于成陽名曰靈臺上立黄屋為奉祠之所漢綴其祀至亡新而斷於是廷尉仲定奏請興治郡守審晃縣令管遵各遣大掾助成之案兩漢地志濟陰成陽有堯冢靈臺不明言靈臺為

堯母冢也章帝紀元和二年使使者祠唐堯於成陽靈臺注引郭緣生述征記曰成陽有堯陵陵南一里有堯母慶都陵稱曰靈臺据此則與碑合靈臺非堯冢明矣淮南子墜形訓載海外三十六國西北方有無繼民硥魚在其南注云硥魚如鯉魚有神靈者乘行九野硥讀如蚌字書蚌或作䰶硥無䲧字也所謂䲧魚疑即此爾碑稱漢代脩祠之後䲧魚復生故有靈臺畫夫魚師衛仕驛憲䲧魚服之延壽疑仁當讀為士憲當讀為獻也碑以不夏為不暇刑為形戚為滅甚為碁朞為黎德被廣被為彼迹即恢字遮即延

字蘷即薦字 隸釋

右成陽靈臺碑重刻本字逕寸許與倉頡廟碑字形大小相近彼參差無格而此皆畫一其與洪本異者連白表奏白洪作自當是洪刻之譌立闕通天立洪作上則二字皆可通下應下洪闕五字今諦審其弟二字是刑字即形也服之延壽下洪闕二字今諦審似是哀平二字崇如下洪闕二字今諦審似是不積二字崇如之如與前感赤龍交如生堯句之如字皆即而字古而如通用也又洪氏所未釋者柜即矩字婁氏字原於語韻別出柜字非也莫不被德洪本作

被然是碑被字皆書為彼則此未必是被今審此拓本左與木旁相近右與包字相近恐是袍字至於案經考典案字此拓本下半作業上受符命此拓本上字作其則皆翻本之誤其最誤者銘云歷紀盈千盈即盈字洪婁二書所同此拓本乃作四千蓋盈字上半已失遂止據其下半皿字形近四字而致譌耳翁方綱跋

洪氏隸釋此碑有篆額有碑陰今搨本皆無之字數與隸釋同惟筆畫閒小有譌誤輔助下仲字旁作申祈祠下獲字作獲乃重摹之誤翁學士覃溪江侍御

秋史釋出不續哀平刑詠奏未凡八字今驗飭五上是茲字皆可補洪氏之釋惟莫不下被字體勢作袨若補中閒丨筆即是被字此摹時脫誤歷紀下盈字拓本作皿細審皿上本有刀形是後人墨汙且皿字末筆作長畫兩頭俱露顯然皿字則重摹不誤益信此本必從祖石摹出也（黃易小蓬萊閣金石文字）

右成陽靈臺碑黃小松司馬雙鉤本校隸釋多出九字莫不被德被字微泐翁覃谿閣學據是碑德被廣被皆書為彼番此字形恐是袍字若然袍借為飽其說較長惜未獲原本覆審之（四錄堂類集）

平津館金石萃編卷

涼州刺史魏元丕碑 光和四年

從雙鉤本摹録高廣行字數俱不可紀石今毁

漢故涼州刺史魏君之碑

君言□字元丕京兆□耳都尉之□□□

下缺有畢萬者學去仕晉建勛封魏秦□

□□□□□□□□逝□□下缺良爰暨于

君稟乾氣之純懿履轄奚之□□□□鹽

巍□下缺聖喆□□苞容允執虔恭其仕

州郡也躬素忠謇犯而勿欺兼綜憲法通

識百典下缺察孝廉除郎中尚書侍郎右

丞遷泰夫人憂服闋還臺拜尚書侍郎秉

總下缺　廷枅績特拜左丞每左選舉遜讓

匪石鑽前忽後遂耽思舊章尋徹貫□能

下缺　樞衡匡弼九年而罔衍西羌放動餘

類未輯訓咨羣庶惟德是與拜涼州刺史

下缺　流吕盪邪志樂季文粟帛之木公儀

徹織庖園之節崇文德吕來遠斑下缺　下

彝戎實服干戈戢臧施舍弗券求善不猒

舉不失選官不易方百工　惟時下缺　有優

洋洋奐乎若德光燿冠乎諸牧蓋四時之

序功成則還君屢辭呂　疾　三下缺　無窮而
巽式度不可革蔽芾其縱而眉耇不往祖
疾来升春秋六十光　和四下缺　民失慈父
四海之内莫匪摧傷於是故吏茂才雲中
大守漢陽□胄從事下缺　威牧琰等不遠
萬里斷制榱褱感恩忝哀乃與門生平原
曹𨉟等□山□　石下缺
於戲使君既膺渘德貢躡帝宇入叅文昌
出化西土仁義充衍澤洽□□下缺　德世
記其軌辭疾輕居棄縈潛處不卒苻宿究

是台輔三方共□不□黯下缺徂落不留

舜禹二書业應臻于巳丑辰五盈罰猶有

代序□茲后土光□燿下缺

尚書令弘農宜陽周嘉彥英

故并州刺史伯柳彥高

故豫州刺史朱虛昃襃公遷

故東萊大守梁國碭陳□□□

樂浪大守劉騰述元十

議郎河南鞏王暹元胄

海陽令逢牧左伯

令沛國公丘周龍幼興
齊缺下
薄令劉皇脩恭義
腄東令東萊黃李□仲真
尚書郎番尋軌上□
故廣宗長淳于孫典禮□
故孝廉劉嚴□景□
故□□□部司□河南張諝□□

右漢涼州刺史魏君碑文字殘闕族系名字皆不可
考其粗可見者察孝廉除郎中尚書侍郎右丞卒於

光和四年而其額題涼州刺史魏君碑云金石錄

右漢故涼州刺史魏君之碑篆額碑損其名有其字曰元丕在朝為郎中尚書侍郎左右丞出刺涼州以靈帝光和四年卒故吏雲中守門生曹君共立此碑碑有京兆尹都尉五字而缺其一蓋安帝所置虎牙都尉也范蔚宗避其父諱後漢書無泰字郭林宗鄭公業之名皆易之漢人書碑廟號如太宗官名如太尉太常太守太中地名如太原太陽之類皆作大泰山亦作大此碑載魏君之母郤作泰夫人其用字故相反如此其閒芾儚作芾劵夷戎作契戎它碑所未

嘗用者又以訓咨羣寮為疇咨羣寮幣帀其縱為蔽
帀其蹤纍即纍字隸釋
碑十六行石已斷剥所存者行卅一字題名四行行
四人隸續碑式
魏君碑凡存四百九十五字校隸釋所録少其廿五
字多其七字泰下遊字輶奚之下鑑類二字百典下
察字三方失下丕字二書下之字番尋下軌字凡七
字皆洪氏所無也此泰安趙氏所舊藏世無二本也
翁方綱跋
此碑舊與范式碑共裝一册題簽甚古似宋元人之

迹翁學士覃溪釋逝謚類察不之軌七字辨正徂牧二字張中翰瘦同釋春秋下是六字孔户部葒谷釋沛國下是公卭二字申大令鐵蟾釋東萊黄下是李字孫刑部淵如以謚下額字是貌字非額字易細審貌字上从艸是藐字較洪氏釋文少廿五字洪云缺者補釋十一字都計存四百九十九字碑後題名四行凡四列洪釋以横列為序鐵蟾雙鉤亦案洪釋次序録出小蓬萊閣金石文字

幽州刺史朱龜碑 中平二年

從雙鉤本摹録高廣行字數俱不可紀石今毀

漢故幽州刺史朱君之碑

君諱龜字伯靈廣陵大守之孫昆陽令之元子也君承祖考之鴻軌履大和之□□並載德不隕□□仁義成於東脩孝弟根其本性然而壹己下士勞謙克□□□厚載多容察孝廉除郎中尚書侍郎㠯將事去官三府更辟㠯大尉高第□□堂之論建弘遠之議隟落煥炳臨

疑獨逝故能光明越聞顯於區夏英聲
□□□公族于時益州蠻夷侵寇邊鄙陸
梁山野為害日甚朝廷吕君文能□武
不□□御史中丞討彼亂略君統整群
帥方謀並設威神庭電燭于上下至□
郡□□□授手乞降礼昌太守曹鸞上
綎鮮黨吕不紂擿獲戾脊靡潛于□巷羣
□□□□□辟輒吕疾辭鮮畀數犯鄣
塞僉復舉君拜幽州刺史爾乃邁種書惠
□□□□□禁吕紂姦宄養善辭時

雨之澍品物除悪如農夫之務去草邊□

□□□□□□□□其壘土門衛弛析而

無怵惕百姓不復也其城郭出塞退敍□

□□□□□□□□□咨歎榮詔并涼呂

君為式命不少延年六十四呂光和六年

□□□□□□□□□□故吏年化等僉

呂為夫有嘉功祀而不輟或銘鍾鼎書□

是述□□□□□□□□□已乃立碑當

而作頌曰星精晝緼馮儀器人我君受之

膺其淑真研綜典藝賓好斯文□□□□

□□□□□粡徽馨名懿允升蠢爾夷貉
蕩我邊垠衛命㫺使武氣飆騰董呂□□
□□□□□□幽方不衞天常撫呂仁德
渙若風翔分命部隊出竟觀兵□禽遠驅
□□□□□□□甲綏我土畺降秊不永
匱民之望烈烈遺勛景炎彌光
右漢朱龜碑云字伯靈察孝廉除郎中尚書侍郎以將事去官于時幽州州下滅一字夷侵寇以君為御史中丞討伐其後磨滅又云鮮卑侵犯郭塞復舉君拜幽州刺史年六十四光和六年卒龜之事迹不見史

傳其僅見於此碑者如此碑在今亳州界中云将事去官莫曉其語後余守亳州徙碑置州學中集古録

右不著書撰人名氏字為隷書龜字伯靈廣陵人官至幽州刺史碑以中平中立在亳州集古録目

右漢幽州刺史朱龜碑在今亳州酇道元注水經云渦水東逕朱龜墓北東南流冢南枕道有碑題云漢故幽州刺史朱君之碑龜字伯靈光和六年卒官今以碑考之與道元所載皆合歐陽公集古録云龜之事跡不見史傳獨見于此碑爾余按後漢書西南夷傳熹平五年諸夷反叛執蜀郡太守雍陟遣御史中

丞朱龜討之不能克太尉掾李顒建策討伐乃以顒為益州太守發板楯蠻擊破平之常璩華陽國志亦載其事與史同惟史與華陽國志皆言龜不能克而碑云蠻夷授首乞降二說不同疑碑所書非實録也碑陰文字殘缺初余讀酈道元注水經云米龜碑陰故吏姓名多上谷代郡人知此碑有陰因託人就亳社模得之附於碑後金石録

右漢故幽州刺史朱君之碑篆額有陰在亳州朱君名龜石有碎落不能詳其官閥其可考者嘗以御文中丞督捕益州蠻又為幽州刺史禦鮮卑爾靈帝先

和六年卒水經云故吏別駕從事史右北平無終年
化中平二年造碑碑陰故吏姓名悉薊涿及上谷北
平人後漢帝紀熹平五年四月益州夷叛太守李顒
討平之五月永昌太守曹鸞坐訟黨人棄市門生故
吏在位者皆免官禁錮西南夷傳云蜀郡諸夷反執
執太守雍陟遣御史中丞朱龜討之不能尅李顒板
楯蠻平之碑所載與紀傳合趙氏謂碑云授手乞降
非實錄也予謂碑中初無斬首獻俘策勳受賞之語
但云乞降未嘗受降何害於理乎碑以磥落為磊落
庭竈為霆竈壹縕為絪縕㽞即播字隸釋

朱龜碑篆額二行有穿文十七行行卅三字有碁局
紋隸續碑圖
右漢故幽州刺史朱龜殘碑并額計中間空闕處與
洪氏隸釋正同而尚軼去大半是重刻本之僅存者
以洪所云闕者攷之邁種下是書惠二字惠字江秋
史所釋的確不易翁方綱跋
此碑宋時舊拓雖重刻亦希有之迹惜存字無多耳
洪氏隸釋有四百十三字今只存一百六十四字惟
書惠二字洪釋所無也小蓬萊閣金石文字
此碑有永昌太守曹鸞上綖云云隸釋缺綖字玉

篇綻所除所去二切亦疏字據此知即上疏異文

又證顧野王之有本

小黄門譙敏碑 中平四年七月

從雙鉤本摹録高廣行字數俱不可紀石今毁

漢故小黄門譙君之碑 篆額

君諱敏字漢達鄴君之中子章君之弟郎中君之昆也其先故國師譙贛深明典隩讖録圖緯能精微天意傳道與京君明君承厥後不忝其美紛而好學才略聰叡詩書是綜言合雅謨處中聖權既任在公忠允篤誠吕直佐王師下惟約肅將王命振之于外羣寮有司各敬爾儀君喬時度世

引己倍權守靜徹冗韜光韞玉已遠悔咎耻與鄉人驫竝拾驅識眞之本謂君爲喆在谷甯武當亨南山難老之禱昊天不恵降玆殉疾年五十有七已中平二年三月九日戊寅卒嗚嘑哀哉國喪良佐家隕棟梁遐邇咨悼士女哀懷寮友親傶莫不失聲泣涕雙流於是立表寫墳斯銘傳于罔極其辭曰

於穆使君盛德炤明爰惟懿葉帥由舊章文武彬彧柔而能剛屈道從政令名顯揚

臣多醜亶是用遜讓且吕穌姿優遊丘京
禹僖遘羅景命不長屋棟頹覆君乃喪亡
如何如何如何吁嗟昊蒼身没名存永世遺芳

中平四年七月十八日癸卯造

右漢小黃門譙君碑云君諱敏字漢達年五十七中平二年卒其文不甚磨滅而官閥無所稱述惟云肅將王命守靜韜光以遠悔咎而已後漢宦者用事靈帝時尤盛敏卒之歲張讓等十二人封侯於斯之時能守靜遠悔是亦可佳然敏以一小黃門而立碑稱頌於此可見宦官之盛也集古録

右隷書不著書撰人名氏君名敏字漢達碑以中平四年立集古錄目

右漢故小黄門譙君之碑篆額在冀州譙君名敏靈帝中平二年卒又二年立此碑歐陽公云其文不甚磨滅而予之所得惟二字不能辨碑中竝無爵秩所謂鄴君章君郎中君又不類宦者官稱非題額則不知敏之為黄門也其文盛稱敏倍權守靜韜光韞玉雖銘墓之言不可盡信方中官用事之際敏不附麗同類年垂耳順而宦簿不進恐是特然不群者又云恥與鄰人羼竝柗驅說文羼音剗羊相厠也一云傍

入自廦袷音洽紁柙也此句蓋是不與羣閹冠鈒竝驅之意漢人書姓雖亦借用如橋喬伍五之類甚多此碑以焦贛為譙所謂京君明即京房也左傳楚師伐陳取焦夷註謂焦今譙縣若是則焦譙可以通用漢碑多借意作億此云曷億邁羅却是借億作意也亨讀曰享隸釋

右小黄門譙敏碑并額重刻本雖字畫失真紙墨尚舊洪氏所闕二字今諦審之優遊下是氐字借為邸也喪亡上是乃字末云中平四年七月十八日癸卯造隸釋作廿八日今驗此拓本是十字是年七月丙

戌朔則癸卯是十八日無疑當據此以正隸釋之誤

翁方綱跋

此本字體與洪氏隸釋悉合惟儀作儀語作話幸作幸焰作焰而作而直作直小有不同或摹碑與刻隸釋者互異耳洪云闕字翁閣學補㞢氏乃二字又辨正廿字是十字則是本亦可貴也小蓬萊閣金石文字

圉令趙君碑　初平元年十二月

從劉襃本摹錄高廣行
字數俱不紀石今佚

漢故圉令趙君之碑　隸額

君諱□字□建□□□□□□□□
□□纂脩其緒温良恭儉敦詩□□□□□
□□□積而能散菲薄其身博施□□□亻
□□□□□芬芳畼于諸夏郡仍優署五官
掾功曹州辟從事司徒楊公辟以兄憂不
至其後司徒袁公仍辟□□除新□長遷
圉令播德二城風曜穆清當□□□□□

□□會被疾去官年六十有八以中平五
年冬十一月壬寅卒□□沬其□□□□
其□蓋□□□□□□斯詠□□□□戌
□□□□□□□□□□□紀伐以裦後
昆其辭曰
天寔高唯聖同戲我君羨其縱體弘仁蹈
中庸所臨歷有休功追景行亦難雙刊金
石示萬邦初平元年十二月廿八日立
右漢圉令趙君碑已謁缺名字皆不可考後有銘詩
特完好金石録

右漢故圉令趙君之碑隸額名字俱缺趙君所歷二邑其一惟存新字而滅其下文其卒以靈帝中平五年又二年獻帝初平元年立此碑趙君先為司徒楊公所辟後為司徒袁公所辟宏農楊氏汝陽袁氏為司徒者皆三人陳國袁氏一人此蓋靈帝時事熹平五年十月司徒袁隗罷十一月楊賜為司徒六年十二月楊賜免光和元年二月袁滂為司徒此碑先楊而後袁則楊賜袁滂也兩相或輓之或推之不過一縣令吹噓而上九天良不易云碑亦以縱為蹤隸釋

漢故圉令趙君之碑額題二行八字碑文十三行行

十九字俱隸書顧南原隸辨以額為篆誤也碑在南陽今已不存乾隆辛亥秋錢辛楣先生過易運河署齋出所藏舊搨本懸諸素壁易同李鐵橋歎賞題識今年張芑堂寄惠整幅與錢本同上方侍講梁山舟朱書釋文旁有侍郎錢籜石題字揚州馬半槎後人有剪褾本江鄭棠朱朗齋兩君為易作緣購得有顧云美跋仲氏真畫軒題字朱卧菴馮霜仲藝六游馬半槎諸印章整本雖墨重漫漶而四周尚留餘紙得碑之全體比褾本多除新二字詩能散畼事司縣其戍所等字顯然可見褾本紙墨俱善能散上而字尚

存其半整本而字畫泐則褾本似在整本之前然皆世間瓌寶也按洪氏隸釋碑文共一百五十六字今缺積芬芳長四字纂而能暘事司徒公辟等字僅露筆蹤顧南原所得寒山趙氏本釋出其蓋二字今辨第八行有緜其二字第九行有戍字洪釋未有也洪釋第一行建下缺四字實缺十二字今合兩本存字摹寫冊後並雙鉤付刻以廣其傳〔小蓬萊閣金石文字〕

江鄭堂云曾於彭允初進士家見圉令碑舊拓極精即顧南原所得於寒山趙氏者然此碑内之字如清下从丹遷匊从乏疾旁省二皆必宜摹以志之而顧

氏皆不及之何邪洪氏所云某下闕幾字未盡足据當以秋盦所釋爲定廣雅𢘑告也漢隸分韻謂𢘑即昇字非是翁方綱跋

右圉令碑在南陽石已佚失所見舊拓本有四錢竹汀宮詹張芑堂明經各藏有整紙本馬半槎後人彭尺木進士各藏有翦褾本張本馬本竝歸黃小松司馬彭本紙墨尤精然以隸釋校之積芬芳長四字全泐蓋皆元明拓本也新釋出者緜其其蓋戍五字爲隸釋所無翁覃谿閣學言此碑清下从丹疾匑省二今驗清仍從月疾匑之二筆蹤微露翁氏殆未審覩

耳 四録堂類集

酸棗令劉熊碑 無年月

碑文從雙鉤本摹錄高廣行字數俱不可紀石今毀

君諱熊字孟陽廣陵海西人也廞祖天皇
大帝垂精接感篤生聖明□仍其則子孫
亨之分源而流枝葉扶疏出王別胥受爵
列土封侯載德相繼不顯□□□□□光
武皇帝之玄廣陵王之孫俞鄉侯之季子
也誕生照明岐嶷踰絕長□□□□柴守
約履勤體聖心叡敦五經之緯圖兼古業
覈其妙行脩言道□□□□□宜京夏莫

不師卯六籍五典如源如泉既練洲郡卷
舒委遡忠貞翊效官□□出省楊土流
化南城既猶北辰衆星所從三祀有成來
臻我邦循東里之惠卯□禮官賞進靈頑
約之以禮博之以文政教始初慎徽五典
勤恤民殷□心顧下□□□仁恩如冬日
威烈炎夏貪究革情清脩勸慕德惠潛流
峕芳旁布尤懸縣□濟濟之儀孜孜之踰
師靈後學致之雍泮草上之風莫不響應
悅誨日新砥□□素七業勃然而興咸居

今而好古雖未盡道善必有所由處民之
秉彝寔秩劉父其人魯無君子斯焉取旃
允我劉父言善誘人講禮習聆匪徒豊學
屢獲有年□載克成神民協欣兩不相傷
故德友歸焉自古在昔先民有作洪勳則
甄盛德□刻表諸來世垂之罔極襃賢表
善揚幽拔微式序在位量能授宜官無曠
事□□為正以卒為更慇念烝民勞苦不
均為作正彈造設門更富者不獨逸樂貧
者不獨□□積和感暢歲為豊穰賦稅不

頌寔我劉父吏民愛若慈父畏若神明悔
□令德清越孤竹德年産奇誠宜褒顯照
其憲則乃相□咨度諏詢采撫謠言刊□
詩三章其辭曰
清和穆鑠寔惟乾巛惟嶽降靈篤生我君
服骨叡聖允鍾厥醇誕生岐嶷言協□墳
懿德震燿孝行通神動履規繩文彰彪繽
成是正服以道德民
有父子然後有君臣理財正辭束帛戔戔
□夢刺像雀鳴一震天臨保漢寔生□勳

明試賦授夷夏巳親嘉錫来撫潛化如神
其神伊何靈不傷人
猗歟明哲秉道之樞蓄□之福惟德之偶
淵乎其長渙乎成功□暇民豫新我□通
用行則達以誘我邦賴兹劉父用說其蒙
澤零年豊黔首歌頌

右漢俞鄉侯季子碑無卒葬年月似是德政碑按後漢書光武皇帝子曰廣陵思王荆荆子元壽等四人皆封鄉侯史略而不載其名俞鄉侯者不知為誰也思王荆之第幾子也天皇大帝之語自漢巳來有矣

集古錄

右隸書不著書撰人名氏君名熊字孟孟下缺一字廣陵海西人漢之宗室父封俞鄉侯此其德政碑也但曰來居此邦而不書其郡縣之名不著所立年月在今揚州寶刻叢編引集古錄目

右漢劉熊碑在酸棗縣云君諱熊字孟下缺一字按酈道元注水經酸棗城內有漢縣令劉孟陽碑今據碑熊寔為此縣令然則所缺一字當從水經為陽也碑又云君光武皇帝之元孫廣陵王之孫俞鄉侯之季子也按後漢書光武子廣陵思王荆以讁死顯宗封其

予乳壽為廣陵侯又封元壽弟三人皆為鄉侯而李利涉編古命氏唐書宰相世系表皆云荆生俞鄉元侯平平生彪襲封今據熊當為彪之弟然則於光武乃其曾孫而曰元孫者疑碑誤金石録

漢酸棗令劉熊碑在本縣古城内按其文熊字孟陽仕酸棗令百姓刻石紀績有陰記立碑故吏姓名隸釋引天下碑録

右酸棗令劉熊碑篆額右一行微有棗令劉字則知所題非十即八也碑云出省楊土流化南城三祀有成來臻我邦則酸棗非始仕之地碑美其勤恤民隱

恩威並行帥厲后學善誘日新至叙力役之事尤詳其辭云以卒為吏愍念蒸民勞苦不均為作正彈造設門吏富者不獨逸樂貧者得順四時積和歲豐賦稅不煩可見劉君茲事尤為民便故百姓以劉父稱之碑之所以作也以卒為吏之上有為正二字而闕其餘董仲舒云月為吏卒已復為吏小民安得不困注云吏卒謂給郡縣一月而吏者正卒謂給中都官者西京吏有三品後雖改易官不得人則害常自若也水經云酸棗城有縣令劉孟陽碑今碑損其一字歐陽公不知碑在酸棗無以名其官遂謂之俞鄉矦

李子碑唐王建題此碑詩云蒼苔滿字土埋龜風雨消磨絶妙辭不向圖經中舊見無人知是蔡邕碑元祐中蘇邁書胡戢之語謂此与劉寬碑同建詩為不誣予謂此固漢隸之上品似非中郎筆法其文有云七業勃然而興咸居今而好古其詩則曰有父子然後有君臣文律如此難以謂之絶妙辭也碑以亨為享殷為隱究為究踰為諭偶為隅鶴在鳴上省文作隺 隸釋

隸釋引王建題此碑詩云不向圖經中舊見無人知是蔡邕碑而又疑其非中郎筆法予則以為建生于

唐其云蔡邕碑者蓋本之圖經而非鑿空而言洪氏不當于此而疑之也金薤琳琅

右漢酸棗令廣陵劉熊孟陽碑上元鄭簠汝器所藏碑文全泐存字不及百名筆法奇古汝器以為絶品碑在唐時王建已云風雨消磨絶妙辭至于今宜其不可辨識矣碑後摭謡言作詩三章其二曰有父子然後有君臣理財正辭束帛戔戔以三言五言繼以四言足以見文律之古乃洪氏隸釋誚其難以謂之絶妙辭斯亦拘方之見矣曝書亭集

右劉熊碑歙巴俊堂慰祖雙鉤本凡二百十八字內

多出洪所闕者四字少四百一十字筆勢與婁氏字源不合者二十二字與顧氏隸辨不合者二十字昔朱竹垞見鄭谷口所藏拓本云存字不及百名顧南原謂從寒山趙氏所藏拓本摹得之而不言其文之全否字之多少据中間竭字補洪之闕則南原真見拓本矣然其餘與此鉤本不合者則以隸法論之皆不及此本之得勢若不字顧作𣎴與洪婁皆合而婁釋作本則其誤不為無因至於竗字顧作女旁保字上半顧作合口以愚意度之顧氏從寒山摹得僅寥寥數字而其餘所録諸字皆据洪婁之書載入耳是

碑以豐為豐與華山碑正同核之李陽氷中郎以豊為豐之言證以王建題碑之句目為蔡書或當不誣張石公舍人云劉熊為光武曾孫其碑陰出錢者多熊之故掾功曹則碑當立於孝和孝安帝之世若中平年立已隔六七十年或八九十年其助錢一百二百五百誰其瑣瑣記之此理之必無者也方綱按熊迪功補後漢同姓王侯表云廣陵思王荊永平十年自殺永平十四年侯元壽紹封又封元壽弟三人為鄉侯其名闕然則平其一也至平子彪襲封史無其年亦未著其別有襲封鄉侯亭侯之號則安知其不

仍封俞鄉乎是熊當為彪之子不當為彪之弟豈有光武元孫出自本碑轉不足信而信洪氏之臆斷耶若既繼世為鄉侯則永平之末至熹平光和間甫百年耳自平至熊凡三世矣何不可目以中郎書耶若淮陽頃王昞之元孫封亭侯其子四人仍封亭侯亦可證也洪氏但執平封俞鄉又不知彪之封號湯尔駁碑之誤甚無據也兩漢金石記

右劉熊碑石久佚失隸釋載有全文六百七十字就中缺者四十三字鄭谷口藏本尤缺泐存者不及百字余在京師獲見舊墨本存二百十七字葢宋已後

所拓者因竟日之力雙鉤一本歸諸插架碑云忠貞翊效彝釋缺翊字循東里之惠彝釋缺里字貧者不獨彝釋缺不獨二字當據拓本補之水經注作劉孟陽碑彝釋字孟下缺一字即陽字也聞巴俊堂有雙鉤本凡二百十八字疑即據此鉤出其多出一字未知是何字也彝釋有碑陰今不可得四録堂類集

自然殘碑 無年月

割裱本高廣行字數俱不可紀石今毀

自然之性損沖呂舉將豪委之羣公爭德

遂隱踐迹違時絶俗榮祿不能蕩其志于

育偽代實親在堂遂脩五性通六性一君

有過人者五虖貴能賤下德也貞固也避

言隱燿澹泊

右漢殘碑石久佚失首云自然之性云云因謂之自然碑黄小松司馬曾得拓本見寰宇訪碑録今不知所在嘉慶庚午夏余至京師見葉東卿案頭有此拓

本凡六十九字剖裂斷續半難句讀隸法似婁壽碑字形大小亦同因雙鉤一本以備漢碑之一種云四錄堂類集

為陳使君造像記 天保六年七月

石高九寸拓未全廣不可紀四行行八九字不等在山東掖縣

大齊天保六年歲次乙亥朔七月己卯十五日癸巳仰為陳使君敬造越殿國像一軀下未拓

右刻諸家未著錄畢恬溪孝廉訪得于萊州城外東南三里寺中手拓見詒言四行後尚有人名未全拓也越殿國像此為僅見七月己卯朔以朔字置七月上語亦可通四錄堂類集

方道顯造釋迦象記皇建元年十月

（碑高五尺廣二尺凡題名七列行字不等在山東范縣義城寺）

都維那馬邵因　都維那馬懷寶　都維那賈身堂

都維那馬秋之　都維那馬朝□（已上五行在第一列右方）

大齊皇建元年歲次庚辰十月己卯朔廿六日甲辰大

戶清信士佛弟子方道顯敬造釋迦石像一軀上爲皇

帝陛下七世父母遍地衆生有形之類咸同其福善（已上七行行十字在第一列左方）

□度□□軍維那馬□□（已上一行在第二三列右方）

邑子馬伯玉　邑子馬伯通　邑子馬解秋　邑子馬

㡤文　邑子馬方嬌　邑子馬文貴　邑子馬□世
邑子馬□□　邑子馬懷□　邑子馬□群　邑子馬
□進　邑子馬顯茂　邑子馬石柱　邑子馬道貴已上
十四行在第二列
邑子馬祖□　邑子馬神章　邑子馬思寶　邑子馬
文和　邑子馬重□　邑子馬□□　邑子馬維安　邑
子馬維顯　邑子馬士御　邑子馬倚孟　邑子馬子
□　邑子馬紛祖　邑子馬赵寶　邑子鄭高姬已上十四
行在第三列
邑子馬祖安　邑子馬神龜　邑子馬隡寶　邑子馬

清□　邑子馬□□　邑子馬□貴　邑子馬鳳翔

邑子馬□淵　邑子馬鐵　邑子馬能申　邑子馬

懷寶　邑子馬循泰　邑子□□□　邑子張法紀　已上

十四行在第四列

邑子馬世和　邑子馬宜奴　邑子□□□　邑子曹

□□　邑子李□奴　邑子王□□　邑子才令馬

邑子甘元□　邑子木子若　邑子任中興　邑子馬

羅侯　邑子馬永名　邑子尹景文　邑子李貴遵

邑子敬容智　已上十五行在第五列

邑子朱誕　邑子朱道歡　邑子陳克見　邑子許

弥祖　邑子張敬□　邑子□世榮　邑子李徵恭

邑子李子華　邑子范長衣　邑子□崇□　邑子周

旌材邑子徐闇（已上十二行在第六列）

邑子鍾□□　邑子馬□□（已上二行在第七列左方）

右碑各家未著録嘉慶庚午夏新訪得之凡題名七列其第四列有馬神龜字從飛為僅見第五列有才令馬為希姓（四録堂類集）

右刻在范縣義城寺寺相近有左伯桃墓縣令唐晟因訪墓得碑屬其拓寄前此俱未及見山左金石志亦未載

陽阿故縣村造像記河清二年五月

石高一尺六寸廣一尺三寸右方刻年月題記四行行十七字左方刻佛像七段凡三層其界縫中及右匡皆小字題名凡十二段共十三行在山西鳳臺

大齊河清二年歲次癸未五月甲午朔十五日戊寅陽阿故縣村合邑長幼等敬造石法華像一軀異相嚴麗藉此功福上為皇帝師僧七世父母因緣眷屬邊地四生咸登正覺此四行在右方

大齋主外兵參軍高慶安　息俱仁　弟二息子剛

息子獻　弟二息子威

大齋主許羽生妻楊息居仁　女敬暈亡女惚暈小女

僯暈此五行在上層

大都邑主晉府長史劉延慶妻婁

大都邑主長流參軍劉慶桓妻□

大都福德主長史劉郎仁妻馬

道場主劉慶樹此四行在中層

大敎化主都劉高書□□

大都唯那董蜀娱□□

大都唯那孔伯生供□

邑義生劉守□□□此四行在下層

通鑑目録是歲五月甲子朔則号即子字也豋即登

字㑋从身从辵或云邊之俗未審然否次从二當作兩點而誤作三點則爲涎液之次矣記文正書雜以篆體曰作㉀與武后所製同陽阿漢縣名屬上黨郡廢於魏晉間而村猶有故縣之名今爲澤州鳳臺縣地潛研堂金石文跋尾

㑋與遍同又作遍或作遍皆北朝俗字或釋爲邊非四録堂類集

周少保豆盧恩碑 天和元年

劉衷本高廣行字數俱不可紀石舊在咸陽墓所今毀

君諱恩字永恩昌黎徒何人本姓慕容燕文明帝皝之後朝鮮徽子之封孤竹伯夷之國漢有四城秦為一併其保姓受氏初存柳城之功開國承家始靜遼陽之亂自天帝星妭連津兵霞尚書府君改姓豆盧楚仕于魏祖什伐左將軍魏文成皇帝亶寢父萇少以雄略知名不幸早世周朝以公兄弟佐命義存追遠保定二年有詔贈

平津館金石萃編卷

柱國大將軍涪陵郡公是知春雨潤木自
葉流根西伯行仁唯存及没公以山岳精
靈星辰秀異器侔鍾鼎聲感風雲猛虎震
地七歲不驚羝羊觸藩九齡能對　大祖
文皇帝乘時撥亂奄有霸業賴川從我舊
愛無忘春陵故人相知唯厚普太二年關
西建義授殄寇將軍奉迎大駕賜封新興
縣伯邑五百戶開新安之陣還移楊僕之
關解弘農之圍更入劉昆之郡援桴并戀
並預前驅大統三年有沙苑之戰四年有

河橋之役爪胄蟣蝨戎馬生郊公應變逾
長風飆更勇隱若敵國差強人意授龍襄
将軍中散大夫八年授直寢右親信都督
尋轉大都督加通直常侍十六年授使持
節車騎大将軍儀同三司魏前元年授驃
騎大将軍開府儀同三司鄧隲以漢朝親
戚始冢中台黃權以魏國功臣初登上将
公頻煩寵授朝野為□三年都督戎州諸
軍事戎州刺史尋加侍中外揔連帥威振
百城内參常伯榮高八舍于時隴坻黠羌

時穿上谷榆中羣盜或聚漁陽公巻甲星
馳長驅千騎□洛兇徒望風□□□州□
□東手□□魏後元年改封□□□侯三
年朝廷使大將軍安政公隨突厥天□及
吐谷渾國河湟二州燒當□□公□□五
千以□□□東□丹鎮西望白□闢塞無
塵公之力也周元年授都督鄯州刺史其
年□□拔□□開國公食邑一千戸二年
□□□□□□長史武成元年都督利□
文三州諸軍事利州刺史文州楊陳□者

氐羌酋長□□邊□革大會（下缺）也保定
元年秋（下缺）道將兵破巴州恒（下缺）楊獠
□□五百□□□□入之（下缺）之（下缺）八
法斯掌九賦是均（下缺）歲成（下缺）田村（下缺）
仁（下缺）少保函（下缺）宜春（下缺）宋之（下缺）
生（下缺）建國（下缺）道正（下缺）城壘畫□
山川（下缺）申威（下缺）山威高青嶽法（下缺）
盜靜名（下缺）下□須知地（下缺）

豆盧恩碑八分書今在咸陽縣碑云恩字永恩今北
史附見其兄豆盧寧傳但言永恩而闕其名其歷官

與傳略同後半漫滅不可讀金石文字記

碑在咸陽洪瀆原無年號以文内有保定元年之語故附置于此關中金石記

案王家瑞金石遺文載此碑全文共一千二百五十字惟氐叟酋長以下仍平瀘水以上廿二字漫滅不可讀木本訛字更多如猛虎震地四句易以觀於秦兵尚稱童子對於楚戰猶在青衿尤為詭異王氏所録有剌史賈逵之碑既生金粟將軍衛青之墓方留石麟四句與庾信碑同或亦據木本而誤者此本可讀者較王氏所録不及十之四五而其名又為一俗

吏所毀俗吏之虐有甚於兵火矣周震甲跋

碑自顧亭林收録已云後半漫滅不可讀今并漫滅者為妄人毀治吾友陸直之覓得一本予案恩附北史豆盧寧傳惟書弟永恩則但著其字而歷官亦不如碑之詳又傳稱恩之先賜姓或云北人謂歸義為豆盧因氏焉又云避難改焉未知孰是據碑稱天市星妖連津兵覆尚書府君改姓豆盧是宜以避難為得其實父萇傳言魏柔元鎮將碑不書其官傳言武成中以寧勲追贈柱國大將軍少保涪郡公碑載追贈在保定二年又於涪郡作涪陵皆史文誤也至稱

魏前元年者廢帝於是行周禮廢年號故也唐書宰相世系表北地愍王精二子醜勝醜下空一格下書萇萇下永恩以碑證之醜下空格是爲什伐左將軍魏文成皇帝直寢表失紀其名與官閥踈脱甚矣堂授

金石文字續跋

碑毁于乾隆辛丑後所見舊拓皆經割裱以斷紋計之每行五十一字凡可識者六百四十六字首行云朝鮮徹子之封微當爲箕行文偶誤碑有木本又王家瑞金石遺文載有全文皆未足信四錄堂類集

善興寺塔銘 顯慶四年四月八日

石高九寸廣一尺一寸七分十二行行九字末行無字在廣西臨桂萬壽寺

維大唐顯慶二年歲次丁巳十一月乙酉朔十三日丁酉於桂州城南善興寺開發建立此妙塔七級聳高十丈至顯慶四年歲次己未四月丁未朔八日甲寅葬佛舍利貳拾粒東去大江三十餘步舍利鎮寺普共法界一切含識永充供養故立銘記

右塔銘在桂林府學南門外萬壽寺金石家未著録寺隋建舊名永寧據銘唐名善興可補方志之闕四録堂類集

蘭陵長公主碑 顯慶四年十月廿九日

碑連額高一丈二尺二寸廣四尺三寸卅一行行七十字在陝西醴泉縣昭陵

大唐故蘭陵長公主碑額三行行三字

大唐故蘭陵長公主碑銘并序 吏部尚書兼知中書門下事李義甫撰 慶州刺史駙馬都尉竇懷悊書

□□□□□□□史□宣平之□□□平□之□□□

□□□□□□□□□□□□□□□□□□□華□□□

□不□□□□□□□□□□□□□□□□□□□□□□

□□覆餗緬懷千□□□□乎若乃□柔範於椒庭奉

下空
聖祖□□□包四德而由已摠六行以立身騰潤質於
方流耀清輝於圓魄言□□則□□爲儀□□□□□
之□張□□□禮則蘭陵長公主兼之矣
公主諱淑字麗貞隴西狄道人也
高祖武皇帝之孫
太宗文皇帝之第十九女也原夫電影流樞揺華襲月
十枝分榮五潢疏派帝子光於□□天孫降於□陵固
亦煥彼緹油懸諸日月公主稟中和之正氣陶上哲之
粹靈履冰泉以表潔踐霜栢以含貞首無金翠之飾耳

絶絲桐之聲共梁妻而比行與萊婦而齊名況乃婉順
幽閑端凝淑美擢春葩於蘭籍晈秋月於芝田神鑒詳
明風徽韶美仁為性道豈資冥助孝實天經因心必極
雖左姬之含華挺秀謝媛之毓德揚芬式鏡前芳風流
詎遠九齡讀易窮謙損之微言七歲學書盡鍾張之妙
迹
文皇愛既纏心特流空十五字慈旨貞觀十年乃下空十
五字詔曰第十九女理識幽閑質性柔順幼嫻禮訓
夙鏡詩文湯沐之典抑有恒規可封蘭陵郡公主食邑
三千戶榮寵之錫雖冠公宮撝挹之情常懷止足而彤

闈未降紫罽猶停妙選高門方從下嫁、
天子永言舅氏情深渭陽載穆彝章用崇姻戚駙馬都
尉慶州諸軍事使持節慶州刺史扶風竇懷悊即
太穆皇后之孫銀青光禄大夫少府監上柱國德素之
子潔澄瀾之萬頃飛辯箭以□□擢修幹之千尋聳□
□以拂日譬良金之百練喻華鐙之九光踐孝資忠履
仁基信泛虛舟而獨往鑒止水而忘歸出摠褰帷政均
黃趙入司交戟任切鈎陳業美筐篚金滿班家之十紀□
□□玉籥象宗之五碑射枝逸技貫七札而稱妙揮豪
雅製摽六義而含章摶勁翮於南溟騁逸足於西海自

中陽纂歷春陵應圖或慶發黃雲祥浮紫氣或家藏金
穴瑞表玉衣皆聲塵寂寥丘樹荒毀我有餘慶弈代椒
房嬰則望重西京融乃名高東漢克復其始遠屬華宗
故知德祖太尉之孫既傳芳於楊敞女成丞相之子亦
絢美於韋賢才地清華僉論□□實□之□光武□□
□□比夫遠糸獨暎前脩公主義叶三從情歸百兩賓
敬之禮必表於閨庭喜慍之容不形於造次敦睦親於
娣姒竭蒸孝於舅姑言應禮經動合規矩
皇明嗣極載篤周親永徽元年別拜長公主仍加封五
十戶（空十五字）恩崇湯沐寵茂輜軿公主深誠驕侈

常安儉薄前後錫賚莫不固辭皆理為情申文非貌請
誠宜彝斯積慶享彼遐齡而與善徒欺輔仁多爽春秋
世二以顯慶四年八月十八日遘疾薨於雍州萬年縣
之平康里第返魂之香空留翠被吹簫之曲終辭鳳臺
奉
詔竇氏既是大外家情禮稍異特宜陪葬
昭陵即以其年歲次己未十月甲辰朔廿九日壬申遷
窆於空十五字 昭陵東南十里安樂原禮也
聖上哀深同氣特降殊私賵襚所須務存優厚弔祭之
禮有異常倫仍空十五字 勑衛尉卿閻立行光禄卿殷

令名為副監護喪事特給鼓吹送墓往還惟公主妙質
柔明雅識詳潤芝蘭成性琬琰為心莊敬自特温謙逮
下聿脩蘋藻式奉宗祊有肅穆之容懷□慎之操信可
以流芳鼎室垂訓台庭茂麟趾於黃圖敞龍門於赤縣
而星沈寶婺月掩金娥寂寂荒堦唯瞻茂草亭亭虛帳
空見遊塵豈直痛結（空十五字）寃旒悲深
儲貳而已駙馬軼安仁之永歎邁奉倩之傷神悼奔駟
之難留泣藏舟之易遠□文□□□陸賦以□□幼婦
外孫□曹碑而見託輒牽拙思乃作銘云其詞曰
赫赫

皇猷昭昭
帝族導源委水分枝若木月浦資粹星津誕淑秀發雲
翹祥摛日谷其一兩儀演慶四象騰輝承恩丹掖作儷黃
扉肅恭無怠祗敬弗違禮崇舉案慈流斷機其二秋窻望
月春榭臨風裁箴作範草賦開蒙詞温華瑾文艷雕蟲
鈆芳罷飾紃組為空其三桂棟晨開梅梁晝敞光生繡帟
香飄翠幌鳳簫凝吹魚軒疊響虹玉輝庭驪珠耀掌其四
粵有通人摽映搢紳日下馳譽席上稱珎好合成偶輔
德為隣一調琴瑟載叶松筠其五皎皎令姿盈盈淑哲匪
唯偕老所期同穴匣劍先沈孤鸞永絕蘭儀方秀菊芳

遽折其六女樓西傾娥臺北臨山煙漠漠隴日沈沈白楊行拱翠櫝方深式刊貞笋永播徽音

蘭陵長公主碑吏部尚書兼知中書門下事李義甫撰慶州刺史駙馬都尉竇懷悊書公主名淑字麗貞太宗之第十九女碑以顯慶四年十月立在百城寺中寶刻叢編引集古録目

是碑王氏萃編入録缺誤凡二百廿七字余得善拓本多識一百十六字故復載全文其諸家跋語王氏已録不贅

薛國公阿史那忠碑 上元二年十月十五日

碑連額高一丈三尺五寸廣四尺七寸卅三行行八十二字在陝西醴泉縣昭陵

大唐故司驍衛大將軍薛國貞

公阿史那府君之碑 篆額五行行四字

首行標題全泐

□□□□□□□□□□□□□□□□□□□□□

□□□□□□□□□□□□□□□□□□□□□

□□□□□□□□□□□執□結繩八極與四均齊

致□幽陵之□服□□陰之烈□□□擁泉罕□□□

□□□□□□□□□□□□□□□□□□□□之

□□□□□□□□□之□□□□□□□□□□□
□□獻□□嬴而被有截辨方正位踰亥步而極無垠
磐域輸□傾□□□若乃器藏於用幾動於神□□□
□□□□□□□□□□□□聖人而□□□□
□□□□□□□□□□孫吳以高視□□□□□□
應運而出在於降國公矣公諱忠字義節其先代人令
為京兆萬年人也鬱矣曾基克承大禹之□□哉茂業
奄有幽都之地洪源共昌海分流崇構與軒丘競□曾
祖□□□□□同□本□□□稱強盛□□正□控千
□於龍堆境窮西夜騁萬騎於雞□威讐東胡父蘇

皇朝左驍衛大將軍寧州都督懷□□□□□□是
曰祭金之胄□該逆順恭惟執□之□信化□□特□
□□□□□□揚 聖歷侯□□□□丹墀□□以貴
□□□之愷澤異姓而封埒長沙之祿祚公玉承昌緒
允迪潛禎上分列緯應天街之祕象下屬□山□寶符
之靈氣秉羊則英略方運結騎則□□□□□□□
□□之捈不渝□風□合知□之心弥遠干將甫成劓
鐘之奇可察豫章始拱□蠲之□先彰素懷不羈之節
載蘊非常之志及隨季崩離中州版蕩我 大唐
撥亂反正繼天立極□□□□□□□□□□□□

□□□獻款非藉錦軒之使公□□命言歸咸承繡袷
之賞石奮父子共沐朝恩秺矦仁孝式流家祉時以漠
南未靜委公作鎮頡利可汗乘間内侮　詔遣張保
相輕齎遠入公乃引衆□□□申　詔命□□利以□
誘遂乘機以囚縶兵刃不加凶渠底定大夫之使閩越
嘉謨斯在介子之刺樓蘭英風可躡竭誠之跡基於此
矣　詔授左屯衛將軍仍令北門宿衛賜甲第
一區降定襄縣□□□□□時貞觀之四年也控御中
軍叶□□之睿愆去□外□動吹簫之妙曲望隆勲戚
譽浹遐迩俄丁元王憂尋起復職寢苫結纂集蓼纏哀

善喪能毀棄兒悲於行路葬禮即戎柴形愴於朝序五
年　詔□□□公食邑三千□□□撿挍長□都
督□□□□□四豪之□□任隆式□□十角之新
□克清邊壚言旋京邑撿挍左屯營既而句驪百濟互
相侵逼處月馬耆各爲脣齒肆回邪於荒裔軼弔伐於
皇情□□躬□□□罪□踝　□□□□洒□綏
邊之□　詔公□域安撫□□□□之寄右地警□
加授上柱國廿年遷右武衛大將軍復屬延陀縱慝鐵
勒怙亂乘壯月以控弦候朔風以鳴鏑孰膺分閫
詔曰尒諧□□□□□□□□□之以德尚翹斧而達

命後之以刑旋 輴以才糸 廓清柳室緊公是賴賜金
銀器物數十事繒綵五百匹錢廿万馬五十匹霍氏辭
第竟收絕漠之功蔔父延錫寔資剋狄之効俄而七萃
□□ 八鑾晚出□衣□玉侍巖廓而逾謹 宸駕□
□攀弓劍而殆絕 天皇纂歷景祚惟新 帝澤
滂流伸恩念舊爰復本任委之心膂永徽中以太妃憂
去職欒棘之痛若居元王之喪其年起復授左武衛大
將軍□□□□□□□□驍衛大將軍顯慶五年
詔為使持節長□道行軍大摠管長韓俶擾徙旆除殘
契丹縱毒迴戈撥亂剿玄兔之遊魂覆黃龍之巨孽亦

既□止　恩賞兼隆初改屯營為羽林軍委公統□□
□□握兵　禁闈妙識機權深閑體制□□□□徙
□□於中衢紫掖令嚴整雲營於上苑六軍取其節度
八校法其規模是以歷事　兩朝俱□　□□諸
王宴集公必預馬伯初之恆宿禁中仲先之常居□內
比跡□□曾何等級洎檢玉梁陰封□岱趾□□□□
□□舊勳　詔公兼右衛大將軍檢校羽林如故式
彰巡警之効聿陪登降之禮嘉慶是覃　鴻私允洽復
以吐蕃蟻結近戡凶醜□□□□□□□□□□
□□孔熾且蘭之域尚想伏波載思橫海勲章初

諮公為青海道行軍大摠管甫臨邊服克靜妖□將軍
有百勝之功　天子緩一隅之慮尋又奉　詔為
西域道安撫大使兼行軍大摠管聞命則發任變以能
通扙義斯舉有征而無戰威信竝行羌戎是□洎乎振
旅頻加勞問方當克享期頤永膺福祿延十紀之遐筭
升九命之崇班不謂大樹先秋和松落其千丈高臺遂
毀□□□其万仞悲夫以上元二年五月廿四日薨於
洛陽尚善里之私第春秋六十有五　皇上夙延
恩顧事越等倫爰自寢疾深於□辟之寵之是歸全甚
於趨輪之慟前後中使相望於道　詔贈鎮軍大將

軍使持節大都督荊□□□四州諸軍事荊州刺史賻
絹布一百段米粟一百石賜東園祕器凶事葬事並令
官給務從優厚陪葬　昭陵儀仗送至墓所往還常
所服甲　勑令隨塋并賜衣服金衤等物特　勑□
書立碑粤以其年歲次乙亥十月辛未朔十五日乙酉
遷窆於　昭陵之安樂原謚曰貞禮也惟公擅生知
之敏稟默識之資□□□發襟靈奭澈蘊蒼璧以載融
瑩白珪以無玷貞心勁勇儀竹柏而齊秀猛氣抑揚掩
風雷而共壯□□武藝洞曉兵機言合於道修真弃乎
糟粕理會於神處物期於簡易觀其在割能斷去危就

安□□□□而著勳天錫歸□而延寵此乃周身之智
也清以激貪勤以應務必戈而清禁衛授鉞而靜邊陲
此乃□□之□也愛敬無違純嘏伊耆俟色踵三姜之
養居喪極二連之感此乃奉親之孝也珠璣孕掌瑤理
光庭辛氏有將帥之風陳扉無卿長之□此乃訓子之
至也赫奕鐘鼎留連隨會之□□□□□□□□□
之□□此乃知命之達也凡茲具美爰振嘉聲故能上聞
紫極排閶闔而避舉側□　丹宮肅鉤陳以嚴侍左
臨海甸一戰而蕩方夷右瞰河源□□而靖白□出
充四鎮入揔六師□□□之□□□□□□□□一居

府禁四十八年寵遇行隆冠於朝臣之右謙恭無怠光
於宿將之先博陸之謹慎小心二十餘載富平之勤勞
亹事三十餘祀校彼聲塵固難優劣古所謂立功立事
有始有卒者矣嗣子太僕少卿光祿□□□徒□□□
□地義友極天倫誕秀質於玉山藴貞猷於金柅學該
七略發揮書府之奧辯縱三牙含吐談叢之實君子稱
其禮節通人許其遠大至性有聞因心則感以為麟臺
續象丹青有歇滅之期鳳圖載□絹素無永貞之質用
刊盛德式昭典型庶令過客披文載揖先賢之範故人
望拜遐傳不朽之業其銘曰

文昌列將武庫陳兵敵万爲傑踰千曰英屬此邦彥成
玆國楨□□□□□□上京幼誕淑靈早聞粹質六象
雲奔三□雹逸虹實連城驪珠□□器則瑚璉材維梓
漆德宇曾騫禮輿遐振斷山載嶷澄波已濬踐孝履仁
宅謙居慎處事無惑出言有倫鈐符蘊妙斂術窮微□
流□□□□□□□□三略錙銖四機□時利往□
聖爰歸禮極將壇榮開戚里絳城□盛秦樓載峙軒蓋
聯華歌鍾遁起宅躬伊泰在貴不恃盡節禁□□□
服東涉鯨波西臨鳥谷陣□前茅功宣破竹勒銘□□
□□□□□□□□俄□驚飇□□□□□□□謠蹊

桃遽落營柳先凋九泉永閉三宮寂寥慶屬象賢德鍾令嗣箕裘允襲文武不墜仰畢陌以纏哀望盧山而結歎紀貞石而垂範庶傳芳於來玆

未行年月全泐

右阿史那忠碑在昭陵北西峪村文多漫漶首尾標題年月二行全泐惟敘銘卅一行行八十二字通計二千三百一字可辨識者一千八百五十四字雍州金石記及醴泉縣志以為存七百餘字潛研堂跋尾以為僅存二百餘字王氏金石萃編載有全文亦僅一千三百字諸家皆未嘗審觀也四録堂類集

是碑王氏萃編入録缺千餘字余得善拓本多識五百四十餘字故復載全文其諸家跋語王氏已録不贅

右虞候副率乙速孤神慶碑 載初元年二月

碑連額高一丈廣四尺三寸四十四行行八十字在醴泉縣叱干村

大唐故右虞候副率檢校左領軍衛將軍上柱國乙速孤府君碑 額五行行五字

大唐故右虞候副率檢校左領軍衛將軍上柱國乙速孤府君碑銘 并序

天地之大德曰生聖人之大寶曰位生不可以無宰侯有道以存之位不可以無寄侯有德以尊之故翔極剖天張維闢寓大君有作俯□□而乘雲多士聿興仰登山而捧日可久可大闡洪業於非常立德立功垂大名

於不朽存而為一時之傑殁而為百代之英爰有異人
今可得而聞矣　　　　公諱神慶字昭祐其先王氏太
原人也昔房友以天戈耀彖六英開鳳舞之祥后弃以
星秩興農萬里厝鸞歌之域帝圖克峻王道攸歸周德
方隆翦商以光其業齊功可遂敗狄而有其勳官族著
乎天下統緒傾乎海内五代祖顥後魏拜驃騎大將軍
偉德挺生禀嵩岱之精魄洪川派别洩江海之波瀾倚
拔千仞盤紆九野遂賜姓為乙速孤氏始為京兆醴泉
人焉有命承家代功居寵然後以周畿委輅奉春異鍾
鼎之門漢殿秉軒田秋匪珪璋之操詎其榮閥故無得

而傳之曾祖貴齊右衛大將軍儀同三司使持節都督岐州諸軍事岐州刺史周上開府儀同三司胥附大夫隨河州諸軍事河州刺史河州總管太子右庶子和仁郡開國公祖安齊前鋒都督周右武侯右六府驃騎將軍開府儀同三司使持節萇州諸軍事萇州刺史隨益州都督襲封和仁郡開國公拜前拜後惟昭惟穆咸以忠貞之操並資文武之才終始一心雖百君而每合出入三代居八命而逾隆父晟　皇朝上開府右武候右廿府左車騎將軍轉驃騎將軍令緒逾崇高門克大岳靈鳳德紹賢悊以相趍河目龜文讖公侯而繼出

公山資海授星傑雷英跨俗騰彩驚時駭矚雖仲連飛
免追日電以長鳴而諸葛臥龍候風雲而戢景俄屬鼃
鼉架海猿鶴淩江黄神吟而寓縣分素靈歎而區域震
高祖神堯皇帝開天躔步翼日騰精偃攢流於
九海蕩洪氛於八極雲雷憤薄興於晉水之湄天地亂
蘊闢於渭川之涘于時邑居幅裂豪俊綦分鵲起逢時
之心寰中既擾烏止于誰之室寓内攸瞻公乃蓄悟井
之深幾載驅驪皁知躍泉之祕蹟言訪龍田獄訟歸禹
不忘於寤寐歌舞迎周獨斷於襟抱以義寧之始乃奉
見於涇陽初蒙　恩命預叅　秦府從平京

邑授通議大夫賜物六十段戎章克峻雖策勳而既重國圖伊始以門胄而方榮乃取祖萇州府君之資任右親衛于時雖地開金策翦鶉甸而斯安而池阻玉華亂雒津而未靜公於是奉陪八校薄伐三川從討王充破青城堡賜物一百段并袍衫牛等加勳大將軍武德元年又征薛舉二年復破武周神兵四舉每推亡於後服英圖百勝必賈勇於先登時宋金剛尚憑巽地險更勞天伐公乃因機有捷燭雲火之高輝應變無方刊風猋之遠陣平寇之後蒙賜馬及金寶綵物百段王充以巨猾竊豐假位號於成周建德以大盜因時竊仁義於全趙

恃連雞之援以阻危邦託刑馬之盟方為與國
太宗乃韜龍豹㧞貔貅黄鉞排天朱旗斷霧沸洛川而
憤角震嵩巖而疊鼓王充以迭食為命不移蛩駏之心
建德以弱甲相依無舛螳蜋之衛公乃懷奇請奮受命
長驅破王充千金堡并從擒建德預軒騰於玄符奉堯
績於丹浦燕趙俄獲蚌為脯而無遺虞虢終亡馬服與
而不失加勳柱國賜物二百段劉黑闥擁銅馬之餘孽
氣蘊圖南阻金鳳之長川兵雄趙北公乃從平清漳洛
水二□因遂俘之授上柱國賜□□□并□馬等綵物
一百五十段粤以超時之効恆當不次之恩滿寵受田

殊非異賞李忠錫馬遂多慙色尋又從破徐員朗復著
奇勳既而　聖情載洽念功勞心特蒙賜[□]用表
深榮　太宗以乡雲入户朱改唐侯之爵白水開錢
猶踐蕭王之跡　秦王府妙資左右公以良家首
辟弁令長上仍賜大袍既而飛鸉侵梁長虹竭井雖域
中四大正西北之坤維而天下一家有東南之反氣
　太宗仍殄兹方命殲厥流言推大義以龔行引至
公而克翦公以九年六月四日載靜姧回因而侍衛十
旬不出既而汾陽脫屣代邸承祧高鳥盡而藏弓歸獸
存而去戰公乃方從挾筞且欣櫜矢結墳籍而為晉駈

禮義以為禽然以七德攸歸五營斯佇方始執鞭之任
式隆初簣之基以貞觀五年授右衛勲衛校尉御箓長
上六年□□供奉賜絹一百疋八年授右勲衛校尉公
以懷才樂道緯武經文學而時習顛沛必於函丈功成
不居終始存乎退尺每策勲而命賞常後己而先人所
以幽谷非遷望喬木而韜響灑池徒奮坐大樹而銷聲
雖薄遊之志每深而厚祿之期終及十年蒙授游擊將
軍守左領軍長春府率别將仍於永豐倉留守佳兵七
萃左帶　皇畿敖庾千箱傍臨陜服正壘壁其斯
重瞻海陵其已陋聿兼其任隆寄存焉十二年以

琁極西傾玉鑾東警　皇輿帝阜肅龍駕於風雲天
動神行揚鳳旗於日月薰司戎禁截佇忠賢　車
駕自東都還京乃　勑公撿挍右衛勲上府郎将
十七年以震宮養德　乹心佇□乃下　詔
曰ム官ム志懐强濟計略沈遠勞効着於戎旅恪勤宣
於階闥宜加榮擢周衛儲闈可守太子右衛率府勲衛
郎将於是青闈振景絳地增暉招揺之桂連芳共□蒼
琅之竹比節同□十九年馬邑僭職無踰於騍山之義
　龍顏潺怒有事於遼水之陽鶩雷輜於碣石洗
天兵於海島時　高宗天皇大帝銅樓毓粹玉裕

流温雖義在懸弓宜扈於擒縱而時方主鬯實資於監撫乃爲司州留守命公等協奉儲闈廿年丁驃騎府君憂去職退輟趨巷備悲陟岵絶漿九日已摧唐頌之心茹痛三年每泣高柴之血廿三年　詔授太子右衛率府翊衛郎將犀鈎在飾鶴御登榮抑禮援琴仍奏樂風之韻踰朞改燧更承重日之輝既而龍躍在天正銀題於紫掖鴻飛漸陸振玉羽於丹霄　高宗即位之後授右衛中郎將永徽三年除守右驍衛翊衛中郎將張奐坐帷奮雄邊之遠略馬卿建節馳喻蜀之高文才宦雙美括囊千載五年　詔守太子右虞候

副率尋加兼太子右虞候副率徐邈授經之彥師表攸
存卞敦良將之才閑邪是屬公之授也斯實兼馬俄屬
六麟徐駕御西京之霧雨五牛遥拂俯東洛之風煙鈎
陳既委英賢是賴　駕幸東都之日撿挍左領軍
衛將軍尋又　駕幸□□□□□□□并州先置
還東都日撿挍右領軍衛將軍仍知六閑馬事溫驪驌
景歊□□於雪谷瑞□生風銜珠耀於玉井職無不理
帝有嘉焉俄又兼太子右衛率絲惟𠂆秩寔□—
玆□□□以□□建功茂仲以主門興續瞻言故實英
尚斯途公以儔之則為優矣方冀有仁必壽有壽必隆

而位未極於釣璜徒問望周之浦蓋不延於練玉遽穎
觀魯之峯以顯慶五年八月廿四日遘疾不起薨於□
□□□之□第春秋六十有二　晃旒興悼哀榮
兼拯　勑書垂慰賵贈逾隆　詔問嗣子行
儼等并賜物二百段粵以龍朔元年歲次癸亥二月戊
午朔十九日巽時永厝於雍州醴泉縣履中川以從先
塋禮也惟公降象辰緯誕靈川嶽德光寶璧舒白氣以
成虹才苞利器横紫氣而射斗昔在髫初即踰常類嶷
然殊狀如旭日之吐青山湛乎深識若明月之含碧海
克岐日就至性天成教以義方則行之靡失趍而有訓則

奉以無違承顔必當於隱犯知年每形於喜懼不愆于德
瞻梓無以措其徽未嘗有過折捶無以申其罰洎乎歷
丁艱疚殆不勝哀在驃騎府君之憂公時已班隆貴屢
將毀滅痛深朝野于時乃有巢鷁乳于倚廬觀聽嗟□
古今攸絶豈必許孜永慕栖雛翟於虛檐丁密窮哀集
翔梟於曲沼若斯而已矣加以友于成性愉愛為懷共
駕無睽屢撫鐘輿之慕同衾有慰每追姜室之歡兄弟
數人公為其長居上斯睦撫下以仁韡韡增映怡怡可
樂其後五門將闢三荆遽慘公乃責深自簒悲共氣而
無終訓切在原泣分形而有異雖同胞竟阻王脩之喻

罕遵而推產不干卜式之資未給公以鼎貴餘業財踰
巨萬一無所取咸以讓焉遐迩嗟伏宗姻駭歎公以幼
承教義早聞詩禮德思潤已學尚專門俄屬有隨蕩覆
生人殄喪鄙書劍而事干戈弃俎豆而脩軍旅故得藝
殫弧矢精極韜鈐戟枝楊葉窮取睽之妙金匱玉堂盡
殪戎之術所以革車每次大憝斯殲慮靡遺策兵無挫
鋭非以賞而邀利寧以功而自伐然則因時命律積稔
論兵受而莫違當厚惠而居百夫之長推而不有委榮
名而辭万户之侯卓矣高蹤魯連豈唯於蹈海安乎畀
位㬎僃遂勞於執戟大雅君子斯之謂焉子國子明經

高第朝請大夫行緜州司馬行儼寧遠將軍守岐陽府長上折衝行均游擊將軍守甘泉府左果毅都尉行方等或傳經綜業或良弓嗣美誠在孝而斯勇寔致果而為雄仁者安仁心無昧於觀行將門有將理不差於必復既而匪莪罌酷悴柏蹠哀攀蠢索而增慕循鑿楹而載感於是乃与昆季聚族興言以為陵谷難恃風猷易絕雲臺入畫莫究遺芳天祿藏書方成蠹簡欲垂不刊之跡必存無媿之詞於是爰勒他山用旌斯烈庶使波空渤澥識隨淚於千齡麓徙琅琊傳受辛於萬古其詞曰

立功立德　惟武惟文　銘戈著範　勒鼎昭勳　名

懸日月氣凜風雲誰其克紹卓矣夫君緒派伊笙望隆
淮筮肇錫宦族即榮吕奠褒服有輝旗章靡替明德斯
謀高門是繼英英亮狀灼灼瑰奇不憖于道無忒其儀
光含巨闕彩振長離公山比驤吕望非彲運屬時屯道
叅人傑鵬圖鳳舉雲迴風烈濟水秦亡登山趙滅功成
百勝途兔九折已建宏勳俄膺懋寵期門甫陟羽林初
奉帝庾斯衛儲兵載擁寓省才高司階位重宫連四率
望越五營聲芳漢將器表周楨未登台室遽掩佳城哀
纏國寶痛結人英樹慘王哀松凋許泣九泉長送百身
何及鶴兆方兼烏墳永戢山秋月思野寒風急傳鉤令

緒待漏英才蘭期奄隔楸思儀開圖芳隧路紀德泉臺
九原徽烈万古風埃
朝散大夫守著作郎引文館學士兼修國史上柱國濟
南縣開國男苗神客撰　　淨普寺釋行滿書
神跡鄉薰大宇鐫字
大□□□□年歲次庚寅二月戊申朔十九日景寅立
右乙速孤神慶碑在醴泉縣叱干村與其子行儼皆
不在昭陵陪葬之列碑四十四行行八十字通計三
千二百七十三字近年斷泐右方下角約少二百字
存者亦漸糢糊故王氏金石萃編所録至缺誤六百

五十字此舊拓本首尾完好所不辨者僅卅餘字撰者苗神客滄州東光人舊書附元萬頃傳碑末題歲次庚寅二月戊申朔上泐年號諸家以通鑑目録推之謂是載初二年其實載初無二年武后改永昌元年十一月為載初元年正月國號周依周正建子以十二月為臘月來歲正月為一月至九月改元天授是碑所泐年號乃大周載初元年也四録堂類集

是碑王氏萃編入録甚缺泐余據舊拓本多識六百十餘字故復載全文

順陵碑 長安二年正月五日

碑殘缺僅存三石一八行共四十六字一十九行共一百卅六字一七行共卅六字今在陝西咸陽一在縣署一在縣學一在縣民竇氏

大周無上孝明高皇后碑銘并序 特進太子賓客監修國史上柱國梁王臣三思奉勑撰 太子左奉裕率兼檢校安北大都護相王臣旦奉勑書

臣聞二儀合德中黄承太紫之庭兩曜齊明玉兔儷金烏之象是以九霄高暎星躔乘婺女之精十野傍羅嬀水叶娥皇之德亦有西陵美族□□軒帝之宮南土嘉媒入嫓夏王之幄其後太任端一即創文基太姒勤勞

還開武運故知皇三事業咸資坤□之功帝五風謠必
藉陰靈之化無上孝明高皇后弘農仙掌下缺 出自
有周蓋唐叔虞之後下缺 原夫赤烏流火丹雀銜書□
開夢梓之祥旋茂翦桐之業自唐郊徙邑晉野裁封即
胙土而□家啟禎符而得姓周則志爲大將承九代之
餘資秦則歆爲上卿居七城之重任豈直□□丹轂金
莩爲奕於都畿四代白環玉緒蟬聯於海縣子雲博識
吐鳳擒詞伯起高材銜鱣襲祉誕□不墜降靈相屬
神基與紫微爭高仙派共黃河俱遠所以□隆鍾鳴□
積衣冠五公則異代相傳八子則殊□閒出詳諸□□

可略而言曾祖諱定後魏都督歷新興太原二郡太守
并州刺史晉昌穆侯宏材卓犖峻局深沈丹山有象□
之彩綠□見遺風之步褰帷按俗風行馭竹之郊露冕
臨□化偃棼林之阜豈直鄧攸罷郡深嘆鷄鳴劉寵辭
官方憂犬吠祖諱紹後魏征西將軍金紫光祿大夫兼
通直散騎常侍驃騎大將軍周開府儀同三司封儻城
郡公鄜豳燕三州刺史贈使持節大將軍成文扶鄧洮
五州諸軍事成州刺史謚曰信聲飛漸陸響逸鳴皋罷
重南金材橫東箭謀深八陣勇冠三軍既隆投石之勳
果踐銜珠之秩加以金𨍏結紐銅虎分符轉扇揚風停

車待雨童兒結要無欺一(乙)之期覩友論刑自得二爪
之詠父鄭恭王諱達周內史中大夫隨開府儀同三司
黃門內史吏部刑部二侍郎尚書左右丞趙鄴二州刺
史工部吏部二尚書上言營東都大監將作大匠武衛
將軍左光祿大夫遂寧恭公贈吏部尚書唐贈尚書左
僕射垂拱二年封鄭王食邑一萬戶依舊謚曰恭即雍
州牧思徒觀德王之季弟也量包江海氣逸煙霄文則
呂氏春秋武則孫吳兵法箕裘代襲鏘鏘萬石之君禮
樂基身翼翼千金之子鸞迴玉札雁落瑀弓激水張鱗
遥浮渤澥搏風理翰直上扶搖累踐崇階頻昇顯秩詈

韃北闕位揔貔貅曳履南宮聲高鵷鷺貂冠入侍氣應連珠隼旂分班棨叅執玉加以累仁踵趾積德延祥四履開封寵及九泉之路千乘□禮思畢萬古之前崇棣相輝鶺鴒交映劉家兩驥譽滿寰中荀氏八龍名高海内通門向術冠蓋成陰甲第衢歌鍾就列伏惟無上孝明高皇后資靈匜魄毓粹□宮承茂祉於瑤筐降仙儀於金屋聲馳北歲潛流夢㔾之祥譽表笄年暗積捫口之眖蘭襟散馥蕙問揚翹懿則重於邦家柔儀冠於今昔忠圖孝範授翠竹而凌霜媛德嬪容引青松而冒雪禮枝合秀藻七誡於情田行葉分芳龍九師於性府

徽猷內湛韶姿外發懸明鏡於積水之間振清飆於長松之上貞規漠遠亮節秋高翠縷紅纏從來未理龍梭鳳杼本自多輕簡素鄙鞶繡之工靜然尚韋編之道明詩習禮豈唯秋菊之銘閱史披圖寧止春椒之頌學標而縱開道德之清關業契生知入文章之妙境曾於方寸具寫千言摠遊霧於毫端窮偃波於筆杪芝英雲氣入魏帳而分輝龍爪魚形映張池而散彩嘗題一簡密記貞心置以緘縢藏之屋壁云當使惡無聞於九族善有布於四方指此立身期之必遂後因脩宅匠者得之恭王見而嘆曰此隆家之女矣昔者書堂欲壞唯聞絲

竹之音鍬匣將開空觀蛟龍之氣未有仁心暗徹睿德具通橫宇宙而無達滿乾坤而自應若乃行該埊義孝極而經親枕席而忘疲候晨昏而靡倦及乎風枝不靜露蓼含哀履厚埊而無追仰層穹而莫報思欲托三乘之妙果憑五演之方宗永奉嚴親長栖雅志昔隋季喪亂海內沸騰伏鼈垂而風塵暗起羣龍戰野旗鼓潛張白騎於是爭馳青犢由之競擾蚩尤則餐沙食石項羽則索鐵申鉤赤眉探盆子之籌黃巾聚而師之術夫三才合契唯神膺大寶之名六位秉時惟𨲢運洪鑪之德唐高祖神堯皇帝材雄鵲起業峻龍飛用丹扆而寧𤯔

將朱旗而撥亂天綱既紐竟收龍鳳之圖埊角咸清遂
翦豺狼之毒　無上孝明高皇帝觀時有作應運而生先
知赤伏之言須識黃龍之兆功深　坐樹績茂披荆負伊
嵎而陳謀入張幃而建策龍鈐　獨運當赤埊之三千歐
節長驅偶皇天之百六息昆山之巨燎並藉中權定滄
海之橫流咸資上畧志同魚水契若鹽梅如魏武之得
荀攸似漢光之逢鄧禹雖英圖盛烈昭鶴鼎於高門而
閫則嬪風闕魚軒於中饋高祖神堯皇帝位膺元首任
切股肱利涉大川寄隆舟楫式崇勳舊爲結潘楊酹切
草昧之時賁敘雲雷之乙高后以孝誠純至雅操虛沖

拒縟禮於移而誓閑襟於鳳臺六塵不染孤標水上之
花四諦方披獨晤○中之匝洎号鳳凰開跡猶堅匪席
之心烏鵲成橋果追如綸之命於是使桂陽公主為婚
主禮娉所須並令官給既而三口叶兆百兩邀歡與松
蘿而比茂諧琴瑟而流響風閨少女襲蘭蕙而馳芬匝
愧仙娥韻珩璜而動步光生綺殿比桃李而增鮮影發
春樓視雲霞而掩色八紘欽其雅躅四海挹其鴻徽猶
羽翼之宗鸞鳳風雲之隨龍虎者矣廟見斯畢即拜應
圀夫巫從班例也于時帝圖肇建王基㷼基三户亡秦
覺風塵之始定四門闢舜識雷雨之將調而無闕[illegible]之

祆崒息崩山之禍主上方勤庶政屬想群黎將貽共理
之憂式廣求賢之務無上孝明高皇帝以勳兼竹帛義
重金蘭備歷文武昭昇內外三踐八元之位四臨九伯
之途中臺飛署劍之榮南服揔班條之任高后以業光
圖大道叶墳罷欲啟仁明贊具儉助是以量如江海令
未發而風移化穆荆衡澤將流而人悅鳴鷹臺下尚偶
去恩抵鵲巖前始歌口晚俄而高祖晏駕瞻脫扆而無
留太祖崩號奉遺弓而積慕沈緜遽軫終無就(乙)之期
痼疾遄淹怨切衆口之鷽高后哀深杞埭誓切柏舟悲
一劍之先沈怨雙桐之半死昔時寶鏡愴對孤鸞舊(乙)

瑤琴悲聞獨鶴銜冤茹痛撫繐帳而增號弔影傷魂踐孀閨而凝慕方祈淨業敬托良緣憑慧遠於幽途艤慈舟於覺海於是心持寶偈手寫金言字落貫花詞分半匯龍藏豈及象負難勝將佛𡆠而長懸共慈燈而不滅及龍桂首次蠡紼遵途永惟憑附之誠願託丘榛之側方冀鴛栖梓樹近接埏庭鶴舞松梢傍依隧路特以璧上乖居滕下愛切掌中理藉劬勞方資顧復宣和諭善屢積葭承𡆠就匯將頻移柘火至永徽六乖璧上母儀萬國云位六宮將開練石之基乃遂顏沙之祉大帝以西京命賞平原之秩未引東漢崇恩新野之封猶褊於

是廣流方霈大啟黄扉稽石窌之遺塵裂寶符之氣昴
以其秊十一匜特拜代圀夫𤯔食湯沐邑一千戶品𠙺
苐一位在王公母妻之上魚軒水鶩颺輕影於龍池翬
服霞明下鮮文於鳳掖榮由德被位匪恩昇騄應嘉名
徒昭洪澤以顯慶五秊十匜轉拜榮圀夫𤯔尋改封鄭
圀夫𤯔自家疏槐里門荷綈庭累沐殊輝頻膺茂典南
鄰夜靜奏鍾磬於高臺北里晨通列笙竽於廣榭門有
躡珠之客家豐饌玉之廚恒處逸而思勞每將昇而必
降綠墀青瑣特忿王根火布金池渠非梁冀謙撝之美
萬圀仰而知勸端潔之風九圍欽而取則智周寰宇識

洞古今思所以匡圀庇𢘑濟時執物嘉謨讜説屢發於
神襟厚利豐功頻彰於帝念奏便削藁𢘑莫能知每以
孔光秘言合爲悪之道山濤啓得事詹之要可久可
大置黜首於生成惟幾惟深頓蒼元於覆燾至若緣情
躰物屬事比辭取之以義方先之以風化清詞海富緐
藻雲繁凡所著述皆成典詞其動也方其靜也直其恩
也若春雨之流津其威也若秋霜之應節接上以禮逮
下以仁君子感其德小𢘑歡其惠𠀑機獨轉靈臺迴燭
虚鑒與𡆠𠥱齊明神理共陰陽比奥洋洋乎不可得而
稱也既而離宮霧闢遥横埊乳之山别館口開上戴𠀑

眉之宿甘泉避暑方陪萬乘之遊景福追凉更扈六龍
之駕不謂災纏霧露疢積膏肓丹扆凝慈召名醫而接
軺紫霄流瀣下琊藥而相望玉釜徒煎竟乏長生之術
金丹莫就終無駐壽之期咸亨元年八月二日崩於九
成宮之山第春秋九十有二聖上以身口霄極禮闕晨
昏戀隔九重望長筵而下泣心馳五起瞻厚縛而嗟悲大
帝慮不勝哀秘茲凶問苴筵欲對仍流不次之恩策服
將臨更下非常之澤仍改封衛國夫人以諭聖上之憂
懸也后疾將大漸時落高舂雅志無昏神情不撓影隨
燈滅自此長辭魂逐香銷終無還反以為合葬非古禮

貴從宜將追罔極之慈顧在先塋之側壁上奉遵遺旨
無忝徽音割同穴之芳規就循陔之懿躅即以其𠡦庚
午閏九𠥱辛丑朔廿一𡆠辛酉遷座於雍州咸陽縣之
洪瀆原鄭恭王舊塋之左禮也尒其郊原坱圠林薄阡
眠秦埊關河迴接寶雞之野漢家墳隴平依金狄之川
松檟森沉何𠡦鳥住風煙蕭索幾代𤯔亡於是凝恨九
泉廢朝三𡆠空山露泣痛結飛行曠野雲愁悲躔草樹
乃下制贈魯圀太夫𤯔謚曰忠烈仍令司刑太常伯盧
承慶攝同文𠙺卿充監護大使右肅機皇甫公義等為
副賜東園秘器每事官供務從優厚仍令西臺侍郎道

冏公戴至德持節弔祭京官文武九品以上及諸親命
婦並赴宅弔哭仍送至渭橋葬事並依王禮給班劒四
十至羽葆鼓吹儀仗送至墓所往還官為立碑親紖銜
禮塋上因心轉切錫類方引希申莫大之懷奠展飾終
之請烏墳欲列思增茅土之儀鶴壠將崇願廣山河之
誓遂得五雲飛彩墜仙液於松塋十㉠迴光被增輝于
蒿里乃下制贈太原郡王妃餘並如故所司備禮册命
大帝親御横門開軒悲哭紫宸哀慟黄屋淒涼爪坐為
之寢光煙雲由其輟色壟上以幽明永隔屺岵長辞終
無再見之因鎮結千秋之恨奔曦已遠薦霜莖而無乗

逝水難追饋氷魚而未②又以嚴規早墜遠卜厝於鄉墳慈蔭重傾近培覲於京壠陵塋眇隔長懸兩地之悲闕塞遥分每切百身之痛遂命大使備法物自昊陵迎魂歸於順陵焉遊冠遠降墜島遥遷 方移沛邑之魂更啟橋山之域白雲朝起乍伴龍輴明𠥱宵懸時低蠶衛文明元𠡦𨲢上臨朝其𠡦九𠥱追尊先妣曰魏王妃食邑一萬戶實封加滿五千戶改咸陽園寢曰義順陵大名爪啟奧壤口分古樹捎雲近對黑龍之水荒墳映𠥱傍鄰丹鳳之城徽號 既崇園陵泰廣屬以圖書河洛龜負鳳銜窓闥方圓雲攢霧矯合宮重屋既布政而嚴禋玉輦

金輿具巡河而拜洛永昌元年追尊先妣曰忠孝太后
既而謳歌允集獄訟知歸𠀑垂革命之符埊涌受終之
蘇方珪錫禹還逢揖讓之年黑玉歸商即啟休明之運
九埊仙草依漢殿而抽芳五色祥雲繞軒宮而布彩下
從𤯔望上應𠀑心乘寶位於通三建瑤圖於得一黃琮
蒼璧祀埊郊𠀑複廟重審宗文祖武鴻名肇創光鳳闈
於幽泉茂禮將加飾鸞圍於長夜復以祥分貝葉瑞演
龍花金容開十埊之圖王相告三空之讖龍軒黯黮俄
為撓幸之𠀑鳳閣茗茗忽似須彌之座金輪既轉玉鏡
方懸式詮無上之文爰顯崇親之義長壽二年后位之

上又加無上兩字尋又下制改順陵曰望鳳臺東京故事西漢遺塵封樹空存追崇未廣豈若宸襟鎮結長懷露序之哀睿念恒纏永積霜旻之慕遥瞻鳳野式建嘉名遠望鶉郊長懸美稱且夫功成翼贊尚晝雲臺勳擅勲庸猶題麟閣況粤俔天茂德貫匹殊禎垂母則於襄區導嬪風於邦國豈可使炎涼暗積陵谷潛移唯栽舞鶴之松不刻盤龍之石璧上凝懷萬化長想千齡恐坐軸之西迴懼爪闕之北轉方圓琬琰式降綵綸永嗟仙鶴之歌用固靈廸之卜微思攀輝乙樹沐潤爪潢榮忝緑車職兼青史奉先追遠恒積慕於丹誠相質披文忽

承恩於紫誥是用恭抽弱思敬述洪猷屑瓦徒勤生金媿妙揮毫奪魄陳萬一而寧窮伏紙驚魂辭再三而不獲逡巡拜首乃作詞云

邈矣上古悠哉厥肇而迴紫府地轉黃輿陰陽蕩藻(乙)匜居諸靈龜負讖寶鳳銜書其一六位既陳三才乃立帝皇鬱起后妃更襲蛟雷遥凝虹霓下入渭涘疏派塗山是葺其二明明高后奕奕輝光白環代鬱丹轂家昌靈基嶽峻曾派河長捫而集祉裕後開祥其三爰自生育早彰尊貴匜出口流青龍紫氣金屋是貯玉衣方萃鸞卵非奇鷄珠寧異其四芝蘭吐葉桃李開花黃雲白

氣夜匝朝霞賢明自負仁孝興加層霄降藥祕篋飛沙
其五聰晤冞資惠才神與河漢璽匹瀟湘帝女筆動鸞
迴紋調鶴儷滌想金埜口心寶聚其六仙容婉婉豔質
峩峩㊁妃趾出嫂羞過椒花入頌柳絮縈歌詞峯秀嶽
學海馳波其七魴鯉成詩鳳凰開兆琴瑟既合室家斯
紹兩鶴齊飛雙龍竝繞德行方肅言容是昭其八九圍
毋則六合嬪風恩流海內化被區中銀環曉上金珮夜
下祥開梓闕位冠椒宮其九習禮明詩披圖閱史漢朝
馬鄧周姜任似陰化聿宣坤義奮理貫匝騰瑞驚雷送
祉其十高春忽墜上壽俄褰金丹不熟玉斧徒煎黃泉

九塋白𡆠三爪六宮恨積萬圀哀纏一具十寂寞丘壠淒
涼原隰畢塋難追終爪靡及蘼露晨清秋霜降急伏紙
呵悲揮毫灑泣怨鑒賢之同盡感昏明之遞襲紀鑒德
於豐碑與神猷兮永立
長安二秊歲次壬寅金四匝己巳木朔五𡆠癸酉金建
周孝明皇后碑武三思撰相王旦正書長安二年六
月金石録
順陵碑王氏萃編入録僅二百十餘字余得汪太
史所録全文補足其諸家跋語王氏已録不贅

中興聖教序 神龍三年五月

大唐中興三藏聖教序

御製　　脩州司馬臣唐奉一書

蓋聞蒼蒼者天列星辰而著象茫茫者地奠川岳以成形仰觀天文既如彼也俯循地理又若斯焉夫以妙旨幽微名言之路攸絕真如湛寂性相之義都捐然則發啓心聾資法雷之激響獎導迷衆俟覺首以同方故知假名不壞於常名樂說乃詮於無說至若象外之象獨稱三界之尊天中之天爰著六通之聖法王利見孕育

於七十二君梵帝乘時牢籠於萬八千歲周星閟彩言
符降誕之徵漢日流祥載叶通神之夢故能威揚沙劫
化被塵區玉毫舒耀而□昏金口引宣而遣滯破煩惱
之賊詎藉干戈壞生死之軍唯憑慧力闢圓明之界廣
納於無邊開常樂之門普該於有識縱使浮天欲浪境
風息而俄澄漲日情塵法雨霑而便廓歸依者消殃而
致福迴□者去危而獲安可謂巍巍乎其有成功蕩蕩
乎而無能名者矣但四生蠢蠢未悟無常六趣悠悠俱
纏有結詎知空葉不寔水月非堅馳逐於五陰之中播
遷於三界之域納諸品彙終俟法門自白馬西來方言

東被世尊則隨類數演衆生乃逐性開迷馬鳴擅美於瓊編龍樹騰芳於寶偈於是遥通震旦遠布閻浮半滿之教區分大小之乘並騖澄安俊德接武於勝場琳遠高人駢蹤於法宇遂使微言著範歷千古而暢英聲至賾流規周十方而騰茂實頃屬後周膺運大扇魔風遂使天下招提咸從毀廢衆中法侶並混編甿嗟乎閴寂禪居空留宴坐之處荒涼慧苑無復經行之蹤爰洎開皇重將修建旋逢大業又遇分崩鬼哭神吟山鳴海沸既遭塗炭寧有伽藍正法消淪邪見增長於是人迷覺路邅迴於苦集之區俗蔽真宗羈絆於蓋纏之內我大

唐之有天下也上淩巢燧俯視羲軒

三聖重光萬邦一統威加有截澤被無垠掩坤絡以還淳亘乾維而獻欵再懸佛日重補梵天龍宮将八柱齊安鷲嶺共五峯爭峻大引釋教諒屬皇朝者焉大福先寺翻經三藏法師義淨者范陽人也俗姓張氏五代相韓之後三台仕晉之前朱紫分輝貂蟬合彩高祖爲東齊郡守仁風逐扇甘雨隨車化闡六條政行十部爰祖及父俱厭俗榮放曠一丘逍遥三徑含和體素養性恬神摘芝秀於東山挹清流於南澗可謂幽尋丹嶠棲偃白雲罕鶴於是荅聲場駒以之縶影法師幼挺明晤夙

彰聰敏始踰辨李之歲心樂出家甫過游洛之年志尋西國業該經史學究古今總三藏之方樞明一乘之奧義既而閑居習靜息慮安禪託彼山林遠兹塵累三十有七方遂初懷以咸亨二年行至廣府發蹤結契數乃十八人鼓棹昇航唯存一已巡南溟以遐逝指西域以長驅歷巖岫之千重泛波濤之萬里漸届天竺次至王城佛說法華靈峯尚在如來成道聖躅仍留吠舍城中獻蓋之蹤不泯給孤園內布金之地猶存三道寶階居然目覩八大靈塔邈矣親覩所經三十餘國凡歷二十餘載菩提樹下屢攀折以淹留阿耨池邊幾濯纓而澡

鑒法師慈悲作室忍辱爲衣長齋則一飡自資長坐則六時無倦又古來翻譯之者莫不先出梵文後資漢譯摭詞方憑於夆者詮義别稟於僧徒令玆法師不如是矣既閑五天竺語又詳二諦幽宗譯義綴文咸由於已出指詞定理匪假於傍求超漢代之摩騰跨秦年之羅什所將梵本經近四百部合五十萬頌金剛真容一鋪舍利三百粒以證聖元年夏五月方届都焉則天大聖皇帝出震膺期秉乾握紀紹隆爲務引濟爲心爰命百僚肅整四衆虹旛掛日鳳吹過雲香散六銖華飄五色鏘鏘濟濟煒煒煌煌迎于上東之門置于授記之寺共

于闐三藏及大福先寺主沙門復禮西崇福寺主法藏等翻華嚴經後至大福先寺與天竺三藏寶思末多及授記寺主惠表沙門勝莊慈訓等譯根本部律其大德等莫不四禪凝慮六度冥懷懸法鏡於心臺朗戒珠於性海詞林挺秀將覺樹而聯芳慧炬揚輝澄桂輪而合影渾金璞玉諒屬其人誠梵宇之棟梁寔法門之龍象已翻諸雜經律二百餘卷繕寫云畢尋並集內其餘戒律經論方俟後詮五篇之教具明八法之因備曉鵝珠尚護蟲命無傷浮囊必取於不虧油鉢終期於靡覆崇聖教之綱紀啟含生之耳目伏願上資先聖長隆七廟

之基下逮微躬恒佐九天之命遷懷生於壽域致薄俗
於淳源歲稔時和遠安邇肅顧以萬機務總四海事殷
爰憑乙夜之餘式贊彌天之德課虛扣寂聊題序云
神龍元年九月八日　上御洛城門對百官僧尼等宣
三藏義淨等其日進表奉謝
墨勅荅省表具之朕叨承付囑忝位仁王雖切紹隆之
懷未著敷揚之效至若行綴玉讚美踰深之表文淺褻
述過量撫珠函而益媿脩寶軸以讚賀復以難違遂傳
課拙重煩致謝深覺厚顏
神龍三年五月

右唐中興聖教序中宗為三藏法師義淨所作唐奉一書刻石在濟南長清縣界四禪寺寺在深山中義淨真身塔尚存余屢往游焉得此文入録案御史臺記奉一齊州人善書翰武后時為御史後坐翦誅皇族廢　聖教序碑側云則天嘗得玉册上有銘十二字朝野不能識義淨能讀其文曰天册神皇萬歲忠輔聖母長安證聖元年五月上之詔書褒荅按宋莒公紀年通譜武后以證聖元年九月受天册金輪聖神之號故大赦改元先是司餼局人於水際得石函有玉册云神皇萬歲忠輔聖母長安故改元協瑞其

文與義淨所載小異云余嘗謂義淨方外之人而匾匾爲武后稱述符命可笑也然陶弘景號稱一代高士在梁武時亦屢上圖讖豈獨義淨也哉金石錄

右中興三藏聖教序在長清縣四禪寺碑亦斷裂文字可辨者不及二百名首行云大唐中興三藏聖教序中興二字鑿去餘七字及次行御製二字尚完好碑爲唐奉一書結體在隸楷之間益都李素伯云寺在靳家莊官道旁距靈巖寺甚近潛研堂金石文跋尾

右碑中宗御製唐奉一隸書神龍三年五月立在長清縣四禪寺碑末附中宗荅義淨墨勅碑側載義淨

上武后符命事石已泐缺寺内别有楷書碑嘉靖四
十三年重立無碑側多誤字脱字然原碑泐缺尚頼
明碑以補之趙德甫引御史臺記唐奉一齊州人善
書翰余撿御史臺精舍碑陰有楊奉一豈即其人歟
四録堂
類集

右武衛将軍乙速孤行儼碑開元十三年二月十六日

碑高八尺廣四尺卅一行行六十七字隸書有篆額右武衛将軍乙速孤府君碑銘十二字失拓今在陝西醴泉縣叱干村

大唐故右武衛将軍上柱國乙速孤府君碑銘并序

正議大夫守祕書監修文館學士兼修國史上柱國劉憲撰　朝議郎行祕書郎白羲晊書

武之為用與文德而競馳陰之為功配陽和而竝運利用厚生之口依古以來折衝禦侮之材何代蔑有秦之强也起翦恬賁用其兵漢之盛也辛李衛霍為其将大唐操斤柄擁鈞陳帶甲百萬授鉞四七其有申力麾

下揔堂堂正正之師揚名敵國負赳赳桓桓之稱者在
於乙速孤府君矣公諱行儼字行儼本姓王氏太原人
也五代祖有功於魏始受令氏焉因居京兆之醴泉縣
王子晉之上仙初開茂族東千秋之作相重錫華宗家
何代而乏賢人何時而不貴曾祖安齊前鋒都督右武
候右六府驃騎將軍開府儀同三司使持節萇州刺史
隨益州都督襲封和仁郡開國公從孝移忠遷虞事夏
司馬安之四至晏平仲之一心祖晟　皇朝上開府
右武候右廿府左車騎將軍驃騎將軍藏器於身待時
而用功參列將寵盛興王父神慶右虞候副率撿校左

右領軍衛將軍氣岸瓌傑志力雄武持軍以禮陰德有
徵才子挺生將門斯在公鍾家代之休烈奉韜鈐之成
訓鵬圖奮於霄漢鶚陣溢於風飈得射瀀於神靈習軍
容於嬉戲子房智勇時其無敵郄縠詩書頗亦兼善永
徽中司成生擢第明慶中丁父憂性實過人俯而就禮
麟德初授宣德郎歸王府記室參軍事閒平郎茅枚馬
交遊曳裾其間首席推美咸亨元年以將門子弟授振
威校尉守普濟府左果毅都尉丁太夫人憂哭位之節
饘粥之數復如居府君之喪儀鳳二年　勅除與
國府右果毅都尉鎮河源軍定州道遊弈護河陽橋營

拱二年授遊擊將軍黄城府左果毅都尉致果爲毅即
戎以律洗兵鹽澤秣馬中山護濁河之橋綰黄圖之府
智謀洋溢威武紛紜功靜朔徼氣雄京邑永亨元年
制除朝散大夫緜州司馬天授二年加朝議大夫長壽
二年除資州長史延載元年加中散大夫題輿緜竹展
義資中風俗所同政教如壹證聖元年　制除使持節
萬州諸軍事萬州刺史萬歲通天元年　制加中大夫
二年加大中大夫其年檢校永州刺史聖歷二年授使
持節都督夔歸忠萬渝涪□等七州諸軍事守夔州刺
史三年授使持節都督廣韶端康封岡等十二州諸軍

事守廣州刺史長安三年授使持節泉州諸軍事守泉州刺史神龍元年授使持節都督黔春沅等州諸軍事守黔州刺史其年加正議大夫神授政理之材天挺公矦之表故能方州典郡盡周官牧伯之尊越海凌山竆禹貢荆楊之域控御數千里周旋廿年化洽夷夏功口口口置生祠之廟迮迮而然畏清酒之盟于今莫口神龍二年　墨制授忠武將軍守右武衛將軍員外置同正員特　勑停南衙上下專委北軍事羽林之任歷代為重用周勃而後安名宋昌而先捷以公確乎忠信厲然壯勇移命卿之秩掌孤兒之軍宿衛陛殿而逾

嚴徼巡嵓巖廊而匪懈壘垣增肅軒禁穆清錫御府之金
錢分太官之玉食　殊恩所逮　中使相望而執殳持
戟勦力為倦輸節竭誠心術俱盡神用疲而致損勝理
勞而生疾其歲夏中遇病聽事半體云癈經時未瘳顧
休攝於家庭遂遲迴於　殿閣陳情拜疏理切詞殫有
感　宸衷特聽致仕仍褒美績更惜羸痾　睿旨殷勤
形乎綍翰公結欵而辭　雲陛投迹而返私門懸廣德
之安車施仲翁之行馬仙方上藥冀養性而延齡芳醞
嘉羞且忘憂而永日而公縈無息肩命昆弟之子令從
為嗣鞠育侔於己生仕為太子通事舍人坐外氏累左

除溱州扶驩縣令公天屬為重既切猶子之慈門寄所鍾何深舐犢之念亦既離譴舊疾暴增春龝七十有二景龍元年十二月十五日薨于大寧里第嗚呼哀哉惟公盛德温恭雅懷寬肅行無文飾言不浮華出身入仕儀家形國靡欺暗室獨運虚舟於人之善無所遺於人之惡無所記可疑之地投足莫踐弗稽之謀措心所絶親友信而敬之老少安而懷之唯汲汲以行仁豈遑遑而求利防衛之際屢有奇功撫字之方亟彰靈感公之在永州也屬時以不登土人多餒罄倉儲而罕贍捃山谷而無資所部界中縈饒穭竹盤根合翠弥漫蒼然忽

於一朝結實咸徧若五穀之含穎油然可觀比千箱之
載詠俄而告給人皆取口口口盈路公仍持數石奏進
京師　聖旨咨嗟歎其靈味公之在夔州也隣界不虞
羣蠻搶擾侵軼城郭殘傷吏人公不俟　制命星言致
討威靈震蕩氛穢廓清稽顙咽於巫雲口口口於江水
天朝命將甫戒於師期邊郡飛書已聞於戰捷雖耿
弇之不遺賊於君父亦何以尚茲時嘉乃功　璽書慰
勉口盛之口思慮弥長遺書誡令從曰吾遭遇　口口
口口卅餘載恨無以報不敢絲毫有負於　聖朝家業
素貧喪葬所須務從節儉勿違吾平生志也所樹碑務

令序實無為虛美致口吾真爾等唯清唯慎勿矜勿伐
剿吾死而無恨矣夫人常樂縣君賀若氏宋公弼之姪
孫開州刺史懷武之第六女門宗之盛鐘鼎連華家室
之歡瑟琴齊契春龝五十一證聖元年八月五日亡於
萬州官舍維景龍二年歲次景申二月辛卯朔十六日
景午合葬於雍州醴泉縣白鹿鄉李中川先府君之塋
次禮也嗣子令從叫叫穹蒼哀哀霜露永言誓誓終身
奉行子壻右驍衛鎧曹參軍安定梁望之代業通家天
資長者氷清玉潤常懷國士之恩石字金書題託中郎
之筆口口口行乃作銘云
公侯子孫必復其始

將門有將其來久矣伊吾將軍奕代爲美壯勇傑出威
稜峻峙文則循良六條千里武以侍衛巖除軍壘黃霸
匪儔宋昌寧擬中外從事良安勤止年至禮優神勞疾
起有生終謝令問不已賢哉伏波誡其兄子
大唐開元十三年歲次乙丑二月景辰朔十六日辛未
令從自曹州濟陰縣令秩滿建
勅棗徐元禮鐫

右乙速孤行儼碑在醴泉縣叱干村凡卅一行行六
十七字通計一千九百卅字所不辨者僅廿三字在
昭陵諸碑中特爲完善王氏金石萃編漏數徐元禮

鐫一行因云卅行所録全文缺誤不下二百廿字蓋未嘗審觀也碑云維景龍二年歲次景申二月辛卯朔十六日景午據岱嶽觀鴛鴦碑是年歲在戊申二月甲子朔足証此碑之誤碑末題開元十三年二月景辰朔考十二年閏十二月丙辰朔再承大月故二月仍爲丙辰朔通鑑目録以爲當承小月因改二月爲乙卯朔前朝歷法何勞追改羲叟未免多事碑有溱州扶蘿縣當考（四録堂類集）

是碑王氏萃編入録甚缺泐余據善拓本多識二百餘字故復載全文其諸家跋語王氏已録不贅

慶唐觀紀聖銘開元十七年九月

碑高六尺二寸廣四尺二寸卅行行五十字有額有碑陰失拓在山西浮山

大唐龍角山慶唐觀紀聖之銘

御製御書

神也者妙有物而為言化也者應齋方而成象言豈立神之主象徹宰化之知苟言象之不存焉則神化或幾乎息矣窮神而極化者其唯㘴㘴之人乎

我遠祖玄元皇帝道家所号太上老君者也建宗於常齋有立行於不皦昧知雄守雌為天

下谿知白守辱為天下谷故能長上古而
日新離衆形而化渾羣萬物而不為戾澤
萬代而不為仁巍乎不覩其頂深乎不測
其極復歸繇物存數迹以立言奄有太清
感聖期以利見肇　我高祖之提劍
起晉太宗之杖鉞入秦鵬搏風雲麟鬬日
月憂臣醜而已去殷鼎輕而未從
老君迺洸然華晧白驤朱鬣見此龍角之
山示我龍興之兆語絳州大通堡人吉善
行曰吾而唐帝之祖也告吾子孫長有天

下於是之聞赤伏而萬姓宅心一麾白髭
而六州大定傳曰有聲之聲不過百里無
聲之聲延及四表非夫神唱明德翕叶人
祇者歟著行以武德三年二月初奉神敎
恐無明徵未之敢洩至四月　老君
又見曰石龜出吾言實于時　太宗
為秦王討宋金剛摠戎汾絳晉州長史賀
若孝義以其狀上啟遽使親信杜昂就山
禮謁俯仰之際靈貞察焉昂馳還白信矣
迺遣昂著行棐駟表上比至長安適會郇

唐

州獻瑞石如龜有文曰天下安千万曰
高祖徵其二異擇善行朝散大夫命
舍人柳憲往祠焉玉帛既陳尊儀復見其
始覩也杲杲昊昊若紅峯緑嶺吐春日之
光景其御隱也蕭蕭條條若雨息雲消視
炑天之沈漻來莫知其所自去莫辯其所
往出於寂寞入於惚怳蓋不可得而詳諸
汾陽之龍角山者天帝降福之庭
高祖用師之道也上有華池靈府下有石
穴洞宫氣接姑射集神僊之別館脈通霍

鎮潤珠玉之隣家　高祖以□纘頻
廻覽裾累繁故版廟於行過之所劃壇於
受命之場剋飾　聖容彩繪真衛神光
離合殿堂宛轉於空間雲氣踟躕笙磬從
還天路因改浮山縣名神山焉志靈應也
是歲仲秋及五年三月晉州奏　老
君言我亳廟之中枯栢更生子孫當王又
云我神兵助軍伐劉黑闥立憂當平事過
如言皆先事之識也亦後　太宗貞
觀鼑喬雲泊於廟宇　高宗垂拱鼑

卿雲涌於神座令又祠中栢樹蒲萄褭而
託根門隙根木枯枝蓊而還茂疊黛豐本
擢翠繁柯聚祥煙之青靄黕黕一色散佳
氣之葱鬱鱗鱗萬重識者以為太和暢陳
朽之徵王會納殊隣之象懼彼虛應揺然
夕惕朕濵靈金根纂命璿扆舊學□□常
味道言是用假途禮樂託宿仁義尋末以
窺本澄麄以詣精為無為於此心事無事
於天下而　宗禝大福寰縣小康□
上□惠蘇疆之休亦下人率自然

之化夫維幽容昭見偉事也神告帝符瓌瑞也發祥著行吉類也慶雲重代鴻懿也我莫臣植合異也槁蘇華滋蕃熾也此六者興王之嘉祉曠歷之絕紀者已朕不敢願聞君子之教矣繼其後者天其祖習其訓者父其師揄揚道德情存孝敬商頌美予歲湯周雅尊乎后稷先王之舊典也吾豈墜其文哉夫戴角之類龍為之長羊也定形而不易龍也神化而無端龍蓋又土之精國家乘土而王故改山号名龍角焉

廼銘金石以彰靈變詞曰

思文　聖祖玄默靁聲混兮爾名超

兮廼清清入神含名指物假身尊玄元後

有天下　高祖鳳翔雲舉晉陽

太宗龍戰風趨秦甸龍角僊都王師戒途

聖形入有神言出爾瑤衣玉騎告帝天符

神方據我人亦來蘇廼立清室巘巘謐謐

衆僊停蹕廼興慶雲亹亹亹亹再璘

明君庭有栢兮遠葉寄秀門有根兮瓌條

更拔顧慙非德蒙神之祐誦我道經介我

神聽繼明叉聖禋祀三靈請從格言天德
出寧大道幽蔭湛慈廣接意路何階言津
難涉化有影響神穠華菜

一千一百七十字

開元十七年太歲在己巳九月己丑朔三日辛卯建

右唐龍角山紀聖銘明皇撰按高祖實録武德三年
四月辛巳晋州人吉善行於羊角山見白衣老父乘
白馬朱鬣謂善行曰爲吾語唐天子吾爲老君汝祖
也今年平賊後汝當爲帝天下太平必得百年享國
子孫且千歲太宗遣使者杜昂致祭須臾神復見謂

昂曰歸語天子我不食何煩祭為高祖異之立廟於其地授善行朝散大夫據碑稱是時太宗為秦王討宋金剛所謂賊平汝當為帝者指太宗也其事可謂怪矣然碑與實録所載語頗不同文多不能備録惟碑稱善行以武德三年二月初奉神教至四月老子又見曰石龜出吾言實既而太宗遣昂善行乘驛表上比至長安適會郇州獻瑞石如龜文曰天下安千萬日而實録亦云郇州獻瑞石有文曰天下千萬其語小異又碑稱善行絳州人而實録云晉州爾老子其生以清淨無為為宗豈身没數千歳而區區為人

稱述符命哉蓋唐太宗初起託以自神此陳勝所謂卜之鬼者也史臣既載之於實録明皇又文之於碑遂以後來爲眞可欺罔豈不可笑也哉金石録

齊州神寶寺碑 開元廿四年十月

碑連額高一丈一尺廣五尺六寸五分厚一尺一寸卅五行行五十四字在山東長清縣神寶寺

大唐齊州神寶寺之碣 額三行行三字

上缺□□神寶寺記碣銘

上缺□□□□字寡暮蕘書

觀夫三皇五帝氏王夏殷周漢氏佐淳源竭而不流澆俗紛其方扇雖孔門將聖老氏谷神遊龍之道德西浮歎鳳之詩書東返竟不能庇交喪拯□遠馳彼黎俗登茲仁壽徒存紫氣之言終絕素王之筆曷若

金身化跡超十地而孫尊寶樹應期藥四
輪而廣運大雄有己見即生溺之苦海於
是夢橫寶筏而濟之大雄有己見諸子迷
之朽宅於是夢駕舟杭而出之視之以五
蘊皆空明之以諸漏以盡洎玉毫騰彩挩
賢功之象仙金儀入門現神通之日月經
傳白馬肦闍崛以移來剎起青龍蘊闍浮
而鍇峙遂令有國有家者得其道而兜海
以寧元元蠢蠢者得其門而六塵高謝豈
與夫向時之二教同日而言焉神寶　寺

者寶山南面岱宗北陰岡巒曷轔而石辟
萬尋林藪蒙蘢而獨聳千仞貔豹躑躅人
絶登臨虺蟒縱横鳥 通飛路粤有沙門
諱明不知何許人也律師德隆四輩名優
六通僧徒興起群生宗仰晨遊柰園四念
經行夜宿榛檀六時礼敬貔豹枕腊禪心
柔而不驚虺蟒縈身戒定澄而不亂水瓶
朝滿羽仗夜来事跡非凡故非凡測親顯
節記自叙因由曰明以正光元年象運仲
秌于時振 錫登臨思同鷲嶺俳佪引望

想若鷄□欻彈指發聲此爲福地遂表請
國主駐榮人神立此伽藍以靜然爲號自
梁齊已來不易題牓屬隋季經綸生人
版蕩草鼎推遷冥俗盈虛今之所存殆將
半矣至我　大唐御宇重遷
九鼎再補二儀四海　廓清萬邦壹統用
光正道建三寶以傳燈化洽坐衣統群生
於壽域迺格命天下有固廢伽藍先有額
者並使重脩于時有鄉人王郎應答州縣
申聞以此寺北有寶山東有神谷因改爲

神寶寺、爾其寺也。望　魯開基、臨齊作鎮、
堂宇宏壯、樓閣岧嶢、砌壁瑤璜、階塗金碧、
法容有睟、瑞相無違、發妙彩於天金、罄奇
遺於龍石、手輪含字、臨珠綴而披綱、眉宇
舒毫、鑒壁瑠、而上月、寺內有浮圖兩所、
各十疊、級舍利塔一所、衆寶莊嚴、胡門洞
啓、石戸交暉、迩宇鏘鏘、飛檐巘巘、半天鵷
起、遲　遲煙霧之容、疊地龍盤、宛宛丹青
之色、挹朝霞之昈昈、湛夜月之濯濯、風牽
則寶鐸鎗鎗、日照則花盆晶晶、迢迢亭亭、

鬱鬱青青皓皓旰　旰煥煥爛爛遠究望
之炳若初日照灼皎扶桑近而察之疊似
縈雲靉靆入夕陽方之鴈塔有似飛來辟
以化城還疑踴出寔是瞻仰之形勝是歸依
之福田寺內先代大德僧明幹提智惠燈
照霖明闍僧彥休護陵惱淨囊徹塵不犯僧
元質積行勤苦軌範僧倫僧神解高樹論
幢摧諸橋子僧引掐持經得驗舍利猶存
僧惠沖殷念西方期心安養所造功德
觸類滋多僧景淳釋戶經宗交門樞紐

僧貞固勵心弘護結念修營僧瀌將齠齓
出家童顏落彩三齊負笈猛探麟角之光
九洛求荃迴出牛毛之外並俱沐
聖恩僉成道器忽鶴州風急鹿苑霜飛早
謝傳燈空懸錫影現在諸大德寺主僧慧
珍戒　珠澄月道骨含星堪忍住衣瀌空
成座六時禮念脇不至床奮食摽心口不
弃歆是慈悲父是良福田廣濟蒼生普心
供養大都維那僧惠沼摽格千仞崖岸萬
里吐妙瀌於唇吻納山岳於心胷　縱撗

道門洞達無礙上座僧塵外戒香紛馥
有賔頭盧之軌儀都維那僧敬祥惠劒如
霜繼舍利弗之談說僧敬崇柰苑良材撗
愛河而　濟群溺僧智山祇園杞梓敞瀍
宇而庇蒼生並騰麟俊藪鶴鳳仙途飾厚
柱於春臺撫定輪於姝駕祥煙飛錫來遊
歡喜之園宴坐經行寔名和合之衆故同
鐫寶碣高旌福門　大唐開
元神武皇帝陛下朝宗萬國整頓八宏金
鏡合七曜之煇王燭和四時之氣慶雲澄

彩瑞鳥呈祥仁動上玄力侔大造瀚海
天山之地盡入隄封龍庭八穴之鄉咸沾
敎化封金岱嶺刻玉儛閭榮鏡乾坤光華
日月刺史盧諱全義門有卿相家襲鉏璜
强幹則不發私書肅清則邈然官燭矜孤
恤隱愛士慕賢故能詠入來蘇謌登至晚
山仕縣　令梁曰大夏幹局貞敏神情警
悟風琴寫韻則瑞雉爭馴氷鏡澄清則祥
鸞自舞誠梵王之福地真釋帝之名區龠
其澗戶深沈山扉窈窱玉床霤乳間抱朴

而頻疑石壁鏨經訪嚴遵而不識奇舟恠
木如窺須達之園瑞樂僊苗似入提伽之
境烏王獻菓下甘露於珠盤鳳女持花拂
靈香於寶帳迦※頻伽之鳥百囀閒關優
曇鉢羅之花九光凌亂漢皐遊女對玉洞
以傾心季梁賢臣仰瓊堂而頓首庶使文
殊過去憶妙說之清塵彌勒下生　見神
功於貞石式　鐫寶碣而為頌云
　大雄降跡慈山本元奄有三　界非無
二門不生不滅若〻若存遍着郡有無知

我尊　鴈門惠遠劉賓羅什明公継
茲伽藍此立佁戸易窺眞門難入道□龍
爲壽後相及　大唐　壽命當宇握
鏡化洽萬邦功齊七政錄圖銘卷紫雲迴
暎蕙日再暉薰風在詠　門庭華
敞厥宇輪奐蓮臺畫閣危樓飛觀竹韻宮
商花然灼爛僧衆虔仰士女稱歎
亭亭妙刹灼灼精廬　彫盤瞰墅鏤檻凌
虛珠懸日淨鐸迴風徐□甍栖鳳到井銜
蕖　峩峩寶碣落落神軒祀山整岫

苦海澄源錦雲震烈　縠霧風翻此中何

地給孤獨園

維開元廿四年歲次景子十月丁未朔五

日辛亥樹刻工畢

上缺僧惠□　僧普□　□　□　□　僧惠深

僧□□　僧法□　右大德等並名繼

此寺之之遷申勒之在銘紀於来代

碑側

六行行四十九字正書

佛說蜜多心經　經文不録

右齊州神寶寺碑李寰撰兼書李字上半漫漶或疑是子字其上更有缺文則其姓也今在長清縣靈巖山寺本沙門明公駐錫之所唐時改今名以寺北有寶山東有神谷故也古人書丹於石遇石缺陷處則空而不書此碑及景龍道德經石刻皆然碑側刻佛說蜜多心經一卷行書似懷仁聖教序末一行殘缺不得書人姓名潛研堂金石文跋尾

碑記神寶寺所起先有沙門諱明以正光元年象運仲秋立此伽藍按史記天官書斗為帝車運于中央所謂象運仲秋即斗運也山左金石志

右神寶寺碑首行泐缺訪碑録以為李寰撰審觀乃字寰蹇兼書實非李字其姓名不可考矣山左金石志載此全文頗多缺誤余以精拓本對挍多識八十餘字碑為傖父所撰無關考証唯此寺元魏時舊額曰静然足為方志之助四録堂類集

莒國公唐儉碑 開元廿九年

碑連額高一丈二尺七寸廣四尺八寸六分四十行行八十五字在陝西醴泉縣昭陵

唐故特進莒國公唐府君之碑 額三行行四字

大唐故特進戶部尚書贈□□□□□□□碑□

蓋聞辰□□位哲后膺千載之□惟岳降神賢臣承五百之運是以軒丘御紀風力贊其鴻基潙汭秉時稷契匡其景化□□□□□□□□□□□□□□□□□□□□□□□□□□□□□□□□□彝倫□□□□□□□□則聲高彥伯之頌功□孟堅之表見之開府莒公矣公諱儉字茂約太原晉陽人也若夫窮微知

遠高辛之化闡引□□日卿雲□□之□□□□□
□□□以□□□□□□□帝符□□□□之□徽□
□□□□□□於後昆備在□□□略言矣高祖岳後
魏□州刺史禁止令行有伯山之威信垂訓起學邁仲
都之禮容曾祖靈芝齊贈尚書右僕射□□公□□□
□□□□□□□□□□□□□斡挺千尋未騁足
於□□□□□□□□邕侍中中書監左右僕射尚書
令錄尚書事晉昌王摠廊廟之材懷公輔之器同傳險
之感夢類滋泉之入□取彼□之謀預經綸□□□高
□□纘先□□□□命之□□□□□□□高□父鑒

齊中書□□□散騎常侍隨虎賁郎將戎順二州刺史
晉昌郡公　皇朝贈太常卿□司令肖宰門華胄公
侯奕代簪紱重光禮縟七葉之□□□九□之□□氣
□□□□□□□□信□以成性□道德以立身□摠
九流□□□□藻□麗於翰菀雄□□於談叢行地方
馳則遺風追電沖天將舉則切漢摩霄合浦騰暉色暎
朱轓之乘麗水煥彩光照赤城之舉意氣縱横雄才高
於管樂□□□□□□□於張陳寔人倫之軌□信衣
冠之表□□□解褐左勲衛昔長卿之為武騎職未當
才亭伯之宰長岑位不充量以今方古彼此一時屬炎

政風頹寰宇輻裂□北擾齊□之巨寇中原□□□之
醜徒□□□□□□□□□□□□□□而識梁沛之
真人見彤雲而□芒碭之與□未建□□之策遽會盟
津之期先君昔在有隨與　　高祖連□□敦莫逆契
若斷金雖鄧禹蕭王之故人盧綰沛公之同里以令方
古彼□□□□□□□□□□□□□□師之□□□
待士側席思賢□□隱太子至晉陽　　高祖初申通
家之交好次論天下之橫流公奏前載之廢興及列代
之成敗美惡吾之九合□□□之一□□□於□□遂
□□□□□□□□□□□□□□□□□□房□屬

□經綸本資□□□□有陳琳殊健之筆王粲宿構之
才任以文房寶諧衆望拜大將軍府記室加正議大夫
爾乃日□□陵□臨□塞□□□□□□龍□□煙□
□□□畫□□□□□□□焦□公□□□□□□□
□□河之易越乃命方郃將師賁育之兵千乘雲騰萬
騎波屬拔西河如拉朽發并部若褰瓴行至呂州秋潦
遂降粮積斷絶泥滓阻深隨宋老生□□□□□□決
戰
高祖旋師方謀再舉公□
□□云機不可失時不再來儻使官度息兵破袁之軍
未卜洪溝若劃滅項之日未期既鏡良規將□□□□

□□□□□□□□□□高祖□□聖慮□□遂使公
□效□□□□□□□□□□□頓破老生如□掌下
□□轉圜雖曲逆六奇薛公三策何以加之以功拜右
光祿大夫授渭北道行軍司馬元師即□
文皇帝□運玄女三宮之法陳黃石一卷之書或面水
背山或先偏後伍皷角鳴厚地旌旆彗高天疾□□□
□□□□□□□□□□□□□□□戈□□□□□
□□□□□□□□□□□□□□□平城之勲公居
其最進左光祿大夫封新成縣公尋改為晉昌郡公食
邑二千戶暨受終文祖肆類繁昌敘撥亂之功錫胄悔

之烈□□命□右賛□□□□加散騎常侍□三□拜
中書侍郎□以□□□□一□□□凌煙閣□□□□
飛□綸□□□於茲逾浚雖樹所以增華昔孔演宏才
将元規而竝列王浚恬□與真長而共升今古相方異
代俱□□□□□□□□□昔東京佐命譽播雲臺西
漢功臣風高麟閣以今方古徽猷何□劉武周□□□
之□□控弦之衆竊九五之位窺萬乘之尊剽邑屠城
裂冠毀冕　高祖批患釋難拯溺除殘命右僕射裴
寐受脤□□□□□□三軍□□八陣□空解人呂崇
茂潛合醜徒同惡相濟公将使至夏縣遂陷賊庭公觀

諸將□□人多庸鄙惟尉遲敬德頗識事機公示之以安危告之以成敗渙若冰釋翻然改圖雖有此心計猶未果獨孤懷恩□□□□□□□□□□□□賊内上書□□□□□□□□□□賊平後 詔公爲并州道安撫大使尋拜禮部尚書賜以懷恩田宅雲門大章之樂咸究精微春誦夏絃之禮竝窮枝葉李耳通識素王重其舊德張昭博聞□□討其□□春官之職寔艱其人□公居之□□□□

文帝功齊覆載績邁陶均既荅元勳必資美稱以上將之位照灼文昌天策之名掩暎方象特 詔授

太宗文皇帝天策上將然百寮之任妙簡時英以公為長史實諧僉論尋而逆賊劉闥擁徒冀北挺禍燕南□□□□□□□□壓集盧龍之塞雲□白馬之津□□□□□□□公□統而□□□伐謀之略士卒□摧□之心公遂輕□賊城以陳利害不勞飛箭便下聊城詎假拔旗乃傾起壁廓清河朔公有□□之功以公為幽州道安撫大使□□□行軍摠管定□道安撫大使公□以□□□□以□□□□禮重於□旋貧賤貺踰□□□百城□其懿範兩河仰其風猷而馬邑之酋長導狼望之兇渠越彼長城寇茲晉水公扙節出使居於□

□□□□□□□□□斷□□頭垂曜空蒼所以分□
□□□□□□於茲□野□必裹粮望□□□違□□
□□□區殫釁皷滌鍔單于納公此對翻然改圖揄關
寢其爟烽柳室散其部落詣長平之境入受降之城□
□□□漸公□□□□□□□□□□□□□聲□□
黄門侍郎進封莒國公食邑□千户實封六百户□□
□□□□寄隆八乇功彰於□鐢茅賦錫重五等誓比
於山河三蜀膏腴九折崇□子陽僭号之邑方德竊位
之都□□□□□國□□資□□□會公□往□□□
人貞觀元年授使持節都督遂□□□等五州□□□

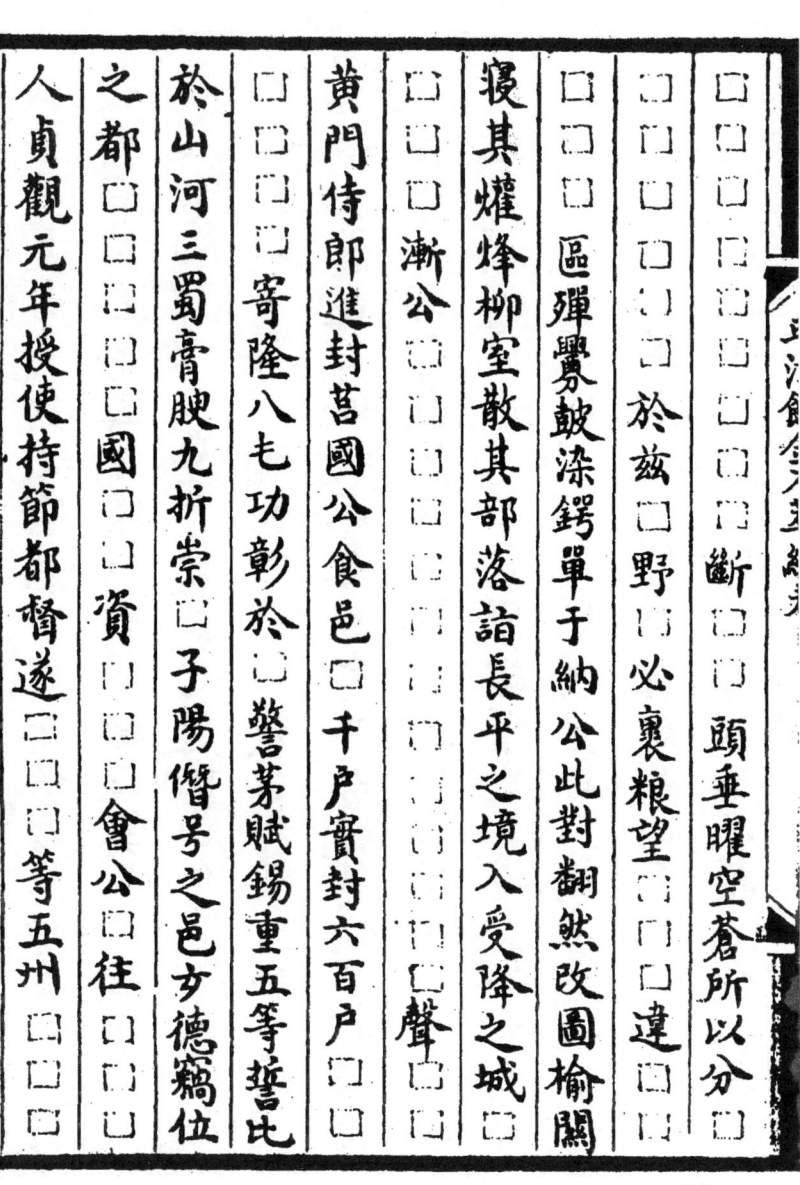

□□□□□加鴻臚卿户部尚書食實封八百户
詔曰與卿故舊可申姻好徵男尚識尚豫章公主加光
祿大夫特進公忌滿戒盈屢申辭讓奉 詔養閑□
朔望朝□□賜□□□□一□職事春秋六十有八□
□□□□□□□儀同三司使持節并□□嵐等四州諸
軍事并州刺史所司備禮册命賻絹布一千匹米粟一
千石陪葬 昭陵賜東園祕器葬事官給務從
優厚仍令太常卿駙馬都尉□金監護□禮□□□□
信為□田□□□葬往還并官立碑謚曰襄夫人河南
元氏孝行儒毛州司馬封莒國夫人維

皇唐開元廿下空十六字日曾孫將軍守右金吾衛大
將軍雲麾將軍□□□□□□□□□□□□□□□□
□□□□□□□□□□□□□□□□□□□□□□
□□□□□□□□記事□九重建　皇考戶部尚
書特進莒國公神道碑禮也祭統曰子孫之守宗廟者
先祖無美而稱是誣也有而不知不明也知而不傳不
仁也此三者君子取之即陸平原退作先□□□□□
著累代之銘□□足□言□□伯碑□□□旣毀重飾
丹青堯□□焚更刊琬琰追崇之義有自來矣則□□
音□□敢不順乎計功復美敢不恭乎□□為情竭力

從事孝子順孫□□□□□□□□□有同述鼎□□
□□□□□□之□君子道消遽見□言之□□流有
裔積欒□□□四氣迴環闕蒸嘗之薦貞石斷裂空聞
墮淚之碑黃絹將□誰辯受辛之妙屬□清□朗拔滯
甄遺既□德之盈□□公侯之□□□□□□動冑載
光□邦□□□□□□□□□而□悅□□□□競匪
寧者蓋□□□立人重極成王大經超三台之上階冠
五等之尊秩沒而不朽傳帶礪於山河吾其與歸□门
盟於窆穸□糸糸事□□陽□□□□陰□□□□北
□□□□□□□□□□□□□□□□□□□□□

於田和子□□□遂分於祭仲韋丞相之祖業不待飾
於洪儒陳太丘之家風曾宜書於孺子從孫瑾對□嘉
命之述徽音攄詞竭愚□□□一其銘曰
□□□□殖物化淳正氣爲□閒氣爲□□徽變□萬
國崩淪匈匈鬪□嗷嗷匪人□□亡羊中原逐鹿
大聖提劔羣雄秉軸旗鼓雷駭木□丨霜肅□□□
□□□□□□□□□□□不□□□□□□□□□
□□□□奄平八荒餘風既殄新國□□□□□寵□
杜追尊龍劔袨服熊軾照門□□論道啓沃爲言深根
固本長流濬源德盛帝勢族茂□□□彰□□□□□

□□□□□□□□□□□□□安□戒身退功□
□□□□□□萬石將賢二疎養神衡□□□□□□
□鑒沼聽鳥觀魚福兮所倚禍生有胎朝聞蟻鬬夜夢
瓊壞鎮頽東岳天垳中台道脩運□□□□□□□
□
□□□□□□□□武□下□□松□隧
宿草生墳歲月已矣□鍾□□□□□□□□□□□
□□□羣邪搆惑忠正戀君賢良去國霜露悠湯郊原
疾□碑版鈌久人焉觀德□□惟□克□□堂□□□
□□□□□□□□□□□□□□□□□□□□□
開元廿九年歲□辛巳□月癸□□廿□□□□

□

右唐儉碑在昭陵東南文多漫漶凡卅行行八十五字通計三千九字可辨識者二千九十二字金石圖以爲卅九行醴泉縣舊志以爲存字千一百雍州金石志以爲僅存四百字王氏金石萃編以爲全文三千三百字存者一千二百餘字諸家皆未嘗審觀也碑云從孫瑾對□嘉命之述徽音是撰文者唐瑾宰相世系表瑾爲儉弟敏之孫諸家未經舉出碑云徽男尚識尚豫章公主本傳及世系表作善識公主傳作義識趙德甫所見公主傳作茂識儉字茂約其子

未必名茂識唯尚善義三字互異未審孰是四録堂類集

是碑王氏萃編入録僅千二百餘字余據善拓本多識八百六十餘字故復載全文其諸家跋語王氏已録不贅

琵琶洞詩 天寶五載五月

石高二尺二寸廣四尺廿二行行字不等行書右行今在山西浮山

琵琶洞作并序

予頃嘗秉憲貢讜而遷才散數奇屢移邦國爰初至止即聞有茲勝追今一遊果覩殊絶澄灣納溜激射成雷峭壁迴景周流如畫嘉木潛鱗又不可名也北去七里復有石潭焉潭中有聖字了了可觀峰巒相屬宛似屏障閒行其中潛洞幽窟信爲靈異予超然有獨往之意而賦是詩

咨予白髮年始佐丹水曲夙願解塵組幸茲洗煩欲琵

琶翠泖湛且清屛風畫壁勢相迎貍栢颼飀雜風雨鼉
龍睗睒游虛明北行七里有靈跡潭中聖字看歷歷一
符　君德應　明時一契吾眞誓幽適由來此泖
□□傳今夕覩之佳可憐夷猶頓使宦情薄日暮濯纓
心浩然
天寶五載夏五月廿日朝請大夫守高平郡別駕擢澈
詞
前錢唐縣尉瑯琊王紓書

右琵琶泖詩高平郡別駕擢澈詞澈名不見於唐史
文苑英華有獨孤及撰高平別駕擢幼明碑即其人

也澂字从水獨孤集本从彳乃偏旁之譌英華刊本作允則誤之甚矣獨孤碑云開元二十三年拜監察御史會監察太廟先時同事者約相與偕赴及將赴祭約者有故不至遽不暇告公曰人約我矣豈可先已而後信乎遂不赴坐是降爲河南府法曹由新安令爲絳部司馬高平郡别駕故其序有秉憲被譴來佐丹曲之語也石刻在澤州鳳臺縣歐趙諸家皆未載計敏夫唐詩紀事亦無澂姓名潛研堂金石文跋尾

成德軍節度使李寶臣紀功頌 永泰二年七月一日

碑高一丈九尺五寸廣九尺五寸
廿九行行五十五字在直隸真定

成德軍節度使開府儀同三司檢校尚書右僕射兼御
史大夫恆州刺史充管內支度營田使清河郡王李公
紀功載政頌并序
支度判官朝散大夫行監察御史王佑上　推
句官朝散大夫行太子司儀郎王士則書并篆
惟天正明命　聖人保成允寧萬邦克易我
忝於戲　君非臣無以化化臣非　君無以
贊賢明明　君臣品配□□陰陽載□草木咸殖

兆人厚□壬寅歲　寶應皇帝嗣位敬統舊
服惠周於下下罔不格冬十一月　我亞相張公忠志
率東諸侯□出復命元元以貞集大和也先是祿山搆
亂朋毒中夏力政亟刑覆忠良殖姦宄蒸人側側不貳
率乃戮　公越在東土受制宇下爲侯於恒克裒復寧
之在王室誕宣　我化靡曰爾凶斁聞　帝
庭奉若　元命　帝曰休才正侯良才
授恒州刺史封密雲郡公表勳臣也越二年思明肆虐
羣悔　王度擅煞無人薄三川威五長搢紳管管
不自即乃工　公執在厲階登若股上罔咈祇命命我

亞□□我□藩端恤遺□人思大□德式戈庶欲歸於
本朝朝廷嘉茂功錫丕命授禮部尚書兼御史大夫
成德軍節度使清河郡王賜姓李改名寶臣　詔
曰懿審奉天威保乂邦本是用司國樞威憚訐回政草
風俗是用揔朝憲率寧全趙開復東土是用苴白茅昭
崇武功允正師長是用授金□□□維城宗我姓□□
□□廾尔名銘之景鐘永憲於後　公固讓不獲祇奉
天之明命惟　祖惟父佐世有勳享祿無□及
公大其人　公天委全德尹茲有邦忠孝剛義明直
□亮家用自我位敘宜才初　公牧恒元年僞也僞師

尅恒恒不堪命羣盜衆聚於野人□□□□□罔極
公張官具政明武殄暴暴賑如人人諟不虞廬廬旅旅
以宴以處士馴業農力穡工就務商通貨四者各正爾
下日用乃庶惟二年羣耋吏更告　公曰濤淹會流暨
于城下天雨滛降鴻湧泄岸波積如阜奔灌乃雉肯恐
為魚其日固久　公以聚人慾徑□□啓□導流氵若
天造層城巘巘居人坦坦庶德合於無疆冬十月　公
告成於　先帝洎慶緒嗣凶自洛奔鄴脩好於
公公不敢□□□折□□□得請命馬惟三年二月
上以思明作藩於薊臨長於恒夏四月思明

篤敘不供賊鎮威衆俾　公如薊將賊　公也　公執
忠起信因不加害追六月恒乃昭復　公不殆惟四年
夏大旱滌滌甫田百穀如焚人曰祈土龍　公曰非旱
備乃駈粥之食勤人之瘼□神□寅□朝而雨□日□
□□□□□□大□恒有年也惟五年秋大雨旬有五
日匪害稼不書政冬十一月思明外　公以其黨辛萬
寶張軍於□□門馬惟六年一月□□□□臨　公自
下流毒畿□□□延於平人人用齎咨涕洟顲　公如
天公曰不戩乃暴負乃人夏四月戮萬寶於□
門敦行王法保合□極惟七年朝義□逆□　公主五

唐

州之疾或曰厚賦人　公盡人蒿馬封政不賦乃聳善
抑惡發滯糾佚藏患昭利六教既行孳孳為心於是誕
訪於易易獎之文訪於定定宗之文訪於深深脩之文
訪於趙趙齊之克諧五州允奉如一虜不我制　公用
哆然惟八年十一月　公大開山東受命　王也
初朝義播亡係命於　公自　公歸　朝是翦厥
翼翌日　公會　王師於趙鄧恭行代天獨夫
惴惴天用勦焉時戎翔飲化爰方啓行夫戎性沓貪蔑
煞俘軼殫寶虔劉暴骨厚厲於懷人南自相魏邢貝東
至滄德瀛鄚疋夫疋婦蕩在草莽越踐　公境宣服

公威惕惕瞿瞿攝進成序若　公在首五州之人無荒寧風行於巽巽億之景顧附　公昭請於　上上集下望申命用良巽人濈濈嗜化永休惟九年冬

帝念宗臣特拜右僕射端武主戎揔經外政欽酌彝典敬揚　天心緊　公德載於人人以蕃殖翼贊　三主鋪敦四凶　聖咨乃賢神被乃祿其惟有終旨才恒中耆老貫審祥　等師錫言曰奸臣反常迭起東土人用墋黷殆無指告惟公牧恒　天眷尔下尓有　君臣公正尔有父子　公保尔有灾厲　公奠尔有稼穡公成微　公

疇依恒大圯也賡曰昭茂德崇豊碑阜成於文庶永於
世克建樂石勖揚頌聲頌曰
惟　君配天惟臣配　君嶠嶠　我公爲
君武臣翼贊　皇家奄有廿勳大盜蹋蹋荒
我東鄙孔填不戔元元靡恃恒人保　公乃有父子我
涂載懲我年載登我用有孚尒無不承貞石峨峩永以
垂頌惟　公之德不崩　永泰二年七月一日建
右李寶臣紀功頌在正定故察院署中有篆額失拓
碑文廿九行行五十五字通計一千三百九十八字
王氏金石萃編誤云廿五行所錄全文缺誤至三百

餘字余據衆拓本并何夢華所抄舊拓本覆校之碑石剥泐處尚皆可讀所不辨者僅五十餘字而已文體學馬班爲退之先聲所稱元年至九年皆寶臣牧恒之年漢已前諸矦王得自稱元年此其所本也四録堂類集

是碑王氏萃編入録甚缺誤今據善拓本多識二百六十餘字故復載全文其諸家跋語王氏已録不贅

段干木廟銘貞元元年八月

石高二尺一寸五分廣三尺四寸廿七行行十七字右行在山西芮城

魏文侯師段干木廟銘并序

将仕郎前守河南府伊陽縣主簿盧士牟撰

朝議郎行陝州靈寶縣令趙彤書

陝之芮東有祠署於道曰魏文侯師段干木廟謹按春秋後語文侯過其廬未嘗不式呂覽云秦攻魏司馬康以先生□諫其君又按圖經先生於原上草廬中高枕而卧秦遂退兵昔子貢救魯挾辯詐□危亡然後僅而獲免豈若先生靡勞師徒曠然宴息□國不加害民受

其賜誠以德充氣融道義純備故也貞元元年秋八月
范陽盧士牟載想遐蹤修立遺廟銘曰
鼎湖在南中條在北洪河横流以紀魏國天地淋靈山
澤粹精惟公克生為魏之楨隣不加兵民用紓寧秦關
虎視殺厲重□毒螯齗齗侵軼西疆瞻我仁人沛然知
方以義易暴以柔易剛善師不陳古稱至德先生晏然
婆娑偃息蓬居草廬是敬是式比彼干戈俄成禮則士
之生世人爵為貴功成不居惟德之懿士之避世或蹈
遐□公則靖𡰥以義為利我行其野祠宇巋然袛詠仁
風是誠若傳□山如厲河水如帶先生之德永久不□

貞元元年八月七日建

承議郎行陝州芮城縣令崔□　丞李□　主簿□□

尉鄭敦禮　試尉王□

末行無字

右銘盧士牟撰趙彤書後題□州芮城縣令崔□等姓名唐時芮城隸陝州州上蓋缺陝字金元以來改隸解州士牟官至和州刺史見唐書宰相世系表潛研堂金石文跋尾

王仲堪墓誌貞元十三年四月六日

石高二尺七寸廣二尺六寸廿二行行卅五
字至卅八字不等在直隸大興徐星伯家

唐故監察御史裹行太原王公墓誌銘并序

族弟盧龍節度掌書記監察御史牀平述

公諱仲堪字仲堪其先太原人也弈世珪鼎紛綸葳蕤
國史家譜詳之備矣十九代祖西晉京陵公渾位極台
司功格帝室胄胤枝散遍於九州五代祖冲徙居幽州
安次縣子孫家焉今則又為邑人也為郡右族繼生才
賢曾祖揆王父幹儒墨傳家以孝悌自任故時君不得
而官之矣皇考令仙縕孫吳之術好立奇功累以勳伐

稍遷大理評事公即評事　府君之元子生而岐嶷體
倫劉柔越在齠年便志於學逮乎弱冠乃為燕趙聞人
經史該通詞藻艷發本道廉察使賢而薦之自鄉賦西
遊太學群公卿士聆其聲而交之所居結轍名動京邑
大歷七年進士擢第稽古之力自致青雲所謂拔乎其
萃為山九仞者也解褐授太原府參軍事居無何丁太
夫人憂服闋本道節使奏授幽州大都督府户曹參軍
以能轉兵曹參軍事雍容府寮名擒摽舉局無留事庭
宇生風節使嘉之俟其碩畫乃奏充節度參謀拜監察
御史盧諶本郡未足稱榮買臣居鄉豈云顯達我

相國彭城王方任以鼎佐引贊廟謀略邁韓彭慕
繼衮伏矣以為諸侯聘問歲惟其常妙選行人以通兩
君之好十二年冬十一月公奉使於蒲春二月旋車自
蒲經途遥遥旅次雲鄙以貞元十三年二月三日不幸
暴殂於望巖之傳舍享年六十有四嗚呼哀哉自古有
死人誰不終公有厚德而壽不永公有全材而位不高
則梁竦悲乎州縣馮唐老於郎署可以言命矣以貞元
十三年二月十七日殯於薊東之别墅從權也以其年
四月六日遷神於薊縣燕夏鄉甘棠原禮也不祔舊塋
從先志也次弟仲坰季弟僧法源等悲摧鴈序痛折連

枝嗣子存次子較方在幼童茹慼過禮子壻前鄉貢明經清河張存義感於情眷深國士慮絕故老永遺志業刊石紀德銘而旌之所謂沒而不朽者矣銘曰

易水湯湯兮燕山崇崇有斐君子兮穆如清風簪筆拽裾兮佐　我上公直哉惟清兮允執厥中奉使于蒲兮自西徂東天胡不仁兮如何道終丹旐戾止兮啓兹幽宮青松森列兮永翳我宗悲壯圖兮已矣惟芳名兮不窮

右王仲堪墓誌乾隆己酉歲於京師廣渠門內安慶義塋出土同年徐翰林松購藏于家拓數本贈予仲

堪大曆七年進士舊新書無其名碑云相國彭城王按是時幽州節度乃劉濟也舊新紀傳但言同中書門下平章事不言封王可補史闕碑云十二年冬十一月公奉使於蒲按舊德宗紀貞元十二年四月以通王諶為河東節度以河東行軍司馬李悅為觀察蓋劉濟以新易蒲帥遣使通好四録堂類集

龍泉記 元和三年

碑連額高六尺三寸廣二尺四寸十九行行廿八字至卅字不等今在山西芮城

龍泉之記 額二行行二字

廣仁曰龍泉記

鄉貢進士張鑄述　河東裴少微書

致理不根於惠則無功導口不自其源必復絕敦本善利以濟物為心者雖治溜蒙泉必務宣達使之通行而有益於人也然而績有小大事有分限推而貫之則浚川疏河與通渠降雨為一指也自微可以觀著由細可以跡大者其唯龍泉乎泐發數寸之源淫曳如綫之派

邑大夫　于公顧而言曰水之積也不厚固不可以
流長吏之志也必勤此亦可以及物於是鳩夫填淤廣
夫潗濬緣尋尺之坳致湛澄之勢周迴止百三十有二
步淺深稱之而盡江湖勝賞之趣菰蒲殖焉魚鱉生焉
古木駢羅曲嶼映帶前瞻荆岳却背條嶺全口故埭峥
嶸左右是足以蓋邑中之遊選矣傍建祠宇亦既增飾
意者祠主於泉泉主於神能禦旱災適合祀典其東南
釃為通渠廣深纔尺脉口支引自田徂里雖不足以救
七年之患然亦於此見百里之澤昔西門豹號為能吏
以鄴田之惡有漳水之便而不知引以浸灌寧復見幾

於潛盧口流乎夫長邑者孜孜勤恤之謂仁隨時與利之謂智　吾大夫則然小而有益知無不為由智及仁因利示勸君子謂　于公其養邑也惠矣夫事有淺而思深者懼後之不知故書不然天下多決洩導注極無窮之用者春秋微顯闡幽之義存焉尔時順宗傳位之明年涼風至旬有五日記

河東裴勣書額　元和戊子歲月在高蔡十八日書

右龍泉記後題月在高蔡未詳其義或云爾雅五月為皐釋文皐或作高疑是仲夏之月姑存之以俟知者記文雖未工而書特佳自來搜金石文字者皆未

著于録潛研堂金石文跋尾

施昭墓誌 元和四年十二月

石高二尺一寸廣二尺三寸五分
廿五行行廿二字在甘肅涇州

唐故處士吳興施府君墓誌銘序

府君諱昭字昭吴興人也曾祖獻大父言厥考珪皆不徇利禄浪跡自怡善敎風規未嘗隕德是以遯勝避地就土樂業乃貫居涇州君之昆季有四而君嗣其嫡頃因天寶兇乱遂羽翼分飛花萼隨風枝葉離散君守道自適而儀範特□詡此□□清□肅慎積財能散義与道合礼不越俗信聞於人□□尚静物我如一君夫人潁川汪氏婦德貞操□□同□礼適施君有一子一女

男字清河孤標慈孝禀性溫厚亦可比于高孟也竭力
侍省嘗無愠容膝下之報纔申親口之口不待夫人先
君而故已五稔焉心睠之憂始平口口之痛旋迫君以
元和四年夏五月遘疾於口方術口口荏苒六旬藥石
不救于膏肓灾祟乃口于骨髓皇天不祐殲于淑人以
其年秋七月十九日終于涇之南第春秋七十有三號
天叩地泣血無訴嗚呼光陰不駐世情倏忽朝晞薤露
夜壑藏舟平生風流一旦已矣然則士庶有制幽明路
口舉厝送時塋兆將備龜筮習吉窀穸乃修綍旐引車
哀歌即壙以其年冬十二月一日歲在己丑朔次壬申

祔窆君于故夫人之墳東礼也原墅鄉里脩載夫人之誌焉雖非□□有君同穴亦恐年代滋久將來無聞乃刻石為文以銘其墓也銘曰

荒墳峩峩　丘陵匪他　夫妻竝穴　瘗此南坡

颯颯青松　綿綿女蘿　日月其逝　恐易山河

誌于貞石　以讚哀歌

平原郡華齊望墓文并書

京兆□□□刻字

右誌嘉慶四年新出土金石家未著録石左上角刻字二行云嘉慶四年得此涇川趙杞四録堂類集

龍泉記　大和六年七月

石高三尺廣三尺二寸廿五行行卅四字至卅九字不等正書在山西芮城

龍泉記

縣城北七里有古魏城城西北隅有一泉其實如綫派分四流澆灌百里活芮之邑斯水之功也頃年已上遇旱歎前令尹因而禱之遂得神應乃降甘雨始命為龍泉已制小屋圖其形寫龍之皃為鄉人禱祀之所尔來十有餘載神屋壞漏墻壁頹毀圖形剥落日為牛羊蹂踐穢雜腥膝之地洎大和五年秋六年春歷四甲子無雨雖有風雪亦不及農用土地磽确首種不入夏四月

中夜有神人貽夢於群牧使　袁公此土愆陽日久
子何不親告龍所祭神之有託　袁公之意者袁居
止危堨圖形曝露欲其知也　袁公夢覺曰我以職
司此地所部匪少況黎人懸〻之心思雨如渴神夢若
生胡不為之行即我患人之念何在乃命駕率所部詣
神致酒脯敬陳夜夢陰祝之如神三日之內下降甘雨
即神應可知我當大謝至靈如或不剋即夢不足徵矣
言訖告歸其夜二更風起雲布甘澤大降稍濟農人之
急也乃撰吉日備椒漿桂醑三牲具足大饗以荅神應
爰命官僚同觀罇俎之盛也澤乃詣神祝曰澤官忝守

人昧於前知致令神居處隘狭牛羊無禁斯澤之政闕也然今日再啓明神前所感應甘澤救人降即降矣其於耕種之勞足即未足神感如是能更驅作百神加之大雨使耕者無礙於捍格之窳種者不懷焦焠之患如神響應可以致之澤即集諭鄉人剗除舊舍建立新宇繪捏其形丹臒其壁炎炎赫赫必使光明斯神之應也如截道飈如敲石火之疾不若也大降甘雨勢如盆傾霈流百川原濕滋茂使禾稼得所耕人笑歌乃命鄉人庀工徒具畚插之次俄有斑虵丈餘錦背龍目盤屈廢蹋之上故知靈不得不信人不得不知衆之所觀誠曰

有神豈曰無神旋〻而失即祥枛庭鏡不足以徃也爰
命剗除舊屋刱立新祠素揑真形丹青四壁古木環欝
山翠迴合乃自然肅敬之地也使巫者啓導大陳羊豕
馨香品列以荅神知噫乎有山有川即有靈有祇有天
有地即有君有臣向使靈不應人何以敬臣不任君何
以知夫礫石不皷瓌璧同之蕭艾不去蘭蕙同之神之
無靈草木同之斯人与神其道不遠矣大和六年歲在
壬子七月立秋日芮城縣令賜緋魚袋鄭澤記
陝虢群牧使登仕郎行內侍省掖庭局官教博士上柱
國袁孝和　群牧使判官張積　朝議郎

行丞上柱國裴凝　承奉郎行主簿獨孤景儉
通直郎行尉劉元　給事郎行尉崔申伯
書人姚全　書人姚全
陝虢之有羣牧使使之下又有判官皆唐書百官志
所未載唐制三品以上紫五品以上緋賞緋紫必兼
魚袋謂之章服上縣令秩從六品而有緋魚之賜可
謂殊數矣石刻在芮城縣潛研堂金石文跋尾

硤石寺造上方閣并持念經人題名記 大和七年十月

碑高四尺二寸廣二尺七寸五分文上層廿九行行廿二字至廿九字不等下層廿八行今在山西鳳臺

城隍信士共結法華邑都有二十八人各持念法華經一品至一二年後倫散出邑今時秖有六七人共結其志供應硤石寺春冬二税差科兼造上方閣一所并畫法華感應事相及素畫弥勒佛即諸方施者同共崇矣兼述山寺奇景古德高僧能事之跡記也郡城東南卅餘里丹流灣曲山奄翠屏雲霞生雙髻之峯碧霧吐香鑪之石谷深景邃地近山幽蔵陰南連禮浮北接硤石之名本非寺号但通人行時共稱焉 初有曇始禪師

大齊起義之首奉藏陰寺講涅槃經感野雉来聽藏神遺綃獼猴奉菓山神獻飡時之異人乎其難識矣　周朝有惠遠法師即晉城霍秀人也制涅槃疏擲筆昇空以驗其音名振古今号擲筆臺已現存焉近唐　代宗之運神墨禪師唐之貴葉學究典墳善閑在老捨榮慕道晦跡亡名藏陰宴坐林藪行節孤迅人難可儔　貞元之時有智通法師近朝供奉聡惠天假其靈善談涅槃真口制六波羅蜜疏流于世也　今有惠惰禪師業善儒門博通子史高道不事弃筆從緇究禪理而真心自閑習心觀定惠雙運居無定所雲林是家遠尋靈跡

来届此山　時有智岑善講天台教門深達妙源精義尤博誓為佛使行化人間来亦於此知山靈秀景勝處幽名僧継踵其時愔公至此欲過嵩岳志求法華道場之處土地時運宿緣所追乃感邦伯邀留及有清信長老結邑請住去大和二年上方刱造僧院兼置普賢道場為山寺荒癈歲久杜絶人来道者難居蓋為差稅時

太守王公以善理人慈愛育物敬崇三寶荷護伽藍自至山門殷懃留請兼捨祿粟及勸官寮資助并感降差科時有清信之士以議助濟差科時有廿八人念經一二年間人即倫散出邑今有六七人同為竭力崇供

山寺科率并造閣一所兼素畫弥勒兼諸方信施者并
邑外持念經人具歷此石法華之應事亦具載矣邑人
司徒暎等宿植深厚菩提種成法雨潤根善牙開發又
能晦跡藏名隱遁州城綠肆和光混俗樂道安貧共結
良緣同脩福利心貞志固剋石記文咸集陳情命余題
述龍興寺上座大德道振撰邑人前試太常卿司徒暎
書

唐太和七年十月廿二日記耳已上在碑上層

妙法蓮華經序品第一邑人司徒暎諷誦

妙法蓮華經方便品第二邑人

妙法蓮華經譬喻品第三邑人

妙法蓮華經信解品第四邑人

妙法蓮華經藥草喻品第五邑人

妙法蓮華經授記品第六邑人

妙法蓮華經化城喻品第七

妙法蓮華經五百弟子受記品第八

妙法蓮華經授學元學人記品第九

妙法蓮華經法師品第十

妙法蓮華經見寶塔品第十一

妙法蓮華經菩提達多品第十二

妙法蓮華經勸持品第十三
妙法蓮華經安樂行品第十四
妙法蓮華經從地踊出品第十五
妙法蓮華經如来壽量品第十六
妙法蓮華經分列功德品第十七
妙法蓮華經随喜功德品第十八
妙法蓮華經法師功德品第十九
妙法蓮華經常不輕菩薩品第廿
妙法蓮華經如来神力品第廿一
妙法蓮華經囑累品第廿二

妙法蓮華經藥王菩薩本事品第廿三
妙法華經妙音菩薩品第廿四
妙法華經觀世音菩薩普門品第廿五
妙法蓮華經陁羅尼品第廿六
妙法華經妙荘嚴王本事品第廿七
妙法華經普賢菩薩勸發品第廿八已上在碑下層

右青蓮寺碑文與書法俱無足觀碑本無額姚半塘修鳳臺縣志題爲青蓮寺碑姑從之碑有素畫弥勒佛之語按説文無塑字唐宋碑刻或作塐亦俗不若作素之爲得也塐之作𡍩亦俗字潛研堂金石文跋尾

聖宇山崆峒巖記 天福五年七月

石高一尺七寸五分廣二尺九寸文
廿行行十七八字不等在山西鳳臺

剏建聖宇山崆峒巖記

夫寰中滕縣賢哲咸依物外幽奇人神共仰此巖天福初有水谷門人法諱善閑崆峒人也代即李膺之後一来遊賞志樂幽居味道礭然仕庶欽向遂有城皇信衆一十一人与院主結志菅興倚崖造重閣三間廚舍兩間并塑寶陁落山觀自在菩薩一尊經始彿停翁尒而立上臨百丈下眺千尋到滅塵埃登忘鄙悋實為光前絕後利樂無窮略紀大綱以為斯記 乃

作銘云

洋〻白水落〻禪扃煙蘿蔽影巖洞怡神寘〻鳥道窈〻ㄎ津人閒窣疋象外難隣千秋不朽万古唯新

天福五年七月七日建院主僧善聞門人契元

邑老人李行實等　邑人袁超　邑人李珣

都維那竇度真　邑人宋彥唐　邑人趙温

邑人劉進　邑人辛仁遇　邑人李建

邑人張返福　邑人苗廷祚　石近元思原

赤白施主崔引隱　斟木施主張氏張氏

地主張詮張師訓張師福焦周口

右記在澤州之鳳臺縣其云寶陁落山者即補陀落迦也其書與作𢀳洞作峒那作𨚗匠作近延作延皆俗體潛研堂金石文跋尾

陽城縣龍泉禪院記顯德三年九月

碑高六尺廣三尺三寸記并後序共卅行行六十一字至七十七字不等有篆額失拓在山西陽城

大周澤州陽城縣龍泉禪院記

文林郎前守澤州司法參軍徐綸撰　　鐫字人王

知謙

詳夫域中之制王者為尊方外之門佛則無上贊二諦

而塞諸漏引六度而攝羣生覺樹開花定結菩提之果

慈雲布潤終消火宅之災常存而無去無來永濟而可

大可久信所謂有情慈父彼岸長梁神通豈世智能窮

功行將河沙詎筭乃知綿劫已往十号稱尊之聖可莫

由斯道也粤自
周禎載驗漢夢有嶽東流貝葉之文西仰真如之影由
是人殞法味家飲教風斯固契彼有緣經遠無墜是乃
有落髮披緇之士猷俗奉釋之流嚴飾精藍羅列像設
或巖栖谷處或要路通津隨便制宜攝心化物則有梵
脩灑掃之敬則有誦持讚歎之規或施一財以求因或
持半偈之取證具陳難悉起教多塗蓋人且識分不同
而善則隨機有得噫　諸佛大權方便之門
或隱或顯即色即空浩浩蕩蕩徧十方而包大千迎隨
莫測其畔岸稱大不可思議之理者如此剏龍泉院者

人天集福之所也著舊相傳其來寖遠刋勒無寄罔究權輿一説云是院之東十數里孤峯之上有黄砂古祠時有一僧莫詳所自於彼祠内諷讀金剛般若之經一日有白兔馴擾而來銜所轉經文蹶然而前去因從而追之至于是院之東數十步先有泉時謂之龍泉於彼泉後而止僧異之而感悟焉因結茆宴坐誓於其地始建刹焉亦莫究其年代矣人煙旹變基址常存同靈鷲以通幽類給孤而建号東隣郭社之陌前據金谷之垠既名額以未標稱郭谷而斯久至有唐乾寧初東蜀惠義精舍稟律沙門諱順懋振錫東游浮盃遠邀獨及是

院遂欲捿心莫非廊廡凋殘才庇風雨垣墉頹擗豈限
狐狸經𢠸塵没以廨斑藥檻草荒而地古披荊榛而通
道路掇薇蕨以事晨飧日往月来以近及遠歸依者如
蟻慕唱和者若蟬聯雖云興廢有時亦繫方圓任器添棟
宇於仍舊求柱石於他山紺殿故而復新雲房卑而更
起曲盡其妙以廣其居漸加少而為多變其質而增麗
凡添修新舊屋宇并正殿等共柒拾餘間其院東龍泉
後面結菴之所三紀已前尚微認故蹟今則湮没矣且
泉之所有時人無能知者夫其狀也噴湧而出喻虎眼
射人鯨口呴味通注遽盈於溝洫奔突若駭於風雷夏

寒疑氷冬温若沸比鏡瑩澈同醴甘香不獨飲酌所須可以塵垢旋滌矣愍公運心匠磨智鋒俾令堰作方塘瀦為澄沼且嘉魚成簇拋生宛轉以隨人或穢觸沈波吐沫淋漓而覆水有斯靈異甚警凡愚自迩及遐惟畏與敬而又植弱柳則扶疎而春媚種脩篁則蓊蔚以冬青長小松為喬松接山果為家果功既崇矣景亦備矣一日愍公語諸門人曰是院也厥初住持所重幽僻止期課誦以盡年齡敢望脩崇有若斯壯麗者矣吾聞空寂者正真之本名言者誘化之宗如來亦假於莊嚴眡俗斯歸於方便得不申請院額增飾教門者耶時

郡牧隴西公果俞革故之謀俾建厥新之号因飛
牋奏遂降　勅文額為龍泉禪院矣時唐乾
寧元年十月二十五日也懲公著名律學為衆推重住
持軌則依稟宗師歷四十年終始若一至唐天祐十九
年七月五日順寂于本院建塔於院之右門人上哲敬
臻爰自具戒便慕巡遊二十年閒叅尋勝事雖兼稟律
德而遽曉禪機既適道而與立或乖且殊途而同歸一
致者也臻公道惟無礙學以了空弥緘出世之譚未即
當仁之座爰以此院精專二倉供施十方遂致五湖四
海之流嚮風慕義而至師為山主于今僅廿六年矣次

曰敬詮見住院于本縣之南次曰敬謜稟氣不雜居塵自高持百部之花嚴酬四恩於法界而又克荷　先師之訓復稟同學之儀勠力齊心上行下効相須若左右手不違猶水乳和共弘利益之方愈有胥徯之盛為院主亦三十年次曰敬謙敬審等皆能不墜法乳永保衣珠共匡教門將俟悠久綸維桑左輔游宦高都以

臻公謜公二上人嘗沐開懷許翫佳致是因誤有請託謂業文辭且綸壯歲已前經明登第成事本非於染翰片文才莫於飾身遵承明雖罄於磨鉛漏略且寧逃於代斷將何致遠取媿貞珉時

大周開基之二

載歲直壬子三月辛亥朔二十二日壬申記
院主敬謜　第一座匡懃　維那懷德　典座懷朗
直歲懷悟　上足小師懷智　懷蘊　懷辯　懷堅
懷譜　懷恩　懷壽　懷海　童子小德　宜哥　六
兒
此一行無字
大周皇帝承祧之二祀震雄風匡霸業從諫諍遂賢良
外則以四夷未　王尚征伐而執戎事內則以百揆
方序興禮樂而敷　文德考謀詢事進草澤而納蒭
蕘糺謬繩愆退不肖而黜邪佞　皇綱既已大矣儒

風又已亭矣乃有釋教爰疚宸衷憲
真俗而相參遂鼎革而垂制凡曰梵宇悉去無
名故九州四海之中設像棲真之所並埽地矣是院以
有唐乾寧元年所賜勅額時雖綿遠名仍顯著
巖其驗而斯在詢其由而匪霆遂免雷同得安雲搆且
星言間出有司無私徇之心佛法載崇
釋子遂幽棲之地蓋存舊制式叶新規得非
澄汰之合宜乎隆替之有時乎亦所謂主首精
勤焚脩堅確土地幽賛因緣幸會者矣況是院氣壓群
山勢吞百谷基殿架日松檜參雲鄙祇樹之虛名得清

涼之勝槩嵗其始而莫究考其終而無窮必冀異永煥釋
門用為基搆恐隤墜盛觀遂刻貞珉俟傳於不朽者耳時
顯德三年嵗次丙辰九月庚寅朔七日丙申記
鄉貢進士王獻可後序并書　講上生經沙
門師試篆額

右陽城縣龍泉禪院記前記澤州司法參軍徐綸撰
紀僧順懃刱與此院及乾寧元年賜額之事後題云
大周開基之二載嵗直壬子蓋廣運二年也後序鄉
貢進士王獻可撰述顯德初毀廢佛寺此院以乾寧
敕賜額得存之由按五代會要顯德二年諸州供到

僧帳見存寺院二千六百九十四所廢寺院凡三萬三百三十六當時琳宮梵宇什不存一斯院之不見毀幸矣獻可書修整有唐人法度釋氏書以周莊王十年四月夜恒星不見爲釋迦降生之祥故記有周禎載驗之語本述前代而碑於周字輒跳行書之豈以郭氏自稱號叔之後與姬周同出故邪眠即甿字

潛研堂金石文跋尾

太湖投龍銀簡文寶正三年三月

簡長八寸七分廣五寸八分文十行行廿二字正書簡今銷

大道弟子天下都元帥尚父守中書令吳越國王 錢
鏐年七十七歲二月十六日生自統制山河主臨吳越
民安俗阜道泰時康市物平和遐爾清宴仰自
蒼昊降祐大道垂恩今則特詣洞府名山遍投龍簡恭
陳醮謝上荅
方恩伏願合具 告祈兼乞鏐壬申行年四時履歷
壽齡遐邇眼目光明家國興隆子孫繁盛志祈方祝允
協投誠謹詣太湖水府金龍驛傳於吳越國蘇州府吳縣

洞庭鄉東皋里太湖水府告文

寶正三年歲在戊子三月丁未朔二十六日壬申投

右投龍銀簡崇禎季年簡村民得之太湖中長八寸有奇廣六之周圍蟠龍中刻吳越寶正三年告文即後唐天成三年也簡重廿兩有沈姓者倍銀易之不得乃拓存數本後民之子貿銷簡為錠　翁海村從沈分得一紙此即翁所贈也文云年七十七歲二月十六日生則武肅生于大中六年壬申歲癸卯月癸丑日足補兩世家及錢氏舊譜所未備又聞乾隆中太湖漁人網得玉簡一枚亦吳越物舊藏林屋民家今未審所在四錄堂類集

朗空大師塔碑顯德元年七月有陰

碑高九尺廣四尺三寸卅一
行行八十三字今在高麗國

新羅國故　兩朝國師　教謚朗空大師白月棲雲之
塔碑銘并序　門人翰林學士守兵部侍郎知端
書院事賜紫金魚袋臣崔仁滾奉　教撰
金生書　釋端目集

聞夫真境希夷方津杳渺澄如滄海邈若太虛智舟何以達其涯慧駕莫能尋其際況復去聖逾遠滯凡既深靡制心猿難調意馬由是佪虛弃實者俱懷逐塊之情執有迷空者盡起趂炎之想若非哲人出世開士乘時

高演真宗廣宣善誘何以爰拼重玄之理得歸衆妙之
門潛認髻珠密傳心印達斯道者豈異人乎大師是也
大師法諱行寂俗姓崔氏其先周朝之尚父遐苗齊國
之丁公遠裔其後使乎兎郡留寓雞林今為京萬河南
人也祖諱金避世辭榮幽居養志父諱佩常年登九歲
學冠三冬長聿投筆之心仍效止戈之藝所以繫名軍
掾充職戎行母薛氏夢見僧謂曰宿因所追願為阿孃
之子覺後感其靈瑞備啓所天自屏膻腴勤為胎教以
大和六年十二月三十日誕生　大師生摽奇骨有異
凡流遊戲之時須為佛事每聚沙而造塔常摘葉以為

香爰自青襟尋師絳帳請業則都忘寢食臨文則摠括宗源嘗以深信金言志遺塵俗謂父曰所願出家修道以報罔極之恩其父知有宿根合符前夢不阻其志愛而許之遂洒削染披緇苦求遊學欲尋學海歷選名山至於伽耶海印寺便謁宗師精探經論統雜花之妙義玩貝葉之真文師謂學徒曰釋子多聞顔生好學昔聞其語今見其人豈与青眼赤髭同年而語哉大中九年於福泉寺官壇受其具戒既而浮囊志切繫草情深像教之宗已勞力學方機之旨盍以心求所以杖策挈瓶下山尋路徑詣崛山謁通曉大師自投五體虔啓衷懷

大師便許昇堂遂令入室從此服膺數載勤苦多方雖
至道□□目擊罄成山之志而常齊淡薄神疲增賁海
之勞則知歷試諸難多能鄙事每於坐卧只念遊方遂
於咸通十一年投入備朝使金公緊榮口笺之心備陳
所志金公情深傾蓋許以同舟無何利涉大川達于西
岸此際不遠千里至於上都尋蒙有司特具事由奏聞
天聽降勑宜令左街寶堂寺孔雀子院安置大師所
喜神居駐足勝境栖心未幾降誕之辰　勑徵入内
懿宗皇帝遽引至化虔仰玄風問大師曰遠涉滄溟有
何求事太師對　勑曰貧道幸獲觀風　上國問道

中華今日叨沐　鴻恩得窺盛事所求遍遊靈跡追尋
赤水之珠還耀吾鄉更作青丘之印　天子厚加寵賚
甚善其言猶如法秀之逢晉文曇鸞之對梁武古今雖
異名德尤同以後至五臺山投花嚴寺求感於文殊大
聖先上中臺忽遇神人鬔鬢眉皓尒叩頭作禮膜拜祈恩
謂大師曰不易遠來善哉佛子莫淹此地速向南方認
其五色之霜必沐曇摩之雨大師含悲頂別漸次南行
乹符二年至成都俯巡謁到靜衆精舍禮無相大師影
堂大師新羅人也因謁寫真具聞遺美爲唐帝導師
玄宗之師同鄉唯恨異其時後代所求追其迹企聞石

霜慶諸和尚啓如来之室演迦葉之宗道樹之陰禪流
所聚大師殷勤禮足曲盡虔誠仍栖方便之門果得摩
尼之寶儀而追遊衡岳条知識之禪居遠至曹溪礼祖
師之寶塔傍東山之遐秀採六葉之遺芳四遠条尋無
方不到雖觀空色豈忘偏陲以中和五年来歸　故國
時也至於崛嶺重謁大師大師云且喜早歸豈期相見
後學各得其賜念兹在兹所以再託扉蓮不離左右中
閒忽携瓶鉢重訪水雲或錫飛於五嶽之初暫栖天柱
或盃渡於三河之後方住水精至文德二年四月中崛
山大師寢疾便往故山精勤侍疾至於歸化付囑傳心

者唯在大師一人而已初憩錫於朔州之建子若纔修
茅舍始啓山門來者如雲朝三暮四頃歲時當厄運世
屬此蒙災星長照於三韓毒霧常鋪於四郡況於巖谷
無計潛藏乾寧初至止王城薰蕕畜於焚香之寺光化
末旋歸野郡植栴檀於薙草之墟所恨正值魔軍將宣
佛道　孝恭大王驟登寶位欽重禪宗以大師獨步海
東孤摽天下特遣僧正法賢等聊飛　鳳筆徵赴　皇
居大師謂門人曰自欲安禪終須助化吾道之流於末
代外護之恩也乃以天祐三年秋九月初忽出溟郊方
歸京邑至十六日引登　祕殿孤坐禪床之上預淨宸

襟整其冕服待以國師之禮虔申鑽仰之情大師辭色
從容神儀自若尊道説羲軒之術治邦談堯舜之風鏡
忘疲洪鐘待扣有親從上　殿者四人曰行謙遂安信
宗讓規讓景行超十哲名蓋二禪探方鄉之祕宗論絶
境之幽枝　聖人見頻迴麈尾甚悦龍顔至於明年夏
末乍別　京畿略遊海嶠至金海府　蘇公忠子知府
及第律凞領軍莫不斂袵欽風開襟慕道請居名寺異
福蒼生十大師可以栖遲暗垂慈化掃妖煙於塞外灑
甘露於山中　神德大王光統丕圖寵徵赴　闕至
貞明元年春大師遽携禪衆来至　帝鄉依前命南山

實際寺安之此寺則先是　聖上以黄閣潛龍禪扃附
鳳尋付大師永為禪宇此時奉迎　行在重謁慈顔爰
開有待之心再聽無為之説辭還之際特結良因爰有
女弟子明瑶夫人鼇島宗枝鳩林冠族仰止高山尊崇
佛理以石南山寺請為收領永以住持秋七月大師以
甚愜雅懷始謀棲止此寺也遠連四岳高壓南溟溪澗
爭流酷似金輿之谷巖巒鬪峻疑如紫蓋之峯誠招隱
之幽据亦棲禪之佳境者也大師遠探靈巘未有定居
初至此山以為終焉之所至明年春二月初大師覺其
不悆稱染微痾至十二日詰旦告衆曰生也有涯吾將

行矣守而勿失汝等勉旃趺坐繩床儼然就滅報齡八十
五僧臘六十一于時雲霧晦冥山巒震動有山下人望
山頂者五色光氣衝於空中中有一物上天宛然金柱
豈止智順則天垂花蓋法成則空斂靈棺而已哉於是
門人等傷割五情若亾天屬至十七日敬奉色身假隸
于西峯之麓　聖考大王忽聆遷化良惻仙襟特遣
中使監護葬儀仍令弔祭至三年十一月中改葬於東
巒之頂法寺三百来步　全身不散神色如常門下等
重覩慈顔不勝感慕仍施石戶封閉大師資靈河嶽稟
氣星辰居縷褐之英應黃裳之吉由是早插禪境久拂

客塵裨二主於兩朝濟羣生於三界邦家安太魔賊歸降則知大覺真身觀音後體启亐開而敷揚至理開慈室而汲引亐流生命示亡效鶴樹歸真之跡化身如在追雞峯住寂之心存殁化人始終引道可謂定慧無方神通自在者焉弟子信宗禪師周解禪師林侶禪師等五百来人共保一心皆居上足常勤守護永切追攀每念巨海塵飛高風電絶累趁魏闕請樹豊碑今上克纘洪基恭承寳籙欽崇禪化不異前朝贈謚曰朗空大師塔名白月栖雲之塔爰命微臣宜修聾白仁滂固辞不免唯命是從輒課菲詞式揚餘烈譬如提壺酌海莫知

溟渤之深執管闚天難測穹蒼之濶然而早蒙慈誨眷
以宗盟惟以援筆有情著文無愧强名之道將報法恩
其詞曰
至道無為　猶如大地　萬法同歸　千門一致　學
惟正覺　誘彼群類　聖凡有殊　闇悟無異　懿歟
禪伯　生我海東　明同日月　量等虛空　名由德
顯　智與慈融　去傳法要　来化童蒙　水月澄心
　煙霞匿曜　忽飛美譽　頻降佳名　扶賛兩朝
闡揚之教　甄破燈明　雲開月照　哲人去世　緇
素傷心　門徒顧切　國主恩深　塔封巒頂　碑倚

溪潯　芥城雖盡　永曜禪林

碑陰

十八行行四十七字又年月大字一行題名三行

新羅國石南山故國師碑銘後記

門下法孫釋純白述

恭惟　我國大師始自出昭終於没齒生緣眷屬觸事因緣即門生金長老允正所修錄具　門人崔大相仁渷所撰碑述之今白之所記者　恭以大師於唐新羅國景明王之天祐年中化緣畢已　明王諡号銘塔仍勑崔仁渷侍郎使撰碑文然以世雜人猾難為

盛事是以年新月古耒立碑文至後高麗國凡平四郡
鼎正三韓以顯德元年七月十五日樹此豊碑於太子
山者良有良緣者乎爰有國師之門神足國主寺之僧
頭乾聖院和尚者法諱讓景俗姓金氏字曰舉國為師
而或躰戓心為王而乍耳乍目將恐芳塵風掃美跡雲
消黃絹將爛翠琰弗植　師恩雀報自立龜碑和尚
王父藹　元聖王之表來孫憲康王之外庶舅清廉
謡聒於街路忠孝譽酣於尊卑内知執事侍郎外任須
江都護父訪禮才兼六藝學慣五經月下風前屬緣情
躰物之句春花秋月呈撫紡韻竹之聲内至執事含香

外赴朔州長史和尚始自華色終於曳身動止言談行蹤風格可備別録此略言焉且　國師碑之與録可記而未記者曰龍潭式照乹聖讓景鸞石惠希宥襟允正請龍善現靈長方甫石南迴閑嵩山可定太子本定右九師者　國師存日羽翼在夘未翻青雲之際　國師歿後角足成躲始遊碧海之中　師之在時法席牛毛之數師之入滅禪座財鐘乳之多人謂之評曰九乳若鐘養九方之佛子一面如鏡正一國之君臣古所謂翼衆詵詵茲焉在焉其允正長老者乹聖同胎之弟也戒高持者名出有人存歿言行門人別録

其母氏夢任盈之日日入於寢室娠季之月月入於窗
窟果誕乾聖與宥襟也豈翅曇雲諦阿毋夢二物之徵慧
住阿孃獲二果之瑞而已哉　仁滰者辰韓茂族人也
人所謂一代三崔金牓題迴曰崔致遠曰崔仁滰曰崔
承祐才中中人也學圍海岳加二車於五車才包風雲
除三步於七步實君子國之君子亦大人鄉之大人是
或折桂中花扇香風於上國得葱羅域推學究於東鄉
承　大師重席之恩撰　大師鴻碑之記白也
執尺占天揶終近遠傾蠡酌海豈度少多然則言而不
常默猶不可後來君子取之捨之而已

顯德元年歲在甲寅七月十五日立
勾當事僧　迴虛長老
刻字僧　嵩太尚座　秀規尚座　清直師　惠超師
院主僧　惠賢長老　典座僧　清良　維那僧　秀
宗　史僧　日定　直歲僧　規定

右碑并陰金石家未著録吳學士鼒得之高麗使臣碑撰于梁貞明末刻于周顯德元年碑陰則刻石時所記也兩唐書新羅傳皆訖會昌鄭麟趾高麗史所載新羅事從貞明末至後唐清泰二年略可尋究前此闕焉舊五代史明紀長興三年四月新羅王金溥

遣使貢方物新史增多一事莊紀同光元年十一月
新羅國王金朴英遣使者來高麗史作昇英蓋姓朴
名昇英新史誤加金字又新史四夷附録長興三年
誤作四年又言自晉已後不復至不知晉時已無新
羅國矣其會昌至貞明末八十年間新羅世次僅見
此碑可補史傳之闕碑陰有元聖王當在會昌間為
朴氏代金之始數傳至大順景福間新羅政衰群賊
競起真聖王六年甄萱叛據南州稱後百濟弓裔據
高句麗之地都鐵圜國號泰封見高麗史即碑所云
時當尼運世屬此蒙災星長照於三韓毒霧常鋪於

四郡也碑陰及高麗史有憲康王當在乹寧光化間天祐三年孝恭王立貞明元年神德王立皆見碑文碑又稱神德為聖考大王貞明四年景明王昇英立碑謂之今上是年王建逐弓裔而據其地建元天授碑陰云唐新羅國景明王之天祐年中則以後唐同光前皆稱天祐也同光二年九月昇英薨弟魏膺立天成二年甄萱入都城索王令自盡立金溥為王金溥者景明王之表弟憲康王之外孫是金又代朴清泰二年六月甄萱子神劍作亂萱奔投王建十月金溥納土于王建十二月除新羅為慶州事詳高麗史

即碑陰所云後高麗國凡平四郡鼎正三韓也金溥
高麗史作金傅未審孰是碑撰後久乃上石因有脫
誤海東古刻向来僅見平百濟碑此與忠湛碑余最
先著録且可補史何快如之四録堂類集

忠湛大師碑 天福五年七月十八日

碑斷為三失其中截高共存七尺五寸廣五尺文卅行行字不可紀今在高麗國

高麗國原州靈下缺 臣崔光胤奉 教集 太

宗文皇下缺

蓋聞微言立教始開下缺 嗣位至於馬鳴繼美垂妙法

於三乘龍樹揚芳見其□□□□□相離相非身是身

降及下缺 聞圓覺東入梁朝始見大引北遊魏室於是

師資所契□□□□祖法相承心燈不絶所以下缺 者

焉 大師法號忠湛俗姓金氏其先雞林冠族兎郡宗

枝口口島以分榮記桑津而別派遠祖多下缺陶潛而
不事王侯希貫詡而寧求禄位所以考盤樂道早攻莊
列之書招隱攀吟常避市朝之譽母下缺賢之子豈無
修聖善之心感此靈奇求生法胤以咸通十年正月一
日誕生　大師生有殊相弱無戲言下缺性靈超衆神
悟絶倫槐市横經杏園命筆二親嘗邀相者相之云若
至甘羅之歲鳳舉難量終臻賈誼之下缺至失於怙恃
唯恨栖遑爰有長純禪師是導師修度世之緣當亡父
結空門之友　大師隨其長老得居下缺俗塵方登僧
位尋令昇堂覩奥入室鉤深迅足駸駸後發先至覺枝

脈脈前開晚成所以偃仰禪林優游（下缺）認印度重光
終至相傳窺楞伽再闡迺於龍紀元年受具戒於武州
靈神寺既而習其相部精究毗尼捧（下缺）宗論道謂學
人曰淺溜穿石同心斷金鑽燧之勤寫瓶之易皆由積
微不已跬步遄征俄成學海之功永就（下缺）釋子天日禪
僧此間觀曝骨之墟見殭屍之處他日靜境豈無避地
之方此地危邦終絕居山之計□□□之華（下缺）者同
載而征達于彼岸此時徑登雲蓋禪宇虔禮淨圓大師
大師是栖雲壑之居佩石霜之印知　大師遠離（下缺）
圖南迴奮垂雲之翼豫章向上高揮拂日之枝大師謂

高麗

曰汝還認其到此階梯預呈其遷喬□□所以不離寶
所下缺　河東恭禪門於紫嶽故能初窺聖典久栖禹穴
之旁始覽靈蹤方到燕臺之畔迺於天祐十□年六月
中得達于下缺學俱於問訊慶抃交深數月論禪周年問
法惟弥天發□及離日搖脣量語路之端酌言曰之□
此日揣於兩地心下缺　之光愁見甲兵之色所以便辞
金海遙指玉京行道遲遲於焉入境不唯摩勒重敷蕙
亦優曇一現奉迎內殿尋以下缺　遥屢吐象王之說重
重避席恭披弟子之儀一一書紳侍以王師之禮翌日
請移□於□□□之水淨精盧永方下缺．術　大師遠從舟櫵再到京畿所以別飾玉堂令昇繩榻問大師曰寡人少尚威武未精學□不曉先王之典寧下缺存亡之志所喜不勞漢夢仍覩秦星世宗之遇摩騰梁武之逢寶誌無以加也生生世世永修香火之因子子孫孫下缺吉祥之地尚論往美更知延福之涯志有終焉心無悔矣然則遂於此地高敞禪扃□□如雲學人如霧依舊琉璃下缺聞與法之談不受大師之誨者處處精舍其徒擯之終日了無與言一宵堅不留宿豈期大師素無疾瘵富有下缺五年七月十八日詰旦告門人曰萬灋皆空吾將去矣一心為本汝等勉旃顔兒

如常寂然坐戚俗年七十有二僧下缺悲盈四部天人
增絶學之哀寧惟慟徹諸方士庶泣亡師之痛寡人
忽聆遷化尤慟于懷追切洪德不能已已特下缺萬壽
之遐長乖羣情之敬仰今則果雖核矣室可修焉然則
先忻於水積魚歸後恨於林傾鳥散所異早儀明禮正
當下缺之塔惟　大師雪山成道煙洞證心傳十八代
之祖宗統三千年之禪教則知浹洽浮世舉其廣則誰
曰黃輿周下缺忘機仍引狎鷗之興幾多肹蠁無限昭
彰可謂闡揚身毒之風敷演竺乾之法者矣門徒弟子
五百下缺成田陳情而特請龜文瀝懇而頻干鳳德所

異顯無為之化留在水雲期不朽之緣刻於金石下缺
之心歸美栢臺旌國士追攀之志乃為銘曰
上缺蘇認已藏寶知印慈航沒浪慧炬沈光銀燈石下缺
右碑高麗太祖王建撰崔光胤集唐太宗行書金石
家未著録余得之吳學士鼒學士得之高麗使臣碑
斷失中截又缺末行僅存一千一百卅七字碑言忠
湛以咸通十年八月生口口五年七月坐口俗年七
十有二五年上缺者乃天福字是年為庚子即王建
之天授廿三年鄭麟趾高麗史是年秋七月王師忠
湛死如塔于原州靈鳳山興法寺親製碑文是也原

州屬揚廣道後屬忠清道本高句麗平原郡武州即
昌平縣屬全羅道本百濟屈支縣四録堂類集

鹽池新堰箴 天聖十年十月

碑高八尺五寸廣三尺六寸十八行行約七十餘字行書在山西安邑

解州鹽池新堰箴并序

朝請郎守尚書祠部員外郎充集賢挍理知解州軍州□□□勸農□□□□□□騎都尉賜緋魚袋借紫張 仲尹

天聖九年冬十月奏請營兩池新堰 詔令從之越明年春正月擇鹽官曰文恩曰鼎□□喜安徽□□□人責其董而役之至仲春厥功成壯矣哉板築興於□□鑿□於□□□鄣護真溝壘之固也烏乎鹽

澤之區郵瑕之地其利衍沃則三代無取焉自元魏已
還更變無定□□富强□於所入貧弱□□絶望歸
國家則侵漁□□刑罰□□是□□□□□□唐立
一定之法重使榷益刑名設兵以防之樹棘以禁之置
屯以斂之建官以統之芻稾營藏連絡□□衡石參較
出納萬計官運商載晝夜如流資關中無算之饒減天
下□□之賦曰公曰私各有定分侵漁之弊自茲稍息
至朱梁干紀昭宗劫遷□□相仍經制無度邦□削薄
民賦寡入疆梁秉□于以肆貪守衛協謀公竊相半至
是□□曰□□□□之觀夫歷數□□□□斯草

太祖以欽承正統削平諸夏　太宗以
紹隆丕業奄有四海逮乎　真皇御極
列聖纂圖□□□□□□□道聲教
所暨靡不□□□□□□動羅深辟體漢臣之約法遵
成湯之解網昔之苛刻特從末減故下　詔計
贓罪應死者止從加杖充軍自是近池之人說而徙之
者甚多矣
皇王之惠其至矣哉夫禁禦稍寬寬則偽出法令經久
久則姦生姦偽相滋抵犯何極統而言之乃自然之理
也去年春□有□開監禁者　詔□□行之

口口罷汾陰口軍口口口供奉官蔡公口口口事偶一
日舉職餘閑因歷覽而議之曰樹棘爲禁其可固乎設
兵爲防其可患乎不忠不固則表裏之口口悉爲其禦
哉且峻刑辟而疎禁衛則口口口利而口口口口矣斯
何異口口罟以陷飛走之類乎何哉蓋利誘其人茫茫
然殺者不知乎故而生者不知乎苟矣若然則下口之
弊急可救之矣救弊口口在乎設隄防以塞民欲民欲
既塞則鹽禁之刑於茲而自錯矣口至口口是謂民安
而刑清非一時之利乃萬世之利也蔡之曰設防之口奚
從乎曰未若起堰於上浚壕於下使外不能入内不能

出□□騎□卒巡守要害自□人無其心而姦僞息矣
夫如是□□乃可□蔡曰諾縣是即日議定其狀馳馹
以聞屬　二聖子育元元在□于懷乃
眷勤請遽下令而營成之自是□□□□略無犯者
□新其堰者非止護其寶也即亦護其民也具中人之
性者必知之矣既知之則可□□誨導俱遷善而無犯
也不□□綱罟之隘易如反掌耳故為鹽池新堰箴以
勗之其□□
鹽池渺瀰環圓百里種斂千人出納萬計因曰脂膏乃
生姦弊姦弊既生法令斯啟孰謂其嚴設兵邏之孰謂

其峻樹棘圍□□□□□兵多自欺連延公竊開張禍
基□臣□臣協□□獻
帝命曰俞俾營新堰乃立制度酌令程限期以三旬厥
功可建詢擇揔領曰恩曰鼎霜肅威稜風嚴號令畚鍤
交飛役之□□□隍下浚如城有池新堰伊何其利孔
多□爲□盜無得而過昔也弛禁如張網羅今也固護
如登太和勉旃解人慎□天真勿念□□念乎□珎勿
思監守思乎害身聞斯行諸揚之□珉
大宋天聖十年歲次壬申十月己亥朔五日癸卯記
晉右軍將軍王羲之書　浚郊跌跌望集勀　趙郡李

蒙題篆

碑末有小字題跋三行漫滅不録

玉兔淨居詩 明道二年八月

石高二尺六寸廣三尺六寸十五行行十七八字不等行書中開署名一行小楷書在山西浮山

晉之神山縣有淨居曰玉兔建樹之本記悉備之天聖八年秋寺僧應公袖墨本事跡訪余為詩因覽源流實曰勝槩感激勤至何以固辞乃成一章章二十句雖文涉陳淺事無新異与今作者藻思弗侔蓋所以塞其來意用旌好事云耳

朝請郎守尚書度支員外郎充集賢校理知解州軍州兼管内勸農提點兩池事輕車都尉賜緋魚袋借紫張仲尹

何事回真館標名作淨坊金園存廢址玉兔効殊祥躍
漢勞罝網環山瑩雪霜來疑崑岫出去訝月輪藏隱顯
經千載薰修蔭一方寶壇隳道祖華牓耀空王奥域居
全晉靈祠接慶唐烟霞生四面樓殿起中央暎日松陰
合飄空磬韻長伊余聞勝槩寧惜寄篇章
明道二年中秋日講經論修造主僧志應立石
晉右軍將軍王羲之書
慈雲寺沙門靜萬集　當郡栗文德刻

西夏

皆慶寺感通塔碑 天祐民安五年正月 有陰

碑連額高九尺七寸廣三尺八寸碑額篆碑文並書不可識碑陰正書廿八行行七十字在甘肅涼州大雲寺

碑文西夏國書不能摹録

碑陰

前二行標題撰人名全泐

□□□□□□□□□□□□□□□□□□□□□

□□□□□□扣智慧医糸和和□喻化這身□大抵

與五常之教多有相似其實入人深厚令智愚心服歸

向信重汪洋廣博□□□□□□□□□□□□□□□
□□□□□□□□□□□趙八万四千寶塔奉安舍
利報　佛恩重今武威郡塔即其數也自周至晉千有
餘載中閒興廢經典莫記張軌稱制□□□□□□□
□□□□□□□□□□若錫宮中數□□瑞天錫異
其事時有人謂天錫曰昔阿育王奉　佛舍利起塔遍
世界中今之宮乃塔之故基之一也天錫遂捨其宮為
□祁其地□□支ノ□□□投類田輸者來治其事心
計神妙準繩特異材用質簡斤蹤斧迹極甚疎略視之
如容易可及然歷代工巧營心役思終不能度其規矩

兹塔之建迄今八百二十餘年矣　大夏開國奄有西土涼為輔郡亦已百載塔之感應不可殫紀然聽聞詳熟質之不謬者云嘗有欹仄每欲薦整至夕皆風雨大作四隣但聞斧鑿聲質明塔已正矣如是者再　先后之朝西羌梗邊寇乎涼土是夕亦大雷電於冥晦之中上現瑞燈羌人覩之駭異而退頃為南國失和乗輿再駕躬行薄伐申命王人稽首潛禱故天兵累捷蓋冥祐之力矣前年冬涼州地大震因又欹仄守臣露章具列厥事　詔命營治鳩工未集還復自正今　二聖臨御述繼先烈文昭武肅内外大治天地禋祀必莊必敬宗廟

祭享以時以思然口釋教尤所崇奉近自畿甸遠及荒
要山林谿谷村落坊聚　佛宇遺址隻椽片瓦但髣髴
有存者無不必葺况名迹顯敞古今不泯者乎故將是
塔雄乎前後靈應遂命增飾於是口口率職百工效技
朽者續者是墁是飾丹雘具飾金碧相間輝耀日月煥
然如新麗矣壯矣莫能名狀况武威當四衢地車轍馬
迹輻湊交會日有千數故憧憧之人無不瞻礼隨喜口
口信也玆我　二聖發菩提心大作　佛事興無邊勝
利接引聾瞽日有饒益巍巍堂堂真所謂慈航巨照者
矣異哉　佛之去世歲月寖遠其教散漫宗尚各異然

奉之者無不尊重口嘆雖兇很庸愚亦大敬信況宿習
智慧者哉所以七寶莊嚴為塔為廟者有矣木石瓴甓為
塔為廟者有矣鎔塑彩繢泥土沙礫無不為之故浮圖
梵剎遍滿天下然靈應昭然如茲之特異者未之聞也
豈 佛之威力獨厚於此耶豈神靈擁祐有所偏耶
不然則我大夏植福深厚 二聖誠德誠感之所致也
營飾之事起癸酉歲六月至甲戌歲正月厥功告畢其
月十五日 詔命慶讃於是用鳴法鼓廣集有緣兼啟
法筵普利群品仍飯僧一大會度僧三十八人曲赦殊
死罪五十四人以旌能事特賜黃金一十五兩白金五

十兩衣著羅帛六十段羅錦雜幡七十對錢一千緡用
為　佛常住又賜錢千緡穀千斛官作四户充番漢僧
常住俾晨昏香火者有所資焉二時齋粥者有所取焉
至如殿宇廊廡僧坊禪窟支頽補□□一物之用者無
不仰給焉故所須不匱而福亦無量也乃　詔辥臣俾
述梗槩臣等奉　詔辥不獲讓抽毫杼思謹為之銘其
詞曰
巍巍寶塔　肇基阿育　以因緣故　興無量福　奉
安舍利　粧嚴具足　歷載逾千　廢置莫録　西涼
稱制　王曰張軌　營治宫室　適當遺址　天錫嗣

世　靈瑞數起　應感既彰　塔復宮毀　大夏開國
奄有涼土　塔之祥異　不可悉數　嘗聞欹仄
神助風雨　每自正焉　得未曾覩　先后臨朝　羌
犯涼境　亦有雷雹　暴作昏暝　燈現煌煌　炳靈
彰聖　寇戎駭異　收迹潛屏　南服不庭　乘輿再
討　前命星使　恭有祈禱　我武既揚　果聞捷報
蓋資冥祐　助乎有道　況屬前冬　壬申歲直
武威地震　塔又震仄　凌雲勢撓　欲治工億　龍
天護持　何假人力　二聖欽崇　再詔營治　朽者
績者　因有不備　五彩復煥　金碧增麗　舊物惟

新　所謂勝利　我后我皇　累葉重光　虔奉竺典
必恭必莊　誠因內積　勝果外彰　覺皇妙蔭
万壽無疆
天祐民安五年歲次甲戌正月甲戌朔十五日戊子
建　書番碑旌訛典集冷批渾嵬名遇　供寫南北章
表張政思書并篆額石匠人員韋移移崖任遇子康獄
皆慶寺都大勾當銘賽正嚷挨黎臣梁行者乜慶寺都
大勾當卧則囉正兼頂直囉外母囉正律晶賜緋僧卧
屈皆慶寺監修都大勾當三司正右廂孽祖癿介臣埋
而皆慶寺監修都大勾當行宮三司正兼聖容寺感通

塔兩眾提擧律晶賜緋僧藥七永詮修寺准備吴箇行
官三司正湊銘臣吴没兜修塔寺小監行宫三司正栗
銘臣劉屈栗崖修塔寺小監崇聖寺僧正賜緋僧令介
成嵬護國寺感通塔番漢四衆提擧賜緋僧正郝征遇
修寺諸匠人監感通塔漢衆僧正賜緋僧酒智清修塔
塔寺監石碑感通塔漢衆僧副賜緋僧自智宣修塔寺
結瓦□□□□□□長□□□□□□□□□□□□
□□□□□□□□□□□□□□□□□□□□劉
獄見石匠陈支書郎曰逈□□□□系都見孫兒都
左□移𠃵伴兄孫惹□殷冐效□□□□□下缺一行

右碑在涼州大雲寺西夏崇宗天祐民安五年立撰人名泐缺張政思書并篆額金石家未著録劉孝廉師陸始訪得之碑兩面刻字正面西夏國書不可識以碑陰之正書互較而行字微有參差亦難照釋女直蒙古番部回部文皆從左而右西夏文獨從右而左碑陰云先后之朝又云二聖臨御按崇宗為惠宗長子惠宗七歲即位梁太后攝政是先后也崇宗三歲即位母后梁氏臨朝天祐民安五年當宋紹聖元年崇宗才十二歲母后尚未歸政是二聖也先后時西羌寇涼宋史西夏傳略而不書四録堂類集

妙相寺造象題字

石象高尺寸廣尺寸共三行正書在浙江山陰縣妙相寺

齊永明六年太歲

戊辰於吳郡敬造

維衛尊佛

張興墓誌銘龍朔元年十月

石高廣二尺九寸文廿七行行廿七字

大唐故處士張君墓誌銘

君諱興字文起南陽西鄂人也漢太史衡之胤胄昔靈表西豐留侯建帷幄之筴星移東井常山興締搆之功或師範萬乘昭彰圖籍光臨千里煥炳縑緗異動三台識司空之忠烈吟謠兩穗表太守之仁明弈葉簪裾蟬聯珪組規矩重疊代有人焉緬究遺編可略而言矣曾祖瓘魏冀州信都縣令絃歌不奏美化洽於一同鳴琴詎張仁風清於百里祖皮周太僕寺主簿才能幹濟智

略强明尋見辟除轉授瀛州河間縣令父才隋揚州江
都縣丞輔衛風規俗流清化贊導名教邑致歌謡君肖
係高華等琨珸之良劍箕裘纂組若青丘之祥鸞義烈
因心未資於典籍忠良天縱不假於規模崇有道之林
宗慕無為之李耳名利之所不拘榮辱之期混一弓旍
不應羔鴈無移道契虛玄性符高尚縱寂寥而賞趣持
澹泊而怡神志道研精非邀鼎食窮微盡要詎徇輕肥
得性琴書吟嘯煙霞之表時談物義進退木鴈之間妙
欵榮期高符黃綺時遊三徑乍撫一絃以道義而為尊
輕蟬冕而非貴探賾幽隐迥邁莊惠之機致遠鈎深遹

鉗黄老之趣想秦晋之有逅見番陽之代親遂婚於辰
州辰溪縣令漢陽趙嶶之女幽閑婉嫕中饋聿脩懿淑
温和母儀庭宇君纂業成勞遇楊雄之痾疾淫書作瘵
遭皇甫之沉痾氣擁膏肓疾纏腠理屬華他而不瘉見
扁鵲而無瘳以貞觀廿二年七月廿七日卒於私第春
秋六十有二夫人趙氏卒於永徽四年春秋六十粤以
龍朔元年歲次辛酉十月癸亥朔廿三日乙酉合葬於
故鄴城西八里禮也面平原背漳浦左帶蕪城右連林
麓刊兹玄石紀以清徽勒彼鴻名光斯泉户庶使青山
為礪表盛德而弥芳碧海成田闡嘉聲而不泯嗚呼哀

哉乃為銘曰

規矩重疊珪璋代聯三台表異兩岐興詠人倫楷模搢紳龜鏡百代逾芳千齡弥覺道合幽玄性符林壑迹遠滄波名流臺閣貴不充詘賤不殞鑊思巧雕龍光逾刻鵠有謂昇堂相期入室帷薄猶空繁華未實儵忽不幸咄嗟已夫一棺既閉万事長畢苕蕘壟首巋巘山足露銷草翠風飛樹綠玄門一掩寒燈無旭私壤式題貞芳載燭

周李君莫高窟佛龕碑碑兩面刻度以慮虒尺前面高五尺七寸六分廣三尺一寸一分二十八行行五十字後面高五尺六寸八分廣三尺二寸三十行行四十八字碑首有篆額大周李君脩功德記八字已剥落碑在燉煌縣千佛巖

大缺八字上柱國李君莫高窟缺一字龕碑并序

首望宿衛上柱國燉煌張大忠書　弟應制舉缺六字

原夫容萬物者而埊也容而埊者太虛焉○長（乙）亟而

之文卉木山河埊之理推之律呂寒暑之節缺十字可口

然而三家不定四術猶迷　申聽斷之辭競起異端之

論剡乎云覺沖邃法身常住凝功窅冥湛然無缺九字鷲

一乘絶有為而　無為獨尊三界若迺非相亦相總權

實為運慈悲非身是身苞真應而開方便不言作言缺九字
為有爲之宗神儀廣現至若吉祥菩薩寶應真至効靈
於太古之　啟壁於上皇之始或煉石而斷鼇足立缺九字
而察龜文調五行而建八節復有儒童歎鳳生震旦而
鬱元雲迦葉猶龍下閻浮而騰紫氣或因山起号或缺九字風
刪詩書而立訓莫不分條共貫異派同源是知法有千
門咸歸一性等碧空之含萬爲均滄海之納百川其道
缺七字能使三千國界悉奉賷而輸琛百億至而竝承風而
假化狀衆生之毒箭作羣品之良醫恚龍屏氣於盂中
狂爲亡缺七字感灑法雨而隨根無願不從瞰慈光而逐物

豊功厚利誠無得而稱焉我大周之馭宇也轉金輪之
千輻運（缺七字）諦於心田皎三伊於智藏慈雲共舜雲交映
慧𡆠與堯𡆠分暉德被四𠀑而不言而自信恩隆十埊不
化而自行莫英生（缺五字）物不召而自至瑞無名而畢臻川
嶽精靈列韜鈐而受職風雲秀氣儼槐棘以承榮傑休
兕離韻諧韶護蠻夷戎狄飾（缺五字）更紹真乘肅隆𠙺法大
雲徧布寶雨滂流闡無內之至言恢無外之宏唱該空
有而闡寂括宇宙以通同蕩蕩乎巍巍（缺五字）名言者也莫
高窟者厥𡔈秦建元二秊有沙門樂僔戒行清虛執心
恬靜嘗杖錫林野行至此山忽見金光狀有千佛（缺五字）造

窟一龕次有法良禪師從東屆此又於傳師窟側更即營建伽藍之起濫觴於二僧復有刺史建平公東陽王缺七字後合州黎庶造作相仍實神秀之幽巖靈奇之淨域也西連九隴坂鳴沙飛井擅其名東接三危峯泣露翔雲騰缺七字後顯敞川原麗物色新仙禽瑞獸育其阿斑羽毛而百綵珍木嘉卉生其谷絢花葉而千光爾其鐫崿開基植端缺七字塔構層臺以遵而刻石窮阿育之工彫檀極優闐之妙每至景躔丹陸節啟朱明四海士生八方緇素雲趨兮缺八字歸雞足之山似赴鷲頭之嶺陞其欄檻疑絕累於生閒窺其宮闕似遊神乎而上豈異夫龍王

散馥化作金臺(缺八字)幢幡五色而煥爛鐘磬八音而鏗鏘
香積之餅俱臻純陁之供齊至極於無極共喜芬馨生
及非生咸歡晟饌遥(缺七字)大周墅麻之長樂傳法良發其
宗建平東陽弘其迹推甲子四百他歲計窟室一千餘
龕今見置僧徒即爲(缺九字)讓燉煌生也高陽項之裔太尉
顧之苗李廣以猿臂標奇李固以龜文表相長源淼淼
既浴(乙)而涵○層構(缺九字)祖穆周燉煌郡司馬使持節張
掖郡諸軍事張掖太守兼河右道諸軍事檢校永興酒
泉二郡大中正盪寇将軍祖(缺一字)隨大黄府上大都督車
騎将軍竝多藝多能謀身謀國文由德進武以功陞爲

将有禦遠之方作牧得安邊之術庭抽孝（缺九字）泉竭誠而奉上謙光下物不自驕矜流令譽於當韋鍾餘慶於身後考達左玉鈐衛効穀府旅帥上護軍（缺十字）倜儻之姿凤負不羈之節荆山虹玉不能比其内潤宋國驪珠無以方其外朗行能雙美文武兼優臨池擅（缺九字）之妙嘗歎息而言曰夫丕生一代難保百齡脩短久定於遺隨窮通已賦於冥兆假令手能拉㊂力可拔山（缺九字）條之露何用區碌榮利弃擲光陰者哉於是滌胷襟踈耳目坦心智之所滞閑視聽之所疑遂諷誦金言（缺十字）歸舌捨邪遇善恭虔必能尊重讚歎迺於斯勝岫造窟一龕藻飾圓周

莊嚴具備妙宮建四盧之觀寧（缺廿三字）下峥嶸懸（乙）（缺四字）吐風
雲於澗曲岧嶤而鬱律杳篠而（缺廿四字）就窟設齋燔香作禮
爰屆茲（乙）斯道肅宏接武歸依信根逾固者矣（缺廿三字）綺際
材稱刈楚器是拔茅澗松以磊落見尋巖菊以芳菲入
用其（缺廿三字）論苦空之理迺相謂曰是身無常生死不息既
如幻如化亦隨起（缺廿一字）應諾風從復於窟側更造佛剎穿
鑿向畢而兄遂亡公任左玉鈐衛勍轂府旅帥上護軍
（缺七字）行紫金鎮將上柱國竝奇才卓犖逸調昂莊泰壓之
曉匝團圓玄度之清風肅肅羽垂而（缺十四字）後必昌爲賢（缺一字）
蹤無絕迺召巧匠選工師窮而下之譎詭盡生聞之麗

飾馳心八解脫締缺十三字槃之變中浮寶刹迎四面以環通
旁列金姿儼十靈而侍衛璿題留𠥱玉牖來風露滴砌
而缺十三字表還同鹿苑之遊粤以𨲢厤元𠡦五𠥱十四𡆠脩
葺功畢設供塔前陳桂饌以薰空奠蘭羞而味野缺十字無
虞萬邦缺一字偽末之萌羣品沐淳源之始拂輕衣而石盡
釋教長流去纖芥而城空法輪恒轉且夫立功立缺三字揚
於竹缺一字何況大慈大悲不宣暢於金冊輙課庸淺敬勒
豈碑合掌曲躬迴為詞曰法身常住佛性難原形包化
應迹顯真權無為卓爾寂滅凝玄乘機逐果示變隨緣
大周廣運普濟含靈金輪啟𨲢玉冊延禎長離入閣屆

軼抽庠四夷偃化重譯輸誠爰有名窟寔為妙境鷹塔
浮空蜂臺架迴珠箔　綴璫題匣鑿自秦創興于周轉
晟西連九隴東接三危川亙綺錯物產瑰奇花開德水
鳥哢禪枝十方會合四輩文馳彫甍跂鳳鏤檻盤龍錦
披石砌繡黕山窗雲縈寶蓋(乙)灼金幢芳羞味野香氣
浮空粤惟信士披誠迴向脫屣塵勞拂衣高尚旁求巧
妙廣選名匠陳彼鉤繩鑿斯千嶂代脩七覺門龔三歸
取與有信仁義無違彫鐫寶剎絢飾金暉真儀若在靈
衢如飛營葺兮既終丹青兮已畢相好備兮圓滿福祥
臻兮貞吉百劫千劫兮作率青蓮赤蓮兮為(乙)著如來

之衣入如來之室佛道兮曠蕩法源兮迤邐勒豐碑兮
塔前庚後昆兮可悉維大周聖曆元年歲次戊戌伍匝
庚申朔拾肆𡆠癸酉敬造
李氏之先出自帝顓頊高陽氏之苗裔其後咎繇身佐
唐虞代為大理既命為理官因而以錫其姓洎殷之季
乖有理徵字德靈得罪於紂其子理貞逴難避地居殷
食李以全其壽因改為李其後漢武開拓四郡辟李翔
持節為破羌將軍督西戎都護建功狄道名高四海殞
合寂場追贈太尉遂葬此縣因而家焉其後為隴西之
生逯涼昭食邑燉煌又為燉煌生也遠祖顏漢太尉公

歷幽豫二州刺史食邑赤國宕(缺一字)顯祖昭魏使持節武
張酒瓜等四州諸軍事四州刺史河右道大中丞輔國
大將軍曾祖穆周燉煌郡司馬使持節張掖郡諸軍事
張掖太守兼河右道諸軍事檢校永興酒泉二郡大中
丞盪寇將軍(缺二字)隨大黃府上大都督車騎將軍考達左
玉鈐衛効穀府旅帥上護軍(缺四字)軍亡兄盛昭武校尉甘
州禾平鎮將上柱國弟懷節上柱國弟懷惠騎都尉弟
懷恩昭武校尉行西州白水鎮將上柱國弟懷操昭武
校尉行紫金鎮將上柱國姪奉基翊麾副尉行庭州鹽
池戍主上騎都尉姪奉逸翊衛上柱國男奉誠翊衛姪

奉國翊衛孫令秀翊衛造碑僧寥廓上柱國鐫字索洪
亮

上缺

大唐隴西李府君修功德碑記

飛閣(缺二字)霞連依(缺二字)居口出人境聖口時照一川星懸口鍾(缺四字)雷口靈仙鬼物往往而在屬以賊臣千(缺二字)寂(缺四字)地維暴殄天物東自隴坻舊陌走狐兔之群西盡陽關遺邑聚豺狼之窟口木夜警和門畫扃塔中委塵禪處生草時有住信士朝散大夫鄭王府諮議隴西李太賓其先指樹命氏紫氣度流沙之西刻山騰芳口名感懸泉之下時高射虎人望登龍開國西涼稱藩東晉諮議即興聖皇帝十三代孫遠派天分世濟其美靈根地植代不乏賢六代祖寶隨使持節侍中西陲諸軍事鎮西大

将軍領護西戎校尉開府儀同三司沙州牧燉煌公王
門西封邑三千戶曾祖達皇燉煌司馬其後因家焉祖
操皇大黄府車騎将軍考奉國皇昭武校尉甘州和平
鎮将早逢昌運得展雄才一命是淩雲之資百齡懷棒
日之慶垂條布穎業繼弓裘築室連閭里成冠蓋難兄
令弟卓然履道之賢翼子謀孫宛爾保家之主諮議天
授淳粹神假正直交遊仰其信鄉黨稱其仁義泉深沉
酌而不竭道氣虛遠感而遂通嘗以為挹江海者難測
其深淺望乾坤者不究其方圓況色空皆空性相無相
豈可以名言悟豈可以文字知夫然故方丈小室默然

入不二之妙智度大道法爾表無念之真以其虛谷勝聲洪鐘應物所以魔宮山圻佛日天開愛水朝清昏衢夜曉一音演法四衆隨緣直解髻珠密傳心印凡依有相即是所依若住無為還成有住由是巡山作禮歷險經行盤迴未周軒檻口斷刻削有地締構無人遂千金貿工百堵興役奮鎚聾壑碣石聒山素涅盤像一鋪如意輪菩薩不空羂索菩薩各一鋪畫報恩天請問普賢菩薩文殊師利菩薩東方藥師西方淨土千手千眼觀世音菩薩彌勒上生下生如意輪不空羂索等變各一鋪賢刼千佛一千軀初坏土塗旋布錯彩豁開石壁儼

現金容本自不生示生於千界今則無滅示滅於雙林
考經尋源備物象設梵王奔世佛母下天如意聖輪圓
轉三有不空妙索維持四生人其報恩天則請問六牙
象寶搖紫珮以棲真五色獸王載青蓮而捧聖十二上
願列於淨剎十六觀門開其樂土大悲來儀於鷲嶺慈
氏降跡於龍華丕休哉千佛分身聚成沙界八部敷衆
重闉鐵山希更無聲悉窣欲動爾其簷飛雁翅砌盤龍
鱗雲霧生于户牖雷霆走于階陛左谿平陸目極遠山
前流長河波映重閣風鳴道樹每韻苦空之聲露滴禪
池更澄清淨之趣時節度觀察處置使開府儀同三司

御史大夫蔡國公周公道洽生知才膺命世清明内照
英華外敷氣邁風雲心懸日月文物居執憲之重武威
當杖鉞之雄括囊九流住持十信爰因蒐練之暇以申
禮敬之誠揭竿操矛關戟以從蓮頭騈脇傍車而趨熊
羆啟行鵷鷺陪乘隱隱轔轔蕩谷摇川而至於斯窟也
層軒九空複道一帶前引簫唱上干雲霓踓以身容身
投跡無地而舉足口足登天有階目窮二儀心出三界
有若僧政沙門釋靈悟法師即諮議之愛弟也戒珠圓
明心鏡朗徹學探萬偈辯析千人出火宅於一乘破空
遣相指化城於四坐虛往實歸於是引兄大賓弟朝英

姪子良子液子望子羽等拜手於堦下法師及姪僧志
融歛袂於堂上曰主君恤人求瘼戡難濟時井稅且均
家財自給是得旁開虛洞橫敞危樓將以翼大化將以
福先烈休庇一郡光昭六親況祖孫五枝圖素四綵堂
構免墜詒厥無慚非石何以表其貞非文何以紀其遠
且登高能賦古或無遺遇物斯銘今豈遐弃紛然遮進
來以求蒙蔡公乃指精廬而謂愚曰操斧伐柯取則不
遠屬詞比事圖可當仁仰恭指歸俯就誠懇敢缺二字其狂
簡庶髣髴於真宗口大歷十一年龍集景辰缺三字有十五日
辛未建妹夫鄉貢明經攝燉煌州學博士陰庭誠

唐故畢府君墓誌銘

道光九年石出於白雀寺

公諱遊江平陽王彥之後也世居太原豪族弟一英材倜儻智謀深邃謙約節儉廉慎有規於家以孝有曾閔之心事君以忠曉縱横之畧寬而能猛猛而能寬接朋友盡盛德之儀理室家剛柔得中有仁人焉有社稷焉賢妻在室遥鑒於山濤令子理家更崇於幹蠱公周之宗盟也繼世在茲王侯之種遊宦不遂蓬轉於茲降志辱身隱於城市茍得甘脆以奉慈親日居月諸卅餘載公之太夫人以貞元十三年七月六日傾背公禮制不虧大事終竟奉親也生事之以禮死葬之以禮祭之以

禮可謂孝道全矣公有子二人長曰忠義次曰元清並
有令聞皆公之有典有則也將以積善之人保愛其福
豈爲降年未永𦗟此禍殃以貞元十九年六月十四日
壽終於恒府敬愛坊之私弟也時年將耳順深可哀哉
里巷不歌鄉鄰歎息則其年七月一日歸塟於府城西
北七里冰河鄉之原也傾城出祖縞素盈途送葬者執
紼而行赴弔者隨柩而哭白馬前引顧步而悲鳴啼鳥
以臨向風而悽惻恐陵谷屢遷紀兹貞石用昭不朽聊
述德音詞曰
樂只君子邦家之光日來月往身殁名彰松風切切野

霧蒼蒼昔作天中之寶今歸泉下之鄉

河西歸義軍節度使索勳紀德碑

石高三尺二寸五分廣二尺二寸五分二十五行行三十四字正書字徑五分額高一尺廣九寸四行行四字正書題曰大唐河西道歸義軍節度索公紀德之碑在甘肅燉煌縣學宮

節度判官權掌書記缺中丞

缺七字安邦柱石分憂誕賢材而膺用固有提綱單俗封長榮而缺十字地中興聖運彼有人焉公玉裕稱諱勳字封侯燉煌人也祖靖仕魏晉登一品才術三端出入兩朝功名俱遂曾祖諱缺八字鍾慶於茲來慕之謠既著捐駒之咏益深乃保龍沙永固城缺三字竹缺四字父琪前任燉煌郡長史贈御史中丞早承高蔭皆顯才能儒雅派行弓裘不口

宣宗啟運乃睠西顧太保東歸口平口義河西克復昔
年土宇一旦光輝沒缺五字公則河西節度張太保之子羿
也武冠當時文兼識達得探囊之上策缺五字明主皇王之
缺三字韜鈐而五涼廓靖布鶴列而生擒六戎缺五字姑臧復擾
缺九字上襄厥功特授昭武校尉持節瓜州諸缺五字墨釐軍押
蕃落缺七字繼先人之閥閱不媿於荀或效忠烈於缺六字牢落
口天寶缺七字外乏金湯之險自從莅守葺以完全築巍缺七字
煙布口彊缺七字以部厥田唯上周迴萬頃沃壤肥口溉用
缺十字積為缺五字通渠流頡絕洎從分竹乃運神機土宇宏張
近堤缺九字騰飛缺六字功俄就布磐石擁雲浮川響波瀾衆流

輻湊（缺七字）霈西成（缺三字）咸感如神靈蹤口應水流均布人無
荷鍤之勞鼓腹（缺九字）日設法以濟人椎圮樓臺悉置功而
再治城內東北隅為古昔龍（缺八字）木壁猶存模儀尚宛重
以風摧雨爛尊象塵濛棟宇疏廊空餘基址（缺八字）貿工于
時改作四廂廂立八壁重修南建門樓北安寶殿徘徊
聳伢（缺十字）艧階墀古樹却吐鮮芳玉砌流泉莓苔復點城
隅之下別廂衙（缺十一字）儼爾光輝于時景福元祀白藏無射
之末公特奉絲綸就加（缺十一字）也軍中投石爭誇拔拒之能
幕下吏民悉展接梟之勇口性（缺十一字）基之術材兼文武次
亞夫以當年幸遇昌時繼口營之（缺十四字）卒欽崇於大漢洋

洋政聲翔于闕下口功缺二十二字覺千古不寂下闕

唐宗子隴西李氏再修功德記

上缺府口籍廣廣乃缺七字振缺九字王口系也口祖缺四字大缺四字司郎中賜緋魚袋缺十三字歸唐贈右散騎常侍英髦驤駟缺三字靈皆以稽古微言留心儒素或登華弟更高拔口之名文戰都堂每中甲科之的雖云流陷居戎而不墜弓裘暫冠缺二字猶次將軍之列子既承恩鳳闕父乃擢處貂蟬朱門不媿於五侯樹戟崇隆於貴族至而源分特秀門繼簪裾家承九錫之枝流派祥雲之允時遭西陲汨沒缺二字至德年中十郡士崩弥絶玉關之路凡二甲子運偶大中之初中興啟途是金星耀芒之歲皇化溥洽通乎大宏

遐占雪山綿邈万里府君春秋纔方弱冠文藝卓犖進止規常迴然獨秀則妻父河西隴右一十一州節度管內觀察處置押蕃落營田支度等使金紫光祿大夫特進食邑二十戶實封三百戶賜紫金魚袋南陽張公諱義潮慕公之高望藉公之文武於是乃為秦晉遂申伉儷之儀將奉承祧世祚瀋陽之美公其時也始蒙表薦因依獻摭（按即捷字）親拜彤廷宣宗臨軒問口所以公具家謀面奏玉階上亦沖融破顏羣公愕視乃從別勑授涼州司馬檢校國子祭酒兼御史中丞賜紫金魚袋錫金銀寶貝詔命陪臣乃歸戎幕（缺二字）餘載河右麾戈拔幟扶

囊龍韜盡展克復神鳥而一戎衣殄勍寇于河蘭醎穢戎于澣（按瀚即字）海加以隴頭霧卷金河泯湍瀨之波蒲海梟鯨流沙弛列烽之患復天寶之口孫致唐堯之壽域晏如也百城無拜井之虞十郡豐登吏士賀來蘇之政此乃三槐神異百辟稀功英雄半千名流万古公又累蒙朝奬恩渥日深方風隼口用堅磐石勲猷未萃俄已云亡享齡五十有二終於燉煌之私第亡叔僧妙弁在蕃以行高才峻遠通瞻依名達戎王賛普追召特留任內薰假臨壇供奉之号口以檀特談柄海辯吞流恩洽燉煌庇庥家井高僧寶月取以爲儔僧叡餘蹤扇於河

隴亡妣氾氏太夫人龍沙鼎鼐盛族孤標庭訓而保子
謀孫軌範而清資不乏承家建業荐累代而揚名閥閱
聯綿長緒帝王之室今乃逝矣佳譽存焉故府君贈右
散騎常侍生前遇三邊無警四人有暇於東皋命駕傾
誠謁光人之寶剎迴顧粉壁念疇昔之遺蹤瞻禮玉豪
歎紅樓之半側豈使林風透闥埃塵寶座之前峗嶺陽
烏曝露茶毗之所嶝道之南復有當家三窟今亦重修
泥金華石篆籀存焉於是乃募良工訪其杞梓貿材運
斧百堵俄成魯國班輸親臨勝境雲霞大谿寶砌崇墉
未及星環斯構矗立雕簷化出巍峩不讓于龍宮懸閣

重軒曉方口於日際其功大矣筆何宣哉云兄河西節度衙推兼監察御史明達天與孫貞松筠比節懷文挾武有張賓之策謀破虜捡奸每得玉堂之術曾朝絳闕敷奏金鑾指畫山川盡蹤橫于天險兄明德任沙州録事參軍操持吏理六曹無阿黨之言深避四知切慕秉鷗之咏兄明詮燉煌處士今古瀟懷灑落卿雲之彩口先効義光騰喬霧之文五柳（按即柳字）閑居慕逍遥於庄老夫人南陽郡君張氏即河西萬户侯太保張公弟十四之女溫和雅暢淑德令聞深遵陶母之仁至切齊眉之操先君歸覲不得同赴於京華外族留連各分飛於南

北於是兄亡弟喪社稷傾淪假手託孫幾辛勤於茍免
所賴太保神靈辜恩勤甕重光嗣子再整遺口雖手枬
大功而心全弃致見機取勝不以為懷乃義立姪男秉
持旄鉞愍兵戎於舊府樹勲績於于新墀内外肅清秋
豪屏迹慶豐山踴呈瑞色於朱軒陳覇動容歎高口北
室四方嚮義信結隣羌運籌不媿於梓橦貞烈豈慙於
世婦閑生神異成太保之嶶猷雖處閨門寔謂丈夫之
女然心悟道併弃樊籠巡禮仙巖彫按即顧字圖鐐於喘口
于是頓捨青凫市紫金于上國解瓔珞弃珠珎鎖金鈿
於廊廡運嘘槖於庭際乃得玉豪朗耀光衡有頂之峯

實相發揮直抵大羅之所長男使持節沙州諸軍事口
沙州刺史兼節度副使檢校右散騎常侍御史大夫上
柱國宏愿輔唐憂國政立祥風忠孝頻懇于君親禮讓
靡忘於伯玉六條布化千里隨車人詞來暮之謠口頌
龔黃之績次男使持節瓜州刺史墨離軍押蕃落等使
兼御史大夫宏定文武全材英雄賈勇晉昌要險能布
頗牧之威巨野大荒屏盪匈奴之迹挾纊（缺二字）於壬卒泯
燧不媿於襄陽都河自注神知有道之君積貯万廂東
郡著雕金之好次男使持節甘州刺史兼御史中丞上
柱國宏諫飛馳拔拒唯慶忌而難儔（缺二字）穿楊非由基而

莫比洎分符於張掖玫按即政字恤惸孤布皇化於專城懸魚
發詠次男朝議郎前守左神武軍長史兼侍御史宏益
三端俱備六藝精通工書有顡按即顏字口口谿碎札連芳於
射戟口深特達文雅而德重玉音于時豐年大稔呈使
西臨親柢墩煌頒宣聖旨內常侍缺六字玉裕稱克珣副倅
師大夫稱齊珙判缺二字大夫口思回偕缺四字樞密杞材遐擢
天威呈祥塞表因鑿樂石共紀太平余所不缺二字然狂簡
缺五字元年歲次甲寅拾月庚申朔五日甲子缺宋國缺伊
西等節度使兼司徒張淮深妻弟前沙仏伊西口河口
徒口檢校缺四字兼御史大夫缺史缺等州節度使兼御

史大夫䟽下按甲寅爲昭宗乾寧元年

此尚是淩子与先生的筆乃先生藏此書时所標之籤也内有缺失計由卷十五至十七卷又第十八卷内缺五至九凡五頁皆書在淩氏時業已缺帙矣可惜也

全書應共七冊

芝閣附識

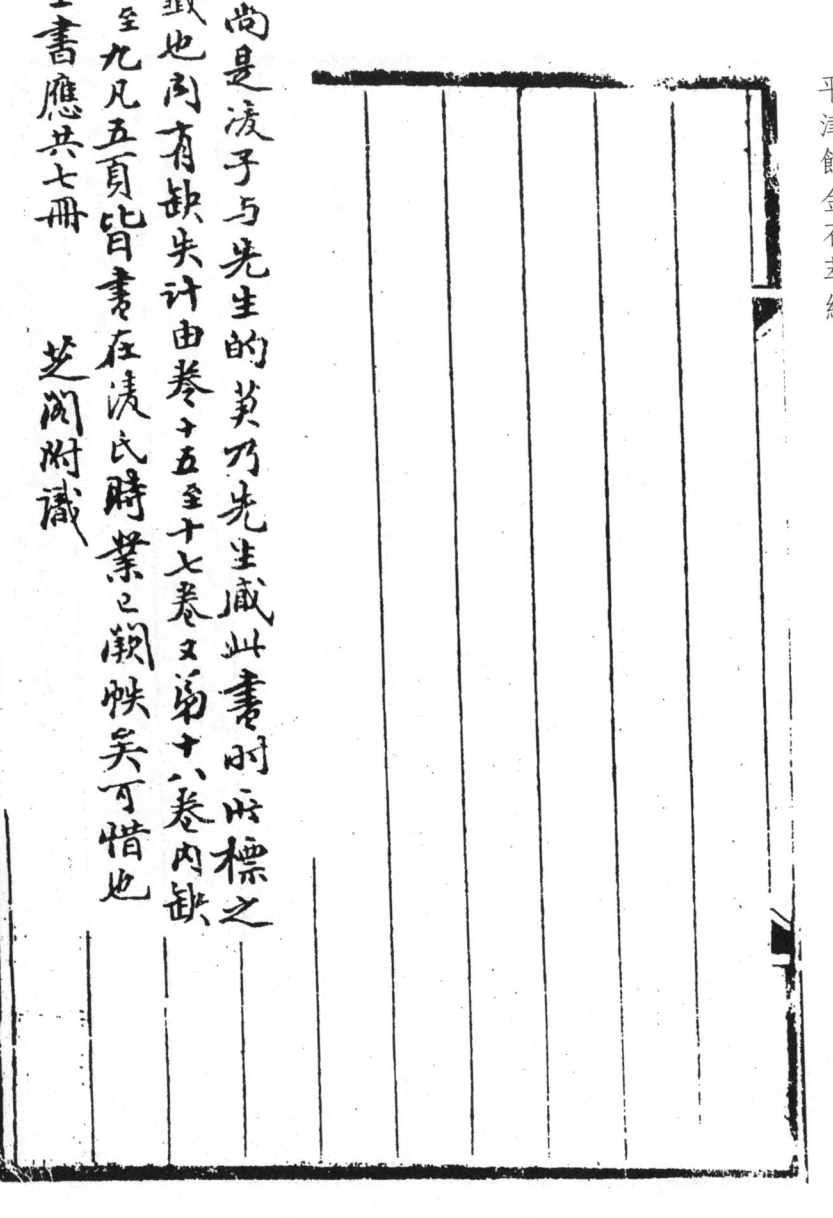